全国财经商贸类
工学结合系列规划教材

财政与金融

Finance

主　编　崔　奇　李　康

副主编　竟玉梅　陶　然

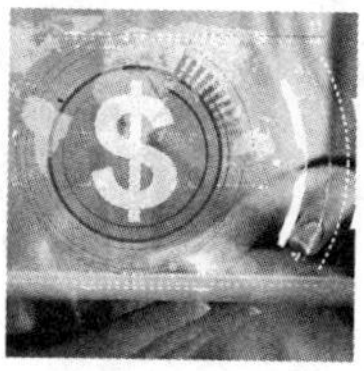

上海财经大学出版社

图书在版编目(CIP)数据

财政与金融/崔奇,李康主编.—上海:上海财经大学出版社,2019.1
(全国财经商贸类工学结合系列规划教材)
ISBN 978-7-5642-3144-6/F·3144

Ⅰ.①财…　Ⅱ.①崔…②李…　Ⅲ.①财政金融-高等学校-教材
Ⅳ.①F8

中国版本图书馆CIP数据核字(2018)第254790号

□ 责任编辑　徐　超
□ 联系信箱　1050102606@qq.com
□ 封面设计　杨雪婷

财政与金融

崔　奇　李　康　主　编
竟玉梅　陶　然　副主编

上海财经大学出版社出版发行
(上海市中山北一路369号　邮编200083)
网　　址:http://www.sufep.com
电子邮箱:webmaster@sufep.com
全国新华书店经销
上海崇明裕安印刷厂印刷装订
2019年1月第1版　2019年1月第1次印刷

787mm×1092mm　1/16　18.25印张　444千字
印数:0 001—3 000　定价:49.00元

前言

财政与金融作为现代国家通过实施宏观调控实现经济社会健康发展的两大重要政策工具，在现代经济社会中的作用越来越重要，与每一个社会成员的关系也更为密切。财政实现资源合理配置，促进国民经济平稳运行，更大程度地保障人民生活，促进社会公平。金融可谓现代经济的核心，金融活，经济活；金融稳，经济稳。财政与金融为新时代经济社会的发展不断注入新鲜血液和正能量。因此，现阶段财政与金融不仅是国家对经济进行宏观调控的重要杠杆，也深刻地影响着我国社会经济生活的各个方面。

特别是近几年来，营改增税收制度，部门预算、国库集中收付制度以及政府采购、政府转移支付等财政制度改革不断深化；继全面“营改增”后，2018 年又进一步实施增值税改革，出台了增值税税率下调、小规模纳税人的年应税销售额标准统一为 500 万元及以下、试行留抵退税等一系列惠民改革措施；2018 年 8 月 31 日，通过了《关于修改〈中华人民共和国个人所得税法〉的决定》，这是我国个人所得税法自 1990 年实施以来的第 7 次修订，也是截至目前历次修订中改革力度最大、涉及面最广、影响最为深远的一次改革。这一系列的财税制度变化，必将为高职高专经济类专业教育带来冲击。同时，随着金融领域的改革以及互联网金融发展，金融证券化、利率市场化、保监会和银监会合并、人民币国际化的变革步伐不断加快，令世人瞩目。为了适应新时期财政与金融的改革发展新变化，满足财经商贸类专业知识普及与提高，根据职业院校财经商贸类专业的教学需要，特编写了本书。

本书内容涉及财政学、金融学等学科，统一编排章节，具有综合性、专业性，更具有较高的实用性、普及性，坚持经济理论与实际经济生活相结合的原则，试图突破和克服学院式教材追求学科体系完整与严密的束缚，更加着眼于实际教学过程的适用与可读性。其主要特点：一是知识力求新颖。力求反映当今国内外财政金融领域的最新理论动态和实践的最新发展。二是内容涵盖全。本书基本涵盖了财政金融领域的重要问题，做到体系完整，内容翔实，条理清楚。三是体例新、较为实用。本书编写坚持理论联系实际的原则，注重培养读者分析问题和解决问题的能力，每章都设有“知识目标、能力目标、情感目标”的三维目标、“要点强化”“知识链接”“本章小结”“思考与练习”等内容，供教师和学生参考，便于项目教学、信息化教学方式的运用与结合。全书理论讲述清楚明了，突出实践性，增强适用性。本书既可作为财经商贸类专业及管理类专业的核心课程教材，可供财政、税务、金融工作人员岗位业务培训，也可以供学习了解财政金融知识的广大读者使用。

全书由崔奇、李康担任主编，竟玉梅、陶然任副主编。崔奇撰写第一章、第七章；李康撰写第八章、第十章；竟玉梅撰写第二章、第四章、第五章；焦喆撰写第六章；陶然撰写第三章、第九章。崔奇负责总体框架、编写大纲的设计审定和全书的总纂与定稿。

本书在编写过程中参考了大量文献资料、同行专家学者的著作，以及一些知名网站的网络资源。除部分网络文献资料在书中引注外，其他参考文献都统一在书后附注。在此，特别向这些作者表示敬意和感谢！引证疏漏之处，一并致歉。

由于编写时间紧促和水平所限，加之财政金融内容浩瀚，知识日新月异，书中舛误难免，敬请专家、读者批评指正。

编者

2018 年 9 月

目　录

第一章
财政导论

【知识目标】

1. 掌握市场失灵的主要表现及政府干预经济的主要手段；
2. 理解市场失灵与政府职能范围之间的关系；
3. 掌握财政的含义和基本特征，了解财政的产生和发展；
4. 理解并掌握财政的职能。

【能力目标】

1. 能运用“市场失灵”理论分析现实生活中的经济现象和经济问题；
2. 能运用财政职能，分析和理解财政、税收政策。

【情感目标】

引导学生注意观察身边的财政现象，发现问题并运用所学知识做合理的解释，培养其爱国主义精神。

【案例导入】

救命血清一剂难求，背后是“市场失灵”

据报道，2014 年 12 月 19 日上午，北京市一名 16 岁男孩被眼镜蛇咬伤，情况危急，急需抗眼镜蛇毒血清救治，但北京的医院普遍没有这种血清。后来其家属和媒体多方寻找，却被多地医院告知“已用完”。直到23日12时，救命血清才从云南一医院送达北京相关医院。查卫生部《国家基本药物目录》，抗蛇毒血清中抗眼镜蛇毒血清赫然在列。但像涉事男孩这样一剂难求、各大医院遍寻无着的案例，近年已多次发生。目前，我国只有上海赛伦公司生产抗蛇毒血清。抗眼镜蛇毒血清自2010年停产，至2013年底再启生产，保质期至多3年，生产周期则要9个月，这也造成近年抗眼镜蛇毒血清频频告急。而短缺的更深层次原因，则在于被剧毒蛇咬伤毕竟属于偶发，赛伦公司在血清生产上长期处于产品亏损状态。由于需求量和利润都有限，涉事企业难免不感兴趣。而使用率偏低、保质期偏短、报废率较高、需在特定温度下才能保存，也会让医院选择弃用。正因“市场失灵”，抗眼镜蛇毒血清才会一剂难求。

2013年媒体曾报道，苏州市21岁小伙被蝰蛇咬伤，因血清遍寻无着，抢救三天三夜，生命终被蛇毒吞噬。而抗蝰蛇毒血清在10多年前就停产了。要知道，抗蛇毒血清有无之间，治疗结果大不一样。有专家就说，有之，治愈率更高，几千元解决问题；若没有，以蝰蛇为例，综合治疗成本将高达数十万元，还不一定治得好。

剧毒蛇的抗蛇毒血清，本应带有公共品的性质。既然被剧毒蛇咬伤，公民凭一己之力难以解决，市场也“失灵”了，那么，就该由政府提供公共品来填补短板。此案例中，市场失灵主要体现在蛇毒血清的供给不足。据统计，在我国，抗蛇毒血清的供给量只有需求量的1/5。

资料来源：https://wenku. baidu. com/. 2014年12月24日。

第一节　财政概述

一、财政现象与财政问题

在现实社会生活中，每个人都与财政有着各种各样的联系，每天通过各种渠道、各种方式与“财政”打着交道。从我们的衣食住行到国家的政治活动和经济建设，财政与我们每个人的生活密切相关，我们随时都会遇到财政问题和财政现象。

我们身边的财政现象比比皆是。例如，收入达一定标准的人要交个人所得税；企业盈利要交企业所得税；去政府职能部门办理证件要交一定的手续费；车辆违章要罚款；等等。这些都是财政现象，属于财政收入。

我们身边的路灯、公园、绿地、博物馆、图书馆、消防、抗灾、教育、国家的安全、维护社会秩序的公共设施等，都是国家提供的；行政事业单位发放的人员工资、福利费及相关办公经费；国家出资修建的高铁、公路、机场、水利工程等基础设施；对教育、医疗、文化、气象等公共服务方面的支出。这些都是财政现象，属于财政支出的范畴。

就个人和家庭而言，我们每个人的生老病死、入学就业、衣食住行都与财政密切相关。人要接受教育，需要有幼儿园、小学、中学、大学；人要健康需要有医院、防疫等部门；没有劳动能力的人要享受最低生活保障，人老后要有养老保险，等等，这一切都需要政府投资来提供。

近年来，义务教育阶段的学费全免、普通高中阶段建立了助学金制度、中等职业学校学费全免、高等院校学生享受国家助学金等有关教育方面出台了许多优惠政策，国家财政为3

亿多大中小学生的学习付出了“真金白银”。还有，农民种粮补贴、农机购置补贴、良种补贴、农村扶贫资金的投入等各种惠农政策在持续发挥作用，财政为提高农业生产能力，改善农民生活水平等方面投入了大量资金。这也都是财政现象。

一方面，社会发展需要投入大量资金，农业、教育、医疗卫生、文化、社会保障等硬性任务都需要配套资金；另一方面，如果税收负担过重，企业又会怨声载道。目前，我们基层乱收费、土地财政等问题依然比较突出，这些财政问题困扰着地方政府。其背后的原因究竟是什么？财政又是什么？财政能干什么？不能干什么？概言之，这是政府的职责范围问题，即政府与市场的界限问题。

课堂思考 1－1

联系实际，想想你遇到过什么财政现象？请举例。

二、市场失灵与政府职能

（一）市场与政府

在市场经济条件下，社会资源配置的方式有两种：市场配置方式和政府配置方式，两者共同构成社会资源配置体系，但市场配置方式对社会资源的配置起决定性作用。市场与政府就成为满足人们需要及保证社会正常运行的两大系统。市场要有效地运行，不能没有政府。但政府职能的扩展，可能会破坏市场本身。那么，如何在发挥政府积极作用的同时又能有效地防止政府对市场的破坏，是每一个市场经济国家所面临的难题。只靠市场，没有政府的调节不行；只靠政府，没有市场的参与更不行。所以明确政府与市场的关系是我们学习财政和研究财政问题的基本前提，不明确政府与市场的相互关系，就难以说明在市场对资源配置起基础性作用的条件下，为什么还需要政府对经济运行进行调节。

（二）市场失灵与政府干预

市场对社会资源的配置是通过市场机制来实现的。市场机制的基本规律是供求规律：供大于求，价格下降，生产低迷；供小于求，价格上涨，库存减少，生产增加；通过价格和产量不断波动，达到供给和需求的均衡。亚当·斯密将市场称为“看不见的手”，认为不需要任何干预，市场可以自动达到供给和需求的均衡，达到个人在追求自身利益最大化时，增进社会福利。但市场机制不是万能的，它在许多方面存在缺陷，不可能完全达到帕累托最优的效率条件。

知识链接 1－1

帕累托最优是指资源分配的一种状态，在不使任何人境况变坏的情况下，而不可能再使某些人的处境变好。帕累托改进是指一种变化，在没有使任何人境况变坏的前提下，使得至少一个人变得更好。

当市场不能充分有效地配置资源的时候，我们称为“市场失灵”。市场失灵也被称为“市场失败”“市场失效”或“市场缺陷”。市场失灵是指由于其内在功能性缺陷和外部条件缺陷引起的市场机制在资源配置的某些领域运作不灵，即市场没有达到帕累托最优，使市场在资源配置中失去效率。具体来讲，市场失灵表现在以下几个方面（如图 1－1 所示）：

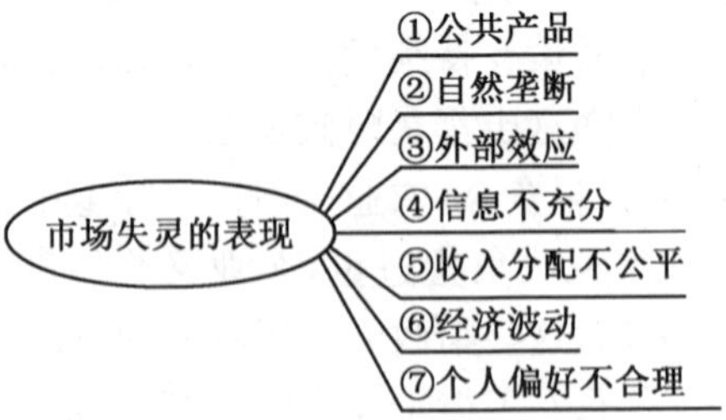

图 1—1　市场失灵的表现

1. 公共产品

公共产品是指可供社会成员共同消费的物品，如国防、治安、环境保护、天气预报等。具有消费或使用上的非竞争性和受益上的非排他性。即在每一个社会成员消费时不会导致其他社会成员对该产品消费的减少，可以同时被众多社会成员享用。

课堂思考 1－2

电视节目是公共产品吗？为什么？

公共产品的非排他性和非竞争性特征，决定它的需要或消费是公共的，若由市场来提供，每一人都不愿掏钱去购买，而是等他人去购买自己顺便享用它所带来的好处，即不付费而受益，这就是经济学上所称的“免费搭车”现象。另外，这种能被所有人享用的公共产品也很难给提供者带来直接的经济利益，因此，公共产品的提供是任何私人企业所不愿意的，需要政府提供公共产品。换句话说，在公共产品的提供方面市场是失灵的。

知识链接 1－2

“免费搭车”

“免费搭车”是指在公共产品的消费过程中，某些个人虽然参与消费，但是却不愿意支付公共产品生产成本的现象。大卫·休谟早在 1740 年提出的“公共的悲剧”形容的就是这样一种状况：在一个经济社会中，如果有公共产品或劳务存在，“免费搭车者”的出现就不可避免，但如果所有的社会成员都成为免费搭车者，最后的结果则是没有一个人能享受到公共产品或劳务的好处。中国的“一个和尚挑水吃，两个和尚抬水吃，三个和尚没水吃”的故事，其实也形容了免费搭车这样的“公共的悲剧”。同样，以国防为例，国家一旦形成国防体系，提供国防服务，则要想排除任何一个生活在该国的人享受国防保护几乎是不可能的。即使拒绝为国防费用纳税的人，也依然处在国家安全保障的范围之内。因此，在自愿纳税的条件下，人们就不愿意，甚至不会为国防纳税，大家都试图在公共产品消费上做“免费搭车者”，尤其是在公共产品消费者为数众多的情况下更是如此。

2. 自然垄断

当某一市场上只有为数很少的几家供应商，甚至是独家垄断的局面，便形成垄断。垄断形成的原因主要有：一是市场竞争，使得生产经营集中；二是由于某些行业生产规模必须达到一定程度，形成规模效益，企业才能生存发展，这称为自然垄断，比如铁路、电力、自来水等。垄断厂商为了获取高额利润，通过减少产量，抬高价格，获取额外利润，破坏市场均衡和竞争，降低市场对资源配置效率。对此，市场机制本身是无能为力的，必须通过政府干预来纠正。如国家可以向垄断企业征收超额税收，实行公共管制，制定反垄断法等。

3. 外部效应

外部效应是指某一个体在从事经济活动时，其行为活动给其他个体造成了消极和积极的影响，却没有为此承担应有的责任或没有获取应得报酬的情况。从外部效应带来的结果看，分正外部效应和负外部效应两类。正外部效应是指行为人实施的某一行为对他人或公共的环境利益有好处而没有获得相应收益的现象。比如，南水北调沿途各地受益；长江上游植树造林，下游可以受益。这是正外部效应，生产者的成本大于自己的收益，利益外溢，却得不到应有的效益补偿。负外部效应，是指行为人实施的某一行为对他人或公共的环境利益带来危害或消极影响而没有承担相应成本的现象。例如，造纸厂的“三废”不作任何处理直接对外排放，此时企业成本最低，但会给周围居民的生活带来不利影响，由此造成的环境污染而带来的社会成本将是不可估量的，而厂家并不由此承担责任。

要消除外部效应，市场经济本身是无能为力的，只有政府的介入，才能克服外部效应的缺陷。比如，政府对造成外部负效应的企业增加征税，加大其私人成本；对带来正效应的企业采取补贴政策，以补偿经济主体外溢的收益。

课堂思考 1－3

卷烟厂生产的香烟具有外部负效应吗？

4. 信息不充分

在市场经济活动中，如果一方掌握的信息较多，而另一方掌握的信息很少，就称为信息不对称。市场有效运行的一个前提条件是所有当事人都具有充分信息，但现实生活中往往是有些当事人信息较多，另一些当事人信息较少，这就是信息不充分。竞争性市场的生产者和消费者都要求有充分的信息，生产者要了解消费者需要什么，需要多少，消费者要知道产品的品种、性能、规格和质量等。但与生产者相比，消费者往往掌握的信息较少，对市场行情的了解也很肤浅，生产者就会利用这种信息不充分在生产和交易过程中偷工减料、以次充好、假冒伪劣等。由于信息不对称是一个社会问题，是市场本身无法克服的，因此，政府应提供充分信息，并通过一些公共管制办法，来弥补市场缺陷。

课堂思考 1－4

俗话说“北京到南京，买的没有卖的精”。此话有道理吗？为什么？

5. 收入分配不公平

在市场经济条件下，分配主要由市场机制完成。市场机制给予人们的报酬是以“生产能力”和“贡献”为标准的，生产能力不同，贡献不同，其收入也不同。由于社会、政治、经济体制的限制与影响，人们出生时就在社会地位和自然禀赋方面存在差异，后天的环境条件、教育程度、劳动技能、劳动能力等也各不相同，决定了社会成员在进入市场时收入不同，造成社会贫富差距过大的状态。这会给社会带来不稳定因素，最终影响市场经济的稳定发展。因此，就需要政府干预,通过政府与市场的有效配合,保证公平分配。

6. 经济波动

在市场经济条件下,生产和消费主要是由市场机制自发调节。由于市场机制自发调节的盲目性,市场自发运行会出现失业、通货膨胀、经济失衡等问题。劳动力是经济资源的重要组成部分,存在失业就意味着部分经济资源的闲置,通货膨胀则会扭曲价格信号,从而影响消费者、生产者作出较为理性的选择。这些事实的存在充分验证了自由放任的市场经济在解决宏观经济失衡问题上的无能为力。

7. 个人偏好不合理

个人偏好的合理是指个人的要求、愿望与市场的发展要求一致。在市场运行中,个人偏好往往有不合理的方面。消费者对有些物品不能给予正确的评价,如有人吸烟、酗酒,不仅影响个人健康,还给家庭、他人带来危害;有人观看色情淫秽书籍、吸食毒品等,破坏社会道德,影响社会风气,不利于人们的身心健康和良好社会风气的形成。这种由于个人偏好不正确所带来的市场运行结果是不完善的,政府有必要进行干预。

从一定意义上说,为了弥补市场缺陷和纠正市场失灵,现代市场经济国家的政府在社会经济生活中扮演着公共产品和市场信息的提供者、负外部效应的消除者、收入和财富的再分配者、市场秩序的维护者和宏观经济的调控者等角色。

要点强化

【单选题】

1. 消费者对某一种公共物品的消费不影响其他人对该公共物品的消费,这称为(　　)。

A. 排他性　　B. 竞争性　　C. 非排他性　　D. 非竞争性

【答案解析】D。消费者对某一公共物品的消费并不影响其他人对该公共物品的消费,这是公共物品的非竞争性。

2. 可用(　　)来描述一个养蜂主与邻近的经营果园的农场主之间的影响。

A. 负外部效应　　B. 正外部效应　　C. 外部损害　　D. 以上都不是

【答案解析】B。正外部效应指生产和消费行为给他人带来利益。故选B。

> **课堂思考 1-5**
>
> 市场经济条件下为什么需要财政?

(二)政府职能

由于市场固有的缺陷,市场运行的结果将会偏离资源配置与收入分配的理想状态。对于上述市场失灵,私人经济是无法解决的,只有政府介入,以一种非市场机制方式去解决市场失灵的问题。市场失灵的范围就是政府职能发挥作用的领域。

政府一般通过财政手段来弥补市场失灵,主要方法有:

1. 提供行政管理和健全法律制度

政府的重要工作就是制定市场法规,制定发展战略和中长期规划,以便维护竞争秩序。

比如通过价格公共管制或制定反垄断法解决垄断造成的市场竞争失效;通过公开信息服务减少信息不对称造成的市场配置资源的失效或低效。

2. 组织公共生产,调节经济运行

政府通过对公共产品和劳务的投入,使市场失灵的生产领域,重新通过规章制度、税收、补贴等经济行为,对经济运行总量和结构进行调节,以解决失业、通货膨胀等问题。

3. 对外部效应产生的经济影响进行管理

在这方面的政府职能有两个:一是通过行政、法律手段对负外部效应进行管理,减少其造成的社会损害,限制市场上有害物品的流通,以维护经济资源的有效使用,如由政府提供物品和劳务进行环境治理,或由政府通过征税和一些规定进行污染的控制;二是提供具有正外部效应的物品和劳务,如基础教育、公共基础设施、基础研究及其他公共服务设施的投资。

4. 调节收入和财富分配

政府在这方面的职能就是通过经济、法律、行政等手段对市场中所形成的个人收入和财富的分配进行调整,减轻收入和财富分配不公的程度,缓解社会矛盾和冲突,为以效率为中心的市场经济活动提供安全的社会环境。

5. 稳定宏观经济

市场经济的自发性不能使宏观经济达到自动稳定,政府的作用就是运用经济政策调节社会总需求和总供给的关系,实现充分就业、相对稳定的物价水平、适度的经济增长目标和国际收支平衡。

总之,财政本身并不直接提供公共产品,也不直接从事生产,但它为政府提供公共产品,为公共生产提供财力保证,满足社会公共需要,也由此可以看出财政在市场经济运行中的重要地位,以及弥补市场失灵的必要性。

要点强化

【单选题】 在现代市场经济社会中,决定财政职能作用范围的是(　　)。

A. 政府意志　　B. 价值观念　　C. 市场失灵　　D. 经济状况

【答案解析】 C。市场失灵的范围就是政府职能发挥作用的领域。

知识链接 1-3

政府是"看得见的手",更是"灵巧的手"

建设公共服务型政府,必须适应市场经济进入更高阶段的新要求。这里,关键是牢固树立有限政府、有为政府和法治政府的理念,明晰政府、市场、社会三者的边界。通俗地说,就是凡是能够由市场机制调节的事,坚决放给市场;凡是应由企业自主决策的事,一律交还企业;凡是能够由社会组织解决的事,积极移交社会组织管理;凡是应由政府承担的职责,要切实履行好。

需要指出的是,有为政府并不意味着强势政府,我们强调的是政府在公共产品提供上的有为,而不是在微观主体管控上的强势回归。从经济运行状况看,行政性垄断的广泛存在,既导致了不公平竞争,也抑制了市场活力,增加了社会公共服务成本。从体制方面看,政府在许多领域其实依然承担着决策者、生产者、监控者等多种角色,集裁判员与运动员于一身,制约了政府职能向公共服务转型的进程。市场经济的好坏,往往与政府在其中扮演的角色有关。如果政府成为市场的分利者,就很难放掉手中的一些审批权,反而还会通过各种途径寻找寻租空间,与一些市场主体发生千丝万缕的利益关系,搅乱市场经济的有序运行,这对企业和经济的发展是十分不利的,对政府本身的完善也是不利的。

如何收缩自己的权力边界?政府要明确自己的权能,不要与社会争利,把精力集中到落实国家宏观调控的政策措施上,以改善发展环境,规范市场秩序,加快社会事业发展等。政府对产业政策的选择也需要慎重,不科学的导向,带来的往往是胡乱指挥,最后引向资源的错配。比方说,一个产业要不要发展、一个企业发展好与不好,其评判权主要在于市场,而不在于政府。政府的公共资源不应该用于扶持某家具体企业的具体项目,而是要为所有企业营造公平竞争的环境。

必须清醒认识,多年来,温州政府都在扮演着"适应者"的角色,政府的转型普遍滞后于经济社会发展这两个轮子,新的规则设置、新的体制设置、新的政策推出,更多的是一种倒逼而来的、出于适应的需要。如何加强前瞻性、顶层设计工作,做发展的"引导者",如何在硬件环境改善的同时,同步提升软环境,都是政府在新时期面临的现实考验。

政府干预常被喻为一只"看得见的手",以与市场机制这只"看不见的手"相对应。我认为,"看得见的手"并不能准确定位政府职能。在市场经济条件下,政府应是一只"灵巧的手"。作为一只"灵巧的手",政府的基本职能是校正市场失灵,同时避免自身失灵。一个能够灵活运用市场机制的政府,才是一个高效的政府。

资料来源:温州日报,http://www.wzrb.com cn/article347400show.html,2012年2月9日.

三、公共财政的概念与特征

公共财政是政府为了实现其职能,满足社会公共需要,弥补市场缺陷,以国家为主体对一部分社会产品进行分配的活动,它是一种为市场提供公共物品和服务的政府分配行为。公共财政是与市场经济相适应的一种财政模式,其核心是公共性,并据此去规范政府的财政活动,以适应市场经济的要求。可以从以下几方面来理解财政的含义(如图1—2所示):

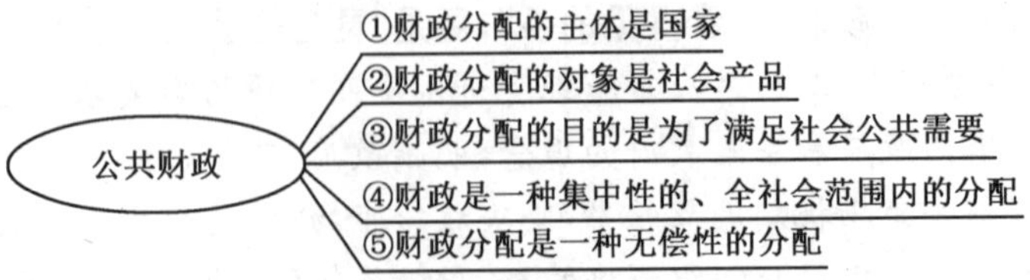

图1—2　公共财政的概念与特征

1. 财政分配的主体是国家

财政是一种非市场行为，是一种对收入的再分配。财政分配必须依托国家的公共权力，以国家的存在为前提，由国家来组织。国家在财政分配中处于主导地位，这使得财政分配作为一种分配范畴，与国民收入的其他分配，如企业财务分配、个人收入分配、价格分配、银行信用分配等有着根本区别，这是财政区别于其他分配范畴的基本特征之一。

财政分配活动中，国家的主体地位主要体现在以下方面：一是财政分配以国家为前提，国家决定着财政分配的范围。不是以国家为主体的分配，就不属于财政分配范畴。二是在财政分配中，国家总是处于主动的支配地位。国家是财政分配活动的决定者与组织者。在财政分配的各项活动中，都是由国家确定的，都取决于国家意志；参与分配的另一方总是处于被动的、从属的地位，是按照国家意志行事的具体执行者。三是财政分配是以国家制定的法律制度为依据进行的。当国家参与社会产品分配时，必然会与各类社会经济组织和社会公民个人在物质利益上产生矛盾。为协调和处理这一矛盾，国家依据法律或行政权力对社会经济关系进行强制处理，这就使财政分配具有强制性。从局部来看，这种强制性是违背社会经济组织和公民意愿的，但从全局来看，这种强制性却是符合社会经济组织和全体公民利益的。

要点强化

【多选题】财政分配的主体是国家，其包括的含义有(　　)。

A. 财政是集中性分配

B. 财政分配以国家制定的法律制度为依据

C. 财政分配是以国家为前提

D. 财政分配中国家处于主导地位

【答案解析】BCD。财政分配活动中，国家的主体地位主要体现在：财政分配以国家为前提，国家总是处于主动的支配地位，财政分配是以国家制定的法律制度为依据进行的。

2. 财政分配的对象是社会产品

从财政分配客体来考察，财政分配的对象是一部分社会产品，主要是剩余产品。全部社会产品是由补偿生产资料消耗(C)部分、劳动者个人收入(V)部分和剩余产品价值(M)部分组成。从财政的实际运行情况来看，财政收入中既包含剩余产品价值(M)部分，也包含劳动者个人收入(V)部分。就全部收入而言，我国财政分配的对象主要是剩余产品价值(M)部分，但从社会经济发展来看，劳动者个人收入(V)部分对财政分配的影响作用也越来越大。

3. 财政分配的目的是为了满足社会公共需要

财政分配的目的是为了满足社会公共需要。社会公共需要是指社会公众在生产、生活和工作中的共同需要，它区别于私人个别需要。就整个社会而言，社会公共需要是为了维持一定社会经济生活，为了维持社会再生产的正常运行，也为了维护市场经济的正常秩序，必须由政府集中提供社会公共需要。社会公共需要，是建立在私人需要之上的，是私人需要的集合，但它不是由个别社会成员或单个经济主体提出来的需要，而是社会全体成员作为一个整体所提出来的需要。社会公共需要的范围颇广，可以分为不同的层次，不同层次的社会公共需要的性质有所不同。社会公共需要分类与满足各层次公共需要的主体见表1-1。

表 1—1　　公共需要层次与经费承担主体

社会公共需要类别	社会公共需要的层次	政府服务的项目	经费负担的主体
完全的社会公共需要	最高层次	国防、外交、司法、基础科研、环境保护、卫生保健等	国家财政
准社会公共需要	第二层次	高等教育、医疗机构、社会保险基金等	国家财政、单位、个人
视同社会公共需要	第三层次	邮政、电信、民航、铁路、供水、供电、江河治理等	国家财政、单位

要点强化

【单选题】 在下列需要中，属于社会公共需要的是（　　）。

A. 普及教育　　B. 个人购买食品　　C. 企业购买原料　　D. 企业技术改造

【答案解析】 A。BCD 都是属于企业或个人的需要。

4. 财政是一种集中性的、全社会范围内的分配

财政分配是宏观经济问题，是在全社会范围内进行的集中性分配，财政收入涉及社会生产与生活的各个领域。财政支出也涉及社会的各个方面，在一个国家内，任何微观经济组织与个人都囊括在财政分配范围之内。因此，国家在组织财政收入和安排支出时，都要以社会总体的发展为目标，不仅要考虑政府部门的自身利益，而且要考虑其对整个国民经济的影响。财政活动的主体是政府，政府作为整个社会代表的身份及其履行的社会职能，决定了财政活动要在全社会范围内集中地进行。

5. 财政分配是一种无偿性的分配

财政分配是为了满足国家行使其职能的需要而进行的，而任何社会形态下的国家都是非生产性的，这就需要财政分配无偿地进行。无偿性表现为财政在筹集使用资金等方面都不需要偿还，财政收入与支出都是价值的单方面转移。随着财政收支活动，其资金的所有权也随之改变。这种特征与银行信用的有偿分配有根本区别。当然，随着财政收支范畴的不断扩大，除无偿的基本形式之外，国家也会运用信用方式来有偿筹集资金，从而形成财政分配的调剂形式，但这种形式只是财政分配的一种补充，并不影响财政分配在整体和本质上的无偿性特征。

四、财政的产生与发展

财政是个分配问题，属于经济范畴，同时它又是人类社会生产力发展到一定历史阶段的产物，是个历史范畴。财政产生有两个前提条件，一个是社会经济条件，即剩余产品的出现；另一个是政治条件，即国家的出现。马克思主义认为，物质资料的生产是人类社会存在和发展的基础，当社会生产的产品超过了劳动者直接的个人消费需要而形成剩余产品的时候，当出现了国家参与剩余产品分配的时候，便产生了财政。

原始社会初期，社会生产力水平极其低下，由此决定了原始社会生产关系的基础是生产资料的原始氏族公有制。在原始社会里，没有剩余产品，没有私有财产，没有阶级、国家，也

没有财政。随着生产力的提高,出现了剩余产品,产生了私有制,社会分化为阶级,从而产生国家。国家为了维持其正常运转,就需要一定的物质基础,国家所需要物质基础只能依靠其公共权力强制地、无偿地取得。这样,在整个社会产品分配领域中就出现了一种由国家直接参与的社会产品的分配,这就是财政分配。可见,财政产生的社会经济条件是剩余产品和私有制的出现,政治条件是国家的产生。财政是随着国家的出现而产生的,并随着国家的发展而发展,也将会随着国家的消亡而消亡。

财政产生以后经历了自然经济社会时期的财政,这个时期的财政主要是满足实现政府政治职能的需要;后来发展到市场经济,这个时期的财政除了满足实现政府政治职能的需要外,还要满足实现政府经济职能和社会职能的需要,即满足社会公共需要。所以,市场经济条件下的财政也被称为"公共财政"。

知识链接 1-4

政府与国家

政府与国家是两个互为联系的概念,国家是居民、政府和领土组成的有机实体,而政府仅仅是组成国家的三大要素之一。政府是指在一国范围内,由一定阶级占统治地位的公共事务管理机关。也就是说,政府握有公共权力,管理着公共事务。财政是为政府实现其职能、管理公共事务提供财力的,因此说财政是政府的经济行为。

第二节　财政的职能

财政职能是由财政本质所决定的财政固有的功能和职责,是不以人的意志为转移的。它回答的问题是"财政能干什么",或是"财政应当干什么"。市场经济条件下财政的职能主要有资源配置职能、公平分配职能和稳定经济职能三种。

一、资源配置职能

(一)资源配置职能的含义

财政资源配置职能是指运用财政机制,通过各种财政手段对特定的人力、物力、财力进行分配,直接或间接引导资源流量、流向,从而形成资源最优分配的功能。其职能目标是保证全社会的人力、物力和财力资源得到有效的利用,通过财政分配最终实现资源的优化配置,以合理的资源配置实现最大的社会效益和经济效益。

在市场经济条件下,市场在资源配置中起基础性作用,但并不是起全部作用。由于存在市场失灵或缺陷,市场不能提供公共产品满足社会需要,市场配置资源有一定的盲目性,会影响资源的合理配置和有效使用等,市场自发形成的配置状态,也不可能实现最优的资源配置结构。这就需要政府从全社会的整体利益出发,由财政承担部分资源配置的职能。

知识链接 1-5

2013 年 11 月，党的十八届三中全会审议通过的《中共中央关于全面深化改革若干重大问题的决定》指出，"经济体制改革是全面深化改革的重点，核心问题是处理好政府和市场的关系，使市场在资源配置中起决定性作用和更好发挥政府作用"。

(二)财政配置资源的内容

财政在资源配置中的任务是利用税收政策、预算支出政策等，对全国的生产要素进行合理组合，形成部门、产业、行业间的资源结构，以合理的资源配置实现最大的经济效益和社会效益。市场经济中，财政资源配置的内容主要有以下几方面：

(1)保证政府机关正常运转需要的物品和劳务的资源配置；

(2)对社会各项公共事业的发展所需资源的配置；

(3)为保护市场主体的正当利益，维护市场经济秩序，对不同地区、部门、企业、个人的贫富悬 殊进行的资源配置；

(4)对弥补市场经济缺陷，调节社会总需求，防止经济波动，保证经济稳定增长进行的资源配置；

(5)对基础设施、基础产业、高科技产业、国家重点建设进行的资源配置。

上述财政配置的内容既包括市场不能提供的行政、国防、司法、公安、基础设施建设等纯公共产品和服务，又包括非竞争性产业、教育、卫生、科技等准公共产品以及为市场服务的资源配置。这些方面显然主要是市场资源配置失灵的领域。

财政可以通过预算支出或通过税收、财政补贴等手段影响私人部门的支出，直接或间接调节社会资源在产业之间的配置，实现社会资源在各产业部门之间的最优配置。为达到这一目标，财政必须优化自己的支出结构，使财政资源配置与市场资源配置有机结合起来，相辅相成，实现优化社会资源配置的目标。

(三)财政在配置资源中的作用

财政在资源配置中具有引导性、弥补性、规则性作用。

1. 引导性作用

市场配置资源具有一定的盲目性，有时不能很好地解决社会总供给和社会总需求平衡及产业结构合理化问题，容易出现经济周期性波动和区域性、系统性经济风险，以及地区经济发展的不平衡等现象。财政可以通过制定和实施中长期经济发展战略、产业规划、市场准入标准等，引导一定的资源向某些产业、区域流动；以财政政策、货币政策、产业政策等为主要手段，实现对经济活动的宏观调控，平抑经济波动，保持宏观经济稳定，促进经济均衡、可持续发展，促进经济转型升级。

2. 弥补性作用

由于外部性、信息不对称、竞争不完全、自然垄断等因素，市场不能有效解决公共产品供给、分配不公平等问题，市场失灵是普遍存在的。这就需要财政发挥弥补性作用，通过提供公共服务、促进共同富裕、推动可持续发展来纠正市场失灵。比如，在收入分配方面，市场配置资源的效率较高，但易造成收入差距过大，影响社会公平和稳定，这就需要财政发挥作用，在保持合理的初次分配格局基础上，通过财政再分配为低收入群体提供必要保障。在公共服务方面，政府是最主要的供给主体，同时，政府在公共服务供给中应注意发挥市场的作用，使公共服务的提供与生产适当分离。

3. 规则性作用

自发的市场机制有时会损害公平和公共利益。政府必须为市场提供规则、营造环境，实施市场监管，维护市场秩序，保障公平竞争，提高资源配置效率和确保公平性。制定必要的规则是政府的职能，通过制定规则对市场进行管理和制约，从而发挥政府在资源配置中的作用。内容主要包括保护各种所有制经济的产权和合法利益，建设统一开放、竞争有序的市场体系，打破各种形式的垄断，反对市场封锁和不正当竞争，规范中介组织发展，保护劳动者权益，建立健全社会征信体系，完善企业破产制度等。

要点强化

【单选题】 在市场经济条件下，财政资源配置存在的主要原因是(　　)。

A. 市场不能提供公共产品　　B. 存在市场竞争性

C. 市场存在的盲目性　　D. 市场的效率低下

E. 人们对财政配置资源的偏好

【答案解析】 AC。市场配置资源具有一定的盲目性，有时不能很好地解决社会总供给和社会总需求平衡及产业结构合理化问题，容易出现经济周期性波动和区域性、系统性经济风险，以及地区经济发展的不平衡等现象。由于外部性、信息不对称、竞争不完全、自然垄断等因素，市场不能有效解决公共产品供给、分配不公平等问题，市场失灵是普遍存在的。

二、公平分配职能

(一)公平分配职能的含义

财政的公平分配职能是指政府为了实现社会公平，通过财政分配，调整政府、企业和个人占有社会产品价值的份额，改变国民收入在各分配主体之间的比例关系，使之符合社会公认的公平或公正分配状态的功能。

财政之所以具有收入分配职能，是由于市场缺陷的存在。市场缺陷的存在造成收入和财富分配的不公平。在市场经济条件下，市场机制是收入分配的主要形式，我国明确实行按劳分配与要素分配相结合的分配原则。各阶层居民的收入分为劳动收入和非劳动收入。劳动收入包括工资、薪金、奖金等；非劳动收入包括财产收入、租金、利息、红利等。由于各经济主体或个人所提供的生产要素不同，资源的稀缺程度不同以及各种非竞争因素的干扰，各经济主体或个人所获得的收入差距较大。由于垄断的存在，使人们即使在收入能力同等的条件下，也会导致经济机会的不均等，再加上社会关系、家族等方面的因素，更加剧了机会不均等的状况，从而也导致人们收入分配的不公平。另外，市场机制下的按劳分配原则会使无劳动能力的人无收入或收入过低，不足以维持其基本生存。所以，运用财政手段调节收入分配很有必要。

知识链接 1-6

基尼系数

一般评价收入差距的指标是基尼系数。其由 20 世纪初意大利经济学家基尼根据洛伦茨曲线所定义的判断收入分配公平程度而建立的指标，是国际上用来综合考察居民内部收入分配差异状况的一个重要分析工具。如图 1—3 所示，设实际收入分配曲线和收入分配绝对平等曲线之间的面积为 A，实际收入分配曲线右下方的面积为 B，并以 A 除以(A+B)的商表示不平等程度。这个数值被称为基尼系数或称洛伦茨系数。如果 A 为零，基尼系数为零，表示收入分配完全平等；如果 B 为零则系数为 1，收入分配绝对不平等。收入分配越是趋向平等，洛伦茨曲线的弧度越小，基尼系数也越小，反之，收入分配越是趋向不平等，洛伦茨曲线的弧度越大，那么基尼系数也越大。

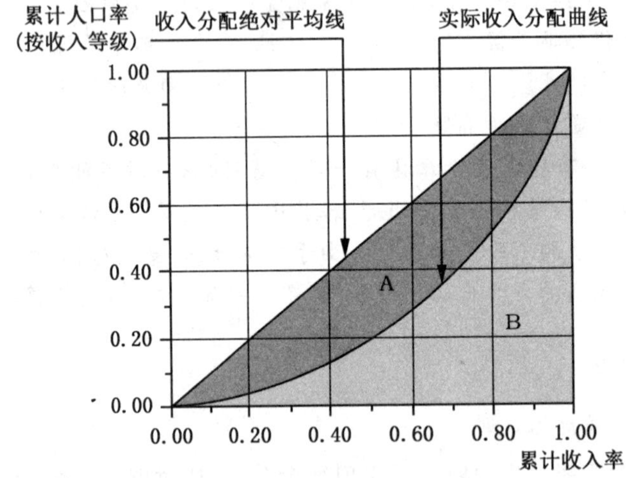

图 1—3 基尼系数与洛伦茨曲线图

按照联合国有关组织规定：若基尼系数低于 0.2 表示收入绝对平均；0.2—0.3 表示比较平均；0.3—0.4 表示相对合理；0.4—0.5 表示收入差距较大；0.6 表示收入差距悬殊。通常把 0.4 作为收入分配差距的"警戒线"。然而，我国近年的基尼系数一直处于 0.4—0.5，表明我国的收入、贫富差距较大，政府应着手降低这一比例，使收入差距控制在社会可接受的范围内。

(二)实现公平分配的财政手段

财政在收入分配方面的重要任务是通过税收和支出等财政手段对市场分配机制进行干预，或者对市场分配机制造成的收入分配不公平的结果进行调节，使社会财富的分配基本符合社会公平。

1. 制定公平的财政制度

这是消除分配不公平的基本手段，财政部门可针对社会收入和财富分配的不同状况，制定多层次、多环节、多税种的税收调节体系，尤其是要建立流转税、财产税同所得税相结合的财政制度,以保证政府对收入分配强有力的调控能力。

2. 个人所得税实行累进税率

仅有公平的财政制度,还不能自动地实现社会公平分配,必须有一个合理运用尤其是对累进个人所得税的合理运用问题。当前世界许多国家都把个人所得税作为调节收入分配的强有力手段,通过累进个人所得税对高收入者多征税,有利于缩小收入差距,实现公平分配。

3. 通过转移支付调节居民的实际生活水平

根据人们的收入状况,对低收入者或无收入能力者实行补助金制度或救济金制度,把资金转移给那些低收入者或无收入者。主要是通过财政补贴支出、社会保障支出、社会救济支出等,以维护居民最低生活水平和福利水平。

4. 调节企业的利润水平

主要是通过征税剔除或减少客观因素对企业利润水平的影响,使企业的利润水平能够反映企业的生产经营管理水平和主观努力状况,使企业在大致相同的条件下获得大致相同的利润。例如,通过开征资源税,可以把一些开采自然资源的企业因资源条件好而取得的超额利润征收到国库;通过征收消费税剔除或减少价格的影响;征收企业所得税可调节不同行业的所得水平等,从而实现企业之间的公平竞争,避免行业、企业和个人之间收入差距过大。

通过以上手段的运用,必然使社会分配趋于公平,但是还应注意公平与效率的矛盾问题。我们在实施公平分配的政策时,由此可能产生"经济效率的额外损失"即"效率代价",这一代价是因为消费者或生产者的偏好受到干扰而产生的。比如对高收入者课税较重,就有可能打击他们的生产积极性,从而减少对生产的要素投入,这必然伴随着效率损失。可见,社会的公平原则在一定程度上排斥市场的效率原则。因此,在执行社会的公平原则时,至少应考虑两个问题:一是任何分配的变动都应以最低的效率代价来完成;二是在执行公平原则时应权衡相互冲突的政策目标。

要点强化

【单选题】财政实现收入公平分配的职能,主要是致力于(　　)。

A. 经济公平　　B. 社会公平　　C. 平均分配　　D. 交易公平

【答案解析】B。财政的公平分配职能是指政府为了实现社会公平,通过财政分配,调整政府、企业和个人占有社会产品价值的份额,改变国民收入在各分配主体之间的比例关系,使之符合社会公认的公平或公正分配状态的功能。

三、稳定经济职能

(一)稳定经济职能的含义

稳定经济职能是指以财政政策为手段,促进社会物价稳定、充分就业、经济稳定增长、国际收支平衡的职责和功能。经济的稳定和增长是各国政府追求的共同目标。

本来,稳定经济是市场机制的职能,即市场机制在稳定经济方面起着基础性作用,市场是能够随着"看不见的手"在一定程度、范围、对象等方面调节和稳定经济的。但是,市场经济活动是有周期的,会出现经济波动的状态,会导致总供给与总需求的不稳定。因此,政府必须发挥手中的政策工具,特别是财政政策工具的作用,进行宏观调控。没有财政的稳定作用，经济发展就会出现大幅度波动，或为长期的持续失业和通货膨胀所困扰。

要点强化

【多选题】 所谓稳定经济，是指政府运用宏观经济政策有意识地影响经济、调控经济，实现(　　)。

A. 充分就业　　B. 物价稳定　　C. 经济适度增长　　D. 国际收支平衡

【答案解析】 ABCD。稳定经济职能是指以财政政策为手段，促进社会物价稳定、充分就业、经济稳定增长、国际收支平衡的职责和功能。

(二)实现经济稳定的财政手段

要实现经济的稳定增长关键是做到社会总供给与社会总需求的平衡，包括总量平衡和结构平衡，财政在这两个方面都能发挥重要作用。

1. 通过财政预算政策进行调节

所谓预算政策调节，就是改变预算结构或规模以影响宏观经济水平，达到经济稳定和增长的目标。这种政策是政府根据现实条件，利用经济形势，采取不同财政措施，以消除通货膨胀或通货紧缩或滞涨，是国家财政干预经济运行的行为。

在经济运行不景气时，总需求小于总供给，财政可以实行适当放松的财政政策，实行国家预算支出大于收入的赤字政策进行调节，通过增加支出减少税收，或两者并举由此扩大总需求，增加投资和就业；在经济繁荣时期，总需求大于总供给，财政可以实行紧缩政策，通过实行国家预算收入大于支出的结余政策进行调节，减少支出或增加税收，或两者并举，由此减少总需求，紧缩投资，抑制通货膨胀。

2. 通过制度性安排来发挥财政“内在稳定器”的作用

内在稳定器是指财政收支制度设计具有对经济总量自动调节的功能。内在稳定器调节的最大特点在于不用政府采取任何其他有意识的政策干预，无须借助于外力就可以直接产生调控的效果。

内在稳定器调节主要表现在财政收入和财政支出两方面。在财政收入方面，主要是实行累进所得税；在财政支出方面，主要是实行失业保险制度。当经济过热，社会总需求大于总供给而出现通货膨胀时，企业和居民名义收入水平提高，适用的税率也会相应提高，这样与通货膨胀前的情况相比企业和个人就要缴纳更多的税收，他们的税后实际收入应会下降，这有利于抑制总需求，从而可以抑制经济过热。另外，在经济过热时期，失业率会下降，政府的失业救济支出、社会保障支出等会减少，这也有利于抑制总需求。

反之，当经济萧条，社会总需求小于总供给而出现通货紧缩时，企业和居民收入水平下降，这时适用的税率也会相应下降，企业和个人实际纳税减少，税后实际收入增加，有利于扩大需求，从而可以刺激经济复苏和发展。另外，在失业保险方面，由于经济衰退导致失业工人增加，政府失业救济支出、社会保障支出等会增加，这有利于扩大总需求，有利于刺激经济复苏。

当然，上述作用是以所得税特别是个人所得税在整个税收体系中有相当大的比重为前提的。目前在我国无论是企业所得税还是个人所得税在全部税收中占的比重都比较低，况且企业所得税还实行比例税率，因此，这种作用比较小。但从长远来看，作为一种制度安排仍然具有借鉴意义。

3. 财政政策和其他政策配合的调节

财政政策和其他政策配合的调节，主要是与货币政策、产业政策、投资政策、国际收支政策等配合调节。这样的调节只要配合得当，协调得好，往往能取得综合性的全方位效果。财政政策与货币政策的配合主要是松紧搭配的政策，如松的财政政策与紧的货币政策、紧的财政政策与松的货币政策等。财政政策的松紧主要是以预算规模的扩张与收缩来衡量和判断的。货币政策的松紧则主要是以利率的下降与上升及信贷规模的扩张与收缩等来衡量和判断的。

财政政策与产业政策、投资政策的配合，主要是财政政策如何协助产业政策与投资政策、国际收支政策的实施，当然，财政政策与产业政策和投资政策、国际收支政策等也不是截然分开的，各自之间相互渗透和交叉。财政政策、货币政策、产业政策、国际收支政策都是政府的宏观调控政策，但在宏观调控中，财政政策处于基础的地位。

四、财政职能的协调配合

财政政策包含不同的目标，在实践中它们互相重叠，要同时发挥财政的资源配置、收入分配和经济稳定职能是存在实际困难的。因此，要制定有效的政策，就要协调不同职能目标的关系。一个职能目标的实现往往会牺牲另一个职能目标，它们彼此间都存在着客观执行结果的冲突。一般来说，政府对资源配置要比对收入分配更有兴趣，但在通货膨胀严重时，政府的注意力会转向经济稳定，从而减少对资源配置和收入分配的重视。如果各种宏观经济问题反复出现，表明政府的财政政策和财政制度存在缺陷。

财政各职能之间既有一致性，也有矛盾性，协调妥当可以相辅相成，协调失当会相悖相克。财政职能的一致性表现在它们都是在国民经济运行的大环境中起作用的，是互为条件，相互促进的。资源配置职能是各职能的前提，调节收入分配职能则是优化资源配置的继续。而经济的稳定增长和发展既是前两种职能的结果，同时又构成实现前两种职能的前提条件。但这些职能在实现中又会经常处于矛盾状态，国家宏观调控以财政职能作为目标，有时会顾此失彼，削弱政策效果。如何权衡利弊，协调运用，充分实施财政职能，统筹考虑各职能目标相互作用，使之同时满足配置、分配和稳定发展的目标，是财政政策实施的重要问题，也是财政体制改革的核心问题。

本章小结

本章从分析身边财政现象入手，分析我们生活中常见的财政现象与财政问题，引出财政的概念。财政是政府为了实现其职能，满足社会公共需要，弥补市场缺陷，以国家为主体对一部分社会产品进行分配的活动，它是一种政府经济活动或政府经济行为。财政的分配主体是国家，分配对象主要是剩余价值 M，还有一部分来自个人的收入 V，财政分配的目的是为了满足社会公共需要，财政是一种集中性的、全社会范围内的分配，财政分配是一种无偿性的分配。

财政职能是由财政本质所决定的财政固有的功能和职责，财政的职能主要有资源配置职能、公平分配职能、稳定经济职能三种。财政资源配置职能是指运用财政机制，通过各种财政手段对特定的人力、物力、财力进行分配，直接或间接引导资源流量、流向，从而形成资源最优分配的功能。市场经济中，保证政府机关正常运转需要的物品、公共事业发展所需资源、弥补市场缺陷、基础设施、基础产业等都需要财政进行资源配置。财政的公平分配职能是指政府为了实现社会公平，通过财政分配，调整政府、企业和个人占有社会产品价值的份额，改变国民收入在各分配主体之间的比例关系，使之符合社会公认的公平或公正分配状态的功能。实现财政公平分配职能的财政手段主要有：制定公平的财政制度；个人所得税实行累进税率；通过转移支付调节居民的实际生活水平；调节企业的利润水平。稳定经济职能是指以财政政策为手段，促进社会物价稳定、充分就业、经济稳定增长、国际收支平衡的职责和功能。经济的稳定和增长是各国政府追求的共同目标。实现经济稳定的财政手段主要是：通过财政预算政策进行调节；通过制度性安排来发挥财政“内在稳定器”的作用；通过财政政策和其他政策的配合进行调节。财政各职能之间既有一致性，也有矛盾性，国家宏观调控以财政职能作为目标，有时会顾此失彼，削弱政策效果。如何权衡利弊，统筹考虑各职能目标相互作用，使之同时满足配置、分配和稳定发展的目标，是财政政策实施的重要问题，也是财政体制改革的核心问题。

思考与练习

一、单选题

1. 某人或某企业的经济活动会给社会上其他人带来损害，但该人或该企业却不必为这种损害进行补偿，这称为(　　)。

A. 规模不经济　　B. 规模经济　　C. 负外部效应　　D. 正外部效应

2. 以下选项中不是负外部效应的例子是(　　)。

A. 氟利昂气体破坏了部分臭氧层

B. 二氧化碳的排放引起全球变暖

C. 工业烟雾的排放增加了肺癌率

D. 当自然资源的价格增加时消费者必须支付更多

3. 导致市场失灵是因为经济中存在(　　)。

A. 竞争不完全和信息不完全　　B. 公共物品

C. 外部性　　D. 以上都是

4. 某人的行为给其他人带来经济利益，但其他人并不为此支付费用，这种现象称之为(　　)。

A. 公共物品　　B. 搭便车　　C. 正外部效应　　D. 负外部效应

5. 解决负外部效应可以采取(　　)的方法。

A. 征税　　B. 停止生产　　C. 补贴　　D. 以上都可以

6. 公共物品消费的特征是指(　　)。

A. 非竞争性与非排他性　　B. 非竞争性与排他性

C. 竞争性与非排他性　　D. 竞争性与排他性

7. 消费的非排他性是指(　　)。

A. 只有支付价格才能获得消费权利　　B. 不支付价格也能获得消费权利

C. 只有一个消费者　　D. 只有一个生产者

8.“搭便车”的现象源于(　　)。

A. 公共物品　　B. 私人物品　　C. 社会福利　　D. 不完全信息

9. 卖主比买主知道更多关于商品生产和质量信息的情况称为(　　)。

A. 道德风险　　B. 搭便车　　C. 排他性　　D. 信息不对称

10. 财政履行收入分配职能的主要目标是(　　)。

A. 实现资源配置高效率　　B. 实现收入平均分配

C. 实现收入公平分配　　D. 实现经济的稳定增长

11. 财政在社会再生产过程中属于(　　)。

A. 生产环节　　B. 交换环节　　C. 分配环节　　D. 消费环节

12. 财政的分配主体是(　　)。

A. 企业　　B. 银行　　C. 事业单位　　D. 国家

13. 财政的分配对象是(　　)。

A. M　　B. V　　C. V+M　　D. C

14. 经济萧条时,政府采用的财政手段应是(　　)。

A. 减税　　B. 减少投资　　C. 增税　　D. 减少财政支出

15. 财政收入再分配职能主要调节(　　)的分配。

A. 国民收入与个人收入　　B. 集体收入与国家收入

C. 企业利润与个人收入　　D. 国家收入与个人收入

16. 区分公共物品与私人物品的标准是(　　)。

A. 排他性　　B. 竞争性　　C. 排他性和竞争性　　D. 排他性或竞争性

17. 当经济运行达到了高效率时,一部分人改善处境必须以另一些人处境恶化为代价,这状态被称为(　　)。

A. 帕累托最优　　B. 完全竞争　　C. 市场失灵　　D. 外部效应问题

二、多选题

1. (　　)的活动会引起正外部效应。

A. 消费比萨饼　　B. 在课堂上教育某位学生

C. 公共场所吸烟　　D. 注射麻疹免疫针

2. (　　)的情况下不会产生外部效应。

A. 企业向空气排放污染物　　B. 家庭主妇铲掉家门口的雪

C. 在一个人的封闭环境里吸烟　　D. 养蜂人的蜜蜂给邻居的果树授粉

3. 政府提供国防这类公共物品的经济理由是(　　)。

A. 只有政府有能力提供　　B. 避免搭便车现象的影响

C. 私人对这类公共物品的评价低　　D. 避免私人生产的亏损结果

4. 财政的主要职能有(　　)。

A. 分配职能　　B. 资源配置职能　　C. 公平分配职能　　D. 稳定经济职能

5. 经济过热时，应采取的财政手段有（　　）。

A. 减税　　B. 增加财政支出　　C. 增税　　D. 减少财政支出

6. 财政具有内在稳定器的作用，主要体现在（　　）。

A. 累进税率　　B. 财政补贴支出　　C. 社会保障支出　　D. 政府投资支出

7. 财政在资源配置中的作用有（　　）。

A. 引导性作用　　B. 规则性作用　　C. 弥补性作用　　D. 分配性作用

8. 下列说法不正确的是（　　）。

A. 任何人都要支付相同数量的费用，才可以消费公共产品

B. 市场失灵指的是市场完全不好

C. 公共物品可以由私人来生产

D. 吸烟具有正外部效应

9. 下列各项产品中属于公共产品的有（　　）。

A. 国防　　B. 社会秩序　　C. 环保　　D. 防疫

10. 财政实现收入分配的机制和手段是（　　）。

A. 金融债券　　B. 税收　　C. 转移支付　　D. 国债制度

三、名词解释

1. 财政
2. 资源配置职能
3. 公平分配职能
4. 稳定经济职能
5. 外部效应

四、思考题

1. 什么是市场失灵？市场失灵表现在哪些方面？
2. 什么是信息不充分？举例说明为什么信息不充分会导致市场失灵。
3. 如何理解财政的概念？
4. 如何实现财政的资源配置职能？
5. 如何实现财政的公平分配职能？

五、案例分析

【案例一】

贫富差距是民众关心的热点社会问题之一，2017年1月20日国家发展改革委副主任兼国家统计局局长宁吉喆指出，近年来，中国的基尼系数总体上呈下降趋势，2012年到2015年，中国居民收入的基尼系数分别为0.474、0.473、0.469、0.462。2016年是0.465，比2015年提高了0.003，但是它并没有改变中国基尼系数总体下降的趋势。宁吉喆称，过去一年，中国城乡居民收入的相对差距缩小，从2015年的城乡收入倍差2.73下降到2016年的2.72。

但是基尼系数为何又有所扩大？宁吉喆表示，根据调查，主要是城市一部分低收入者养老金的收入增速略有放缓，以及农村一部分只靠粮食生产收入为主的，由于粮价的下跌，收入略有减少，可能主要是这两个原因。总的趋势没有改变，而且政府加大脱贫扶贫攻坚的力

度和城乡一体化建设的步伐，居民收入差距会保持逐步缩小的趋势，这是可以预期的。

（资料来源：中新网）

根据以上资料，结合所学知识，请同学们谈谈对此现象的理解，并设计解决这一问题的思路。

【案例二】

自2007年起我国农村义务教育阶段中小学生全部免收学杂费，并对贫困家庭的学生实行"两免一补"的政策，即免收学杂费、免费提供教科书，并补助寄宿生生活费。2008年秋全国城市也实现了义务教育阶段免收学杂费。这样一来，我国义务教育由消费者承担部分成本的现象终止，义务教育终于实现了国家买单。

根据所给案例材料，用所学理论进行分析论证，说明自己的观点和认识，理论运用要恰当，逻辑阐述要清楚，观点陈述要明确。

第二章

财政支出

【知识目标】

1. 理解财政支出的含义，掌握财政支出的分类构成和基本原则；
2. 掌握购买性支出的含义、性质、内容和经济意义；
3. 掌握转移性支出的含义、内容、性质和经济意义；
4. 理解几种常见的财政支出效益分析方法。

【能力目标】

1. 能运用所学的财政支出知识分清财政支出的种类；
2. 能运用购买性支出和转移性支出对经济发展的不同作用，分析评判国家制定财政政策的合理性及执行效果；
3. 明确转移性支出的内涵，描述社会保障、社会保险、社会福利等概念；
4. 描述衡量财政支出效益的基本方法。

【情感目标】

通过身边小事感悟百姓和财政支出的密切关系，增强国家观念，教育学生关心和支持国家财政工作和财政政策，以国家利益为重。

【案例导入】

2017年我国财政收支情况

2017年,各级财政部门深入贯彻落实党中央、国务院决策部署,坚持稳中求进工作总基调,牢固树立新发展理念,坚持以推进供给侧结构性改革为主线,实施更加积极有效的财政政策,降低企业税费负担,加大财政支出结构调整力度,提高财政资金效益,全年财政收支情况较好,有力促进了经济平稳健康发展和社会和谐稳定。

一、全国一般公共预算收支情况

(一)一般公共预算收入情况

1—12月累计,全国一般公共预算收入172 567亿元,同比增长7.4%[①]。其中,中央一般公共预算收入81 119亿元,同比增长7.1%[②];地方一般公共预算本级收入91 448亿元,同比增长7.7%。全国一般公共预算收入中的税收收入144 360亿元,同比增长10.7%;非税收入28 207亿元,同比下降6.9%。

今年以来,主体税种多数增长较快。主要情况如下:

1. 国内增值税56 378亿元,同比增长8%。其中,改征增值税下降5.7%。

2. 国内消费税10 225亿元,同比增长0.1%。

3. 企业所得税32 111亿元,同比增长11.3%。

4. 个人所得税11 966亿元,同比增长18.6%。

5. 进口货物增值税、消费税15 969亿元,同比增长24.9%;关税2 998亿元,同比增长15.1%。

6. 出口退税13 870亿元,同比增长14.1%。

7. 城市维护建设税4 362亿元,同比增长8.1%。

8. 车辆购置税3 281亿元,同比增长22.7%。

9. 印花税2 206亿元,同比下降0.1%。其中,证券交易印花税1 069亿元,同比下降14.6%。

10. 资源税1 353亿元,同比增长42.3%。

11. 土地和房地产相关税收中,契税4 910亿元,同比增长14.2%;土地增值税4 911亿元,同比增长16.6%;房产税2 604亿元,同比增长17.3%;城镇土地使用税2 360亿元,同比增长4.6%;耕地占用税1 652亿元,同比下降18.6%。

12. 车船税、船舶吨税、烟叶税等税收收入944亿元,同比增长8.5%。

(二)一般公共预算支出情况

1—12月累计,全国一般公共预算支出203 330亿元,同比增长7.7%。其中,中央一般公共预算本级支出29 859亿元,同比增长7.5%;地方一般公共预算支出173 471亿元,同比增长7.7%。

从主要支出科目情况看:教育支出30 259亿元,增长7.8%;科学技术支出7 286亿元,增长11%;文化体育与传媒支出3 367亿元,增长6.4%;社会保障和就业支出24 812亿元,增长16%;医疗卫生与计划生育支出14 600亿元,增长9.3%;节能环保支出5 672亿元,增长19.8%;城乡社区支出21 255亿元,增长15.6%;债务付息支出6 185亿元,增长21.9%。

二、全国政府性基金预算收支情况

(一)政府性基金预算收入情况

1—12月累计,全国政府性基金预算收入61 462亿元,同比增长34.8%。分中央和地方看,中央政府性基金预算收入3 825亿元,同比增长6.4%;地方政府性基金预算本级收入57 637亿元,同比增长37.3%,其中国有土地使用权出让收入52 059亿元,同比增长40.7%。

(二)政府性基金预算支出情况

1—12月累计,全国政府性基金预算支出60 700亿元,同比增长32.7%。分中央和地方看,中央政府性基金预算本级支出2 684亿元,同比增长6.7%;地方政府性基金预算相关支出58 016亿元,同比增长34.2%,其中国有土地使用权出让收入相关支出51 780亿元,同比增长37.1%。

三、全国国有资本经营预算收支情况

(一)国有资本经营预算收入情况

1—12月累计,全国国有资本经营预算收入2 579亿元,同比下降1.2%。其中,中央国有资本经营预算收入1 244亿元,同比下降13%;地方国有资本经营预算本级收入1 335亿元,同比增长13.2%。

(二)国有资本经营预算支出情况

1—12月累计,全国国有资本经营预算支出2 011亿元,同比下降6.7%。其中,中央国有资本经营预算本级支出766亿元,同比下降18.2%;地方国有资本经营预算支出1 245亿元,同比增长2.1%。

注解:

①为推进财政资金统筹使用,2017年1月1日起将新增建设用地土地有偿使用费、南水北调工程基金、烟草企业上缴专项收入3项政府性基金调整转列一般公共预算。相关文件2017年3月份印发,4月起在2016年基数中考虑3项政府性基金转列一般公共预算的影响,并以此为基础计算同比增减额和增减幅。

②与全国人大批准的预算口径一致,即对2016年1—6月收入执行数,按营改增后新体制分别计算中央、地方分享收入,以此作为2017年1—6月中央、地方收入的基数,并相应计算同比增减额与增减幅,下同。

(资料来源:http://www.mof.gov.cn/index.htm. 中国财政部官网,2018年1月25日。)

第一节 财政支出概述

一、财政支出的概念

财政支出是政府为提供公共产品和服务,满足社会共同需要而进行的财政资金的支付。财政支出是财政分配活动的重要环节,财政支出的规模和结构可以反映政府职能的范围大小。财政支出作为一种满足社会共同需要的资源配置活动,是针对社会单位或私人部门资源配置不足而实施的，具有公共性的特征。政府作为社会的组织者和管理者，在为市场提供公共服务的过程中，必然直接或间接地发生各种费用，这些费用就表现为财政支出。它反映了国家的政策，规定了政府活动的范围和方向，是政府履行其职能必不可少的财力保证；它能够调节和引导市场对资源的合理配置和有效利用，调控经济运行的规模和结构，促进国民经济持续、协调、稳定增长。

财政支出与财政收入一起构成财政分配的完整体系，财政支出是财政收入的归宿，它反映了政府政策的选择，体现了政府活动的方向和范围。所以，它是财政分配活动的重要环节。

二、财政支出的分类及意义

财政支出是一级政府为实现其职能，对根据法令和法规所取得的资金进行的再分配。政府的财政支出可按照不同标准进行分类，根据《2016 年政府收支分类科目》，有功能分类和经济分类两类基本标准。

（一）财政支出功能分类

1. 财政支出功能的分类

支出功能分类，简单地讲就是按政府主要职能活动分类，主要反映政府各项职能活动及其政策目标。根据社会主义市场经济条件下政府职能活动情况及国际通行做法，将政府支出分为类、款、项三级。其中，类、款两级科目设置情况如下：

（1）一般公共服务支出。分设 32 款：人大事务、政协事务、政府办公厅（室）及相关机构事务、发展与改革事务、统计信息事务、财政事务、税收事务、审计事务、海关事务、人事事务、纪检监察事务、人口与计划生育事务、商贸事务、知识产权事务、工商行政管理事务、食品和药品监督管理事务、质量技术监督与检验检疫事务、国土资源事务、海洋管理事务、测绘事务、地震事务、气象事务、民族事务、宗教事务、港澳台侨事务、档案事务、共产党事务、民主党派事务、群众团体事务、彩票事务、国债事务、其他一般公共服务支出。

（2）外交支出。分设 8 款：外交管理事务、驻外机构、对外援助、国际组织、对外合作与交流、对外宣传、边界勘界联检、其他外交支出。

（3）国防支出。分设 3 款：现役部队及国防后备力量、国防动员、其他国防支出。

（4）公共安全支出。分设 10 款：武装警察、公安、国家安全、检察、法院、司法、监狱、劳教、国家保密、其他公共安全支出。

（5）教育支出。分设 10 款：教育管理事务、普通教育、职业教育、成人教育、广播电视教育、留学教育、特殊教育、教师进修及干部继续教育、教育附加及教育基金支出、其他教育支出。

（6）科学技术支出。分设 9 款：科学技术管理事务、基础研究、应用研究、技术研究与开发、科技条件与服务、社会科学、科学技术普及、科技交流与合作、其他科学技术支出。

（7）文化体育与传媒支出。分设 6 款：文化、文物、体育、广播影视、新闻出版、其他文化体育与传媒支出。

（8）社会保障和就业支出。分设 17 款：社会保障和就业管理事务、民政管理事务、财政对社会保险基金的补助、补充全国社会保障基金、行政事业单位离退休、企业关闭破产补助、就业补助、抚恤、退役安置、社会福利、残疾人事业、城市居民最低生活保障、其他城镇社会救济、农村社会救济、自然灾害生活救助、红十字事业、其他社会保障和就业支出。

(9)社会保险基金支出。分设 6 款：基本养老保险基金支出、失业保险基金支出、基本医疗保险基金支出、工伤保险基金支出、生育保险基金支出、其他社会保险基金支出。

(10)医疗卫生支出。分设 10 款：医疗卫生管理事务、医疗服务、社区卫生服务、医疗保障、疾病预防控制、卫生监督、妇幼保健、农村卫生、中医药、其他医疗卫生支出。

(11)环境保护支出。分设 10 款：环境保护管理事务、环境监测与监察、污染防治、自然生态保护、天然林保护、退耕还林、风沙荒漠治理、退牧还草、已垦草原退耕还草、其他环境保护支出。

(12)城乡社区事务支出。分设 10 款：城乡社区管理事务、城乡社区规划与管理、城乡社区公共设施、城乡社区住宅、城乡社区环境卫生、建设市场管理与监督、政府住房基金支出、土地有偿使用支出、城镇公用事业附加支出、其他城乡社区事务支出。

(13)农林水事务支出。分设 7 款：农业、林业、水利、南水北调、扶贫、农业综合开发、其他农林水事务支出。

(14)交通运输支出。分设 4 款：公路水路运输、铁路运输、民用航空运输、其他交通运输支出。

(15)工业商业金融等事务支出。分设 18 款：采掘业、制造业、建筑业、电力、信息产业、旅游业、涉外发展、粮油事务、商业流通事务、物资储备、金融业、烟草事务、安全生产、国有资产监管、中小企业事务、可再生能源、能源节约利用、其他工业商业金融等事务支出。

(16)其他支出。分设 4 款，预备费、年初预留、住房改革支出、其他支出。

(17)转移性支出。分设 8 款：返还性支出、财力性转移支付、专项转移支付、政府性基金转移支付、彩票公益金转移支付、预算外转移支出、调出资金、年终结余。

要点强化

【单选题】国家财政用于义务教育的支出，属于(　　)。

A. 科教文卫支出　　B. 债务支出

C. 行政支出　　D. 国防支出

【答案解析】A。用于义务教育的支出显然属于科教文卫支出，故选 A。

2. 按照功能分类的意义

(1)按政府职能对财政支出进行分类，可以表明财政支出的用途及整个财政支出在主要职能之间的配置，还可以表明各类支出在整个财政支出中的相对地位以及在不同时期的变动情况。

(2)能够清晰准确地反映政府各项职能活动支出的总量、结构和方向，有利于按照公共财政要求和宏观调控实际需要，及时有效地进行财政支出总量控制和支出结构调整。

(3)支出功能分类与支出经济分类相结合，可以形成一个相对稳定的、既反映政府职能活动又反映支出性质、既有总括反映又有明细反映的支出分类框架，从而为全方位的政府支出分析创造了有利条件。

(4)便于进行国际比较。财政支出功能分类，这是现今世界各国广泛采用的一种分类方法。了解财政支出功能分类，对若干国家在同一时期的支出结构做横向分析，则可以揭示各国国家职能的差别。

（二）财政支出经济分类

财政支出按支出的经济性质进行分类，显示的是“钱花到哪儿去了”。根据 2016 年政府支出经济分类，我国财政支出分 9 个类级科目，具体包括：工资福利支出、商品和服务支出、对个人和家庭的补助支出、对企事业单位的补贴支出、转移性支出、债务利息支出、基本建设支出、其他资本性支出和其他支出。类级科目下设相应的款级科目，类、款依次逐级细化。

（三）根据交易的经济性质分类

按财政交易的经济性质即以财政支出是否与商品和服务相交换为标准，可将全部财政支出分为购买性支出和转移性支出两类。按交易的经济性质进行分类，比较容易分析政府对经济运行资源配置及分配调节的方向、力度和作用。

购买性支出又称消耗性支出，是指政府各部门的消费和投资性支出，是在商品或劳务市场上购买所需商品和劳务的支出。购买性支出的特点是在市场上遵循等价交换的原则，政府付出资金，得到相应的商品与劳务，具有有偿性和直接性的特征。它体现的是政府市场性再分配活动，对社会生产和就业的直接影响较大，执行资源配置的能力较强。这类支出主要有各种经济建设支出，以及文教、行政、国防支出等。

转移性支出是指政府按照一定方式，将一部分财政资金无偿地、单方面转移给居民和其他受益者，主要由社会保障支出和财政补贴组成。其特点是单方面的、无偿的资金支付，政府不能从中获得相应的商品和劳务，具有无偿性和间接性的特征。它是政府的非市场性再分配活动，对收入分配的直接影响较大，执行收入分配的职能较强。这类支出主要有债务利息支出、养老金、财政补贴、失业救助金等。

转移性支出和购买性支出对经济的影响是不同的。购买性支出对经济的影响是通过政府直接以购买者身份参与商品和劳务的交换来实现的，因而对资源配置有直接影响，对国民收入分配的影响则是间接的。而转移性支出只是资金使用权的转移，对分配产生直接影响，对资源配置的影响是间接的。因此在财政支出总额中，购买性支出所占的比重越大，财政对资源配置的直接影响就越大；反之，转移性支出所占的比重越大，财政活动对收入分配的直接影响就越大。这也说明，财政支出的不同支出方式对国民经济的影响是有差异的。

要点强化

【单选题】转移性支出具有较强的（　　）职能。

A. 资源配置　　B. 稳定经济　　C. 收入分配　　D. 安置就业

【答案解析】C。转移性支出是政府的非市场性再分配活动，对收入分配的直接影响较大，执行收入分配的职能较强。

（四）按财政支出的用途分类

按财政支出的用途分类，可将财政支出分为补偿性支出、积累性支出与消费性支出。补偿性支出主要是对在生产过程中固定资产的耗费部分进行弥补的支出，如挖潜改造资金支出。积累性支出是指最终用于社会扩大再生产、非生产性基本建设和增加社会储备等方面的支出，如基本建设支出、增拨企业流动资金支出、国家物资储备支出及科技三项费用、地质勘探费、支农、各项经济建设事业费、城市维护建设费等支出中增加固定资产的部分。消费性支出指用于社会共同消费的支出，这部分支出对提高整个社会的物质文化生活水平起着重大的作用。主要有文教科学卫生事业费、抚恤和社会救济费、行政管理费、国防费等支出，以及科技三项费用、地质勘探费、支农支出、各项经济建设事业费、城市维护建设费等支出中非增加固定资产的部分，属于消费性支出。

这种分类方法有利于分析国民经济中积累和消费的比例关系，促进国民收入分配合理比例关系的形成，有利于建立合理的财政分配结构，促进经济协调发展。在我国财政支出中，补偿性支出所占的比重较小，积累性支出所占的比重较大，但近年来有所下降，消费性支出的比重正逐渐上升。

要点强化

【单选题】下列财政支出属于积累性支出的是（　　）。

A. 企业挖潜改造支出　　B. 行政管理费支出

C. 国防支出　　D. 基本建设支出

【答案解析】D。积累性支出是指最终用于社会扩大再生产、非生产性基本建设和增加社会储备等方面的支出。基本建设支出属于积累性支出。

（五）按财政支出与国家职能关系分类

财政支出按照与国家职能的关系分，一般可分为经济建设支出、社会文教支出、行政管理支出、国防支出、债务支出和其他支出。

（1）经济建设费支出，包括基本建设支出、流动资金支出、地质勘探支出、国家物资储备支出、工业交通部门基金支出、商贸部门基金支出等。

（2）社会文教费支出主要包括政府用于文化、教育、科学、卫生、出版、通信、广播、文物、体育、地震、海洋、计划生育等方面的经费、研究费和补助费。

（3）行政管理费支出主要包括用于国家行政机关、事业单位、公安机关、驻外机构的各种经费、业务费、干部培训费等。

（4）国防支出。主要包括各种武器和军事设备支出，军事人员给养支出，有关军事的科研支出，对外军事援助支出，民兵建设事业支出，用于实行兵役制的公安、边防、武警部队和消防队伍的各种经费。

（5）债务支出和其他支出。债务支出包括由政府借入的国内外资金、发行的各类债券的本金和利息支出。

财政支出的各种分类如图 2－1 所示。

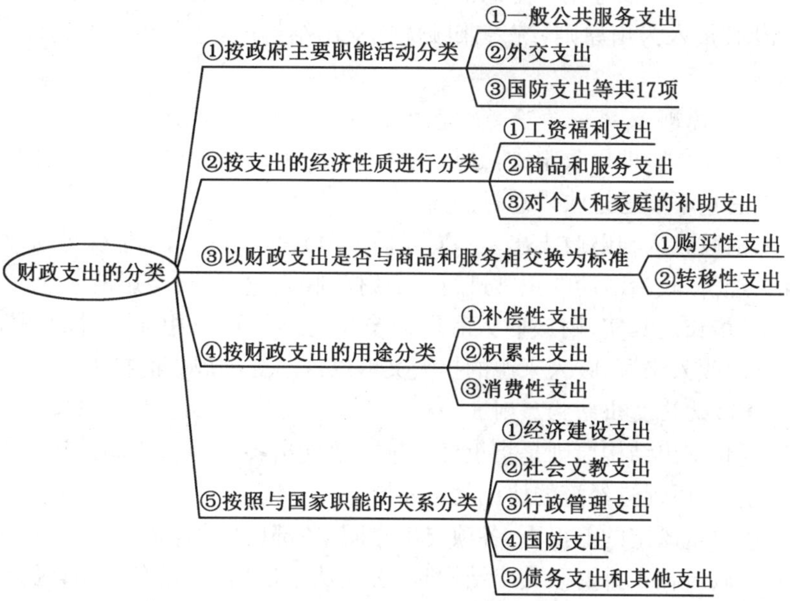

图 2—1　财政支出的分类

要点强化

【多选题】行政管理支出包括(　　)。

A. 行政管理费　　　　B. 公检法经费

C. 武装警察部队经费　　　　D. 外交支出

【答案解析】ABCD。行政管理费支出主要包括用于国家行政机关、事业单位、公安机关、驻外机构的各种经费、业务费、干部培训费等。

要点强化

【单选题】大幅度增加政府支出,这是扩大内需最主动、最直接、最有效的措施。下列属于国家财政支出范畴的是(　　)。

A. 财政部增发 1 500 亿元国债　　　　B. 提高居民最低收入保障标准

C. 私营企业用于技术改造的支出　　　　D. 个人及其家庭消费开支

【答案解析】B。A 项属于财政收入的范畴。C、D 两项支出的主体为私营企业、个人及其家庭,不是国家。

三、财政支出的原则

财政支出的内容涉及社会和经济中各方面的利益,在安排财政支出的过程中会遇到各种复杂的矛盾,如财政支出与财政收入的矛盾,财政支出中各项目支出之间的矛盾,以及财政支出中如何提高支出效益问题等。为了正确地分配、使用和管理财政资金,保证国民经济有序地持续稳定发展，必须遵循一定的准则即财政支出的原则。在我国财政支出中必须坚持以下三个原则：量入为出原则，统筹兼顾优化支出结构的原则，厉行节约、讲求效益的原则。

（一）量入为出原则

所谓量入为出原则，即以收定支，是指在合理组织财政收入的基础上，根据收入规模来安排支出，支出总量不能超过收入总量。

在实践中，财政收入与财政支出是一对矛盾。财政收入过少，不能保证财政支出的最低需要，影响社会经济、政治活动的正常进行。而财政收入过高，又会影响企业和劳动者个人物质利益的正常增长。其实，财政收入和财政支出之间是可以相互促进的，财政支出的增加，可以扩大财政收入来源，收入来源的扩大又可以带动支出规模的扩大。

（二）统筹兼顾优化支出结构原则

统筹兼顾优化支出结构原则是指正确安排财政支出各个项目之间的比例关系，使之实现结构的最优组合，以促进经济的协调稳定发展。

在财政支出总量既定的前提下，各项支出之间、各部门之间，客观上存在着此增彼减的矛盾。这就要求政府在安排财政支出结构时，必须从全局出发，通盘规划，区分轻重缓急与主次先后，正确处理好购买性支出和转移性支出之间的关系，正确处理好投资性支出与公共消费性支出的关系，公共预算支出和投资性建设支出的比例关系，经济建设支出和经常性支出的比例关系，正确处理国民经济各部门之间的比例关系等。

（三）厉行节约、讲求效益原则

厉行节约、讲求效益原则就是要求将财政收入安排在最合适的财政支出项目中，用尽可能少的劳动耗费和劳动占用取得尽可能多的有用劳动成果，使有限的财政资金产生最大的效益。提高财政资金支出效益，是财政支出的核心问题。

这种效益不同于其他经济主体的支出效益，财政支出的效益必须处理好两个关系：

一是财政支出的社会效益和经济效益的关系。财政支出的经济效益是指以尽可能少的财政资金耗费为国家提供更多的财政收入，这主要是针对建设性支出而言。而一些经常性支出项目不能直接取得经济效益，如国防、文化、教育、科学、卫生等方面的支出。但它有利于社会安定团结，人民生活的改善，即能取得很好的社会效益。在安排财政支出时，在侧重社会效益的前提下，必须把这两种效益有机地结合起来考虑。

二是财政支出的宏观效益与微观效益的关系。在国民经济总体效益的实现上，有时可能出现对企业等微观经济组织的效益不利。因此在财政支出安排上，要将宏观利益和微观利益很好地结合起来，要从国家全局的需要出发，兼顾微观经济主体的利益。

一般在财政支出既定的情况下，提高财政支出效益的途径有两个：一是尽可能地节约使用财政资金，减少所费，即少花钱多办事；二是使用同等数量的财政资金获得更大的有用成果，即增加所得。

目前，根据财政支出项目的不同，世界上评价财政支出效益的方法主要有以下三种："成本—效益"分析法、最低费用选择法和公共劳务收费法。

第二节 购买性支出

购买性支出是政府用于在市场上购买所需商品与劳务的支出，是西方财政学按照财政支出是否与商品劳务直接交换为标准，进行的财政支出分类。这类支出所形成的货币支付直接对市场提出购买要求，形成相应的购买商品或劳务的活动。

一、购买性支出的作用

购买性支出主要包括两部分：一是政府购买日常行政管理所需商品和劳务的支出，被称为消费性支出，如行政管理、教育、卫生、国防等。二是政府用于各种公共投资的支出，被称为投资性支出，如中国政府修建三峡工程、南水北调等支出。购买性支出大多通过政府采购完成，基本上反映了社会资源和要素中由政府直接配置与消耗的份额，因而是公共财政履行效率、公平和稳定三大职能的直接体现。

(1)购买性支出直接形成社会资源和要素的配置，因而其规模和结构等大致体现了政府直接介入资源配置的范围和力度，是公共财政对于效率职能的直接履行。这样，购买性支出能否符合市场效率准则的根本要求，是公共财政活动是否具有效率性的直接标志。

(2)购买性支出中的投资性支出，将对社会福利分布状态产生直接影响，因而是公共财政履行公平职能的一个重要内容。

(3)购买性支出直接引起市场供需对比状态的变化，直接影响经济周期的运行状况，因而是政府财政政策的相机抉择运作的基本手段之一，是公共财政履行稳定职能的直接表现。为此，必须正确把握财政的购买性支出对市场均衡状态的影响，以确保政府正确实施财政政策。

二、购买性支出的内容

(一)社会公共消费支出

1. 行政管理支出

行政管理支出是财政用于国家政权机构正常运转所必不可少的开支，是财政最基本支出之一。行政管理支出反映着国家性质和一定时期政治经济任务的主要方向，其支出多少主要取决于国家政权结构及其职能范围。行政管理支出属于社会消费性支出，其具体内容包括：(1)立法机构支出，主要是用于各级人大机关经费和人民代表大会的各项经费支出；(2)行政支出，主要是用于各级政府机关、行政管理部门和经济管理部门的各项支出；(3)公检法支出，主要包括公安支出、安全支出、司法支出、法院支出、检察院支出等；(4)外交支出等。

近几年，我国行政管理费用一直较高，这与我国政府职能转变不到位、政府机构设置不尽合理等有关。我国2016年全国一般公共预算支出决算结果显示：一般公共服务支出为14 790.52亿元，比上年增长9.2%；外交支出总额482亿元，比上年增长0.3%；公共安全支出总额为11 031.98亿元，比上年增长19.5%。①

① 中华人民共和国财政部官网：http://yss.mof.gov.cn/2016js/201707/t20170713_2648981.html[OL].

2. 国防支出

国防支出是财政用于国防建设、国防科研事业、军队正规化建设以及民兵建设方面的费用支出。从公共产品理论看，国防属于纯公共产品的范畴，这是一国政府对外执行政治职能的必然结果，所以这项支出也是财政必须保证的支出之一。国防支出主要是用于陆、海、空各军种、兵种的经常性费用、各项国防建设和国防科研费用等的支出，它对于推进国防现代化、提高人民军队和民兵在现代战争条件下的作战能力，抵御外来侵略有十分重要的意义。

近几年，随着国家经济的不断发展，我国国防费逐年有所增加，2016 年我国国防支出总额为 9 765.84 亿元，比上年增长 7.5%。[①]

3. 社会文教支出

社会文教支出是各种社会事业支出的简称，是指政府财政用于文化、教育、科学、卫生等事业部门的经费支出。这些单位是为社会提供公共服务的非权力机构，但承担某些政府职能，它们是介于政府机关和企业之间的公共部门，它们提供的是纯公共产品和准公共产品。

社会文教支出的主要内容有如下两种分类方式。(1)按支出的部门划分，包括文化事业费、教育事业费、科学事业费、卫生事业费、中医事业费、体育事业费、通讯事业费、广播电影电视事业费、出版事业费、文物事业费、药品监督管理事业费、地震事业费、海洋事业费、计划生育事业费等。(2)按支出用途划分，包括人员经费支出、公共经费支出(如公务费、零星设备购置费、修缮费、业务费等)。

文教科卫等部门是非物质生产部门，它们不生产物质产品，也不提供生产性劳务。但它们是社会发展、人类进步所不可缺少的。科教文卫事业的发展与社会经济发展和城乡居民生活息息相关，服务效益外溢十分明显，所以开展这些事业所需经费应由财政和社会公众共同承担。作为一种“社会公益性事业”，文教支出具有多重性：(1)文教支出属于社会消费支出；(2)文教支出属于非生产性支出；(3)文教支出是一种社会性的共同需要；(4)文教支出的许多内容会形成对经济发展的强大推动力。如科技、教育等方面的支出。正是由于文教事业的这些性质和对国民经济发展的重要意义，各国政府都投入大量资金支持其发展。我国文教事业支出一直是财政支出的一个重要项目，在财政总支出中占有相当大的比重。我国 2016 年全国一般公共预算支出决算结果显示：教育支出为 28 072.78 亿元，比上年增长 6.9%；科学技术支出总额为 6 563.96 亿元，比上年增长 12%；文体体育与传媒支出总额为 3 163.08 亿元，比上年增长 2.8%。[②]

要点强化

【单选题】社会消费性支出属于(　　)。

A. 购买性支出　　B. 转移性支出　　C. 社会保障支出　　D. 专项支出

【答案解析】A。购买性支出主要包括两部分：一是政府购买日常行政管理所需商品和劳务的支出，被称为消费性支出。二是政府用于各种公共投资的支出，被称为投资性支出。

①② 中华人民共和国财政部官网：http://yss.mof.gov.cn/2016js/201707/t20170713_2648981.html[OL].

知识链接 2－1

文教事业作为准公共产品没有必要由国家统包，而应当由国家、社会、企业共同承担。文教事业的提供一般都具有排他性，如一人入学排斥了其他人入学，这表明文教事业具有“私人产品”属性，应由私人提供，通过市场竞争实现配置。但文教事业具有很大的社会效益，属于社会公益事业。公益事业存在较大的外部性，使提供者不能实现成本与效益的对应计算，私人提供存在一定困难。文教事业的社会属性、福利属性使得国家在其提供中承担着很大的责任，但这并不是说必须、全部由国家来提供各种事业。

对各项事业支出，应按其公共产品属性的“纯度”来决定政府提供的范围。即要对各项事业进行分类，公共产品属性较强的应由政府提供，私人产品属性强的则由市场提供，或交给社会和企业来办，逐步形成一个以政府提供为龙头或主导的事业体系。因此，文教支出的选择在实践中存在许多实际困难，常常面临公平与效率的两难境地。

（二）政府投资性支出

政府投资性支出又称公共投资性支出，它是政府财政用于各种公共性质项目的资金支出。投资与经济增长关系密切，政府为促进经济增长往往利用财政投资来拉动，以调节经济运行。财政投资在全社会投资中所占比重不大，但并不意味着财政投资不重要，它能弥补市场调节的不足，还可以通过财政投资引导和制约社会投资的投资总量和投资结构。

1. 政府投资性支出的特点

社会总投资可以分为公共投资和私人投资两个部分，政府投资性支出是社会总投资的重要组成部分，有如下特点：

（1）政府投资性支出的主体是政府，投资能力和承担风险的能力都较强。

（2）政府投资性支出的目的在于提高社会效益。政府居于宏观调控的主体地位，公共投资一般不单纯从经济效益角度来安排投资，公共投资可以是微利甚至是无利的，但建成后的项目可以极大地提高国民经济的整体效益。

（3）政府投资性支出的宏观调控性。政府投资性支出是政府调控经济运行的重要手段，它可以配合国家调控经济运行，确保国民经济协调、稳定、健康发展。

（4）政府投资项目一般是大型项目和长期项目。政府财力雄厚，且资金来源大多数是无偿的，可以投资于大型项目和长期项目，这是非政府部门的投资力量所不能及的。

2. 政府投资的重点领域

在竞争性生产投资项目上，财政投资支出的主要对象是支柱产业的重点项目和高新技术产业、新兴产业开发项目，通常表现为对这些投资项目进行有选择的支持，并参与投资。在基础产业投资项目上，政府财政应该集中必要的财政资金进行财政投资，并引导社会资金和国外资金积极参与投资。在公益事业投资项目上，政府财政应该承担投资的责任，用政府的财政资金来提供这些“纯公共产品”。

政府投资作为一种非市场的投资行为，虽然可以弥补市场缺陷，促进资源有效配置，但不可过分夸大公共投资的作用。否则会造成政府对市场的过度干预，甚至会窒息市场活力，可见公共投资必须有确定的范围。

（1）基础设施。基础性项目投资支出是指政府用于基础设施和基础工业方面最终形成资产的支出，是经济发展的外部环境所必需的。基础设施主要包括交通运输、通信、供水、供气等设施，基础工业主要是指能源、原材料（如建筑材料、钢材、石油等）。基础设施投资项目具有建设周期长、投资多、收益低、风险高等特点，因此主要由政府来集中财力投资。

（2）公益事业投资。公益事业投资支出是指政府用于国防、行政、科教文卫等社会公共部门有形资产的支出，公益性投资项目属于非生产性支出，一般建成后无盈利或盈利很少，因而主要靠政府投资。公益性投资项目支出除了特别重要的项目和必须由中央政府安排的项目以外，绝大部分项目按受益范围由所在地方政府承担投资。

（3）农业投资。农业投资是指财政直接用于支援农业的各项支出。主要包括农业基础设施建设、大江大河治理、农业科研开发与推广、生态环境保护、防治自然灾害等涉及广泛的基础性农业投入。我国农业基础设施薄弱，自身积累率低，这部分支出主要由财政拨款解决。

三、购买性支出的管理方式——政府采购制度

提高购买性支出的效益是提高整个财政支出效益的关键。为了节约财政支出，提高财政资金的使用效率，加强宏观调控，世界各国都建立了政府采购制度。

政府采购制度在各国的经济管理中有着十分重要的地位，目前发达国家的政府采购占GDP的比率较高，一般为10%以上，美国高达25%。政府采购制度具有公开、公平、竞争性的特征。公开竞争是政府采购制度的基石，它既体现了公平的原则，通过竞争，政府能买到具有最佳价格和性能的物品和劳务，节约财政资金，使公民缴纳的税金产生最大的效益，又体现了效率原则，从制度上杜绝了腐败行为的产生。

政府采购的相关内容，在第六章详细讲解，此处不再赘述。

第三节　转移性支出

转移性支出是指政府为实现特定的目标对相关社会成员或特定的社会集团所给予的部分财政资金的无偿转移，通常包括各种社会保障支出、各项财政补贴支出、捐赠支出和债务利息支出等。政府之所以提供转移性财政支出，主要是为了促进社会公平。

一、社会保障支出

（一）社会保障的特征

社会保障是指国家依据一定的法律和法规，在劳动者或全体社会成员因年老、疾病、伤残丧失劳动能力或丧失就业机会以及遇到其他事故而面临生活困难时，向其提供必不可少的基本生活保障和社会服务。社会保障作为一种经济保障形式，具有以下几个基本特征。

1. 覆盖面的广泛性

社会保障的实施主体是国家，目的是满足全体社会成员的基本生活需要，因此社会保障的受益范围是广泛的，保障的辐射角度也是全方位的。完整的社会保障体系如一张安全网，覆盖社会经济生活的各个层次、各个方面。从原则和道义上讲，任何一个社会成员都不应被排斥或遗漏在这张安全网之外。

2. 参与上的强制性

虽然社会保障事业惠及每一位社会成员，但每个人对社会保障的需求程度和社会保障对不同个人所产生的边际效用却各不一样，甚至有很大差别。这样，在经过付出与收益之间比较权衡之后，一些社会成员可能选择不参与社会保障，这显然不利于社会整体利益。因而，此时的强制参与就是必要的，并且以法律形式加以确定。

3. 制度上的立法性

社会保障作为政府的社会政策，在为全体社会成员提供保障的同时，也要求全社会共同承担风险，这就涉及社会的各个方面和各种社会关系。为了使社会保障具有权威性，明确地调整各阶层、群体以及个人社会保障利益关系，就必须把国家、集体（雇主）、个人（雇员）在社会保障活动中所发生的各种社会关系用法律形式固定下来。

4. 受益程度的约束性

社会保障只涉及基本生存方面的风险，它直接带来的不是享受，只是满足基本生活保障的需要。受益程度的约束性是由社会保障的存在前提和基本出发点决定的。由于社会保障的项目、水平及制度的健全与否都受到社会化大生产发展程度的制约，因此，如果过多过滥的保障项目或受益水平过高会影响社会成员的劳动积极性，不利于社会公平，也不利于为社会成员创造相对平等的机会。

（二）社会保障支出的内容

社会保障的主要内容，包括社会保险、社会救助、社会优抚和社会福利等，见图 2－2。

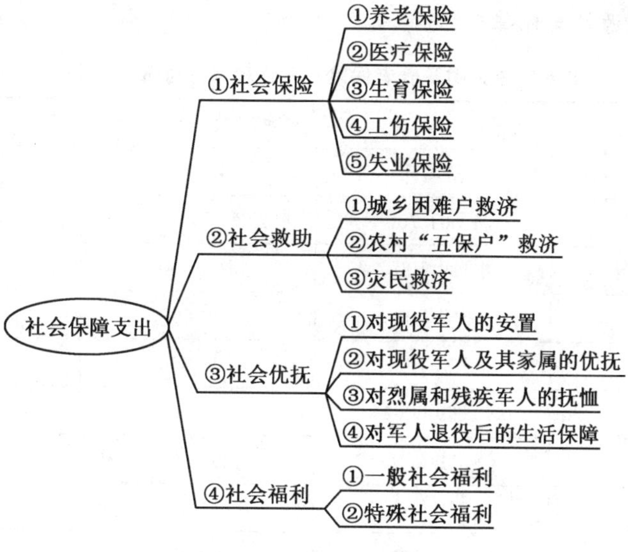

图 2—2　社会保障支出的分类

1. 社会保险

社会保险是指国家根据法律，强制由劳动者、企业、政府三方共同筹集基金，在劳动者面临生、老、病、伤、残、失业等风险时获得基本生活需要和健康保障的一种社会保障制度。社会保险是最基本的社会保障项目，是现代社会保障的核心内容。

我国的社会保险包括养老保险、医疗保险、生育保险、工伤保险、失业保险，合称为“五险”。

(1)养老保险。养老保险是社会保障制度的重要组成部分,是社会保险五大险种中最重要的险种之一。养老保险是国家和社会根据一定的法律和法规,为解决劳动者在达到国家规定解除劳动义务的劳动年龄界限,或因年老丧失劳动能力退出劳动岗位后,按规定每年获得一定收入的一种保障制度。这包括三层含义:第一,养老保险是在法定范围内的老年人完全或基本退出社会劳动后才自动发挥作用的;第二,养老保险的目的是为保障老年人的基本生活需要,为其提供稳定可靠的生活来源;第三,养老保险是以社会保险为手段来达到保障目的。

知识链接 2-2 **财政部 人力资源社会保障部**

关于下达 2016 年中央财政养老保险一般性转移支付资金的通知

财社〔2016〕86 号(节选)

省(自治区、直辖市)财政厅(局)、人力资源社会保障厅(局):

根据《人力资源社会保障部、财政部关于 2016 年调整退休人员基本养老金的通知》(人社部发〔2016〕37 号),现预拨你省(自治区、直辖市)养老保险一般性转移支付资金,具体如下:

各级财政部门要按照《财政部关于清理整顿地方财政专户的整改意见》(财库〔2011〕171 号)的规定,及时足额将此次下达的中央财政转移支付资金拨入同级社会保障基金财政专户。年度终了后,省级财政、人力资源社会保障部门要及时将资金的使用情况上报财政部、人力资源社会保障部。

2016 年中央财政养老保险一般性转移支付资金分配表

	中央财政补助(万元)		
	合　计	企　业	机关事业
地方合计	4 561 700	3 366 600	1 195 100
天津	134 100	105 900	28 200
河北	264 600	190 400	74 200
山西	158 700	106 600	52 100
内蒙古	169 600	122 500	47 100
黑龙江	339 000	267 800	71 200
吉林	209 600	164 300	45 300
辽宁	448 200	362 800	85 400
安徽	206 500	145 000	61 500
江西	190 600	139 000	51 600
河南	301 100	196 200	104 900
湖北	323 000	254 400	68 600
湖南	259 100	183 500	75 600

续表

	中央财政补助(万元)		
	合　计	企　业	机关事业
广西	170 100	112 400	57 700
海南	42 100	31 700	10 400
重庆	217 800	182 100	35 700
四川	488 400	391 600	96 800
贵州	94 400	56 600	37 800
云南	120 500	71 200	49 300
西藏	6 900	2 000	4 900
陕西	161 300	113 300	48 000
甘肃	95 600	65 500	30 100
青海	28 600	18 100	10 500
宁夏	37 700	27 900	9 800
新疆	94 200	55 800	38 400

财政部　人力资源社会保障部

2016 年 6 月 30 日

资料来源:http://www.mof.gov.cn/index.htm 中国财政部官网

(2)医疗保险。医疗保险是一种以职工和单位缴纳的税(费)及政府补助为经费来源的社会保险制度,这种保险负责支付患病职工及退休人员的医疗费用,职工的直系亲属也可享受一定的医疗补助。医疗保险具有社会保险的强制性、互济性、社会性等基本特征。因此,医疗保险制度通常由国家立法强制实施,建立基金制度,费用由用人单位和个人共同缴纳,医疗保险费由医疗保险机构支付,以解决劳动者因患病或受伤害带来的医疗风险。

(3)失业保险。失业保险是国家通过立法强制实行的,由社会集中建立基金,对由于各种原因中断工作,暂时失去生活来源的劳动者提供一定时期物质帮助,并通过转岗训练和生产自救,使其重新就业的社会保险制度。失业保险具有以下几个特点:一是普遍性。主要是为保障有工资收入的劳动者失业后的基本生活,覆盖范围包括劳动力队伍中的大部分成员。二是强制性。它是通过国家制定法律、法规强制实施的。三是互济性。失业保险基金主要来源于社会筹集,由单位、个人和国家三方共同负担,缴费比例、缴费方式相对稳定,筹集的失业保险费,不分来源渠道,不分缴费单位的性质,全部并入失业保险基金,在统筹地区统一调度使用以发挥互济功能。

(4)生育保险。生育保险是通过国家立法规定,在劳动者因生育子女而导致劳动暂时中断时,由国家和社会及时给予物质帮助的一项社会保险制度。我国生育保险待遇主要包括两项:一是生育津贴,用于保障女职工产假期间的基本生活需要;二是生育医疗待遇,用于保障女职工怀孕、分娩期间以及职工实施节育手术时的基本医疗保健需要。

(5)工伤保险。工伤保险是指国家和社会为在生产、工作过程中遭受意外事故和患职业性疾病的劳动者,如受伤、残疾而暂时或永久丧失劳动能力的,失去正常工资收入来源时,生活难以为继,享受工资、医疗救治、伤残补助、生活保障和职业康复等物质帮助的一种社会保障制度。

要点强化

【单选题】社会保障制度的核心是(　　)。

A. 社会救助　　B. 社会保险　　C. 社会福利　　D. 社会优抚

【答案解析】B。社会保险是指国家根据法律,强制由劳动者、企业、政府三方共同筹集基金,在劳动者生、老、病、伤、残、失业等风险时获得基本生活需要和健康保障的一种社会保障制度。社会保险是最基本的社会保障项目,是现代社会保障的核心内容。

2. 社会救助

社会救助,是指国家通过国民收入的再分配,对无劳动能力、无生活来源或遭受自然灾害等意外事故而无法维持最低生活水平的社会成员给予的物质帮助,以保障其最低生活水平的制度。其主要特点:一是全部费用由政府从财政资金中解决,接受者不需要缴纳任何费用;二是受保人享受社会救助待遇需要接受一定形式的经济状况调查,国家向符合救助条件的个人或家庭提供救助。我国的社会救助主要包括:城乡困难户救济、农村"五保户"救济(即对分散供养的孤寡老人、残疾人保吃、保穿、保住、保医、保葬的救济)、灾民救济。目前,我国已初步形成以城乡最低生活保障制度为核心,以临时应急救助补充,与医疗、住房、教育、司法等分类专项救助制度配套的社会救助体系框架。

要点强化

【单选题】社会救助属于(　　)。

A. 购买性支出　　B. 转移性支出　　C. 积累性支出　　D. 生产性支出

【答案解析】B。社会救助,是指国家通过国民收入的再分配,对无劳动能力、无生活来源或遭受自然灾害等意外事故而无法维持最低生活水平的社会成员给予的物质帮助,以保障其最低生活水平的制度。属于转移性支出。

3. 社会优抚

社会优抚是指对国家和社会有功劳的特殊社会群体给予补偿和褒扬的一种制度。主要包括:对现役军人的安置;对现役军人及其家属的优抚;对烈属和残疾军人的抚恤;对军人退役后的生活保障等。

社会优抚的主要特点有:第一,优抚对象具有特定性。优抚的对象是为革命事业和保卫国家安全做出牺牲和贡献的特殊社会群体,由国家对他们的牺牲和贡献给予补偿和褒扬。第二,优抚保障的标准较高。由于优抚具有补偿和褒扬性质,因此,优抚待遇高于一般的社会保障标准,优抚对象能够优先优惠地享受国家和社会提供的各种优待、抚恤、服务和政策扶持。第三,优抚优待的资金主要由国家财政支出。第四,优抚内容具有综合性的特点。社会优抚与社会保险、社会救助和社会福利不同,它是特别针对某一特殊身份的人所设立的,内容涉及社会保险、社会救助和社会福利等,包括抚恤、优待、养老、就业安置等多方面的内容,是一种综合性的项目。

知识链接 2-3　　优抚对象

优抚对象主要包括以下人员:中国人民解放军现役军人和武警官兵;革命伤残军人;复员退伍军人;革命烈士家属;因公牺牲军人家属;病故军人家属;现役军人家属等。为保障优抚安置对象的权益,国家陆续颁布了《革命烈士褒扬条例》《军人抚恤优待条例》和《城镇退役士兵安置条例》等法规。这些法规规定了对于牺牲军人家属、伤残军人、老复员军人等重点优抚对象实行定期定量补助,对义务兵家属普遍发放优待金,对伤残军人等重点优抚对象实行医疗费用减免,城镇退役士兵可享受政府一次性就业安置,对自谋职业的安置对象发给一次性经济救助。

4. 社会福利

社会福利是指国家和社会有关部门对社会成员提供的各种福利。它是社会保障体系的最高层次,分为一般社会福利和特殊社会福利。一般意义的社会福利是指国家和社会有关部门及团体举办的面向全社会的服务事业和兴建的社会服务设施。如国家体育部门兴建的全民性的社会健身设施。特殊福利是指政府民政部门或社会团体为残疾人和无劳动能力的人举办的福利事业,这项福利面向特定的受益对象。

为保障特殊困难群体的生活权益,国家先后颁布了《中华人民共和国老年人权益保障法》《中华人民共和国残疾人保障法》和《农村五保供养工作条例》等法律法规,对城市孤寡老人、符合供养条件的残疾人和孤儿实行集中供养,对农村孤寡老人,符合供养条件的残疾人和孤儿实行集中供养与分散供养结合;集中供养一般通过举办社会福利院、敬老院、疗养院、儿童福利院等福利机构进行;对于残疾人,通过政府的优惠来兴办多种形式的社会福利企业,为适合参加劳动的残疾人获得就业机会。

要点强化

【单选题】社会保障体系的最高层次是(　　)。

A. 社会保险　　B. 社会救济　　C. 社会优抚　　D. 社会福利

【答案解析】D。社会福利是社会保障体系的最高层次,分为一般社会福利和特殊社会福利。

二、财政补贴支出

财政补贴是一国政府根据一定时期政治经济形势及方针政策,为达到特定的目的,对指定的事项由财政安排的专项资金补助支出。财政补贴的依据是国家在一定时期的政策目标,其规模、结构、期限等都必须服从政府的政策需要,体现了较强的政策性。财政补贴是政府进行的一种社会产品再分配的过程,政府将其从社会获得的一部分收入再无偿转移给某些企业或居民支配使用，是国家可以掌握的一个灵活经济杠杆。

（一）财政补贴的性质

作为一种转移支出，财政补贴支出同社会保障支出有很多相似性。从政府角度来看，无论是以补贴形式还是以社会保障形式拨付支出，都不能换回任何东西，都是无偿支付。从领取补贴者角度来看，无论以什么名目得到政府的补贴，都意味着实际收入的增加，经济状况都较前有所改善。

然而，这两类转移性支出也有一定的差别。差别主要体现在与相对价格体系的关系上，财政补贴总与相对价格的变动相关联，财政补贴会引起价格变动，价格变动也可能导致财政补贴。所以，很多人把财政补贴称为价格补贴或财政价格补贴。社会保障支出则与产品和劳务的价格不发生直接联系，人们获得保障收入后可能会用于购买，从而影响价格的变化，但这种影响既不确定又是间接的。因为与相对价格结构有直接关联，财政补贴便具有改变资源配置结构、供给结构与需求结构的影响，而社会保障支出则很少有这种影响。

（二）财政补贴的分类

财政补贴可依据不同标准进行分类：

（1）按财政补贴对象，分为价格补贴、企业亏损补贴、利息补贴、职工生活补贴等。

（2）按财政补贴列收列支的不同方法分为财政直接列入支出和冲减财政收入两种方法。世界大多数国家将财政补贴全部列入财政支出，我国的企业亏损补贴不列为支出，而是作冲减财政收入的方法处理，除此以外的其他补贴在财政支出中列支。

（3）按财政补贴的环节，分为生产环节补贴、流通环节补贴和消费环节补贴。生产环节补贴是指财政直接拨付给生产企业的财政补贴，它是各国财政补贴的主要内容，我国财政提供的国有企业亏损补贴中大部分用于弥补生产企业的补贴。流通环节补贴是指财政拨付给商业批发部门及零售行业的补贴，如财政平抑市场物价的补贴。消费环节补贴是财政为了稳定居民的生活水平向消费者提供的补贴，如向城镇居民提供的物价补贴。

（4）按财政补贴的透明度划分，可分为明补和暗补。明补是直接以货币的形式对职工的补贴，如财政对职工的副食品补贴等；暗补是以低价的形式向居民或单位提供物质的补贴，如生产资料价格补贴等。

（三）我国的财政补贴内容

我国的财政补贴是根据国家预算管理要求进行划分的，主要有以下几方面的内容。

1. 价格补贴

价格补贴是国家财政在商品购销价格倒挂的情况下，对工商企业支付的补贴，或购销价格顺挂的情况下对消费者支付的提价补贴。价格补贴按产品类别的不同，具体包括以下几种：(1)农产品价格补贴。这是价格补贴的主要内容，根据补贴对象不同又分为两大类：商业企业价差补贴和城镇居民的副食品价格补贴。(2)农业生产资料价格补贴。这是指国家为了以低于价值的销售价格向农民出售农业生产资料，向有关生产企业拨付的价差补贴。国家给予价差补贴的主要有化肥、农药、农用电、农用塑料薄膜等农业生产资料。(3)日用工业品价格补贴。这是指国家为了使日用工业品的批发价格或市场零售价格在成本上升的情况下保持不变，向商业企业支付的亏损补贴，如燃气价格亏损补贴等。(4)工矿产品价格补贴。这是指中央财政对地方调出省外统配煤，国家收购黄金、白银等工矿产品，因调出或收购价格较低而支付的财政补贴。

2. 企业亏损补贴

企业亏损补贴又称国有企业计划亏损补贴，主要是指国家为了使国有企业能够按照国家计划生产、经营一些社会需要但由于客观原因生产经营中将出现亏损的产品，而向这些企业拨付的财政补贴。导致企业计划性亏损的原因，主要是产品计划价格水平偏低，不足以抵补本行业的平均先进成本而造成的亏损。

企业亏损补贴与价格补贴之间有所不同：(1)补贴的对象不同。价格补贴主要与市场零售有关，而企业亏损补贴主要与工业生产资料有关。(2)补贴的受益人不同。价格补贴的直接受益人主要是城乡企业居民，而企业亏损补贴的直接受益人主要是相关企业。(3)补贴的环节不同。价格补贴多补贴在流通环节，一般向商业企业提供，而企业亏损补贴则在生产环节，一般向生产企业提供。(4)补贴的用途不同。价格补贴主要用于弥补购销倒挂给企业造成的价差损失，而企业亏损补贴主要向经营价格倒挂产品的企业提供经营费用和合理留利。

3. 财政贴息

财政贴息是指国家财政对使用某些规定用途的银行贷款的企业，对其支付的贷款利息提供的补贴，其实质是财政代企业支付部分或全部贷款利息，它是政府财政支持有关企业或项目发展的一种有效方式。

4. 税式支出

税式支出又称“税收支出”，是指国家财政根据税收制度的各种优惠规定对于某些纳税人或课税对象给予的减税免税，它也是一种比较隐蔽的财政补贴。税式支出减少了国家财政收入，实质上是以税收方式发生的财政支出。税式支出的主要形式有：税收豁免、税收抵免、优惠税率、延期纳税、盈亏相抵、加速折旧、退税等。

运用财政补贴能够调节社会供求平衡，维护宏观经济稳定，保证城乡居民的基本生活水平，合理利用和开发资源等诸多积极影响。但如果财政补贴范围过广、项目过多，也会扭曲比价关系，削弱价格作为经济杠杆的作用，妨碍对成本和效益的正确核算，掩盖企业的经营性亏损；补贴数额过大会加重国家财政负担，影响经济建设规模，阻碍经济发展。所以，必须合理确定财政补贴范围，适时调整财政补贴标准，不断加强财政补贴管理，有效改进财政补贴方式，使财政补贴真正有效地发挥调节作用。

要点强化

【多选题】财政补贴的形式主要有(　　)。

A. 价格补贴　　B. 政策性亏损补贴　C. 财政贴息　　D. 福利补贴

【答案解析】ABC。我国财政补贴主要有价格补贴、企业亏损补贴、财政贴息和税式支出。没有福利补贴的形式。

课堂思考 2－1

四部委调整新能源汽车补贴政策 支持充电基建运营

2018 年 2 月 13 日，财政部、工信部等四部委发布《关于调整完善新能源汽车推广应用财政补贴政策的通知》，调整完善推广应用补贴政策，地方应不断加大基础设施建设力度和改善新能源汽车使用环境，从 2018 年起将新能源汽车地方购置补贴资金逐渐转为支持充电基础设施建设和运营、新能源汽车使用和运营等环节。

《通知》从 2018 年 2 月 12 日起实施，2018 年 2 月 12 日至 2018 年 6 月 11 日为过渡期。过渡期期间上牌的新能源乘用车、新能源客车按照《财政部 科技部 工业和信息化部 发展改革委关于调整新能源汽车推广应用财政补贴政策的通知》(财建〔2016〕958 号)对应标准的 0.7 倍补贴，新能源货车和专用车按 0.4 倍补贴，燃料电池汽车补贴标准不变。

资料来源：环球网，2018 年 2 月 20 日

上述新能源汽车补贴属于什么补贴？为什么？请分析。

(四)财政补贴的经济影响

财政补贴总是直接或间接与价格变动有关，不是财政补贴引起价格变动，就是价格变动导致财政补贴，因此，财政补贴会影响资源配置、需求和供给。

1. 财政补贴对资源配置的影响

财政补贴与价格变动密切相关，财政补贴会改变原先的相对价格体系，引起生产消费行为的变化，生产者倾向于生产更多的补贴品，消费者倾向于消费更多的补贴品。价格是市场机制引导资源配置最重要的信号，相对价格发生变动后，资源配置也随之变化。

2. 财政补贴对需求的影响

财政补贴会影响价格水平，价格又是影响需求的最重要因素之一。一般而言，商品和劳务的价格越低，企业和个人对它们的需求越大，因而财政补贴会影响需求。另一方面，财政补贴改变了国民收入中原有的分配结构，一部分企业或个人由于获得财政补贴而增加了收入，购买力增强，有能力购买更多的产品和劳务，从而对产品和劳务的需求增加。

3. 财政补贴对供给的影响

对企业的财政补贴会降低企业的生产成本，提高企业的盈利水平，企业从事该生产活动有利可图，从而会增加供给。对个人的财政补贴增加了其可支配收入，购买力增强，个人对产品和劳务的需求增加，由此刺激供给相应增加。

要点强化

【单选题】 从下图《家电下乡》中我们可以读出的信息有(　　)。

①国家通过财政收入的再分配加大对农民购买家电的补贴

②国家财政支出决定着经济发展的水平和质量

③国家财政支出可以扩大内需、促进社会公平

④国家财政支出有助于提高人民生活水平

A. ①②③　　B. ②③④　　C. ①③④　　D. ①②④

家电下乡

【答案解析】C。从漫画中能直接读出的信息就是①加大对农民购买家电的补贴；③既符合漫画中的扩大内需也符合通过对农民购买家电实行补贴，体现社会公平；通过这一措施有助于提高人民生活水平，④正确。②表述错误，国家财政支出可以促进经济发展的水平和质量，但不是起“决定”作用。

三、其他转移性支出

转移性支出中除了社会保障支出和财政补贴支出这两大部分外，还有其他一些支出项目，主要有援外支出、债务利息支出和其他支出。虽然它们所占比例并不大，但也有其特殊作用。

（一）援外支出

援外支出是指财政用于援助其他国家、地区或国际组织的各种支出。它在不直接形成国内商品和劳务的需求时，具有转移性支出的性质。在当今世界，国与国之间的政治经济联系日益密切，对外交流日益增加，援外支出对于加快本国经济发展、维护世界和平都具有重要意义。如同接受外援一样，国家很自然地要对外提供或大或小的援助。作为发展中国家，我国的援外支出能力有限，在援外上量力而行，同时要注意对外援助的方式与效果。

（二）债务利息支出

债务利息支出是指政府财政用于偿还国内外借款的利息支出。国家债务的利息支出，并不对国内资源和要素（商品和劳务）形成直接的需求压力，从这个意义上说，财政的债务利息支出具有转移性支出的性质。

四、购买性支出和转移性支出对社会经济的影响

在市场经济条件下，政府可以通过财政的购买性支出和转移性支出的合理安排，服务于社会经济目标的实现。

1. 政府可以通过调节购买性支出来影响社会总需求

由于政府购买性支出的实现直接购买和消耗社会资源，购买性支出是社会总需求的重要组成部分。即在市场经济条件下，当有必要通过政府公共支出政策来实现对社会总需求

的调节时,可以扩大或压缩购买性支出,从而增加或压缩社会总需求,以促进社会总供求的平衡,为经济发展服务。

2. 政府可以通过调节转移性支出促进社会稳定与公平

转移性支出是政府对有关方面的一种无偿性资金拨付,可以在一定程度上增加接受者的收入,对弥补收入分配不公平,缩小收入差距,保障社会稳定有重要意义。

但是,由于储蓄倾向的存在,转移性支出只有部分会间接增大社会总需求,这使其对社会总需求的影响不如购买性支出的作用更直接、效果更佳。在国家的公共支出政策中,转移性支出主要起着稳定社会的作用。因此,政府通过公共支出政策调控经济,影响社会总供需,主要是通过调节政府购买性支出实现的。

第四节　财政支出效益的分析方法

提高财政支出效益是财政支出的核心问题。因为财政支出项目繁多,不同支出项目的效益所表现的形式不同。有些支出项目有直接的经济效益,有些支出项目只有社会效益而没有直接的经济效益,还有些支出项目既有经济效益又有社会效益。在长期的财政实践中,国际上总结出一系列对效益形式不同的支出项目的效益分析方法。

一、财政支出效益的概念

通常所说的效益是指经济效益,即人们在有目的的实践活动中“所费”与“所得”的对比关系。讲求效益,就是通常所说的“少花钱,多办事”,或者“办好事,少花钱”,它是经济活动的核心问题。财政支出效益是指政府为满足社会公共需要进行的财力分配(即“所费”)与所取得的社会实际效益(即“所得”)之间的比例关系。这里的所得指的是通过财政支出活动取得的有用成果,既包括局部、直接、经济的成果,也包括整体、间接、社会的成果。衡量效益的标准有两个:一是在所费相同的情况下,所得越多效益越好;二是在所得相同的情况下,所费越少效益越好。

由于公共财政的职能主要是用无偿性税收来满足社会公共需要的,而且各支出项目在性质上千差万别,相当多的“所费”无法直接计算“所得”,财政支出效益除了要考虑“所费”本身带来的“所得”以外,更关注很难量化的“所得”——宏观效益,或者说社会效益,因此,必须正确把握财政支出效益的含义。

财政支出效益与微观经济主体支出的效益存在着较大的区别,主要体现在以下两个方面:一是财政支出的主要目标是社会效益最大化,而不能像私人经济部门一样仅以利润为目的;二是财政支出项目在许多情况下不能直接用市场价格来估算,因而两者在计量方面也有很大的差异。一般来说,对财政支出通常采用的是成本—效益分析法和最低费用选择法两种主要的衡量方法。

二、财政支出效益的构成与特点

(一)财政支出效益的构成

从政府资源配置、资源耗用的全过程看,财政支出效益包括财政支出配置效益和财政支出耗用效益两个部分。

1. 财政支出配置效益

它是指政府财政资源配置满足各种不同社会共同需要的内在合比例程度。从广义上讲，财政资源的配置包括组织收入和安排支出两个阶段。从社会整体资源分配的角度看，组织财政收入的“聚财”过程，仅仅是财政内部资源分配活动的前提条件。

2. 财政支出耗用效益

它是在财政资源耗用阶段，政府为提供特定的社会共同事务而耗用的财政量与其效益的比较。财政活动在经过了分配阶段以后并没有完结，而进入对政府财政资金的具体耗费与使用阶段，只有在经过这个阶段完成了社会共同事务的供给以后，整个政府支出活动才算完结。

(二)财政支出效益的特点

1. 经济与社会效益的统一

财政资金的经济效益指财政资金的耗费与经济成果之间的对比关系，即少花钱，多办事。财政支出的社会效益指财政资金耗费与社会效果的对比关系。社会效果往往难以用货币来度量。财政支出的经济效益要服从于社会效益。

2. 微观与宏观效益的统一

微观效益是指每一笔财政支出项目所带来的具体的效果；宏观效益是财政支出总量和结构的安排与调整所产生的国民经济和社会发展全局及人民整体、长远利益的效果。

3. 直接与间接效益的统一

在考察财政支出效益时，既要考察其直接效益，也要考察其间接效益，如学校的教育经费支出。

三、财政支出效益评价的方法

财政支出项目千差万别，衡量财政支出的效益需要多种方法。有一些支出项目，如电站投资，其效益是经济的、有形的，可以用货币计量。对于此类财政支出的效益，可以用成本—效益分析法进行分析。另有一些支出，如军事、政治项目，成本是易于计算的，但效益却不易衡量，而且通过此类支出所提供的商品或劳务，不可能以任何形式进入市场交换。分析此类财政支出效益，一般采用最低费用选择法。还有一些项目，如公路、邮电之类，成本易于衡量，效益难以计算，但通过这些支出所提供的商品或劳务，可以部分或全部地进入市场交易。对于此类项目，可以通过设计某种公共服务收费法或公共定价法来衡量和提高效益。

(一)成本—效益分析法

所谓成本—效益分析法，就是针对政府确定的建设目标，提出若干个建设方案，详列各方案的全部预期成本和全部预期效益，通过分析比较，选择出最优的政府投资方案。如电站建设、市政交通等基础设施项目均可以使用此方法。但是，由于相当多的财政支出成本与效益都难以准确衡量，有的甚至根本无法衡量，因而此方法的适用范围很受局限。一般认为，在政府的经济支出上，用这一分析方法可以获得较好的效果。

采用成本—效益分析法一般按以下步骤进行：

(1)计算各个方案的效益和成本。

(2)计算各方案的效益成本比率。

$$效益成本比率=\frac{效益}{成本}$$

如果比值小于1,方案不可行。

或者:

$$效益成本比率=\frac{净效益}{成本}$$

如比值小于0方案不可行。

(3)确定各方案的优劣次序。

(4)进行选择和决策。

例2—1 某市购买公共产品,专家组提出实现这个目标的7个备选方案如表2—1所示。

表2—1 **7个备选方案**

项目	效益(B)	成本(C)	净效益(B—C)	B/C	(B—C)/C	按比率排序
1	2 700	3 000	—300	0.9	—0.1	7
2	1 250	500	750	2.5	1.5	1
3	1 200	1 000	200	1.2	0.2	5
4	4 000	2 000	2 000	2.0	1.0	2
5	1 950	1 500	450	1.3	0.3	4
6	4 500	3 000	1 500	1.5	0.5	3
7	1 250	1 250	0	1.0	0	6

对表中所列的7个方案分别测算出每个项目的成本和效益之后,计算出各方案的成本和效益的比率。其中,效益(B)与成本(C)的比率低于1的项目在经济上是不可取的;另一个是净效益(B—C)与成本的比率,凡这一比率是负值的方案在经济上是不可取的。根据两种比率的大小,可以排出方案的优劣次序,由此可知第2个方案最优,其次是第4个方案,第1个方案最劣。

在现实生活中,许多项目的建设周期都不会限于一个年份,这样一来,任何一个项目的收益和成本不可以直接相加,必须将“货币时间价值”考虑在内,将不同时点的成本、收益按一定的贴现率换算成同一时点的成本、收益,进行计算比较。

知识链接2—4

成本—效益分析的局限性

虽然成本—效益分析可以作为预算决策经济分析的一个重要手段,但这种方法的适用范围是很有限的。因为货币尺度并不能对许多政府领域的效益进行适当分析,如对国防、太空研究、对外援助、公安和司法裁决等。而教育、住宅建设和公路建设,虽然被认为可提供巨大货币效益,但迄今为止也没有可靠的测量方法。它们的效益扩散得很广泛,而且有一部分是属于非经济性质。成本—效益分析对于那些如防洪、电力生产、邮政、运输和娱乐设施等，也就是说对主要是经济性质的、有形的、可以用货币测量的公共设施更为适用。然而，对于公共政策的经济分析来说，成本—效益的作用是十分重要的，在经济学家们看来，它至少可以纠正两个广泛存在而又肯定会带来不良后果的倾向：一是它有助于纠正那些只顾需要，不顾成本的倾向。在某些情况下，有些决策项目确实是需要的，但是考虑到其成本情况，却是不值得的，因此必须予以放弃。因为预算资金有限，同样的资金可能在别的项目上获得更大的收益。二是它也有助于纠正那种只考虑成本，而不管效益如何的倾向。在某些情况下，即使有些公共决策的项目成本相当庞大，但是其社会效益更大，仅从经济角度分析，这种项目是不可行的，但从社会角度分析，不应该因为成本过大就予以放弃。在实践中，与其说成本—效益分析是一门科学倒不如说是一种艺术。为了计算项目产品的收益，必须做出许多简化后的假设。此外，当项目涉及外部负效应时，专家们对如何评价外部负效应通常存在巨大分歧。在列举和评估成本与收益时，经济学家们可以设计一些指导原则。在实践中，实际的列举和评估工作要求科学家、工程师和其他专家通力合作。

（二）最低成本法

最低成本法也称最低费用选择法，是指对每个备选的财政支出方案进行经济分析时，只计算备选方案的有形成本，而不用货币计算备选方案支出的社会效益，并以成本最低为择优的标准。该方法适用于社会保障、文教卫生、行政、国防军事等支出项目。最低成本选择法起源于美国，是对“成本—效益”分析法的补充。此法与成本—效益分析法的主要区别是不用货币单位来计量备选的财政支出项目的社会效益，只计算每项备选项目的有形成本，并以成本最低为择优的标准。

运用最低费用选择法来确定财政支出项目，其步骤同前述成本—效益分析法大致相同，由于免去了计算支出效益与无形成本的麻烦，此法的分析内容要简单得多。

(1)在政府规定目标不变的条件下，提出多种备选方案。

(2)以货币为统一尺度，分别计算出各备选方案的各种有形费用并予以加总。在计算费用的过程中，如果遇到需要多年安排支出的项目，也要用贴现法折算出“费用流”的现值，以保证备选方案的可比性。

(3)按照费用的高低排出顺序，以供决策者选择。

运用最低费用分析法来确定最佳方案，在技术上是不困难的，困难之处在于备选方案的确定。因为，这里提出的备选方案应能无差别地实现同一个目标，要做到这一点，可能并不容易。

（三）公共收费法

也称公共定价法，指政府为实现其职能而开展的各项工作，对政府通过公共支出为社会提供的某些公共商品和服务采取收费的办法，该方法将市场等价交换原则部分地引入到公共产品的提供和使用中来，通过对公共服务价格(收费标准)的确定和调整，使公共服务得到最有效、最节约的使用，以达到提高财政资金使用效益的目的。

它适用于成本易于衡量、效益难以计算，但通过这些支出所提供的商品和劳务，可以部分或全部地进入市场交易的财政支出项目。如行政、城市给水排水、建设和维修道路、住宅供应、邮电及公园建设等工作。它和成本—效益分析法以及最低费用选择法的区别在于，它是通过制定合理的价格与收费标准来达到对公共劳务有效地节约使用，而不是对财政支出备选方案的选择。

对政府所提供的公共服务的定价，一般分为四种：免费、低价、平价和高价。

免费和低价政策，可以使社会成员最大限度地使用该服务，使该服务获得极大的社会效益。这种定价政策一般适用于普遍被使用的，但公众可能尚无此觉悟使用的公共服务，如强制义务教育、强制注射疫苗等等。

平价策略即可以用收取的费用弥补该项公共劳务的人力、物力耗费。从消费方面来说，可以促进社会成员节约使用该项公共劳务；从提供方面来说，政府有了进一步改进和提高公共劳务水平的费用。平价政策一般适用于从全社会的利益来看，无需特别鼓励使用，又无必要特别加以限制使用的公共劳务，如公路、公园、铁路、医疗等。

高价策略即高价提供的公共服务，可以通过适当收费来补偿提供服务的财政支出，一般适用于从全社会利益来看必须限制使用的公共服务项目和限制消费的服务，这样可以提供较多的财政收入。

要点强化

【单选题】政府防洪工程支出的效益分析方法宜采用(　　)。

A. 机会成本法　　B. 历史成本法

C. 成本—效益分析法　　D. 最低费用选择法

【答案解析】C。成本效益分析法是针对政府确定的建设目标，提出若干个建设方案，详列各方案的全部预期成本和全部预期效益，通过分析比较，选择出最优的政府投资方案。如电站建设、市政交通等基础设施项目均可以使用此方法。

知识链接 2－5

财政支出绩效评价管理暂行办法(摘要)

(2011 年 4 月 2 日颁布)

第五条　绩效评价应当遵循以下基本原则：

(一)科学规范原则。绩效评价应当严格执行规定的程序，按照科学可行的要求，采用定量与定性分析相结合的方法。

(二)公正公开原则。绩效评价应当符合真实、客观、公正的要求，依法公开并接受监督。

(三)分级分类原则。绩效评价由各级财政部门、各预算部门根据评价对象的特点分类组织实施。

(四)绩效相关原则。绩效评价应当针对具体支出及其产出绩效进行，评价结果应当清晰反映支出和产出绩效之间的紧密对应关系。

第六条　绩效评价的主要依据：

(一)国家相关法律、法规和规章制度；

(二)各级政府制定的国民经济与社会发展规划和方针政策；

（三）预算管理制度、资金及财务管理办法、财务会计资料；

（四）预算部门职能职责、中长期发展规划及年度工作计划；

（五）相关行业政策、行业标准及专业技术规范；

（六）申请预算时提出的绩效目标及其他相关材料，财政部门预算批复，财政部门和预算部门年度预算执行情况，年度决算报告；

（七）人大审查结果报告、审计报告及决定、财政监督检查报告；

（八）其他相关资料。

第七条 绩效评价的对象包括纳入政府预算管理的资金和纳入部门预算管理的资金。按照预算级次，可分为本级部门预算管理的资金和上级政府对下级政府的转移支付资金。

第八条 部门预算支出绩效评价包括基本支出绩效评价、项目支出绩效评价和部门整体支出绩效评价。

绩效评价应当以项目支出为重点，重点评价一定金额以上、与本部门职能密切相关、具有明显社会影响和经济影响的项目。有条件的地方可以对部门整体支出进行评价。

第九条 上级政府对下级政府的转移支付包括一般性转移支付和专项转移支付。一般性转移支付原则上应当重点对贯彻中央重大政策出台的转移支付项目进行绩效评价；专项转移支付原则上应当以对社会、经济发展和民生有重大影响的支出为重点进行绩效评价。

第二十一条 绩效评价方法主要采用成本—效益分析法、比较法、因素分析法、最低成本法、公众评判法等。

（一）成本效益分析法。是指将一定时期内的支出与效益进行对比分析，以评价绩效目标实现程度。

（二）比较法。是指通过对绩效目标与实施效果、历史与当期情况、不同部门和地区同类支出的比较，综合分析绩效目标实现程度。

（三）因素分析法。是指通过综合分析影响绩效目标实现、实施效果的内外因素，评价绩效目标实现程度。

（四）最低成本法。是指对效益确定却不易计量的多个同类对象的实施成本进行比较，评价绩效目标实现程度。

（五）公众评判法。是指通过专家评估、公众问卷及抽样调查等对财政支出效果进行评判，评价绩效目标实现程度。

（六）其他评价方法。

本章小结

财政支出通常是指国家为实现其各种职能，由财政部门按照预算计划，将国家集中的财政资金向有关部门和方面进行支付的活动。财政支出可有多种分类，通常有按财政支出的功能分类，按财政支出经济分类，按财政支出交易的经济性质分类，按支出用途分类，按财政支出与国家职能关系分类等，不同的分类有不同的经济意义。在我国财政支出中必须坚持以下三个原则：量入为出原则，统筹兼顾优化支出结构原则，厉行节约、讲求效益的原则。

购买性支出是政府用于在市场上购买所需商品与劳务的支出。购买性支出主要包括两部分：一是政府购买日常行政管理所需商品和劳务的支出，如行政管理、教育、卫生、国防等。二是政府用于各种公共投资的支出，主要包括基础设施、公益事业投资、农业投资等。

转移性支出是指政府为实现特定的目标对相关社会成员或特定的社会集团所给予的部分财政资金的无偿转移，通常包括各种社会保障支出、各项财政补贴支出、捐赠支出和债务利息支出等。

提高财政支出效益是财政支出的核心问题。财政支出效益是指政府为满足社会公共需要进行的财力分配与所取得的社会实际效益之间的比例关系。具有经济与社会效益统一、微观与宏观效益统一、直接与间接效益统一的特点。财政支出项目千差万别，衡量财政支出的效益需要多种方法，常用的有：成本—效益分析法、最低成本法、公共收费法。

思考与练习

一、单选题

1. 国防费占财政支出比重的变动趋势是（　　）。

A. 持续上升　　B. 持续下降

C. 基本保持不变　　D. 随国际形势变动而波动

2. 基础教育需求实质上是一种（　　）。

A. 私人需求　　B. 团体需求　　C. 纯公共需求　　D. 准公共需求

3. 转移支付不具有（　　）的作用。

A. 直接增加国民收入　　B. 协调收入分配

C. 刺激社会总需求　　D. 维持社会稳定

4. 财政支出的核心问题是（　　）。

A. 支出效益　　B. 支出规模　　C. 支出方式　　D. 支出渠道

5. 国防支出属于（　　）。

A. 购买支出　　B. 转移支出　　C. 补偿性支出　　D. 积累性支出

6. 社会保险的保险基金最终来源渠道不包括（　　）。

A. 发行货币　　B. 个人缴费或缴税

C. 单位交费或缴税　　D. 政府预算支出

7. 财政用于教育开支的范围，不包括（　　）。

A. 义务教育　　B. 职业教育　　C. 高等教育

D. 教育系统的一般行政管理费用　　E. 家教、假期补习班

8. 国家物资储备支出从性质上看属于（　　）。

A. 消费性支出　　B. 补偿性支出　　C. 积累性支出　　D. 转移性支出

9. 政府出资建养老院属于社会保障中的（　　）。

A. 社会保险　　B. 社会救助　　C. 社会福利　　D. 优抚安置

10. 社会保障支出应由（　　）集中安排。

A. 政府 B. 企业 C. 个人 D. 家庭

11. 社会保障的对象是(　　)。

A. 手工业者 B. 农民、工人 C. 全体社会成员 D. 老人和小孩

12. 社会保障是政府依据一定的法律规定,通过(　　)在社会范围内组织实施的对公众基本生活权利予以保障的一种社会政策。

A. 收入再分配 B. 支出再分配 C. 支出转移 D. 补贴

13. 社会保险是(　　)。

A. 自愿保险 B. 强制保险 C. 自觉保险 D. 志愿保险

14. 我国城镇职工基本医疗保险实行(　　)。

A. 单位全部负担 B. 个人全部负担

C. 单位和个人共同负担 D. 社会负担

15. 针对生活困难的人群给予的物资帮助,属于社会保障制度中的(　　)。

A. 社会保险 B. 社会救助 C. 社会福利 D. 社会优抚

二、多选题

1. 下列属于经济建设费支出的是(　　)。

A. 增拨国企流动资金 B. 科技三费

C. 文物研究费 D. 国道建设费

E. 医疗经费

2. 下列属于购买性支出的是(　　)。

A. 文教科卫支出 B. 社会救助 C. 国企技改资金 D. 国道建设费

E. 医疗经费

3. 影响财政支出规模的因素有(　　)。

A. 经济因素 B. 社会因素 C. 法律因素 D. 政治因素

E. 国际因素

4. 政府的投资性支出应主要用于(　　)。

A. 国防费 B. 基础设施 C. 基础工业 D. 农业

E. 医疗卫生

5. 不应由政府出资提供的是(　　)。

A. 公共卫生 B. 基础教育 C. 高等教育 D. 基础性科研

E. 应用性科研

6. 财政支出的效益与微观经济主体支出的效益存在的区别有(　　)。

A. 主要目标 B. 表现形式 C. 估算计量 D. 定义方法

7. 财政支出效益分析的方法包括(　　)。

A“成本—效益”分析法 B. 最低利润选择法

C. 最低成本选择法 D. 公共劳务收费法

8. 依据国家职能将财政支出划分为(　　)。

A. 经济建设和其他支出 B. 社会文教费和国防费

C. 行政管理费支出 D. 消费性支出

9. 社会消费性支出包括(　　)。

A. 行政管理费支出　　B. 国防费支出

C. 文教科卫事业费　　D. 基础设施支出

E. 支农支出

10. 我国财政支出中必须坚持(　　)。

A. 量入为出原则　　B. 统筹兼顾优化支出结构的原则

C. 厉行节约、讲求效益的原则　　D. 成本—效益原则

11. 下列选项中,(　　)不属于财政转移性支出。

A. 教育支出　　B. 财政补贴　　C. 捐赠　　D. 基本建设支出

12. 社会保障支出分为(　　)。

A. 社会保险　　B. 社会救助　　C. 社会补贴　　D. 社会福利

13. 我国的社会救助由民政部门进行管理,其内容主要包括(　　)。

A. 城镇居民最低生活保障　　B. 农村"五保户"救济

C. 灾民救济　　D. 对烈属和残疾军人的抚恤

14. 下列有关"财政支出"的表述,正确的有(　　)。

A. 按支出的性质来划分,可将其分为购买性支出和转移性支出

B. 购买性支出比重越大,表明政府财政履行资源配置的职能越强

C. 购买性支出不影响收入分配,转移性支出不影响资源配置

D. 一国经济发展水平越高,其购买性支出占财政支出总额的比重越高

15. 我国的社会保险有(　　)。

A. 养老保险　　B. 医疗保险　　C. 失业保险　　D. 工伤保险

E. 生育保险

三、判断题

1. 所有公共物品都能由市场提供。(　　)

2. 财政支出按经济性质可分为转移性支出和购买性支出。(　　)

3. 政府债务支出属于转移性支付。(　　)

4. 财政补贴的性质属于购买性支出。(　　)

5. 购买性支出和转移性支出在对社会生产、就业及收入分配等方面发挥的作用是相同的。(　　)

6. 经济建设支出是我国财政支出中一项最重要的支出。(　　)

7. 我国财政支出中转移性支出占主要地位。(　　)

8. 如果行政经费不足,势必影响到国家行政管理机关的正常运作,所以要尽量增加行政经费。(　　)

9. 一般说来,发达国家转移性支付的比重比发展中国家低。(　　)

10. 文教科卫是一种单纯的消费性支出,对物质财富的生产贡献不大。(　　)

四、思考题

1. 简述政府投资的特点与范围。

2. 分析财政支出按经济性质分类及其对经济运行的意义。

3. 简述保障支出的特征。

4. 简述我国财政补贴的内容。

5. 分析财政支出效益三种评价方法的优劣。

6. 描述财政支出分类的基本方法，并将各种分类整理成表格形式。

7. 登录财政部网站，并通过互联网搜集资料，对比中美两国财政支出分类情况。

8. 查阅南水北调工程建设的相关资料，收集整理有关该工程“成本一效益分析”的相关论述，然后一起讨论，进行辩证思考。

9. 通过互联网收集世界上主要国家近十五年国防费用支出的变动情况，列表分析重大国际政治事件对该项支出变动的影响。

10.“社会不能阻止老天下雨，但可以制造雨伞”。结合中国目前的社会保障体系建设，谈谈你对这句话的理解。

五、案例分析

2017 年 11 月 29—30 日，财政部等部门提前下达 2018 年中央财政困难群众救助补助、农村危房改造补助、中央财政医疗救助补助、残疾人事业发展补助 4 项民生类预算指标。

据悉，2018 年中央财政困难群众救助补助预算指标为 9 286 407 万元，主要用于低保、特困人员救助供养、临时救助、孤儿基本生活保障及流浪乞讨人员救助补助支出。

据经济日报记者了解，中央财政困难群众救助补助资金按因素法分配，主要参考地方困难群众救助任务量、地方财政困难程度、地方财政努力程度、工作绩效等因素。补助资金重点向贫困程度深、保障任务重、工作绩效好的地区倾斜。

中央财政困难群众救助补助资金如何支付？据了解，低保金、散居特困人员救助供养金、临时救助金原则上应支付到救助对象个人账户，集中供养特困人员救助供养金应统一支付到供养服务机构集体账户。

据介绍，2018 年农村危房改造补助预算指标 1 859 162 万元。财政部、住房和城乡建设部要求各省份及时将资金分解下达到县，其中用于贫困县的资金增幅不低于该项资金平均增幅。分配给贫困县的资金一律采取“切块下达”，资金项目审批权限完全下放到县，不得指定具体项目或提出与脱贫攻坚无关的任务要求。

据介绍，在农村危房改造方面，我国已基本确定了建档立卡贫困户、低保户、农村分散供养特困人员、贫困残疾人家庭等 4 类重点对象农村危房 585 万户，去年改造了 200 万户左右。今年，中央支持完成 190 万户重点存量危房改造任务，力争用两年时间，完成 380 万户农村重点存量危房的改造任务。

当前，各地推进农村危房改造工作取得明显进展，但实施过程中也存在危房改造对象认定不准确、深度贫困户无力建房、补助资金拨付和使用不规范等问题。对此，住房和城乡建设部等部门前段时间联合发布《关于加强和完善建档立卡贫困户等重点对象农村危房改造若干问题的通知》明确，县级财政部门支付给农户的补助资金要在竣工验收后 30 日内足额拨付到户，不得以任何形式挤占挪用和滞留。

据介绍，2018 年中央财政医疗救助补助预算指标为 1 078 932 万元。为解决城乡困难群众就医问题，我国分别于 2003 年、2005 年建立了农村医疗救助制度和城市医疗救助制度，帮助符合条件的困难群众缴纳参保(合)费用，并对其难以负担的基本医疗自负费用给予补助。2015 年，全面开展重特大疾病医疗救助工作，帮助重特大疾病贫困患者解决经医保补偿后仍然难以负担的医疗费用。

为支持地方做好医疗救助工作，中央财政不断加大资金投入力度。中央财政城乡医疗救助补助资金采用因素法分配，主要参考因素包括困难群众人数、户籍人口数、财政困难程度、地方财政努力程度及相关工作绩效指标等因素。

据悉，2018 年残疾人事业发展补助预算指标为 212 646 万元。财政部明确，一般公共预算资金用于残疾人康复、农村贫困残疾人实用技术培训、残疾人机动轮椅车燃油补贴及阳光家园计划——智力、精神和重度肢体残疾人托养服务等方面支出；中央专项彩票公益金支持残疾人事业发展补助资金用于残疾儿童康复救助、贫困智力精神和重度残疾人残疾评定补贴、贫困重度残疾人家庭无障碍改造、残疾人康复和托养机构设备补贴、残疾人助学、残疾人文化等方面支出。

(资料来源：《经济日报》2017 年 12 月 1 日)

根据上述资料分析下列问题：

1. 社会保障为什么必须由政府提供?
2. 我国的社会保障体系是如何构成的? 基本社会保障有哪些?
3. 我国社会保障制度进一步改革发展的方向和措施。

第三章
财政收入概述

【知识目标】

1. 理解财政收入的含义和主要分类；
2. 掌握财政收入结构的不同分类；
3. 熟悉我国财政收入规模的现状和实现最优财政收入规模的对策；
4. 理解国债的概念、作用，掌握国债的类别、发行方法、偿还方法及国债限额。

【能力目标】

1. 能描述财政收入的价值构成；
2. 明确财政收入规模的影响因素；
3. 能描述我国财政收入规模的现状和实现最优财政收入规模的对策；
4. 能运用国债制度理论分析国家有关国债发行政策的走向。

【情感目标】

理解我国财政收入是取之于民，用之于民，教育学生关心国家财政，培养学生自觉纳税的意识。

【案例导入】

2017有何亮点 2018走势如何
——从财政收支数据看经济发展质量

财政部2018年1月25日发布的2017年财政收支数据显示，2017年全国一般公共预算收入172 567亿元，同比增长7.4%。

全国财政收入总体较好的同时，与往年相比呈现哪些新亮点？如何看待2018年的财政运行走势？记者就此采访了财政部有关部门负责人。

财政收入运行呈现积极变化

"当前，财政收入运行呈现出新的积极变化。"财政部国库司负责人娄洪指出，财政运行总体平稳，财政收入增速加快。全年一般公共预算收入同比增长7.4%，其中税收收入同比增长10.7%，分别比上年加快2.9个和6.3个百分点，扭转了近年来一般公共预算收入和税收收入增速逐年放缓的态势。

我国结构调整和动能转换的效果如何，在税收上体现得尤为明显。

"2017年，我国工业税收增速回升至15.9%，批发零售业税收增速回升至20.3%，带动工商业相关税收对全部税收的增收贡献率大幅提高。"娄洪分析指出，相应地，2017年第二产业税收和第三产业税收对全部税收增收的贡献率分别为48.4%、51.7%，几乎平分秋色，比2016年的第二产业减收、第三产业贡献全部增收的结构进一步优化。这说明，实体经济回暖带动工商业相关税收增加较多，税收增收结构进一步优化。

与此同时，2017年，我国通用设备制造业、专用设备制造业、计算机通信和其他电子设备制造业税收分别增长23.5%、20.9%、21.6%，文化体育和娱乐业、互联网和相关服务业、软件和信息技术服务业税收分别增长17.4%、55.1%、36%。数据表明，我国先进制造业和现代服务业税收增势强劲，结构调整和动能转换效果明显。

从财政支出数据看，2017年全国一般公共预算支出203 330亿元，首次突破20万亿元。从主要支出科目看，教育支出30 259亿元，增长7.8%；文化体育与传媒支出3 367亿元，增长6.4%；社会保障和就业支出24 812亿元，增长16%；医疗卫生与计划生育支出14 600亿元，增长9.3%。

"从支出数据看，财政支出结构进一步优化，有保有压、重点突出。"财政部预算司副司长王克冰指出，各级财政部门大力压减一般性支出，重点支持推进供给侧结构性改革和兜牢基本民生底线，保障国家重大发展战略实施和重点领域改革，财政资金投向更加精准高效。

减税降费了，收入缘何仍然增长较快？

前不久召开的全国财政工作会议提到，通过减税降费，2017年为企业减负超过1万亿元。为何在实施减税降费政策的情况下，我国财政收入仍然能实现较快增长？

对此，娄洪指出，2017年我国GDP同比增长6.9%，比上年加快0.2个百分点。从供给端看，工业生产有所回暖，服务业发展增速较快，企业效益明显改善。从需求端看，投资结构不断优化，市场销售平稳增长，外贸进出口显著回升。宏观经济稳中向好，为财政收入快速增长奠定了良好的税源基础。

此外，工业品价格较快上涨，带动国内增值税、企业所得税等相关税收较快增长。我国现行税制结构下，财政税收收入对工业品价格变化的弹性较高。2017年，全年PPI由上年下降1.4%，转为上涨6.3%，带动了以现价计算的相关税收快速增长。

2017年，全国新登记企业同比增长9.9%；战略性新兴服务业、生产性服务业、科技服务业营业收入同比分别增长18%、15%和15.1%；工业机器人、新能源汽车产量同比分别增长68.1%、51.1%。“这说明，我国‘双创’和‘放管服’改革效应持续显现，激发增长动能和市场活力，带动相关税收较快增长，为财政增收拓宽了税基。”娄洪说。

2018年财政收入将持续向好

2018年，财政运行情况将会如何？娄洪分析指出，2018年经济持续健康发展具有许多有利条件，将为财政收入增长形成有力支撑。但部分地区也还存在基层财政增收困难、财政收支矛盾突出等问题和挑战。与此同时，国际环境和经济运行中的不稳定性不确定性因素仍然存在，价格和进出口因素的增收作用可能减弱，减税降费措施的累积效应也将给财政收入增长带来压力和挑战。“但总体判断，2018年财政收入将继续保持向好态势”。

此外，针对社会关心的减税降费问题，财政部税政司副巡视员袁海尧指出，我国大力实施减税降费政策，营改增试点全面推开以来，实现了所有行业税负只减不增的预期目标，其中，2017年1—11月，累计减税7 162亿元。

“但由于增值税特殊的抵扣机制，受收入成本结构、投资周期等因素影响，纳税人的税负水平在不同时点存在一定波动，并非每一个纳税人在每一个时点均实现税负下降。在营改增整体减税的同时，也有部分纳税人出现了税负不同程度上升的情况。”对此，袁海尧透露，针对这些问题，财税部门高度重视，将密切跟踪试点运行情况，适时完善试点政策。

（资料来源：《光明日报》2018年1月26日，作者杨亮）

思考：我国目前主要的财政收入形式有哪些？怎样理解我国财政收入的总体态势？

第一节 财政收入概述

为了满足社会公共需要，优化资源配置，促进社会经济协调稳定发展，各国政府往往会通过财政分配活动为社会提供公共物品和服务。一般而言，这种分配活动包括组织财政收入和安排财政政支出两个阶段。财政收入是财政分配的第一个阶段，它不仅表现为取得一定的货币资金，还在整个财政分配活动中起桥梁纽带作用。财政收入规模是衡量一个国家财力的重要指标，无论哪个国家都把保证财政收入持续稳定增长作为政府的主要财政目标。

一、财政收入的概念

财政收入是国家为实现其职能，满足其实施公共政策及提供公共服务的需求，凭借一定的国家权力，将一部分社会产品集中起来所形成的各种货币或实物收入。作为一个过程，它组织收入、筹集资金；作为一定量的货币资金，它是国家通过一定的形式和渠道集中起来的货币资金。

财政收入作为财政分配的重要环节，可以从以下两个层面去理解其含义。(1)财政收入是政府运用国家强制力在参与社会总价值分配过程中所形成的，由政府掌握的一定量的资金。它是政府维持自身正常运转、从事各种社会公共服务的物质保障，是国家进行宏观调控的重要杠杆。(2)财政收入反映了资金筹集的过程。在这个过程中，必须解决怎样筹资(运用什么手段获得财政收入),以什么方式筹集(财政收入从哪里来),能筹集多少(财政收入的规模有多大)等一系列问题。

二、财政收入的分类

政府为了方便对财政收入进行管理,明确财政收入的特点和性质,通常会对财政收入加以分类。

(一)按财政收入形式分类

财政收入的形式指国家要采取什么样的方式、方法或途径来组织财政收入,它在财政收入分配关系中,体现在财政收入主体和客体之间的结合方式上。从财政的产生到现在,总结一下财政收入基本上都是采用税、利、债、费等四种形式,我们按照具体的收入形式分为税收收入、国有资产收入、政府收费收入、债务收入、其他收入等。

1. 税收收入

税收是国家为了实现其职能,凭借政治权力,依据国家法律程序,向居民和经济组织强制无偿地取得财政收入的一种形式。由于具有无偿性、强制性和固定性的特点,税收是征收面最广、最稳定可靠的财政收入方式。在我国,税收收入占全部财政收入的 90%左右,是财政收入最主要的形式。各种税收中增值税是最大的税种,也是我国的核心税种,其收入在整个税收收入中占有很大的比重。税收也是国家进行宏观调控的重要手段之一,在调节收入分配、投资方向、产业结构等方面发挥着重大作用。

要点强化

【单选题】2017 年上半年,全国一般公共预算收入 94 306 亿元,比 2016 年同期增长 9.8%。全国一般公共预算收入中的税收收入 80 074 亿元,同比增长 10.9%。全国一般公共预算支出 103 483 亿元,同比增长 15.8%。由此可见,(　　)。

①合理的财政支出能够增加财政收入　　②税收是财政收入最重要的来源

③税收增长是财政收入增长的目的　　④财政收入是财政支出的前提

A. ①③　　B. ①④　　C. ②③　　D. ②④

【答案解析】D。税收是财政收入最重要的来源,以收定支,财政收入是财政支出的前提。

2. 国有资产收入

国有资产收入是指国家凭借其资产所有权取得的各种收益的总称,是一种产权收益形式。它既包括国家拥有的工商金融资产收入,也包括国家拥有的各种财产所带来的收入。国有资产收入的形式主要有上缴利润、分得股息红利、出租国有资产收益,转让国有资产产权、股权、使用权等。其中,上缴利润是我国国有资产收益最常见的形式,它主要适用于国有独资企业和实行承包经营的国有企业。

3. 政府收费收入

政府收费收入是指国家政府机关或事业机构等单位在向社会提供行政管理和服务时,向被管理对象或接受服务的消费者收取的一定费用。它是财政收入的补充形式。

政府收费收入一般包括行政管理性收费、事业服务性收费和专项收费。行政性管理收费是指政府各职能管理部门(如公安局、环保局等)在进行行政管理服务时向被管理对象所取得的收入,包括管理性收费、惩罚性收费(罚没收入)、手续费(规费收入)等。事业服务性收费是指政府所属的事业单位(科学、教育、文化、卫生、通信、公共交通、环境保护等)提供服务时,向被服务对象收取的费用,如教育费用、医疗费用、高速公路使用费等。专项收费是指政府为了满足某专项支出的需要按这类支出的受益程度向受益者收取的费用,如城市绿化费、道路维修费等。政府收费收入除了能够形成财政收入之外,还有利于提高政府公共服务和管理的质量。

4. 债务收入

债务收入是一种有偿、自愿形式的财政收入,是政府以债务人的身份,依据借贷原则,运用信用形式向国内外取得借款的收入。它是国家财政收入的一种辅助形式,包括在国内发行的各种公债(国库券、财政债券、保值公债、特种国债等),向外国政府、国际金融组织、国外商业银行的借款以及发行国际债券等取得的收入。目前,我国债务收入是弥补财政赤字的重要手段。

知识链接 3-1

2017 年 12 月地方政府债券发行和债务余额情况①

一、全国地方政府债券发行情况

2017 年 12 月份,全国发行地方政府债券 323 亿元,其中一般债券 23 亿元、专项债券 300 亿元;按用途划分,新增债券 126 亿元,置换债券 197 亿元。

1—12 月累计,全国发行地方政府债券 43 581 亿元。其中,一般债券 23 619 亿元,专项债券 19 962 亿元;按用途划分,新增债券 15 898 亿元,置换债券 27 683 亿元。

二、全国地方政府债务余额情况

经第十二届全国人民代表大会第五次会议审议批准,2017 年全国地方政府债务限额为 188 174.3 亿元。其中,一般债务限额 115 489.22 亿元,专项债务限额 72 685.08 亿元。

截至 2017 年 12 月末,全国地方政府债务余额 164 706 亿元②③,控制在全国人大批准的限额之内。其中,一般债务 103 322 亿元,专项债务 61 384 亿元;政府债券 147 448 亿元,非政府债券形式存量政府债务 17 258 亿元③。

注解:

①部分数据小数位按四舍五入取整。

②年度预算执行中地方政府债务余额为地方统计数据。

③地方政府债务余额、非政府债券形式存量政府债务比上月末有所减少,主要是部分工程款年底结算以及部分地区依法安排超收收入偿还年底到期债务后,地方根据实际情况相应核减了余额。

(资料来源:http://www.mof.gov.cn/index.htm 中国财政部官网 2018 年 1 月 17 日)

5. 其他收入

其他收入指的是除以上收入以外的零星杂项收入。它在财政收入中所占比重较小,包括的具体项目较多，主要有国内外捐赠收入、彩票公益金收入、公产收入、外事服务收入、中外合资企业的场地使用费等杂项收入。

要点强化

【单选题】在财政收入的形式中需要偿还的是(　　)。

A. 税收收入　　B. 工商行政管理费　C. 对违法行为的罚款　D. 债务收入

【答案解析】D。"费"是以提供服务为条件的，税和罚款都是无偿的。债是需要偿还的，故选D。

【多选题】财政收入按形式分类可分为(　　)等主要形式。

A. 税收收入　　B. 债务收入　　C. 国有经济收入　　D. 政府收费收入

【答案解析】ABCD。从财政的产生到现在，财政收入基本上都是采用税、利、债、费等四种形式，按照具体的收入形式分为税收收入、国有资产收入、政府收费收入、债务收入、其他收入等。

(二)按财政收入来源分类

1. 以所有制结构为标准分类

以所有制结构为标准，将财政收入划分为国有经济收入、集体经济收入、私营经济收入、个体经济收入、外资经济收入等。目前，我国财政收入正从以国有经济收入为主体向非公有制经济为主体转变。

2. 以产业部门结构为标准分类

按照财政收入来源的产业部门，将财政收入划分为第一产业收入、第二产业收入和第三产业收入等。目前，我国的财政收入主要来源于第二产业，但第三产业增长也较快。

(三)按照政府预算收入科目分类

政府预算收入科目是政府在编制预、决算，办理预算缴款和拨款时，方便进行会计核算所设立的科目。自2007年起，根据政府收入构成情况，结合国际通行的分类方法，我国对政府收支分类进行改革。这一新的财政收入分类方法将财政收入分类范围进一步扩大，并按收入性质进行划分，设置相应科目。我国的政府收入被划分为类、款、项、目四级，具体包括6大类、49款、354项、750个目级科目。政府预算收入类级科目分别为税收收入、社会保险基金收入、非税收入、贷款转贷回收本金收入、债务收入、转移性收入六大类。其中，税收收入大类按不同税种设置20个款；社会保险基金收入设基本养老、失业、基本医疗、工伤、生育和其他6款；非税收入类下设8款，分别为政府性基金收入、专项收入、彩票资金收入、行政事业性收费收入、罚没收入、国有资本经营收入、国有资产有偿使用收入、其他收入；转移性收入分为返还性收入、财力性转移支付、专项转移支付等9款。

要点强化

【多选题】《政府收支分类科目(2011)》中"收入分类科目"列出的类级科目有(　　)和债务收入、转移性收入。

A. 税收收入　　B. 社会保险基金收入

C. 非税收入　　D. 贷款转贷回收本金收入

【答案解析】 ABCD。政府预算收入类级科目分别为税收收入、社会保险基金收入、非税收入、贷款转贷回收本金收入、债务收入、转移性收入六大类。

第二节　财政收入结构

财政收入的结构是指财政收入的项目组成及各项目收入在财政收入总体中的比重。按照财政收入结构的不同分类，财政收入的结构分为财政收入的价值结构、财政收入的产业部门结构、财政收入的所有制结构和财政收入的地区结构。它反映通过国家预算集中财政资金的不同来源、规模和所采取的不同形式，以及各类财政收入占财政总收入的比重和增加财政收入的途径。

一、财政收入的价值构成

无论财政收入以何种形式获得，最终表现为政府部门所支配的社会总产品的货币价值。按照马克思的产品价值构成理论，社会总产品由C、V、M三部分组成，其中，C是补偿在生产过程中消耗的生产资料价值；V是创造的价值中归劳动者个人的报酬；M是新创造的价值中归社会支配的剩余产品价值部分，是财政收入主要的来源，但不是唯一的来源。C和V的一部分也可以构成财政的来源。

（一）C中个别部分构成财政收入

C是补偿社会产品消耗掉的生产资料的价值。它可以分为两个部分：一部分是补偿在生产中消耗掉的原材料（如材料、燃料、辅助材料等）的价值，这部分价值一次性全部转移到新产品中，从产品销售收入中得到足额补偿，是进行简单再生产的物质条件，一般不可能也不需要通过财政分配；另一部分是补偿在生产中消耗的固定资产价值，固定资产价值的补偿和实物更新在时间上、空间上是不一致的，在原有固定资产报废更新之前，这部分折旧基金以货币准备金的形式存在着，可以进行追加投资，即可以当作积累基金使用。改革开放以前，我国在传统的高度集中的财政体制下，国有企业的折旧基金曾全部或部分地上缴财政，作为财政收入的一个来源。但在当前市场经济体制下，财政收入的经济来源主要是税收，折旧基金仍属于固定资产的简单再生产，属于企业经营管理权限，已留给企业。但是，由于实行国民生产总值型的增值税，仍有一部分C通过增值税间接成为财政收入。

（二）V是财政收入的补充

V是在社会产品生产过程中以薪金报酬形式支付给劳动者个人的必要劳动转移的价值，即劳动者个人所得的各种报酬。从目前情况看，V虽然构成财政收入的一部分，但它在全部财政收入中所占的比重很小，V是财政收入的补充。它作为财政收入来源，主要是为了实现调节劳动者之间收入差距和增加财政收入、提高公共服务质量的需要。

我国来自V的财政收入有：

（1）直接向个人征收的税收（如个人所得税、房产税、车船税等）；

（2）直接向个人收取的规费收入、社会保障费收入和罚没收入；

(3)国家出售高税率的消费品(如烟、酒、化妆品等)所获得的一部分收入,这部分收入实质上也是由 V 转化而来的;

(4)服务性行业和文化娱乐业等企事业单位上缴的税收和利润,其中一部分是通过对 V 的再分配转化而来的;

(5)居民购买的国债。

V 是财政收入的一个构成部分,西方国家普遍实行高工资政策和以个人所得税为主体的财税制度,财政收入主要来源于 V。但我国长期实行低工资、低消费的制度,劳动者收入普遍偏低,财政收入中来源于 V 的比例并不高。随着我国社会主义市场经济体制的不断完善和国民经济的全面发展,分配结构也将发生巨大变化,个人收入水平将不断提高,财政收入来源于 V 的部分将会逐步扩大。

要点强化

【单选题】 V 作为财政收入来源,下列说法中不正确的是(　　)。

A. 调节劳动者之间收入差距的需要　　B. 增加财政收入的需要

C. 充当流通货币　　D. 提高公共服务质量的需要

【答案解析】 C。本题考查财政收入价值构成中 V 的作用。马克思再生产理论认为,社会产品价值由 C、V、M 三部分构成。其中,V 是新创造的价值中归劳动者个人支配的部分。它作为财政收入来源,主要是为了实现调节劳动者之间收入差距需要和增加财政收入、提高公共服务质量的需要。

(三)M 是财政收入的主要来源

M 是新创造的归社会支配的剩余产品价值,它是财政收入的基本源泉。新创造的价值包括税金、企业利润和用新创造价值所支付的费用(如利息),其中主要是税金和企业利润。从社会总产品的价值构成来看,财政收入主要来自 M,只有 M 多了,财政收入的增长才有坚实的基础。在我国社会主义市场经济条件下,财政收入规模的增减是以整个国民经济盈利水平为转移的,它直接反映着国民经济的综合效益。因此,提高财政收入规模的根本途径就是增加 M。

虽然增加财政收入的主要途径就是增加 M,但是 M 并不是唯一来源。C、V、M 三部分之和一定且劳动力投入(V)不变时,降低生产成本即 C,M 就相应增大。因此,降低生产资料耗费,即降低生产成本,是增加 M 和增加财政收入的重要途径。此外,在社会总产品(W)一定且 C 不变时,V 和 M 存在着此消彼长的关系。因此,充分调动劳动者积极性,提高劳动生产率,对增加企业利润和财政收入有重大意义。

要点强化

【单选题】 在财政收入的价值构成中,(　　)是最主要的来源。

A. C　　B. V　　C. M　　D. C+V

【答案解析】 C。M 是新创造的归社会支配的剩余产品价值,它是财政收入的基本源泉。

二、财政收入的所有制构成

财政收入的所有制构成，也称为财政收入的经济成分构成，是指来自不同经济成分的财政收入所占的比重。这种结构分析的意义，在于说明国民经济所有制构成对财政收入规模和结构的影响及其变化趋势，从而采取相应的增加财政收入的有效措施。财政收入按经济成分分类，包括来自国有经济成分的收入和来自非国有经济成分的收入两个方面。

（一）国有经济与财政收入

在过去传统经济体制下，国有经济居绝对主导地位，财政收入主要来自国有经济。自从改革开放以来，集体经济及其他非国有经济的发展速度远远超过国有经济，在 GDP 以及工业总产值中所占的比重迅速提高。虽然国有经济上缴的收入占整个财政收入的比重也随之发生了一些变化，但国有经济作为财政收入的支柱地位基本不会改变。

从改革的趋势来看，随着非公有经济的不断发展，国有经济的数量优势将进一步下降，国有经济的范围也将进一步缩小，国有经济的主导作用将主要通过国有经济的质量优势和国有资产组织结构的转换来实现。国有经济的质量优势是通过国有制控制国民经济中重要的生产部门（如重要的原材料生产部门、基础设施部门和高新技术部门等）来实现。国有资产组织结构的转换则是通过国有经济控股发挥其主导作用。从财政收入角度来分析，国家除以规范的税收形式和国有资产收益形式稳定地从国有经济中直接取得财政收入外，更重要的是通过发挥国有经济的主导作用，为整个国民经济（包括国有经济和非国有经济）的发展奠定良好的基础，从而间接地增加财政收入。

（二）非国有经济与财政收入

非国有经济包括集体经济、个体经济、私营经济、"三资"企业和其他混合经济中的非国有成分。在社会主义市场经济条件下，它们与国有经济同时并存、共同发展、相互竞争、优胜劣汰。随着非国有经济的迅速发展，政府应当适时地调整财政分配制度，使财政收入结构与国民经济结构相适应，这样既有利于广开财源，增加财政收入，又能促进各种经济成分的平等竞争。

知识链接 3－2

2013 年党的十八届三中全会通过的《中共中央关于全面深化改革若干重大问题的决定》提出"公有制经济和非公有制经济都是社会主义市场经济的重要组成部分"，第一次将非公有制经济与公有制经济置于同等重要的地位。随着改革的推进，非国有经济还将继续释放活力，在经济和社会发展中扮演更为重要的角色，并将不断发展壮大，对财政收入的贡献也将不断增加。

长期以来，我国的财政收入主要来自国有经济，国有经济上缴的财政收入占整个财政收入的一半以上。随着经济体制的改革，集体经济、个体经济、私营经济和其他经济成分得到较快发展，非国有经济提供的财政收入也在逐年增加。目前，进一步优化财政收入的所有制结构、加强对非国有经济的税收征管、保持各项经济成分对财政收入的适当比重，是促进我国经济稳定、快速、可持续发展的客观需要。

二、财政收入的部门结构

财政收入的部门构成是指国民经济中各部门对财政收入的贡献程度，即财政收入是从哪些部门集中的，集中的比例有多大。从财政收入的部门构成来看，财政收入主要来自于工业、建筑业、交通运输业和商业及其他行业。通过对财政收入进行部门结构分析，国家可以掌握各产业部门的发展状况和主要财源，研究财政和经济之间的制衡关系，有利于政府选择财政收入的规模和结构，对财政收入政策进行选择和调整。

（一）农业与财政收入

农业是国民经济的基础，是国民经济其他各部门赖以生存和发展的条件。我国是一个农业大国，农业的发展和丰歉对人民生活和国民经济发展都有着重要影响。因此，农业是财政收入的基础。财政从农业取得收入的形式主要有两种：第一，农业直接以农业税和农村其他税收形式（如农林特产税、屠宰税等）向国家提供一部分财政资金。2006 年起，我国全面取消农业税，农业对财政的直接贡献很少。第二，间接为财政收入提供收入来源。由于历史原因，我国工农业产品价格长期存在剪刀差，使得农业部门创造的一部分价值转移到工业部门，农业部门等于为工业部门承担了一部分税负。这种从农业部门取得财政收入的形式俗称“暗税”。农业的发展不仅能够直接促进财政收入的提高，还能为轻工业等其他行业提供更多的原料，带动加工业和第三产业的发展，使其创造更多的税收。因此，提高财政收入应大力发展农业，增加农业收入，逐步放开农产品价格，以提高农业部门的盈利水平。

（二）工业与财政收入

工业是国民经济的主导部门，我国工业 GDP 的比重最大，工业部门的劳动生产率和剩余产品价值率都比农业高，因此，来自工业部门的财政收入最多，工业是财政收入的重要支柱，对财政收入的增长起决定性作用。改革开放以来，国家向企业放权让利，加上国有企业经济效益下滑，工业部门提供的财政收入占财政总收入的比重有所下降。但是无论从绝对额还是相对额来看，工业部门目前乃至今后仍是我国财政收入的重要支柱。因此，加速工业的技术改造，努力实现工业现代化，提高工业经济效益，是我国增加财政收入的重要途径。

建筑业与工业一样，也是创造使用价值实体的物质生产部门。过去由于管理体制的原因，建筑业上交的财政收入不多，但随着市场经济体制的完善，建筑业也成为财政收入的重要来源。随着社会生产力的发展和产业结构的变化，包括交通运输业、金融保险业、旅游服务业、饮食业及娱乐业等第三产业也迅速发展，来自这些部门的财政收入必将呈现日益增长的趋势。

要点强化

【单选题】对财政收入的增长起决定性作用的是（　　）。

A. 农业　　B. 商业　　C. 服务业　　D. 工业

【答案解析】D。农业是财政收入的基础，工业是财政收入的重要支柱，对财政收入的增长起决定性作用。

三、财政收入的地区构成

(一)财政收入在中央和地方之间的分布

中央支配的财政收入比例称为中央财政集中度，不但制约中央财政的宏观调控能力，而且直接影响地方积极性的发挥。集中度的高低影响着经济发展、产业选择、公共服务均等化等方面，中央财政一般倾向于提高集中度，而地方财政则希望提高自身的财权和自主权。我国中央财政收入的集中度基本维持在45%—55%。

(二)财政收入在各地区间的分布

财政收入的多少与经济发展程度密切相关，经济发达地区，财政总收入和人均财政收入都高于经济不发达地区。我国各地区的经济发展很不平衡，按经济发展水平、交通运输条件、经济地理位置等方面的差别，可分为东部、中部、西部三大经济地带。东部11个省市工农业总产值占全国的55%以上，中部9个省的工农业总产值占全国的38%，西部9个省的工农业总产值只占全国的6%。特别是“老、少、边、山、穷”地区，财政收入的自给率低，需要中央财政通过转移支付予以补助。因此，应该在充分利用东部地区发展优势的基础上，把东部的资金、技术优势和中西部的资源优势结合起来，使地区之间优势互补、协调发展、利益兼顾，实现共同富裕。

第三节　财政收入的规模分析

合理的财政收入规模，无论是对经济的发展、人民生活水平的提高，还是对政府职能的实现都具有重大意义。它表明该国政府在社会经济生活中职能范围的大小。

一、财政收入规模的含义

财政收入规模是指一国政府在一个财政年度内财政收入的总水平。财政收入规模是衡量一个国家财力和政府职能范围的重要指标。可以用两个指标来认识：(1)年度财政收入的实际数量。即财政总收入，这是反映财政收入规模的绝对数指标。该指标反映了一国政府在一定时期内的具体财力状况，适用于财政收入计划指标的确定、完成情况的考核以及财政规模变化的纵向比较，一般用于静态分析。(2)财政收入占有关经济指标的比重。这是反映财政收入规模的相对数指标。相对数指标主要反映一国政府参与国民生产总值分配的程度(即财政征收程度)，适用于衡量财政收入水平、分析财政收入的动态变化等。常用的指标有财政收入占国民收入的比重、财政收入占国内生产总值的比重，以及财政收入占国民生产总值的比重等。一般情况下，主要运用财政收入占国内生产总值的比重来衡量和考察一个国家财政收入规模和财政实力，该比重越大，表明这个国家的财政收入规模就越大。

二、制约财政收入规模的因素

财政收入规模和财政收入增长速度受各种因素的影响和制约，包括经济发展水平、生产技术水平、收入分配政策和分配制度、价格水平、社会文化及其他因素。

(一)经济发展水平

经济发展水平是决定财政收入规模的主要因素。经济发展水平是指一个国家生产力发展水平,它从总体上反映一个国家社会产品的丰富程度和经济效益的高低,一般用国内生产总值(GDP)来表示。一个国家的经济发展水平越高,GDP 就越多,该国的财政收入规模也就越大。同时,经济越发达,人均 GDP 增加越多,剩余产品增长速度就会越快,最终财政收入规模增长就越快。

从各国发展历史的角度来看,一国的财政收入规模一般都会随着经济发展水平的提高而上升。发达国家的财政收入规模大多高于发展中国家,发达国家财政收入占 GDP 的比重一般都在 30%以上,有的甚至超过 50%,发展中国家的财政收入占 GDP 的比重一般都在 30%以下。而发展中国家的中等收入国家又大多高于低收入国家。经济发展水平包括经济增长的速度、结构、质量效益等多方面内容,国民经济的不同部门、地区、产业和企业经济发展规模和速度,都直接影响剩余产品的创造能力,国家政府可以通过制定不同的财政政策,优化经济增长结构,促使财政收入规模和速度实现稳定快速增长。

要点强化

【单选题】有人把经济发展水平和财政收入的关系概括为“根深则叶茂,源远而流长”,这一比喻说明(　　)。

A. 财政收入制约着经济发展水平

B. 经济发展水平是决定财政收入规模的主要因素

C. 分配政策和分配制度制约着财政收入的规模

D. 财政收入的类型对经济发展速度有着重要的影响

【答案解析】B。此比喻说明了经济发展水平和财政收入之间的关系,经济发展水平是财政收入的“源”和“根”。

(二)生产技术水平

生产技术水平是指生产中采取先进技术的程度,也是影响财政收入规模的一个重要因素。它对财政收入规模的影响可以从两方面分析。(1)技术进步能加快生产速度、提高生产质量,推动经济持续增长,扩大财源,促进财政收入规模不断扩大;反之亦然。(2)技术进步必然带来物耗比例的降低,经济效益提高,产品附加值所占的比例扩大。由于财政收入主要来自产品的附加值,所以技术进步直接影响财政收入规模的大小。

(三)收入分配政策和分配制度

收入分配政策和分配制度是另一个影响财政收入规模的重要因素。收入分配政策和分配制度是指社会产品生产出来以后,国家对政府、企业和居民个人直接进行一系列的分配和再分配所采取的政策措施和制度措施,主要方式有税收、租金、企业利润、股息红利等。收入分配政策和分配制度对财政收入规模的影响表现在:(1)收入分配政策决定剩余产品价值占整个社会产品价值的比例,进而决定财政分配对象的大小。(2)收入分配政策决定财政集中资金的比例,即财政收入占社会剩余产品价值的比例。在计划经济体制国家,政府在资源配置和收入分配上起基础作用,政府掌握较多的社会资源,所以财政收入规模较大。在市场经济体制国家，市场在资源配置和收入分配上起基础作用，政府掌握较少的社会资源，所以财政收入规模较小。(3)产权制度、企业制度、劳动工资制度、福利制度也会影响财政收入规模。在GDP大小确定的情况下，在政府、企业和个人三者之间按照不同的比例分配也会影响财政收入的规模。

(四)价格水平

财政收入通常是按一定时点的现价计算，以一定货币量来表现，在一定的价格体系下形成的。因此，由价格变动引起的GDP分配必然影响财政收入的增减变化。价格因素对财政收入的影响主要体现在两方面。

1. 价格总水平升降对财政收入的影响

在市场经济条件下，价格总水平是综合反映国民经济状况的一个重要经济参数，也是国家进行宏观经济决策和实施经济政策的重要依据之一。价格总水平的变化对财政收入的影响有名义财政收入和实际财政收入的区别。名义财政收入是不考虑价格变动的影响，以当年物价水平来计算财政收入。实际财政收入是剔除价格变动影响计算出来的财政收入，在价值上它是按不变价格计算的财政收入。

在其他条件一定的情况下，物价上涨将会导致名义财政收入增加，如果物价的增长率超过了名义财政收入的增长率，那么就会导致实际财政收入下降(又称“虚增”现象)，换而言之，这种财政收入的增加完全是由于物价上涨造成的，并不代表财政收入的实际增长；如果物价上涨幅度低于名义财政收入的增长幅度，那么实际财政收入水平上升。财政收入增长率与物价增长率大体一致，财政收入只有名义增长，而实际财政收入不增不减。

2. 现行税收制度对财政收入的影响

如果一国税制是以累进所得税为主体，当出现通货膨胀时，纳税人名义收入会增长，财政在价格再分配中所得的份额会随之有所增加。如果一国实行的是以比例税率为主的流转税税制，财政税收的增长率等于物价上涨率，财政收入只有名义增加；实行定额税的国家，其税收收入的增长总要低于物价上涨率，所以即使有名义增长，其财政的实际收入仍然是下降的。需要注意的是，价格是影响财政状况的重要因素，反之，财政状况也是影响价格改革和价格开放的重要因素，改革价格体系也要考虑财政的承受能力。

要点强化

【单选题】不考虑其他因素，(　　)税制会在通货膨胀形势下让财政收入实际增长率大于名义增长率。

A. 定额税　　B. 比例税　　C. 累进税　　D. 累退税

【答案解析】C。一国税制是以累进所得税为主体，当出现通货膨胀时，纳税人名义收入会增长，财政在价格再分配中所得的份额会随之有所增加。

(五)社会文化及其他因素

一般情况下，社会文化环境通过影响和改变人的行为方式来影响财政收入，现实生活中，不同地域的文化氛围下存在不同的管理理念，而这种理念差异影响着财政收入的规模，特别是人民赋税意识的高低。如果一个国家的人民赋税观念较低，没有意识到“纳税”的必要性，则容易造成该国的税收流失，不利于财政规模的扩大。

除了上述因素外，一个国家的政治经济制度、经济管理体制、战争、自然灾害等特殊因素也会影响财政收入规模。

要点强化

【单选题】 下边漫画警示地方政府官员（　　）。

A. 要充分发挥财政在促进地方经济快速发展的作用

B. 为促进财政收入增长，必须正确处理国家、企业、个人的关系

C. 要把房地产开发作为促进地方经济增长的重要手段

D. 要增加财政收入，必须努力发展地方经济，增强地方综合实力

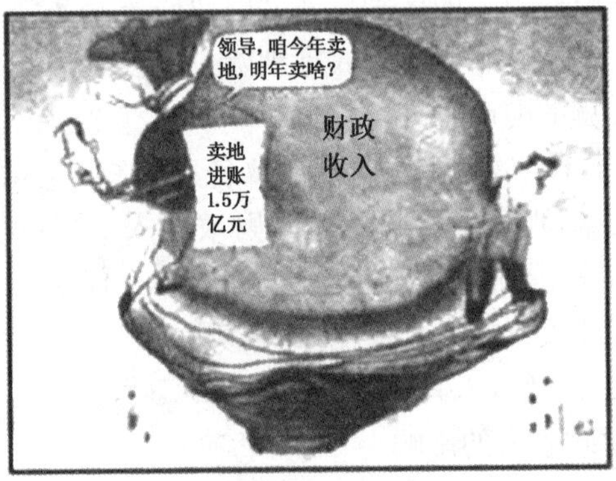

卖地求财

【答案解析】 D。漫画反映的是地方政府以卖地收入作为财政收入的主要来源，而决定财政收入的根本因素是经济发展水平，故选D。

三、我国财政收入规模的确定

（一）最优财政收入规模的含义

一个国家财政收入规模是否合理直接关系到社会资源配置能否达到优化。如政府过分追求财政收入规模的最大化，而不重视财政收入的使用效率，最终将导致社会资源配置总体效益下降。因此，应该控制政府财政收入的规模，将其限制在合理的范围内，要与国民经济发展规模、速度以及公众需求相适应。最优的财政收入规模，是以实现社会投资最大化、社会资源利用效率最大化和社会福利最大化为追求目标，以正确处理公共经济与私人经济关系为基础，所形成的处于社会经济均衡状态下的财政收入规模。

反映财政收入规模最优化的一个重要指标是财政收入占GDP的比重。该指标不仅反映政府分配的集中程度和财政能力，还反映了一个国家的宏观税负水平。如果该指标过高，则表示企业和居民的负担比较重，经济缺乏动力；反之，如果该指标过低，则表示政府宏观调控能力不足，经济发展缺乏公共物品的保障。所以这一指标要保持在一个合理的水平。一般认为，现阶段我国财政收入规模占GDP的20%－30%比较合理。

（二）我国财政收入规模的现状

我国财政收入一直保持高速增长，最高时 2007 年达到 32.4%，即便是受金融危机影响的 2009 年，财政收入也增长 11.7%，2011 年又重新达到 25.5%的高增长。但是从 2012 年开始，我国财政收入增长明显回落，全年财政收入增长 12.8%，2013 年和 2014 年的财政收入增长率分别为 10.2%和 8.6%。2015 年、2016 年、2017 年财政收入增长率分别为 8.4%、4.5%、7.4%，2016 年财政收入增速只有 4.5%，达到历史最低水平，整体态势增速趋缓，增幅收窄，见图 3－1。

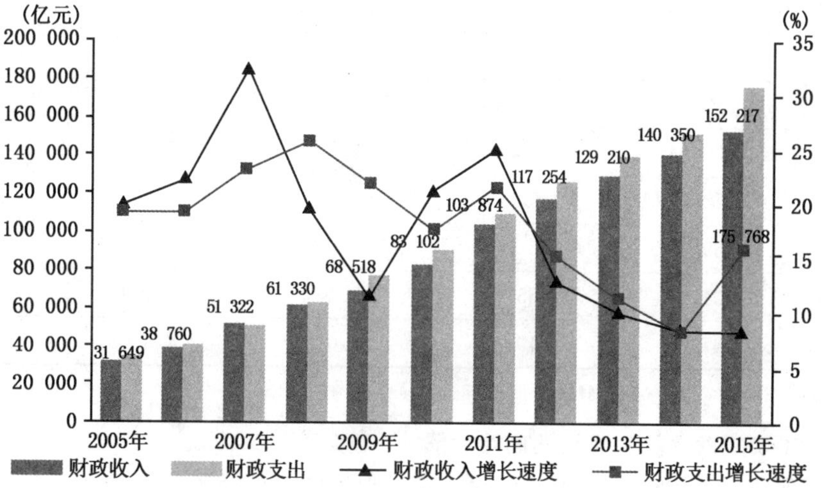

资料来源：中国产业信息网行业频道 http://www.chyxx.com/industry/201704/517069.html

图 3－1 我国财政收入情况走势分析图

知识链接 3－3

2016 年中国财政收入近 16 万亿元 增速创 28 年新低

财政部公布的数据显示，2016 年全国一般公共预算收入 159 552 亿元，比上年增长 4.5%。其中，中央一般公共预算收入 72 357 亿元，同比增长 4.7%，同口径增长 1.2%；地方一般公共预算本级收入 87 195 亿元，同比增长 4.2%，同口径增长 7.4%。全国一般公共预算收入中的税收收入为 130 354 亿元，同比增长 4.3%；非税收入 29 198 亿元，同比增长 5%。

对此，财政部表示，2016 年全国一般公共预算收入增长 4.5%，延续了增幅逐年回落的走势。主要原因有三个：

一是政策性减收较多。2016 年全面推开营改增试点为近年来减税规模最大的政策措施；同时，清理涉企收费、扩大部分行政事业性收费免征范围等也带来一定减收。二是经济下行产生的滞后影响。与 2015 年相比，2016 年全社会固定资产投资、规模以上工业增加值等增幅仍有不同程度的回落，制约了财政收入增长。三是部分收入 2015 年基数较高，如金融业税收和部分非税收入等。

（资料来源：凤凰财经，每日经济新闻. http://finance.ifeng.com/a/20170124/15165247_0.shtml. 冯彪，2017－01－24）

这期间，我国中央财政收入占全国财政收入的比重基本稳定在45%－50%，如表3－1所示。与国际上其他国家相比，我国中央财政收入占全国财政收入的比重并不高。市场经济国家的政府管理权限逐步向地方下放，支出责任也同时交给地方，但财政收入并没有相应分散，集中仍然是主流，大部分国家中央政府仍然控制着财政收入的主要部分。

表3－1　　中央和地方财政收入及比重(2010－2016年)

年份	全国财政收入（亿元）	中央财政收入（亿元）	中央财政收入比重(%)	地方财政收入（亿元）	地方财政收入比重(%)
2010	83 101.51	42 488.47	51.10	40 613.04	48.9
2011	103 874.43	51 327.32	49.4	52 547.11	50.6
2012	117 253.52	56 175.23	47.91	61 078.29	52.09
2013	129 209.64	60 198.48	46.6	69 011.16	53.4
2014	140 370.03	64 493.45	45.9	75 876.58	54.1
2015	152 269.23	69 267.19	45.5	83 002.04	54.5
2016	159 604.97	72 365.62	45.4	159 604.97	54.6
2017	172 567	81 119.15	47.01	91 448.07	52.99

说明：依据财政部官网公布的财政数据整理。

(三)我国实现财政收入规模最优的对策

为了实现我国财政收入规模的最优化，应当根据国内外经济形势变化和我国经济发展的长远目标，合理调节我国的财政收入规模。

1. 优化财政收入结构，提高经济发展质量

优化财政收入结构主要体现在使财政收入的结构合理化，来源有保障。财政收入结构按产业划分可以划分为三大产业结构。三大产业的发展是相互联系的，不能割裂。第一产业是国民经济的基础，第二产业是经济发展的重点，第三产业是第一、二产业发展的依托。发展过程中要注意不能只“抓一手”，要着眼于全局，统筹三大产业，促进国民经济各部门协调发展。注重经济发展的质量不仅体现在经济的快速发展上，还体现在经济发展的协调性、可持续性上。换而言之，我国在制定相关政策时，既要考虑是否能够促进经济快速增长，还要能解决当前高能耗低产出、资源紧缺的问题。

2. 推进税费改革，坚决取缔乱收费现象

税费改革是当前规范政府收入机制的一项有效措施，也是提高当前财政收入的重要途径。坚决取缔乱收费、乱摊派、乱罚款，对应该改为税收形式的收费改为税收，对保留的收费加以规范并管理。推行税费改革应明确各级政府收费项目和收费数额，区分出符合规定且合理的收费，对不符合规定且不合理的收费予以取缔，将符合规定且合理的收费纳入税费改革范围。

除以上两点，政府还可以通过规范政府与市场关系，确定财政收入合理区间，加强财政收入数字化管理，深化财政收入改革，优化财政管理政策等方法进一步提高我国财政收入，优化我国财政收入的规模。

第四节 国 债

当今社会信用发达，为某种需要举债已是十分普遍的社会现象。政府举借的债务称为公债。公债包括国债和地方债。中央政府的债务称为中央债，即国债；地方政府的债务称为地方债。大多数西方国家，地方政府可以依据一定法律独立发行公债，而在我国2015年以前不允许地方政府举债，人们常将公债与国债等同起来，2015年《预算法》的修订确立了地方政府直接发行债券的法律依据。

一、国债的概念与特征

（一）国债的概念

国债是指国家依据借贷原则，运用信用形式，以债务人的身份，通过向国内外发行债券或向外国政府和银行借款所形成的国家债务。

正确理解国债的概念把握好以下几点：(1)国债是国家财政收入的一种特殊形式，是政府调节经济的一种重要手段。通过国债所筹集的资金是财政资金，必须纳入国家预算，然后再经过分配成为经济建设资金，这是它与货币信用资金的区别。(2)国债是国家信用的主要形式，具有非强制性和有偿性的特征。财政参与国民收入的分配，一般采用无偿的方式进行，但有时为解决分配中的特殊矛盾，也可采取有借有还的信用方式进行。(3)国债是一个特殊的债务范畴，它与企业和居民的私债不同，二者本质区别是发行的依据和担保物不同。国债的发行主体是国家，其担保物不像私债那样是财产或收益，而是政府信誉，具有高度的信用度，这比私债要可靠得多。

（二）国债特征

国债是通过信用形式筹集的财政资金，使它与其他财政收入形式如税收有着显著区别，主要表现在它包括自愿性、有偿性和灵活性的特征方面。

1. 自愿性

自愿性是指国债的发行或认购应建立在认购者自愿承受的基础上。公众是否认购、认购多少等方面，拥有完全自主的权利。这一特征使国债与税收有着明显的区别。税收是以国家权力为依托，任何单位和个人都必须依法纳税，否则就要受到法律的制裁。而国债是以国家信用为依托，以借贷双方自愿互利为基础，按照一定条件与认购者形成债权债务关系。国家在特殊的情况下，也曾对国债实行过派购方式，但这只是在特殊状况下为解决暂时财政困难的权宜之计。

2. 有偿性

有偿性是指通过发行国债筹集的财政资金，政府必须作为债务按期偿还，并按事先规定的条件向认购者支付一定数额的暂时让渡资金使用权的报酬，即利息。有偿性是国债区别于税收的重要特征。通过征收税收取得的财政收入，国家既不需要偿还，也不需要对纳税人付出任何代价。

3. 灵活性

灵活性是国债所具有的一个突出特征，是指国债发行与否、发行多少，一般完全由政府根据财政资金的具体情况加以确定，不需要通过法律形式规定。国债既不具有发行时间上的连续性，也不具有发行数额上的固定性。国债的发行会随着财政状况而出现起伏，有的年份发行多，有的年份发行少，甚至不发行。

二、国债的作用

（一）弥补财政赤字，平衡财政收支

国债是与财政赤字相联系的财政收入形式，它是作为弥补财政收支差额的来源而产生的，弥补财政赤字是国债最基本的功能。国家信用的直接用途是弥补政府财政赤字。

财政赤字一般是指财政收入小于财政支出的差额。国债的诸多功能中之所以最主要的是弥补财政赤字，是因为在弥补财政赤字的方式如发行国债、增税、改革税制、增发货币和向中央银行透支中，国债是弥补财政赤字的理想方法。这是因为，与其他弥补财政赤字的方式相比，以发行国债的方式来弥补财政赤字，一般不会影响经济发展，产生的副作用较小。国债的认购通常遵循自愿原则，通过发行国债获取的资金基本上是社会资金运动中游离出来的，企业和个人暂时闲置不用的资金，将这部分资金临时集中起来使用，流通中的货币总量一般不会改变，不会导致通货膨胀，也不会影响经济发展。与此相反，政府如果通过中央银行增发货币或向中央银行透支、借款，往往可能扩大流通中的货币量，使社会购买力的需求超过社会供给，导致通货膨胀。而增加税收，要受客观经济发展速度和效益的制约，如果强行提高税率，会影响经济发展，使财源枯竭。而且根据税收法定的原则，改变税制又要受立法限制，也不易为纳税人所接受。总之，用国债弥补财政赤字，实质上是将不属于国家支配的资金在一定时期内让渡给国家使用，是弥补财政赤字一种较为合理的有效途径。

（二）为经济建设，调整产业结构筹集资金

经济的持续稳定增长，是各国经济发展过程中所共同追求的目标。在技术与管理既定的前提下，增加投资是加快经济增长的主要动力。国际经济发展的一个事实是：在工业化初期，建设资金短缺是各国普遍存在的问题。为了求得经济增长，政府举债以筹集建设资金，就成为必然的、理想的选择。同时，结合产业结构调整，实现生产力合理布局，将债务收入投资于国民经济薄弱环节，如能源、交通、基础设施等，可以改善产业结构。

（三）作为财政政策工具，调节宏观经济运行

在市场经济体制下，政府的一项重要职能是进行宏观经济调控。其主要手段是实行财政政策与货币政策相配合，运用各种政策工具调节宏观经济运行。国债是其中一种重要的财政政策工具。政府通过发行国债筹集资金，用于基础设施投资，可以刺激投资需求与消费需求，调节社会总供给与总需求的平衡。同时，国债资金用于基础设施投资，扩大社会的积累规模，实际上是将消费基金变为积累基金，改变了资金的用途。

要点强化

【多选题】我国国债的功能包括（　　）。

A. 筹集建设资金　　B. 调节收入分配　　C. 调节国际收支　　D. 弥补财政赤字

E. 调节国民经济的发展

【答案解析】ADE。我国国债的功能主要有弥补财政赤字、平衡财政收支；为经济建

设、调整产业结构筹集资金;作为财政政策工具,调节宏观经济运行。国债不具有调节收入分配和国际收支平衡的功能。

三、国债制度

(一)国债的种类

对于国债,可依据不同标准,采用不同方法进行分类:

(1)按发行地域分为内债和外债。内债是在国内发行的国债;外债是在国外发行的国债。

(2)按偿还期限分为短期国债、中期国债、长期国债。短期国债是指期限一般在1年以内的债券;中期国债是指期限一般为1—5年的债券;长期国债是指期限一般在5年以上的国债。

(3)按发行主体分为国家公债和地方公债。国家公债是指中央政府发行的国债;地方公债是指地方政府发行的国债。

(4)按流通方式分为上市国债和非上市国债。上市国债是指可以在金融市场上自由流通买卖的国债,非上市国债是指不能在金融市场上自由流通买卖的国债。

(二)国债的发行

国债的发行是国债售出或被个人和企业认购的过程,它是国债运行的起点和基础环节,核心是确定国债发行的方式。国债是中央政府直接举借的债务,即发行机关是中央政府或中央财政部门。

1. 国债的发行方法

(1)公募法,是指国家财政部门或委托其他部门向社会直接公开募集国债的方法。公募法又可进一步分为直接公募法和间接公募法,直接公募法即由国库直接承担发行责任,通过银行系统向公众募集国债,发行的费用和损失全部由国库承担;间接公募法又称委托公募法,是按照法定的条件,由银行部门代理国家承担国债发行的责任,通过银行系统向公众募集国债。

(2)包销法,又称承购包销法,是根据一定的发行条件,先由金融机构全部承购国债,然后再向社会间接销售的方法。一般来说,在公债数额巨大的情况下,一家金融机构是很难独立承担包销任务的,所以,需由多家金融机构组成国债的承购包销团来进行公债的销售。政府还可以利用招标的方式来选择承销机构,以降低发行成本。承销的最大好处是国债的最终融资规模是确定的,并且很快能进入国库。与间接公募法不同的是,包销法是国债发行权的转让,政府一般不干预,银行可以自主决定发行事务。目前,我国国债的发行主要采用这种方法。

(3)公卖法,是指政府委托经纪人在证券交易所出售国债的方法。公卖法不同于公募法,在公募法发行的条件下,国债的价格由国家确定或选定并且固定不变。在公卖法的条件下,国债的价格由证券市场的资金供求决定并且不断波动。

(4)强制摊派法,是指政府向地区、部门、企事业单位分配国债购买指标,并要求必须保证完成。

2. 国债的发行价格

国债的发行价格,是指政府证券的出售价格或购买价格。国债的发行价格有三种:一是平价发行，即国债的发行价格与国债的票面价格相等；二是溢价发行，即国债的发行价格高于国债的票面价格；三是折价发行，即国债的发行价格低于国债的票面价格。在国债发行时，市场利率如果与国债利率一致，则国债就按面额发行；如果市场利率下降，低于国债利率，则国债可以按高于面额的价格发行；如果市场利率上升，高于国债利率，为保护投资者利益，则国债必须按低于面额的价格发行。

要点强化

【单选题】在债券票面利率高出市场利率较多的情况下，国债发行价格可采用(　　)。

A. 平价发行　　B. 溢价发行　　C. 折价发行　　D. 议价发行

【答案解析】B。如果市场利率下降，低于国债利率，即债券票面利率高出市场利率，则国债可以按高于面额的价格发行。

(三)国债的偿还

1. 国债的偿还方法

(1)市场购销偿还法，是指政府在债券到期前按市场价格适时购回债券，并不再卖出，以致在这种债券到期时，已全部或绝大部分被政府所持有的偿债方法。市场购销偿还法可以通过中央银行公开市场业务在证券市场上陆续收购国债。此方法不仅可以减少政府的还本付息支出，而且可以维持国债价格的稳定。

(2)分期偿还法，即对一种债券规定几个还本期，每期偿还一定比例，直到债券到期时，本金全部偿清。这种偿还方式可以避免到期一次偿还给财政带来的压力，但还本越迟，息率越高，国债偿还的工作量和复杂程度因此加大。

(3)抽签轮次偿还法，是指在公债偿还期内，政府通过定期按债券号码抽签以确定偿还一定比例国债的方法。我国 1981－1984 年发行的国库券就采用了这种偿还方式，每年只对中签的那部分国库券进行偿还。

(4)到期一次偿还法，是指政府在发行债券到期日按票面金额连本带息一次全部偿清的方法。其优点是国债还本管理工作简单、易行，且不必为国债的还本而频繁地筹措资金。缺点是集中一次偿还国债本金，财政支付压力较大。我国 1985 年以后发行的国债采用这种方法。

(5)以旧替新偿还法，是指政府通过发行新债券来兑换到期的旧债券，以达到国债偿还目的的一种偿还方式。采用这种方式的目的是缓解兑付高峰、国家财政资金紧缺与债务集中偿还的矛盾。我国 1990 年和 1991 年对到期国债采取过这种转换债的方式偿还，具体做法是：继续沿用原来的债权凭证，按新公布的转换债利率，采取推迟偿还、分段计息的做法。这种偿还方式下，政府并没有按期偿还国债，不利于维护政府信誉，不宜经常采用。

2. 国债清偿资金的来源

(1)设立偿债基金，是政府预算设置专项基金用于偿还国债，即政府在每年的预算资金中拨出一笔专款设立基金，由有关部门掌管，专门用作偿还国债，而不能用做其他用途。设立偿债基金能保证国债按期如数偿还，降低财政的债务风险。然而，财政之所以借债是因为资金紧张，设立专门的偿债基金在实践中很难做到。

(2)通过预算列支，就是将每年的国债偿还数作为财政支出的一个项目(如债务还本支出)而列入当年支出预算，由正常的财政收入(主要是税收)保证国债的偿还。表面上看，这是确保国债近期偿还的稳妥办法，但要求正常财政收入在满足一般财政支出后仍有剩余，即在财政收入比较充裕的情况下才可能做到。如果财政仍旧困难，通过预算列支的方式解决偿债资金的来源往往也行不通。

(3)举借新债，是指政府通过发行新的债券，为到期债务筹措偿还资金，也就是以借新债的收入作为偿还旧债的资金来源。从实践来看，财政收入不足以偿债几乎是各国财政共同存在的问题，每年的到期债务已远非正常财政收入所能负担。举借新债偿还旧债便成为各国政府国债偿还的必然选择。从理论上看，单项国债存在偿还期限，但从债务总体上看，它实际上并不存在偿还期，而是可以采用借新债还旧债的办法，无限期地延续下去。正因为如此，举借新债成为各国政府偿还国债的基本手段。

(4)预算盈余偿还，是指以政府经常性预算盈余资金作为偿债资金来源的做法。

要点强化

【单选题】在各种偿债资金来源中，比较可行的做法是(　　)。

A. 设立偿债基金　　B. 依靠财政盈余　　C. 通过预算列支　　D. 举借新债

【答案解析】D。从债务总体上看，它实际上并不存在偿还期，而是可以采用借新债还旧债的办法，无限期地延续下去。举借新债成为各国政府偿还国债的基本手段。

四、国债限度及其衡量指标

国债限度一般指国家债务规模的最高额度或指国债适度规模问题。

(一)国债绝对规模的衡量指标

国债绝对规模的衡量指标主要有三个：(1)历年累积债务的总规模；(2)当年发行的国债总额；(3)当年到期需还本付息的债务总额。对国债总规模的控制是防止债务危机的重要环节，而控制当年发行额和到期需偿还额往往更重要。

(二)国债相对规模的衡量指标

在债务管理中，国债相对规模的衡量指标一般有以下几个：(1)国债负担率，是指国债余额与国内生产总值的比率，它是衡量经济总规模对国债承受能力的重要指标，也是用于反映国债规模的主要指标之一。这个指标反映着国家累积债务的总规模，是研究控制债务问题和防止出现债务危机的重要依据。一国的GDP值越大，国债负担率越小，则国债的发行空间越大。国际公认的国债负担率的警戒线为发达国家不超过60%，发展中国家不超过45%。我国目前的这一指标为16%左右。(2)国债依存度，是指年度国债发行额与当年财政支出的比率。反映当年财政支出对国债的依赖程度，是控制国债规模的重要指标。根据国际通用的控制指标，国债依存度一般以15%—20%为宜。由于国债是由中央财政借用和偿还的，所以，一般与中央财政总支出相比。(3)国债偿债率，是指当年国债还本付息额与当年财政收入的比率，这一指标反映了财政偿还到期国债本息的能力。一般认为财政偿债率应小于20%。(4)国民经济偿债率，是指当年国债还本付息总额与当年国内生产总值的比率。控制偿债率是控制国债的发行额。这一指标反映了当年国家债务偿还额与国内生产总值的数量比例关系。通常情况下,这一指标以5%—6%之间为宜。

要点强化

【单选题】 根据国际通用的控制标准,国债依存度控制在(　　)。

A. 5%—6%　　B. 5%—8%　　C. 10%—15%　　D. 15%—20%

【答案解析】 D。根据国际通用的控制指标,国债依存度一般以15%—20%为宜。

本章小结

财政收入是国家为实现其职能,满足其实施公共政策及提供公共服务的需求,凭借一定的权力,将一部分社会产品集中起来所形成的各种货币或实物收入。按照具体的收入形式分类财政收入可分为税收收入、国有资产收入、政府收费收入、债务收入、其他收入等。

财政收入结构指财政收入的各种组成部分中,各部分所占的比例关系。按照财政收入结构的不同分类,财政收入的结构分为财政收入的产业部门结构和财政收入的所有制结构。从产业部门结构来看,农业是财政收入的基础,工业是财政收入的重要支柱,对财政收入的增长起决定性作用。我国的财政收入主要来自国有经济,国有经济上缴的财政收入占整个财政收入的一半以上,随着经济体制的改革,非国有经济提供的财政收入也在逐年增加。财政收入的价值结构表现为社会总产品(C+V+M)中C、V、M三部分之间存在此消彼长的关系。V虽然构成财政收入,但在全部财政收入中所占的比重很小,是财政收入的补充;M是新创造的价值中归社会支配的剩余价值部分,它是财政收入的主要来源。

目前,我国财政收入虽然绝对规模比较大,但存在财政收入与其他国家相比偏低,财政收入规模增速放缓等问题,这主要是由于我国近几年来对国民收入结构的调整、持续控制结构性减税以及经济发展速度减缓等因素造成的。为实现财政收入规模的最优化可以从优化财政收入结构、提高经济发展质量等方面着手。

国债是国家信用的主要形式,它既是一个特殊的债务范畴,又是一个特殊的财政范畴,也是政府掌握的重要经济杠杆之一。国债具有弥补财政赤字、筹集建设资金和调节国民经济的功能。国债的发行方法有:公募法、包销法、公卖法;国债的发行价格:平价发行、溢价发行、折价发行三种方法。国债的偿还方法有:市场购销偿还法、分期偿还法、抽签轮次偿还法、以旧替新偿还法、到期一次偿还法。国债限度是指国债规模的最高额度,或国债的适度规模。财政对国债的承受能力和社会的应债能力可以通过一系列指标来表示,这样能具体地考核国债规模是否适度,为政府的经济决策提供依据。

思考与练习

一、单选题

1. 国家的财政收入是(　　)。

A. 通过税收形式而取得的资金
B. 国有企业上缴的利润
C. 国家以服务费、罚款、没收等形式取得的收入
D. 国家通过一定的形式和渠道集中起来的资金

2. 政府财政收入中的最主要部分是（　　）。
A. 税收　B. 公债　C. 公共收费　D. 国有资产收益

3. 组织财政收入实际上就是将一部分资源从（　　）。
A. 企业和个人流向政府　B. 政府流向企业和个人
C. 发达地区流向不发达地区　D. 国外流向国内

4. 制约我国财政收入的根本因素是（　　）。
A. 税率标准　B. 经济发展水平　C. 居民收入水平　D. 居民的纳税意识

5. 从价值构成上看，财政收入主要来源于（　　）。
A. C　B. V　C. M　D. C+V+M

6. 财政收入的实际增长是指（　　）。
A. 财政收入增长率高于物价上升率　B. 财政收入增长率低于物价上升率
C. 财政收入增长率等于物价上升率　D. 财政收入增长率高于GDP增长率

7. 财政积累的源泉是（　　）。
A. V　B. M　C. V+M　D. C+V

8. 改革开放以来，我国GDP分配格局变化的显著特征是向（　　）倾斜。
A. 政府　B. 公有制企业　C. 其他所有制企业　D. 个人

9. 当价格总水平上升时，（　　）最有利于提高财政在价格再分配中所占的份额。
A. 人头税　B. 定额税资源税　C. 比例流转税　D. 累进所得税

10. 影响财政收入的基础性因素是（　　）。
A. 税、利、债、费的总和　B. 国家的政治权力
C. 经济发展的水平　D. 国家的分配政策

11. 财政具有收入分配职能，但是下列选项中不属于财政收入分配范围的是（　　）。
A. 机关职工工资的调整　B. 国有企业职工工资的调整
C. 离退休人员工资的调整　D. 部队官兵津贴的调整

12. 国债最基本的功能是（　　）。
A. 弥补财政赤字　B. 筹集建设资金
C. 调节货币流通　D. 调节国民经济的发展

13. 当年国债还本付息额占当年财政收入的比率被称为（　　）。
A. 国债依存度　B. 财政偿债率　C. 居民应债率　D. 国债负担率

14. 衡量经济总规模对国债承受能力的重要指标是（　　）。
A. 国债依存度　B. 国债负担率　C. 财政偿债率　D. 财政偿还率

二、多选题

1. 影响我国财政收入规模的主要因素，除了经济发展水平外，还有（　　）。
A. 生产技术水平　B. 社会文化　C. 分配制度和分配政策

D. 政府管理级次　　E. 价格

2."财扶农，政扶农，华夏江山四季红。花繁叶茂浓。扶支农，志励农，灯映水泥硬路通。琼楼伴柳风。"根据这首词下列叙述正确的是(　　)。

A. 财政补贴是农业发展的基础

B. 通过各种财政补贴形式支持农业是财政的责任

C. 财政收入主要来源于农业

D. 财政补贴有助于贯彻产业政策

3. 下列属于财政收入的有(　　)。

A. 财产税　　B. 公债

C. 流转税　　D. 国有资本经营收益

E. 社会服务

4. 按取得财政收入的形式分类，通常将财政收入分为(　　)。

A. 税收收入　　B. 国有资产收益　　C. 债务收入　　D. 利息收入

E. 收费收入

5. 下列关于财政收入规模影响因素的叙述正确的是(　　)。

A. 征收机构　　B. 经济发展水平　　C. 收入分配政策　　D. 税种多少

E. 价格

6.《政府收支分类科目(2011)》简目中"收入分类科目"列出的类级科目有(　　)和债务收入等。

A. 税收收入　　B. 社会保险基金收入

C. 非税收入　　D. 贷款转贷回收本金收入

7. 国债按照流通方式可以分为(　　)。

A. 流通国债　　B. 非流通国债　　C. 上市国债　　D. 非上市国债

8. 属于国债特征的是(　　)。

A. 强制性　　B. 有偿性　　C. 自愿性　　D. 灵活性

9. 国债资金的来源有(　　)。

A. 设立偿债基金　　B. 预算盈余偿还　　C. 举借新债　　D. 通过预算列支

10. 国债的发行价格有(　　)。

A. 平价发行　　B. 议价发行　　C. 溢价发行　　D. 贴现发行

E. 折价发行

三、判断题

1. 财政收入按收入形式分类可分为税收、收费、债务收入、铸币收入、通货膨胀收入、经常性收入和临时性收入。　(　　)

2. 如果一项收入可以采取税收形式也可以采取收费形式，一般应采用税收形式。　(　　)

3. 由于存在通货膨胀税效应，通货膨胀必然使财政收入实际上升。　(　　)

4. 农业部门以间接形式上缴的收入比直接上缴的收入多得多。　(　　)

四、思考题

1. 什么是财政收入？如何进行财政收入的结构分析？

2. 财政收入的形式有哪些？试比较它们之间的差异。

3. 影响财政收入规模的因素有哪些？

4. 我国财政收入规模的现状是什么？请谈谈我国财政收入规模的增长趋势，并就我国财政收入的增长趋势提出自己的建议。

5. 国债有哪些功能？

6. 国债还本付息的资金来源有哪些？

7. 衡量国债规模合理与否的指标有哪些？请运用这些指标对我国国债规模现状进行分析。

五、分析思考题

为鼓励高校毕业生自主创业，以创业带动就业，财政部、国家税务总局于2010年10月22日发出《关于支持和促进就业有关税收政策的通知》(财税[2010]84号)，明确自主创业的毕业生从毕业年度起可享受三年税收减免的优惠政策。其中，高校毕业生在校期间创业的，可向所在高校申领《高校毕业生自主创业证》；离校后创业的，可凭毕业证书直接向创业地县以上人社部门申请核发《就业失业登记证》，作为享受政策的凭证。

(资料来源：http://www.chinatax.gov.cn/)

根据上述资料分析对大学生创业的这些优惠措施对我国的财政收入有无影响？若有，会有何影响？

第四章
税　收

【知识目标】

1. 理解税收的含义、特征，理解我国现行税种的分类；
2. 掌握税收制度的构成要素；
3. 理解流转税、所得税的概念、纳税人、税率等内容；
4. 掌握流转税、所得税应纳税额的计算。

【能力目标】

1. 能对税收和其他财政收入形式进行区分；
2. 能够对税收制度的构成要素进行准确把握；
3. 能够准确判断纳税人的何种业务需要交缴流转税，并能熟练准确地计算流转税的应纳税额；
4. 能够准确判断纳税人的何种业务需要交缴企业所得税，并能熟练准确地计算所得税的应纳税额；
5. 能够准确计算个人所得税的应纳税额。

【情感目标】

通过教学使学生明确税收是国家财政的主要来源，关心国家对税收的征收和使用；培养学生的自觉纳税意识。

【案例导入】

案例情境一：

月底，花儿的爸爸领工资了，下面是他们父子的一段对话：

爸爸：我这个月的工资被扣了45元的个人所得税。

花儿：如果不缴税那该有多好啊！

不交税可以吗？纳税是个人的损失吗？为什么？

案例情境二：

小明为了表达自己的孝心，在妈妈生日时用自己勤工俭学的钱为妈妈网购了一部新手机，网购时商家说："如果你不要发票，可以享受降价100元的优惠。"小明思想很矛盾。

购物时你是否索要发票？不要发票可获得降价优惠是一种什么行为？同学们在麦当劳消费时有没有索要过发票呢？

第一节　税收概述

税收是一个古老的经济范畴，在历史上又称为赋税、租税或捐税，它是伴随着国家产生并由国家实施征收的。税是由"禾"和"兑"组成，基本含义是社会成员向国家缴纳部分农产品。随着社会的发展，税收的含义也发生了变化，那么什么是税收呢？

一、税收的概念与本质

税收是国家为了实现其职能，凭借政治权力，按照法律规定的标准，强制、无偿地参与社会剩余产品分配，以取得财政收入的一种形式。

税收体现了国家与纳税人在征税、纳税的利益分配上的一种特殊关系，它是财政收入的主要形式和调节经济的重要杠杆。正确理解和把握税收的概念从以下几点着手：

（一）税收的主体是国家和政府

税收与国家有本质联系，它作为取得财政收入的一种手段，其掌握者和运用者只能是国家，也就是说，税收是由国家或政府征收的，而不是别的什么机构和组织。征税权力只属于国家，包括中央政府和地方政府，具体说就是征税办法由国家立法机关制定，征税活动由政府组织进行，税收收入由政府支配管理。

（二）国家征税的目的是满足社会公共需要

任何一个国家，为了保证其社会管理职能的行使和国家机器的正常运转，都需要具备一定的物质基础。而国家本身并不直接创造物质财富，只能以税收的形式参与社会产品的分配，取得物质财富，用于行使国家职能。

（三）国家征税凭借的是国家的政治权力

国家要取得任何一种财政收入，都是以其所拥有的某种权力为依托的。这种权力包括财产权力和政治权力两种。资本拥有者取得利润，食利者取得利息，土地出租者取得地租，工人取得工资，是由于他们有生产资料所有权和劳动力所有权，以上都属于财产权力。而国家取得收入，凭借的是政治权力而不是财产权力，也就是说，税收是以国家名义，通过一定的法律程序，按事先确定的标准向社会集团和个人强制执行征收的。

（四）税收是国家参与社会产品分配的一种特殊形式

税收是国家凭借政治权力，把社会产品的一部分变为国家所有。这样，使一部分社会产品由私人和厂商向国家转移，国家对社会产品的占有由无到有，纳税人对社会产品的占有由多到少。税收就是这样执行着社会产品分配的职能。

二、税收的特征

税收作为一种特定的分配形式，有着自身固有的形式特征，即强制性、无偿性和固定性，这三个特征是税收区别于其他财政收入的基本标志。

（一）强制性

强制性是指以国家管理者的身份，凭借政治权力，通过颁布法律或法规，按一定的标准强制征收的。法律一经确定征税，负有纳税义务的单位和个人均有依法纳税的义务；对拒不纳税或逃避纳税者，国家依法给予强制征收或进行法律制裁。

（二）无偿性

无偿性是指国家对具体纳税人征税不需要直接偿还，也不需要付出任何形式的报酬。税收的无偿性是区别于其他财政收入形式的最本质特征。它既不同于国有资产收入或利润上缴，也不同于还本付息的国债，还区别于工商、交通等行政管理部门因服务社会而收取的各种形式的规费。

（三）固定性

固定性是指国家征税必须通过法律形式，事先规定征税对象、征收范围和征收比率。未经严格的立法程序，任何单位和个人都不得随意变更或修改。税收的固定性特征，使税收与社会上一些部门、单位随意罚款、摊派严格区别开来。

要点强化

【单选题】税收区别于其他财政收入形式的主要标志或特征是（　　）。

A. 税收是由税务机关征收的　　B. 税收具有强制性、无偿性、固定性的特征

C. 税收是根据税法征收的　　D. 税收是国家实现其职能的物质基础

【答案解析】B。税收作为一种特定的分配形式，有着自身固有的形式特征，即强制性、无偿性和固定性，这三个特征是税收区别于其他财政收入的基本标志。

三、税收的分类

税收的分类是指按照一定的标准对不同税种进行归类。这样利于了解各个税种的特点、性能、作用及税制结构体系。我国对税种的分类，依据不同的标准，通常有以下几种主要分类方法（见图4—1）。

（一）按征税对象分类

按征税对象分类，可将全部税种划分为流转税类、所得税类、财产税类、资源税类、行为税类五大类型。这是最基本的一种税收分类方法。

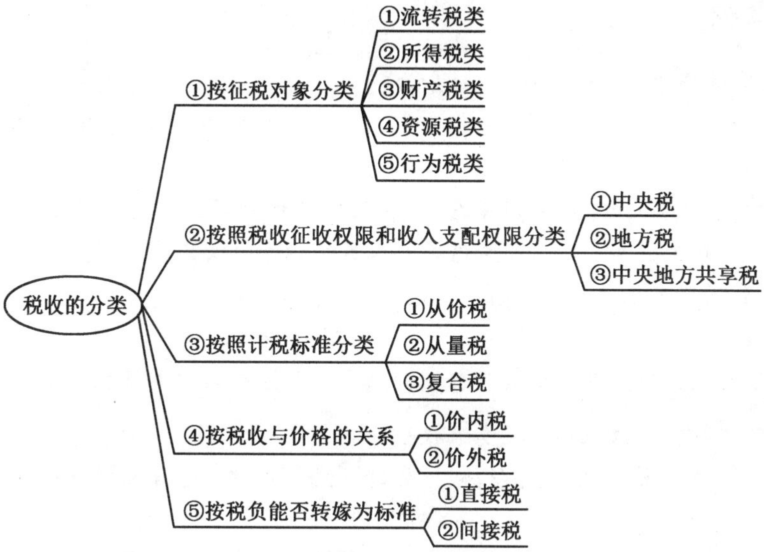

图 4—1 税收的分类

1. 流转税类

流转税类，是指以货物或劳务的流转额为课税对象的一类税收。流转税以商品流转额和非商品流转额为计税依据，在生产经营及销售环节征收，收入不受成本费用变化的影响，而对价格变化较为敏感。我国现行的增值税、消费税、关税都属于流转税类。流转税是我国税制体系中的主体税种，其中又以增值税为主。

2. 所得税类

所得税类，也称收益税类，是指以纳税人的各种所得额为课税对象的一类税收。所得税是直接税，税负不能转嫁。它体现了量能负担的原则，即所得多的多征，所得少的少征，无所得的不征。我国现行的企业所得税、个人所得税属于所得税类。

3. 财产税类

财产税类，是指以纳税人拥有或可支配的特定财产为课税对象的一类税收，它体现了调节财富和合理分配的原则。我国现行的房产税、契税、车船税等属于财产税类。

4. 资源税类

资源税类，是指以自然资源和某些社会资源为课税对象的一类税收，是促进合理开发利用资源，调节资源级差收入而对资源产品征收的各个税种的统称。其税负高低与资源级差收益水平关系密切，征税范围的选择比较灵活。我国现行的资源税、土地增值税和城镇土地使用税等属于资源税类。

5. 行为税类

行为税类，也称特定行为目的税类。它是国家为了实现某种特定目的，以纳税人的某些特定行为为课税对象的一类税收。开征行为税类的目的在于国家根据一定时期的客观需要，限制某些特定行为。我国现行的城市维护建设税、印花税、车辆购置税等都属于行为税类。

要点强化

【多选题】按课税对象的不同，税收分为(　　)。

A. 流转税类　　B. 所得税类　　C. 财产税类　　D. 资源税类

E. 行为税类

【答案解析】ABCDE。按税对象分类，可将全部税种划分为流转税类、所得税类、财产税类、资源税类、行为税类五大类型。这是最基本的一种税收分类方法。

【单选题】下列不属于流转税的是(　　)。

A. 消费税　　B. 增值税　　C. 印花税　　D. 关税

【答案解析】C。我国现行的城市维护建设税、印花税、车辆购置税等都属于行为税类。

(二)按照税收征收权限和收入支配权限分类

按照税收征收权限和收入分配权限分类，可分为中央税、地方税和中央地方共享税。

1. 中央税

中央税是指由中央政府征收和管理使用或者地方政府征税后全部划解中央，由中央所有和支配的税收。属于中央税的税种包括关税、消费税(含进口环节由海关代征的部分)、海关代征的进口环节增值税、车辆购置税等。中央税属于中央政府的财政收入，收入规模大，调节功能强。

2. 地方税

地方税，是指由地方政府征收、管理和支配的一类税收。属于地方税的税种主要有：城镇土地使用税、耕地占用税、土地增值税、房产税、车船税、契税等。地方税的税源具有地域性，税基具有非流动性，属于各级政府的财政收入。

3. 中央地方共享税

中央地方共享税，是指税收收入由中央和地方政府按比例分享的税收。属于中央地方共享税的主要税种包括增值税、资源税、证券(股票)交易税、企业所得税、个人所得税等。

2018 年 3 月，中共中央印发《深化党和国家机构改革方案》，改革国税地税征管体制，将省级和省级以下国税地税机构合并，具体承担所辖区域内各项税收、非税收征管等职责。

(三)按照计税标准分类

按照计税标准不同分类，可分为从价税、从量税和复合税。

1. 从价税

从价税，是指以课税对象的价格为依据征收的税种，一般实行比例税率和累进税率，税收负担比较合理，更适应商品经济的要求，同时也有利于我国贯彻国家税收政策，因而大部分税种都采用从价税的方法，如我国现行的增值税、企业所得税、个人所得税等。

2. 从量税

从量税，是指以课税对象的实物量作为计税依据征收的一种税，一般采用定额税率。其课税数额只与课税对象的数量相关，与价格无关，不受征税对象价格变动的影响，在某种意义上，有利于鼓励企业进行商品价值的附加生产。但由于从量税的税负水平是固定的，不能随价格变动而发生变化，如物价上涨而税收不能相应增加，这是其不尽合理的地方，因而只有少数税种采用这种计税方法，如我国现行的城镇土地使用税、车船税、耕地占用税，消费税中的啤酒、黄酒及成品油等。

3. 复合税

复合税，是指对课税对象采用从价和从量相结合的计税方法征收的一种税，如我国现行对卷烟、白酒征收的消费税。

（四）按税收与价格的关系

税收按其与价格的关系，可分为价内税和价外税。税金构成商品价格组成部分的，称为价内税，如消费税。税金作为商品价格之外附加的，称为价外税，如增值税。一般认为，价内税比价外税容易转嫁，价内税课征的侧重点为生产者，价外税课征的重点是消费者。

（五）按税负能否转嫁为标准

按税负能否转嫁为标准，税收可分为直接税和间接税。纳税人与负税人一致，税负不能转嫁的税种是直接税，如所得税、财产税；纳税人与负税人不一致，税负可以转嫁的税种是间接税，如增值税、消费税。

要点强化

【单选题】按税负是否转嫁分类，所得税属于（　　）。

A. 流转税　　B. 财产税　　C. 直接税　　D. 间接税

【答案解析】C。纳税人与负税人一致，税负不能转嫁的税种是直接税。所得税无法转嫁，纳税人是最终的负担者。

四、税收负担

由于税收是以国家政治权力为后盾而形成的强制性分配关系，是国家对纳税人所占有的社会商品或价值的无偿征收，因而，对纳税人来说，必然存在一个税收负担多少的问题。

（一）税收负担的概念

税收负担是指纳税人应履行纳税义务而承受的一种经济负担。从绝对数考察，税收负担是纳税人应支付给国家的税款额；从相对数考察，是纳税人的应纳税额与其计税依据价值的比率，即税收负担率。税收负担率通常被用来比较各类纳税人或各类课税对象的税收负担水平的高低，是国家研究制定和调整税收政策的重要依据。

税收负担的高低合理与否，直接涉及税收制度的合理性与公正性，直接关系到国家、企业和个人三者之间的物质利益关系，体现国家的不同政策，也是税收职能发挥其经济杠杆作用的关键。一般说来，税收负担水平的确定既要考虑政府的财政需要，又要考虑纳税人的实际负担能力。税收负担是国家税收政策的核心。

从不同的经济层次看，有宏观税收负担与微观税收负担之分，宏观税收负担是国民经济总体税收负担水平，反映一国社会成员税收负担的整体状况。微观税收负担是纳税个体的税收负担水平，反映具体纳税人因国家课税而做出的牺牲。依据税收负担是否可以转嫁来分，可以分为直接税收负担和间接税收负担。直接税收负担是指纳税人直接向国家纳税而承受的税收负担；在存在税负转嫁的条件下，纳税人依法直接向国家缴纳的税款，并不意味着最终全部由纳税人自己负担，纳税人有可能通过某种途径全部或部分地将税收负担转嫁出去。

知识链接 4－1

有人把税收负担概括为“纳税人在一定时期内所缴纳的税款”。这不够全面。因为：①在存在税负转嫁的条件下，纳税人不一定就是负税人。②在劳役税和实物税条件下，税收负担也并不表现为缴纳的税款。

（二）税收负担的影响因素

一个国家税收负担水平的高低，取决于多方面的因素。

1. 经济因素

经济因素包括社会经济发展水平、生产规模、经济增长速度、经济效益与人均国民收入等。经济规模大，税收的总规模通常来说也大；经济效益高，人均国民收入高，则税收占国民收入的比重相对来说也有可能高。

2. 体制和政策因素

国家的经济政策和经济体制等对社会经济生活的调控方式与程度，直接影响着税收绝对数和相对数的大小。经济体制集中程度较高时，国家对经济的干预程度较大，则集中的税收也要多些。国家的财政政策与收支状况也会产生影响，当财政陷入困难需要增加收入时，就可能加大整个社会的税收负担。

3. 税制因素

税制因素包括税率的高低、计税依据的确定、减免税和加成征收的规定等，都直接影响着企业和个人的税收负担。

4. 非正常因素

非正常因素如税收征收管理水平、纳税人的守法程度等。

总体来说，社会总的税收负担归根到底取决于国家实现其职能的需要及经济发展水平，即剩余产品总量所决定的承受能力。

（三）税负转嫁和税负归宿

税负转嫁是指纳税人在税收分配过程中，将自己的税收负担全部或部分转移给其他人的过程。

最典型和最普遍的税负转嫁形式是前转。即纳税人通过提高产品的销售价格，将税收负担向前转嫁给产品购买者的税负转嫁形式。当税负前转无法实现时，纳税人采用后转方式，即压低购货价格或降低工资、延长工时等办法，把税收负担转嫁给生产要素的供应者。在现实的市场经济活动中，税负不管是前转还是后转，其转嫁方式和程度都要取决于许多经济因素和经济条件。这样，对于一个纳税人而言，前转和后转可以兼而有之，这种纳税人将税收负担的一部分向前转嫁给商品和劳务的购买者，另一部分向后转嫁给要素供应者的税负转嫁形式，就是混转。

税收负担在运动过程中，可能经过一次或数次转嫁。由于经济交易往往经过多个环节，税负转嫁也完全有可能在这些环节多次发生，但无论税负转嫁的方式、过程和次数如何，它都必定要有一个不能再转移的最终负担者，也即税负归宿。税负归宿是指税负经过转嫁的最终落脚点。税负归宿是一种理论抽象，如果分析具体经济主体间的税负转嫁过程，税负归宿是负税人。

税收转嫁是税收负担的再分配，也是物质利益的再分配，消费者会因税负转嫁而增加负担，商品生产者和经营者会因税负转嫁而改变其在竞争中的地位。税负转嫁可能会改变国家预定税负格局，抵销税收的经济调节作用或造成税负的不公平。因此，在制定税收政策和设计税收制度时必须充分考虑各类商品的供求状况和价格趋势，并合理选择税种、税率及课征范围。

要点强化

【单选题】通过市场买卖，由卖方向买方转嫁的税负转嫁方式是（　　）。

A. 后转　　B. 前转　　C. 混转　　D. 消转

【答案解析】B。前转是纳税人通过提高产品的销售价格，将税收负担向前转嫁给产品购买者的税负转嫁形式。

第二节　税收制度的构成要素

税收制度的构成要素也称税法的构成要素，是指组成税收法律制度的共同要素。虽然各国税法的内容不同，但税法总是有一些公共要素，简称税制构成要素，一般包括征税人、纳税义务人、征税对象、税目、税率、计税依据、纳税环节、纳税期限、纳税地点、减免税、法律责任等。其中，纳税义务人、征税对象、税率是构成税收制度的三个基本要素。

一、征税人

征税人是指代表国家行使征税职权的各级税务机关和其他征收机关。因税种的不同，征税人也可能不同，如增值税的征税人是税务机关，关税的征税人是海关。

二、纳税义务人

纳税义务人简称纳税人，是税法上规定的直接负有纳税义务的单位和个人。可以是自然人，也可以是法人。纳税人主要解决对谁征税的问题，是税收制度中区别于不同税种的重要标志之一。因此，每个税种都应明确规定各自的纳税义务人。

三、征税对象

征税对象又叫课税对象，在实际工作中也笼统地称为征税范围，是指税收法律关系中征纳双方权利义务所共同指向的对象，是纳税的客体，即对什么征税。征税对象包括物或行为，如房产税的征税对象是房屋，固定资产投资方向调节税的征税对象是固定资产投资行为。征税对象是区别一种税与另一种税的重要标志，是税法最基本的要素，因为它体现着征税对象的最基本界限，决定着一种税的基本征税范围，同时它也决定了各个不同税种的名称。

与征税对象有关的还有税目、税源。

1. 税目

税目是税法中具体规定应当征税的项目，是征税对象的具体化。反映具体的征税范围，代表征税的广度。不是所有的税种都规定税目，有些税种的征税对象简单、明确，没有另行规定税目的必要，如房产税、屠宰税等。但是，从大多数税种来看，一般课税对象都比较复杂，且税种内部不同征税对象之间又需要采取不同税率档次进行调节，这样就需要对课税对象做进一步的划分，做出具体的界限规定，这个规定的界限范围就是税目。

知识链接 4－2

税目的制定方法

税目的制定一般采用以下两种方法：

(1)列举法。列举法是具体列举征税对象来确定对什么征税，对什么不征税的方式。

(2)概括法。概括法是按照商品大类或行业设计科目。概括法适用于品种类别繁杂、界限不宜划清的征税对象。

2. 税源

又称经济税源，指税收的来源或源泉，是纳税人所获得的总收入或其中一部分收入。

要点强化

【单选题】 在税收制度的构成要素中，区分不同税种的标志是(　　)。

A. 纳税人　　B. 纳税义务　　C. 征税对象　　D. 征税人

【答案解析】 C。征税对象是税法最基本的要素，因为它体现着征税对象的最基本界限，决定着一种税的基本征税范围，是区别一种税与另一种税的重要标志。

四、税率

税率是指应纳税额数额与课税对象数额或数量之间的比例。税率是计算税额的尺度，反映着征税的深度，是衡量税负轻重与否的重要标志，各税种的职能作用主要是通过税率来体现的，因此，税率是国家税收制度的核心环节。一般可以分为比例税率、定额税率和累进税率三大类。

(一)比例税率

比例税率是指对同一征税对象，不论其数额大小，均按同一个比例征税的税率。比例税率一般适用于从价计征的税种，在具体运用上，可以分为两类：(1)统一比例税率，即一个税种不分征税对象和纳税人的情况，都是采用同一比例税率。(2)差别比例税率，即根据征税对象和纳税人的不同情况，分别规定高低不同的比例税率。就差别的不同，又可分为产品差别比例税率、地区差别比例税率、行业差别比例税率、幅度差别比例税率等。

在比例税率下，同一课税对象的不同纳税人的负担相同，具有鼓励生产、计算简便的优点，也有利于税收征管，一般应用于商品课税。比例税率的缺点是与纳税人的负担能力不完全适应，在调节纳税人的收入及所得方面，有一定的局限性。

(二)定额税率

定额税率又称固定税率,是按征税对象的一定计量单位直接规定一个固定的税额,而不是规定征收比例。适用于从量计征的税种,课税对象的计量单位可以是重量、数量、面积、体积等自然单位,也可以是专门规定的复合单位。如现行税制的资源税中盐以吨数作为计量单位,天然气以千立方米为计量单位。采用定额税率征税,税额的多少同征税对象的数量成正比。在具体应用上可分为地区差别税额、幅度税额、分类分级税额等。

定额税率的优点是从量计征,税额不受价格变动的影响,税负稳定,计算简便。缺点是税额不能反映征税对象价值的变化情况,在灵活调节纳税人收益以及保证税收收入随国民收入增长而相应增加方面有一定的局限。

要点强化

【多选题】我国现行税率分为定额税率、比例税率和累进税率三种,通常适用定额税率的有(　　)。

A. 资源税　　　B. 车船税　　　C. 城镇土地使用税　D. 公民个人所得税

【答案解析】ABC。定额税率,是指按照征收对象的一定数量,征收一定数额的税款。适用于从量计征的税种,对那些价格稳定,质量和规格标准较统一的商品适用该种税率征税。本题中,选项 ABC 便是如此。

(三)累进税率

累进税率是按照征税对象的数额大小或比率高低划分为若干等级,每个等级由低到高规定相应的税率。征税对象的数额越大或比率越高,税率就越高,相反就越低。这种税率制度可以有效地调节纳税人的收益水平,正确处理税负纵向公平问题,累进税率一般适用于对所得额的征税。累进税率按累进的依据不同可分为两大类,一类是按照征税对象的绝对数额为依据,另一类是按照征税对象的相对数量为依据。两类累进税率按累进方式又可分为全额、超额累进和全率、超率累进四种形式。

1. 全额累进税率

是把课税对象的全部数额按照与之相对应的税率征税,即按课税对象适用的最高级次的税率统一征税。全额累进税率的优点是计算简便,能较多地调节收入。但最大的缺点是在两个累进级距的临界点附近,会出现税额增加超过所得额增加的情况,累进程度较为急促,不利于鼓励纳税人增加收入。如我国 1950 年的工商业税中对所得的征税,就适用全额累进税率。它规定所得额在 300 元以下的税率为 5%;300 元至 400 元的税率为 6%;10 000 元以上的税率为 30%。假设某纳税人年所得额为 300 元,其应纳税额为 15 元(300 元×5%);如果年所得额为 301 元,其应纳税额为 18.06 元(301 元×6%)。所得额从 300 元增到 301 元,增加了 1 元;但应纳税额从 15 元增长到了 18.06 元,增加了 3.06 元,税额的增加超过了所得额的增加。目前税收制度中没有采用这种税率形式。

2. 超额累进税率

是把课税对象按数额大小划分为不同的等级,每个等级由低到高分别规定税率,各级分别计算税额,一定数额的课税对象同时适用几个税率。超额累进税率的"超"字,是指征税对象数额超过某一等级时，仅就超过部分，按高一级税率计算征税。与全额累进税率相比，超额累进税率的最大优点是使纳税人负担趋于合理，累进的程度较为缓和。目前，我国现行税制中采用这种税率的是个人所得税。

全额累进税率比超额累进税率的税收负担重。但依照超额累进税率计算税额的方法过于复杂，特别是征税对象数额越大时，适用税率越多，计算越复杂，给实际操作带来很大困难。因此，在实际运用中，采用速算扣除数法。计算公式如下：

用超额累进税率计算的应纳税额＝ 用全额累进税率计算的税额－速算扣除数

知识链接 4－3

速算扣除数，就是按照全额累进税率计算的税额减去按超额累进税率计算的税额之间的差额。其计算公式如下：

每一级的速算扣除数＝本级征税对象的最低数额×(本级适用税率－上一级适用税率)＋上一级速算扣除数

3. 全率累进税率

是把征税对象的相对量划分为若干等级，每个等级由低到高分别规定税率。当征税对象的相对量达到相应的等级时，全部征税对象都按照该级相适应的税率计税。全率累进税率与全额累进税率的区别，只是税率累进的依据不同。前者是征税对象的相对量(比率)，后者是征税对象的绝对量(数额)。目前我国税收制度中没有采用这种税率形式。

4. 超率累进税率

是把征税对象的相对量划分为若干等级，每个等级由低到高分别规定税率。当征税对象的相对量达到相应的等级时，只就处于某一等级的征税对象部分按照该级相适应的税率计税，当相对量达到较高一级的等级时，只就超过部分按高一级相适应的税率计税。达到一定比例的征税对象，可以同时适用几个等级部分的税率。超率累进与超额累进只是税率累进的依据不同，前者是征税对象的相对量(比率)，后者是征税对象的绝对量(数额)。目前，我国现行税制中采用超率累进税率的是土地增值税。

要点强化

【单选题】下列关于累进税率的表述正确的是(　　)。

A. 超额累进税率计算复杂，累进程度缓和，税收负担透明度高

B. 全额累进计算简单，但在累进分界点上税负呈跳跃式递增，不尽合理

C. 计税基数是绝对数时，超倍累进税率实际上是超率累进税率

D. 计税基数是相对数时，超倍累进税率实际上是超额累进税率

【答案解析】B。超额累进税率计算复杂，累进程度缓和，税收负担透明度较差；计税基数是绝对数时，超倍累进税率实际上是超额累进税率；计税基数是相对数时，超倍累进税率实际上是超率累进税率。

【多选题】我国目前采用的累进税率有(　　)。

A. 全率累进税率　　B. 超额累进税率　　C. 超率累进税率　　D. 超倍累进税率

【答案解析】BC。本题考核我国目前累进税率的形式。目前个人所得税适用超额累进税率，土地增值税适用超率累进税率。

知识链接 4—4

表 4—1　　我国土地增值税税率表(2017 年)

档次	级距	税率	速算扣除系数	税额计算公式	说　明
1	增值额未超过扣除项目金额 50%的部分	30%	0%	增值额 30%	扣除项目指取得土地使用权所支付的金额；开发土地的成本、费用；新建房及配套设施的成本、费用或旧房及建筑物的评估价格；与转让房地产有关的税金；财政部规定的其他扣除项目
2	增值额超过扣除项目金额 50%，未超过 100%的部分	40%	5%	增值额 40%—扣除项目金额 5%	
3	增值额超过扣除项目金额 100%，未超过 200%的部分	50%	15%	增值额 50%—扣除项目金额 15%	
4	增值额超过扣除项目金额 200%的部分	60%	35%	增值额 60%—扣除项目金额 35%	

资料来源：中华会计网 http://www.chinaacc.com/zhucekuaijishi/

五、计税依据

计税依据又称税基，是指税法中规定的据以计算各种应征税款的依据和标准。它解决征税对象课税的计算问题，是对课税对象的量的规定。计税依据可分为从价计征、从量计征和复合计征三种类型。

(1)从价计征，是按照课税对象的价值即货币单位计算，计税金额是从价计征应纳税额的计税依据。

(2)从量计征，以征税对象的数量、重量、容积或体积等自然计量单位为标准计算，计税数量是从量计征应纳税额的计税依据。

(3)复合计征，是指同时按照从量、从价两种计税依据计算纳税人应缴的税额，我国卷烟、白酒采取的是从量定额与从价定率相结合的复合计税方法。

要点强化

【单选题】在我国税制中同时采用从价计征和从量计征的是(　　)。

A. 高档手表　　B. 黄酒、啤酒　　C. 一次性木筷　　D. 卷烟、白酒

【答案解析】D。我国卷烟、白酒采取的是从量定额与从价定率相结合的复合计税方法。

六、纳税环节

纳税环节是指税法规定的课税对象在流转过程中应当交纳税款的环节。一般商品从生

产到消费经过许多环节，在税收上只选择其中一个环节，规定为应缴纳税款的环节。如果同一种税只在某一个环节征税，称为单一环节征税，如我国现行的消费税、资源税；如果同一种税在多个环节征税，称为多环节征税，如我国现行的增值税。一种产品具体确定在哪一个或哪几个环节纳税，不仅关系到税制结构和税负平衡问题，而且对于保证国家财政收入、利于纳税人交纳税款，促进企业加强经济核算等方面都有重要的意义。

七、纳税期限

纳税期限，是指税法规定纳税义务发生后纳税单位和个人缴纳税款的期限。在我国现行税法中，都明确规定有税款缴纳的期限，规定纳税期限是为了保证国家财政收入的及时实现，也是税收强制性和固定性的体现。

纳税期限，一般按照生产经营的不同特点和不同的征税对象，以及纳税人缴纳税款的多少来确定。纳税期限分为三种：(1)按期纳税，如我国税法规定增值税的纳税期限核定为1日、3日、5日、10日、15日、1个月、1个季度；(2)按次纳税，如耕地占用税；(3)按年计征，分期预缴，如企业所得税、房产税。

八、纳税地点

纳税地点是指根据各个税种纳税对象的纳税环节和有利于对税款的源泉控制而规定的纳税人(包括代征、代扣、代缴义务人)的具体申报纳税地点。纳税地点主要有以下几种：

(1)机构所在地纳税，即纳税人向其机构所在地主管税务机关申报纳税；

(2)劳务提供地纳税，即纳税人向劳务提供地主管税务机关申报纳税；

(3)进口货物向报送地海关申报纳税。

九、减免税

减免税，是对某些纳税人或征税对象给予鼓励和照顾的一种特殊规定。它是把税收的严肃性和灵活性结合起来制定的措施。通过税法规定的减免税，能够使税收制度按照因地制宜的原则，更好地贯彻党和国家的方针政策，促进国民经济的发展。

减免税的内容主要包括：

(1)减税和免税。减税是对应征税额减征一部分税款；免税是对应征税额全部予以免征。一般来说，除税法规定的免征项目外，减税和免税都属于定期减免性质，到期后应恢复全额征税。

(2)起征点。起征点是指征税对象达到征税数额开始征税的界限。征税对象的数额未达到起征点的不征税；达到或超过起征点的，按征税对象的全部数额征税，而不是仅就超过起征点的部分征税。如我国现行增值税对按期纳税纳的个体工商户规定起征点为：月销售额5 000—20 000元(含本数)。它体现的是对达不到起征点的低收入者的特殊照顾。

(3)免征额。免征额是指征税对象中免予征税的数额。凡免征额的部分都不征税，仅就超过免征额的部分征税。在我国现行个人所得税法中对个人工资、薪金所得，规定每月可减除费用5 000元就是“免征额”，准确地说是费用扣除额。即纳税人5 000元以下的收入免征个人所得税，而对超过5 000元的部分开始实行超额累进税率征税。

课堂思考 4-1

根据所学内容，思考起征点与免征额的联系与区别是什么？并举例说明。

十、违章处理

违章处理是指对违反税法规定的行为人采取的处罚措施。如纳税人偷税、漏税、欠税、抗税以及违反税务管理的规定等，视情节轻重分别规定不同的处罚措施，违反税法规定的行为应承担的法律责任包括行政责任和刑事责任。税务机关对违反税法规定行为的主要处理措施有加收滞纳金、罚款、罚没、税收保全措施、强制执行措施、提请司法机关处理等。

知识链接 4-5

北京现欠税人出境受阻诉讼案 个中透出啥启示

北京一公司法定代表人因公司存在偷税等违法问题被阻止出境，将对其作出阻止出境决定的税务稽查机关告上法庭，结果一审、二审均以败诉告终。其坚持的一个理由——对公司的违法行为不知情，未得到法院支持。

近日，中国裁判文书网上公布的一个案件引发热烈关注，该案应该是开了欠税企业负责人通过诉讼维护出境权的先河。笔者以“阻止欠税人出境实施办法”为关键词，检索几个权威案例库，未发现类似的诉讼案例。经过历时一年半的一审、二审，案件最终以原告败诉而告终，其中的警示、启示意义凸显出来。

案件聚焦：

刘某某因出境受阻把税务局告上法庭

该案基本情况如下：1999 年 3 月 22 日，某公司设立登记，刘某某任法定代表人。2012 年 6 月 1 日和 2012 年 9 月 13 日，北京市密云区国税局先后对该公司作出《税务处理决定书》和《税务行政处罚决定书》，认定该公司存在偷税和虚开增值税专用发票的违法行为，要求其补缴增值税 845.03 万元，缴纳罚款 895.87 万元。2012 年 9 月 17 日，有关行政处理和处罚文书以公告形式送达该公司。但该公司一直未予执行。2012 年 10 月 22 日，该公司被吊销营业执照。2015 年 6 月 9 日，密云区国税局稽查局向密云区国税局提出请示，要求对包括该公司在内的 11 家企业的法定代表人采取阻止出境措施。同年 7 月 23 日，密云区国税局稽查局向刘某某作出《阻止出境决定书》，于 2015 年 9 月 29 日送达。收到这份决定书后，刘某某向国家税务总局提起行政复议。经延期审理，税务总局于 2016 年 1 月 7 日作出“维持密云区国税局稽查局所作《阻止出境决定书》”的复议决定。

刘某某不服此复议决定，于 2016 年 1 月向一审法院提起行政诉讼。2016 年 11 月 4 日，一审法院判决驳回刘某某的全部诉讼请求。刘某某再上诉。2017 年 6 月 26 日，北京市第一中级人民法院就刘某某不服密云区国税局稽查局阻止出境决定及税务总局行政复议决定一案，作出(2017)京 01 行终 387 号行政判决书，驳回上诉，维持一审判决。

案例启示：这个阻止欠税人出境行政诉讼案，对纳税人有警示意义。近年来，我国越来越重视诚信体系建设，逐步建立和完善对失信人的联合惩戒机制，让重大失信当事人

"一处失信、处处受限",其中包括对税收违法行为的惩戒。当企业法人出现涉税违法行为被惩戒的时候,其法定代表人能否以不知情为抗辩理由?

答案是不能,本案例即是证明。如果这种抗辩可以成立,法定代表人制度就失去了存在的意义。《公司法》指出,法定代表人依照公司章程的规定,由董事长、执行董事或者经理担任,并依法登记。无论对法定代表人的任职资格作了何种规定,只要担任了企业的法定代表人,就是企业法定意义上的主要负责人,就要承担相应的责任和后果。我国实行单一的法定代表人制度,一个法人只能有一个法定代表人。根据税法规定,在实名办税、诚信记录、阻止出境、重大税收违法案件信息公布("黑名单"制度)及其他联合惩戒措施的适用方面,不论企业法定代表人是否实际参与企业的经营、对法人的违法行为是否知情,对涉及法定代表人的惩戒全部适用。

因此,法定代表人可不是随便当的。目前出于各种理由,随意拉个人登记为法定代表人的情况仍时有发生。本案例给那些被虚顶为法定代表人的人敲响了警钟,不可随意答应他人请求做法定代表人,以免得小利吃大亏。

(资料来源:http://www.chinatax.gov.cn/n810214/n2831508/c2831784/content.htm,国家税务总局政策法规司 2017 年 9 月 22 日)

第三节 我国现行税制

税收制度的主体是税种。当今各国出于各种原因,普遍实行由多个税种组成的税收体系,1994 年税制改革后,随着经济社会的发展,我国的税收制度又得到了不断的调整和完善,从而形成了目前以流转税和所得税为主体,其他税种同时并存的税收体系。本节对我国目前占财政收入比重较大,对国民经济的影响较为显著的主要税种做简要介绍。

一、增值税

增值税是指在我国境内销售货物,提供加工、修理修配劳务(以下简称提供应税劳务),销售服务、无形资产及不动产(以下简称发生应税行为)以及进口货物的单位和个人,就其应纳税货物和提供应税劳务、发生应税行为的增值额和货物进口金额为计税依据计算征收的一种流转税。增值税具有价外计税、多环节不重复征税的特点。

(一)纳税人

(1)在中华人民共和国境内销售货物或者提供加工、修理修配劳务以及进口货物的单位和个人。(2)在中华人民共和国境内销售服务、无形资产或者不动产的单位和个人。

(二)增值税的征税范围

现行增值税征税范围的一般规定包括以下几项。

1. 销售货物

货物,是指有形动产,包括电力、热力、气体在内。销售货物是指有偿转让货物的所有权。有偿是指从购买方取得货币、货物或者其他经济利益。

2. 进口货物

进口货物是指从国外进入我国关境的货物。凡是报关进口的货物，均应按规定缴纳进口环节的增值税，由海关代征，与关税一并征收。

3. 提供的加工、修理修配劳务

提供的加工、修理修配劳务，是指有偿提供加工、修理修配劳务。单位或者个体工商户聘用的员工为本单位或者雇主提供加工、修理修配劳务不包括在内。

加工是指受托加工货物，即委托方提供原料及主要材料，受托方按照委托方的要求制造货物并收取加工费的业务；修理修配是指受托方对损伤和丧失功能的货物进行修复，使其恢复原状和功能的业务。

（三）增值税的纳税义务人

增值税的纳税义务人包括在我国境内销售货物或者提供加工、修理修配劳务，销售服务、无形资产或不动产以及进口货物的单位和个人。

单位指企业、行政单位、事业单位、军事单位、社会团体及其他单位。个人是指个体工商户和其他个人。

增值税的纳税人按其经营规模大小及会计核算健全与否划分为一般纳税人和小规模纳税人两种。

1. 小规模纳税人

小规模纳税人是指年应税销售额在规定标准以下，并且会计核算不健全，不能按规定报送有关税务资料的增值税纳税人。其认定标准为：

(1)增值税小规模纳税人标准为年应征增值税销售额在500万元及以下的。

(2)年应税销售额超过小规模纳税人标准的其他个人按小规模纳税人纳税。

(3)非企业性单位、不经常发生应税行为的企业可选择按小规模纳税人纳税。

2. 一般纳税人

增值税一般纳税人是指年应征增值税销售额(以下简称应税销售额)超过小规模纳税人标准的企业和企业性单位。

下列纳税人不属于一般纳税人：

(1)个体工商户以外的其他个人，这里其他个人是指自然人。

(2)选择按照小规模纳税人纳税的非企业性单位。

(3)选择按照小规模纳税人纳税的不经常发生应税行为的企业。

自2018年5月1日起，按《中华人民共和国增值税暂行条例实施细则》第28条规定已登记为增值税一般纳税人的单位和个人，在2018年12月31日前，可转为小规模纳税人，其未抵扣的进项税额作转出处理。

（四）增值税税率与征收率

1. 税率

从2018年5月1日起，增值税税率按以下规定执行：

(1)增值税一般纳税人销售或进口货物及提供加工、修理修配劳务、有形动产租赁服务，除下面(2)中列举的以外，税率均按16%。

(2)增值税一般纳税人销售或者进口下列货物，按10%的税率：

食用植物油；食用盐；自来水、暖气、热水、冷气、煤气、石油液化气、天然气、沼气、居民用煤炭制品；饲料、化肥、农药、农机、农膜；农产品(指种植业、养殖业、林业、牧业、水产业生产的各种植物、动物的初级产品）；图书、报纸、杂志；音像制品（指正式出版的录有内容的录音带、录像带、唱片、激光唱盘和激光视盘）；电子出版物；二甲醚。

（3）增值税一般纳税人提供交通运输、邮政、基础电信、建筑、不动产租赁服务、销售不动产、转让土地使用权，税率为10%。

（4）增值税一般纳税人提供增值电信服务、金融服务、现代服务（租赁服务除外）、生活服务、转让土地使用权以外的其他无形资产的应税行为，税率为6%。

（5）纳税人出口货物，境内单位和个人发生符合规定的跨境应税行为，适用零税率，国务院另有规定的除外。

要点强化

【多选题】下列适用10%增值税税率的有（　　）。

A. 粮食、食用植物油

B. 自来水、暖气

C. 图书、报纸、杂志

D. 不动产租赁服务、销售不动产、转让土地使用权

E. 饲料、化肥、农药、农机、农膜

【答案解析】ABCDE。适用增值税税率10%的有：食用盐；自来水、暖气、热水、冷气、煤气、石油液化气、天然气、沼气、居民用煤炭制品；饲料、化肥、农药、农机、农膜；农产品（指种植业、养殖业、林业、牧业、水产业生产的各种植物、动物的初级产品）；图书、报纸、杂志；音像制品（指正式出版的录有内容的录音带、录像带、唱片、激光唱盘和激光视盘）；电子出版物；二甲醚。提供交通运输、邮政、基础电信、建筑、不动产租赁服务、销售不动产、转让土地使用权，税率为10%。

2. 征收率

增值税征收率是对特定的货物或特定的纳税人销售的货物、应税劳务在某一生产流通环节应纳税额与销售额的比率。一般适用于以下两种情况：一是小规模纳税人；二是一般纳税人销售货物、提供应税劳务、发生应税行为按规定可以选择简易计税方法计税的。

（1）3%征收率的适用范围。小规模纳税人在增值税征收管理中，采用简便方式，不允许抵扣进项税，小规模纳税人也不得自行开具增值税专用发票。下列情况适用3%的征收率：

①小规模纳税人在境内销售货物、服务、无形资产或不动产，使用简易方法，增值税征收率为3%（适用5%征收率的除外）。

②小规模纳税人销售自己使用过的固定资产，减按2%的征收率征收增值税，并且只能开具普通发票。销售自己使用过的除固定资产以外的物品，应按3%的征收率征收增值税。

③纳税人销售旧货，按简易办法依照3%征收率按2%征收增值税。即：

$$销售额=含税销售额\times(1+3\%)$$

$$应纳税额=销售额\times2\%$$

减免的1%计入营业外收入。

④对于一般纳人生产销售的特定货物和应税劳务，可以选择适用简易计税方法计税，增

值税征收率为3%。

(2)5%征收率的适用范围。下列情况适用5%的征收率:小规模纳税人销售自建或取得的不动产;一般纳税人选用简易计税方法计税的不动产销售、不动产经营租赁;房地产开发企业中的小规模纳税人,销售自行开发的房地产项目;一般纳税人和小规模纳税人提供劳务派遣服务选择差额纳税的;一般纳税人提供人力资源外包服务,选择适用简易计税方法的;等等。

(五)一般纳税人应纳税额的计算

我国一般纳税人应纳增值税额一般采取税款抵扣的方法,间接计算增值税应纳税额。其计算公式为:

应纳税额=当期销项税额－当期进项税额

其应纳税额的多少取决于当期销项税额和当期进项税额这两个因素。当期销项税额小于当期进项税额不足抵扣的部分,可以结转下期继续抵扣。

1. 销项税额的确定

销项税额是指纳税人销售货物、提供应税劳务或者发生应税行为时,按照销售额或应税劳务和应税行为的收入额和适用税率相乘,计算并向购买方收取的增值税税额。其计算公式为:

销项税额=销售额×适用税率

销售额为纳税人销售货物或者应税劳务向购买方收取的全部价款和价外费用。但不包括向购买方收取的销项税额。如果销售货物是消费税应税产品或进口产品,则全部价款中包括消费税或关税。

价外费用包括向购买方收取的手续费、补贴、基金、集资费、返还利润、奖励费、违约金、滞纳金、延期付款利息、赔偿金、代收款项、代垫款项、包装费、包装物租金、储备费、优质费、运输装卸费以及其他各种性质的价外收费。但不包括下列项目:

(1)受托加工应征消费税的消费品所代收代缴的消费税。

(2)符合条件的代垫运输费用。即同时符合以下条件的代垫运输费用:一是承运部门的运输费用发票开具给购买方的;二是纳税人将该项发票转交给购买方的。

(3)符合条件的代为收取的政府性基金或者行政事业性收费。

(4)销售货物的同时代办保险等而向购买方收取的保险费,以及向购买方收取的代购买方缴纳的车辆购置税、车辆牌照费。

凡随同销售货物或提供应税劳务向购买方收取的价外费用,无论其财务上如何核算,均应并入销售额计算应纳税额。

在实际工作中,一般纳税人销售货物或应税劳务时,有可能采用销售额和销项税额合并定价的方法。因此,还必须将其换算为不含税销售额。其换算公式为:

不含税销售额=含税销售额÷(1+增值税税率)

【例4—2】新创公司2018年11月销售产品取得含税销售额为232万元,企业适用增值税税率为16%,计算其应税销售额和销项税额。

解:不含税销售额= 232÷(1+16%)=200(万元)

销项税额=200×16%=32(万元)

【例4—3】新创公司2018年11月取得不含税销售额为100万元,价外收取相关手续费 27.6 万元（含税），企业适用增值税税率为 16%，计算该企业的应税销售额和销项税额。

解：销售额＝(100＋27.6)÷(1＋16%)＝110(万元)

销项税额＝110×16%＝17.6(万元)

2. 进项税额的确定

进项税额是指纳税人购进货物、加工修理修配劳务、服务、无形资产或者不动产，支付或者负担的增值税额。进项税额是与销项税额对应的一个概念，它们之间的对应关系是，销售方收取的销项税额就是购货方支付的进项税额。每一个一般纳税人，都会有收取的销项税额和支付的进项税额。增值税的核心就是用纳税人收取的销项税额抵扣其支付的进项税额，其余额为纳税人实际应缴纳的增值税税额。因此，进项税额影响纳税人实际缴纳的增值税。

值得注意的是，并不是纳税人支付的所有进项税额都可以从销项税额中抵扣。在实际工作中，严格把握哪些进项税额可以抵扣、哪些进项税额不能抵扣是十分重要的。

准予从销项税额中抵扣的进项税额：

(1)从销售方取得的增值税专用发票上注明的增值税税额。

(2)从海关取得的海关进口增值税专用缴款书上注明的增值税税额。

(3)购进农产品，除取得增值税专用发票或者海关进口增值税专用缴款书外，按照下列计算公式扣除进项税：

准予扣除的进项税额＝买价×10%

如果购进的农产品用于生产销售或委托加工 16%税率的货物，按 12%的扣除率计算进项税额。

买价，是指纳税人购进农产品在农产品收购发票或者销售发票上注明的价款和按照规定缴纳的烟叶税。

(4)从境外单位或个人购进服务、无形资产或者不动产，自税务机关或者扣缴义务人取得的解缴税款的完税凭证上注明的增值税额。

(5)不动产在建工程进项税抵扣问题。适用一般计税方法的纳税人，2016 年 5 月 1 日后取得并在会计制度上按固定资产核算的不动产，或者 2016 年 5 月 1 日后取得的不动产在建工程，其进项税额应自取得之日起分两年从销项税中抵扣，第一年抵扣比例为 60%，第二年抵扣比例为 40%。

不允许从销项税额中抵扣的进项税额：

纳税人取得的增值税扣税凭证不符合法律、行政法规或者国家税务总局有关规定的，其进项税额不得从销售项税额中抵扣。下列情形不得从销项税额中抵扣：

(1)用于非应税项目、免征增值税项目、集体福利或者个人消费的购进货物或应税劳务、加工修理修配劳务、服务、无形资产和不动产。

(2)非正常损失的购进货物及相关的应税劳务。

(3)非正常损失的在产品、产成品所耗用的购进货物(不包括固定资产)、加工修理修配劳务和交通运输服务。

(4)非正常损失的不动产，以及不动产所耗用的购进货物、设计服务和建筑服务。

(5)购进的旅客运输服务、贷款服务、餐饮服务、居民日常服务和娱乐服务。

(6)财政部和国家税务总局规定的其他不得抵扣情形。

知识链接 4-6

免征增值税是财政部及国家税务总局规定的免征增值税的项目，如养老机构提供的养老服务、婚姻介绍服务、从事学历教育的学校提供的教育服务、农业生产者销售的自产农产品等。

集体福利主要是指纳税人为内部职业提供的各种内设福利部门所发生的设备、设施等费用，如职工食堂、职工浴池、托儿所、疗养院等。

非正常损失主要是指因管理不善造成不动产被盗、丢失、霉烂变质，以及因违反法律造成货物或不动产被依法没收、销毁、拆除的情形。

（六）小规模纳税人应纳税额的计算

小规模纳税人销售货物或应税劳务不实行税款抵扣制度，而是按照销售额和规定的征收率，实行简易办法计算应纳税额。其计算公式为：

应纳税额＝销售额×征收率

这里的销售额与一般纳税人的销售额是一致的，即都是销售货物或提供应税劳务向购买方收取的全部价款或费用，但不包括按 3％征收率收取的增值税税额。

实行简易办法计算应纳税额时，不得抵扣进项税额，因而小规模纳税人不得领购和使用增值税专用发票。

另外，增值税是价外税，其税款不包含在价格之中，因此增值税的销售额为不含增值税的销售额，若为含税销售额，要用下列公式将其转换为不含税的销售额。

不含税销售额＝含税销售额÷(1＋征收率)

一般纳税人销售或提供应税劳务给最终消费者，以及小规模纳税人销售或提供应税劳务，要开具普通发票，此时价税合一，则其销售额为含增值税的销售额。

课堂思考 4-2

根据我国《增值税暂行条例》的规定，某零售商店 2018 年的销售额为 58 万元(含增值税)，则应纳增值税额为多少万元？

（七）增值税的征收管理

1. 纳税义务发生时间

销售货物或者应税劳务，其纳税义务发生时间为收讫销售款或者取得销售款项凭据的当天；先开具发票的，为开具发票的当天。进口货物，其纳税义务的发生时间为报关进口的当天。纳税人提供建筑服务、租赁服务采取预收款方式的，其纳税义务发生时间为收到预收款的当天。

2. 纳税地点

增值税纳税地点指纳税人申报缴纳增值税税款的具体地点。

（1）固定业户应当向其机构所在地或者居住地主管税务机关申报纳税。

（2）固定业户到外县(市)销售货物的，应当向其机构所在地主管税务机关申请开具外出经营活动税收管理证明，向其机构所在地主管税务机关申报纳税。

（3）非固定业户销售货物或者应税劳务，应当向销售地或者劳务发生地主管税务机关申报纳税。未申报纳税的，由其机构所在地或者居住地主管税务机关补征税款。

(4)进口货物，应当向报关地海关申报纳税。

3. 纳税期限

增值税的纳税期限，由税务机关根据纳税人应纳增值税税额的大小，分别核定为1日、3日、5日、10日、15日、1个月或者1个季度。纳税人的具体纳税期限，由主管税务机关根据纳税人应纳税额的大小分别核定。不能按照固定期限纳税的，可以按次纳税。以1个季度为纳税期限的规定仅适用于小规模纳税人、银行、财务公司、信托投资公司、信用社等纳税人。

纳税人以1个月或者1个季度为1个纳税期的，自期满之日起15日内申报纳税；以1日、3日、5日、10日、15日为1个纳税期的，自期满之日起5日内预缴税款，于次月1日起15日内申报纳税并结清上月应纳税款。进口货物，从海关填制税款缴纳凭证之日起15日之内缴纳增值税。

二、消费税

(一)概念

消费税是对在我国境内生产、委托加工和进口应税消费品的单位和个人，就其应税消费品的销售额、销售数量或销售额与销售数量相结合征收的一种流转税。消费税实行价内税，税款最终由消费者承担。

(二)纳税人和纳税环节

消费税的纳税人，是在中华人民共和国境内生产、委托加工和进口应税消费品的单位和个人，以及国务院确定的销售应税消费品的其他单位和个人。

单位，是指企业、行政单位、事业单位、军事单位、社会团体及其他单位。个人，是指个体工商户及其他个人。在我国境内是指生产、委托加工和进口应税消费品的起运地或所在地在境内。

消费税纳税人和纳税环节如表4－2所示。

表4－2　消费税纳税人和纳税环节

<table>
<tr><th>征税环节</th><th>纳税人</th><th>适用范围</th></tr>
<tr><td>生产环节</td><td>生产单位和个人</td><td rowspan="3">除金银、铂、钻首饰及饰品以外的消费品(含卷烟和其他贵重首饰珠宝玉石)</td></tr>
<tr><td>委托加工环节</td><td>委托加工单位和个人</td></tr>
<tr><td>进口环节</td><td>进口单位和个人</td></tr>
<tr><td>零售环节</td><td>零售单位和个人</td><td>金银、铂、钻首饰及饰品</td></tr>
<tr><td>批发环节</td><td>批发单位和个人</td><td>卷烟</td></tr>
</table>

要点强化

【多选题】下列关于消费税纳税环节的说法，正确的有(　　)。

A. 金店销售金银饰品在销售环节纳税　　B. 啤酒屋自制的啤酒在销售时纳税

C. 白酒在生产环节和批发环节纳税　　D. 卷烟在零售环节纳税

E. 成品油税费改革后，在零售环节纳税

【答案解析】AB。选项C，白酒在批发环节不征收消费税；选项D，卷烟在零售环节不征收消费税；选项E，成品油税费改革后，纳税环节在生产环节（包括委托加工和进口环节）。

（三）消费税税目和税率

消费税税目的设置主要考虑尽量简化、科学，课税对象清晰，根据我国现阶段的经济发展状况、消费政策、居民消费结构和消费水平，以及国家财政需要，并借鉴国外成功经验和通行做法而确定的。我国现行的消费税税目共有15个。具体征收范围如表4—3。

表4—3　　消费税税目税率表（2016年版）

税　目	税　率
一、烟	
1. 卷烟	
(1)甲类卷烟[调拨价70元(不含增值税)/条以上(含70元)]	56%+0.003元/支
(2)乙类卷烟[调拨价70元(不含增值税)/条以下]	36%+0.003元/支
(3)商业批发	11%+0.005元/支
2. 雪茄烟	36%
3. 烟丝	36%
二、酒	
1. 白酒	20%加0.5元/500克(或者500毫升)
2. 黄酒	240元/吨
3. 啤酒	
(1)甲类啤酒	250元/吨
(2)乙类啤酒	220元/吨
4. 其他酒	10%
三、高档化妆品	15%
四、贵重首饰及珠宝玉石	
1. 金银首饰、铂金首饰和钻石及钻石饰品	5%
2. 其他贵重首饰和珠宝玉石	10%
五、鞭炮、焰火	15%
六、成品油	
1. 汽油	1.52元/升
2. 柴油	1.20元/升
3. 航空柴油	1.20元/升
4. 石脑油	1.52元/升

续表

税　目	税　率
5. 溶剂油	1.52 元/升
6. 润滑油	1.52 元/升
7. 燃料油	1.20 元/升
七、摩托车	
1. 气缸容量(排气量,下同)在 250 毫升(含 250 毫升)以下的	3%
2. 气缸容量在 250 毫升以上的	10%
八、小汽车	
1. 乘用车	
(1)气缸容量(排气量,下同)在 1.0 升(含 1.0 升)以下的	1%
(2)气缸容量在 1.0 升以上至 1.5 升(含 1.5 升)的	3%
(3)气缸容量在 1.5 升以上至 2.0 升(含 2.0 升)的	5%
(4)气缸容量在 2.0 升以上至 2.5 升(含 2.5 升)的	9%
(5)气缸容量在 2.5 升以上至 3.0 升(含 3.0 升)的	12%
(6)气缸容量在 3.0 升以上至 4.0 升(含 4.0 升)的	25%
(7)气缸容量在 4.0 升以上的	40%
2. 中轻型商务客车	5%
3. 超豪华小汽车	按子税目 1 和子税目 2 的规定征收,零售环节 10%
九、高尔夫球及球具	10%
十、高档手表	20%
十一、游艇	10%
十二、木制一次性筷子	5%
十三、实木地板	5%
十四、铅蓄电池	4%
十五、涂料	4%

2014 年 12 月 1 日起取消汽车轮胎、含铅汽油、酒精的消费税,自 2016 年 1 月 1 日起,对铅蓄电池按 4%的税率征收消费税。

纳税人兼营不同税率的应当缴纳消费税的消费品,应当分别核算不同税率应税消费品的销售额、销售数量;未分别核算销售额、销售数量,或者将不同税率的应税消费品组成成套消费品销售的,从高适用税率。

要点强化

【多选题】下列消费品，属于消费税征税范围的有(　　)。

A. 果木酒　　B. 药酒　　C. 调味料酒　　D. 黄酒

E. 复制酒

【答案解析】ABDE。调味料酒不征收消费税。

【单选题】下列物品中不属于应税消费品的是(　　)。

A. 烟　　B. 酒　　C. 高档手表　　D. 服装

【答案解析】D。烟、酒、高档手表都要征收消费税，服装不需交纳消费税。

(三)消费税应纳税额

消费税实行从价定率、从量定额，或者从价定率和从量定额复合计税(以下简称复合计税)的办法计算应纳税额。

1. 从价定率计税方法

实行从价定率办法计算应税消费品应纳税额的公式为：

应纳税额＝销售额×比例税率

其中，销售额是指纳税人销售应税消费品向购买方收取的全部价款及价外费用。销售额的确定与增值税销售额的确定相同。需要特别说明的是，消费税实行价内税，即计税依据中含消费税的价格，但不含增值税税额。如果纳税人应税消费品的销售额中未扣除增值税税额，应当换算为不含增值税税款的销售额。其换算公式为：

应税消费品的不含增值税销售额＝含增值税的销售额÷(1＋增值税税率或征收率)

【例 4—4】甲公司为增值税一般纳税人，2018 年 11 月取得不含增值税销售额 60 万元，含增值税销售额 34.8 万元，适用消费税税率 36％。计算该公司本月应缴纳的消费税税额。

解：应税销售额＝60＋34.8÷(1＋ 16％)＝90(万元)

应纳消费税税额＝90×36％＝32.4(万元)

2. 从量定额计税方法

从量定额计算方法下，应纳消费税税额的计算公式为：

应纳消费税税额＝ 应税销售数量× 定额税率

【例 4—5】某黄酒厂 2018 年 6 月生产、销售黄酒 200 吨，黄酒的消费税税率为 240 元/吨。计算该月份应纳消费税税额。

解：应纳消费税税额＝销售数量×单位税额

＝100×240＝24 000(元)

3. 从价从量复合计税方法

现行消费税的征税范围中，卷烟、粮食白酒、薯类白酒采用复合计税方法。计算公式为：

应纳税额＝应税销售数量×定额税率＋ 应税销售额×比例税率

【例 4—6】某卷烟厂 2018 年 6 月共生产、销售 A 类卷烟 200 标准箱，取得收入 20 万元，A 类卷烟适用定额税率 150 元/箱，同时还适用比例税率 56％。计算该月份应纳消费税税额。

解：应纳消费税税额＝应税销售数量×定额税率＋应税销售额×比例税率

＝200×150＋200 000×56％＝142 000(元)

(四)消费税的征税管理

消费税纳税义务发生的时间，以货款结算方式或行为发生时间分别确定。纳税期限与增值税的有关规定相同。销售应税消费品及自产自用消费品，应当向纳税人核算地主管税务机关申报纳税；进口的应税消费品，应向报送地海关申报纳税。

三、企业所得税

(一)概念

企业所得税是以企业取得的生产经营所得和其他所得为课税对象所征收的一种税。

(二)纳税人

企业所得税的纳税义务人是指在中华人民共和国境内的企业和其他取得收入的组织。除个人独资企业、合伙企业不适用企业所得税法外，在我国境内，企业和其他取得收入的组织(以下统称企业)为企业所得税的纳税人，依照法律规定缴纳企业所得税。企业所得税的纳税人分为居民企业和非居民企业。

1. 居民企业

居民企业是指依法在中国境内成立，或者依照外国(地区)法律成立但实际管理机构在中国境内的企业。实际管理机构，是指对企业的生产经营、人员、账务、财产等实施实质性全面管理和控制的机构。

2. 非居民企业

非居民企业是指依照外国(地区)法律成立且实际管理机构不在中国境内，但在中国境内设立机构、场所的或者在中国境内未设立机构、场所但有来源于中国境内所得的企业。

非居民企业委托营业代理人在中国境内从事生产经营活动的，包括委托单位或者个人经常代其签订合同，或者储存、交付货物等，该营业代理人视为非居民企业在中国境内设立的机构、场所。

要点强化

【判断题】依照中国法律、行政法规成立的个人独资企业属于企业所得税的纳税义务人。　　(　　)

【答案解析】×。个人独资企业、合伙企业不适用企业所得税法。

(三)征税对象

企业所得税的征税对象是指企业的生产经营所得、其他所得和清算所得。所得包括销售货物所得、提供劳务所得、转让财产所得、股息红利等权益性投资所得、利息所得、租金所得、特许权使用费所得、接受捐赠所得和其他所得。

居民企业应就来源于中国境内、境外的所得作为征税对象。其中，来源于中国境外的应税所得已在境外缴纳的所得税税额，可以从其当期应纳税额中抵免。

非居民企业应就来源于中国境内所得缴纳企业所得税。

(四)企业所得税税率

1. 基本税率

基本税率为25%,适用于居民企业和在中国境内设有机构、场所且所得与机构、场所有关联的非居民企业。

2. 优惠税率

(1)对符合条件的小型微利企业,减按20%的税率征收企业所得税;

(2)对国家需要重点扶持的高新技术企业,减按15%的税率征收企业所得税;

(3)在中国境内未设立机构、场所的,或者虽设立机构、场所但取得的所得与其所设机构、场所没有实际联系的非居民企业,减按10%的税率征收企业所得税。

(五)企业应纳税所得额

企业所得税应纳税额,是指按企业的应纳税所得额乘以适用税率,减除依照税法关于税收优惠的规定减免和抵免的税额后的余额。基本公式为:

应纳税额=应纳税所得额×适用税率-减免税额-抵免税额

正确核算应纳税所得额是计算所得税额的关键所在。应纳税所得额是指纳税人每一纳税年度的收入总额,减去不征税收入、免税收入、各项扣除以及允许弥补的以前年度亏损后的余额。基本公式为:

应纳税所得额=收入总额-不征税收入-免税收入-各项扣除-准予弥补的以前年度亏损

企业应纳税所得额的计算以权责发生制为原则,属于当期的收入和费用,不论款项是否收付,均作为当期的收入和费用;不属于当期的收入和费用,即使款项已经在当期收付,均不作为当期的收入和费用。《企业所得税法》对应纳税所得额计算做了明确规定,主要内容包括收入总额、扣除范围和标准、资产的税务处理、亏损弥补等。

1. 收入总额

企业的收入总额包括以货币形式和非货币形式从各种来源取得的收入,具体包括销售货物收入、提供劳务收入、转让财产收入、股息、红利等权益性投资收益,以及利息收入、租金收入、特许权使用费收入、接受捐赠收入、其他收入。

2. 不征税收入

不征税收入是指从性质上和根源上不属于企业营利性活动带来的经济利益、不负有纳税义务并不作为应纳税所得额组成部分的收入,是国家为了扶持和鼓励某些特殊的纳税人和特定的项目,或者避免因征税影响企业的正常经营,对企业取得的某些收入不予征税或免税。

不征税收入包括:财政拨款、依法收取并纳入财政管理的行政事业性收费、政府性基金以及国务院规定的其他不征税收入。

3. 免税收入

免税收入是指属于企业的应税所得,但按照税法规定可以在一定时间对其免予征税,而在一定时期又可能恢复征税的收入,它属于税收优惠的范畴。免税收入包括:国债利息收入,符合条件的居民企业之间的股息、红利等权益性收益,符合条件的非营利组织的收入以及其他免税收入等。

知识链接 4－7

不征税收入与免税收入有什么区别？

不征税收入和免税收入均属于企业所得税所称的“收入总额”，在计算企业所得税应纳税所得额时应扣除。不征税收入，是不应纳入征税范围的收入；免税收入则是应列入征税范围的收入，只是国家出于特殊考虑给予税收优惠，在一定时期有可能恢复征税。企业的不征税收入对应的费用、折旧、摊销一般不得在计算应纳税所得额时扣除；免税收入对应的费用、折旧、摊销一般可以税前扣除。

4. 准予扣除的项目

企业所得税法规定，企业实际发生的与取得收入有关的、合理的支出，包括成本、费用、税金、损失和其他支出，准予在计算应纳税所得额时扣除。

(1)成本。成本是指纳税人销售商品、提供劳务、转让固定资产与无形资产的成本。

(2)费用。费用是指纳税人每一纳税年度为生产、经营商品和提供劳务等所发生的可扣除的销售(经营)费用、管理费用和财务费用。已计入成本的有关费用除外。

①业务招待费。企业发生的与生产经营活动有关的业务招待费支出，按照发生额的60%扣除，但最高不得超过当年销售(营业)收入的0.5‰。

②广告费和业务宣传费。企业发生的符合条件的广告费和业务宣传费支出，除国务院财政、税务主管部门另有规定外，不超过当年销售(营业)收入15%的部分，准予扣除；超过部分，准予结转以后纳税年度扣除。

③企业发生的职工福利费支出，不超过工资薪金总额14%的部分，准予扣除；企业拨缴的工会经费，不超过工资薪金总额2%的部分，准予扣除，除国务院财政、税务主管部门另有规定外；企业发生的职工教育经费支出，不超过工资薪金总额8%的部分，准予扣除，超过部分，准予在以后纳税年度结转扣除，国务院财政、税务主管部门另有规定的除外。

要点强化

【单选题】企业所得税法规定，职工工会经费、职工福利费、职工教育经费分别按计税工资总额的(　　)计算扣除。

A. 2%、2.5%、14%　B. 2%、14%、8%　C. 1.5%、14%、2%　D. 14%、2%、2.5%

【答案解析】B。企业发生的职工福利费支出，不超过工资薪金总额14%的部分，工会经费，不超过工资薪金总额2%的部分，职工教育经费支出，不超过工资薪金总额8%的部分，准予扣除。

④企业发生的公益性捐赠支出，不超过年度利润总额的12%的部分，准予扣除。超过年度利润总额12%的部分，准予结转以后3年内在计算应纳税所得额时扣除。

(3)税金。税金是指纳税人按规定缴纳的消费税、资源税、关税、城市维护建设税、教育费附加、房产税、车船税、土地使用税、印花税等可以扣除。

(4)损失。损失是指纳税人生产经营过程中发生的固定资产和存货的盘亏、毁损、报废损失，转让财产损失，呆坏账损失，自然灾害等不可抗力因素造成的损失以及其他损失。

(5)其他支出。其他支出是指除成本、费用、税金、损失外，企业在生产经营活动中发生的与生产经营活动有关的、合理的支出。

5. 不得扣除的项目

在计算应纳税所得额时，下列支出不得扣除：

(1)向投资者支付的股息、红利等权益性投资收益款项。

(2)企业所得税税款。

(3)税收滞纳金，是指纳税人违反税收法规，被税务机关处以的滞纳金。

(4)罚金、罚款和被没收财物的损失，是指纳税人违反国家有关法律、法规规定，被有关部门处以的罚款，以及被司法机关处以的罚金和被没收财物。

(5)年度利润总额12%以外的公益性捐赠支出。

(6)赞助支出，是指企业发生的与生产经营活动无关的各种非广告性质支出。

(7)未经核定的准备金支出，是指不符合国务院财政、税务主管部门规定的各项资产减值准备、风险准备等准备金支出。

(8)企业之间支付的管理费、企业内营业机构之间支付的租金和特许权使用费，以及非银行企业内营业机构之间支付的利息，不得扣除。

(9)与取得收入无关的其他支出。

要点强化

【单选题】下列各项中，在计算企业应纳税所得额时，不准从收入总额中扣除的是(　　)。

A. 关税　　B. 消费税　　C. 增值税　　D. 印花税

【答案解析】C。纳税人按规定缴纳的消费税、资源税、关税、城市维护建设税、教育费附加、房产税、车船税、土地使用税、印花税等可以在计算企业所纳税所得额时扣除。

6. 亏损弥补

《企业所得税法》规定，纳税人某一纳税年度发生的亏损可以用下一年度的所得弥补，下一年度的所得不足以弥补的，可以逐年延续弥补，但最长不得超过5年。而且，企业在汇总计算缴纳企业所得税时，其境外营业机构的亏损不得抵减境内营业机构的盈利。自2018年1月1日起，将高新技术企业和科技型中小企业亏损结转年限由5年延长至10年。

知识链接4-8

企业所得税是不是对企业的利润征税?

企业所得税是对企业的应纳税所得额征收的一种税。应纳税所得额是按税法规定计算出的企业每一纳税年度的收入总额减去准予扣除项目后的余额，并不是企业自身账面核算的利润。因此，应当对企业会计利润按照税法的规定进行纳税调整后申报缴纳企业所得税。

所得作为企业所得税的征税对象，是指按照《企业所得税法》规定的收入与成本口径，一定时间内收入扣减成本后的经营成果。企业会计利润也是一定时间内收入扣减成本(费用)后的经营成果。会计利润与所得税的所得，其本质都是企业生产经营过程创造的纯收入，都是一定时期内的收入扣减成本费用后的经营成果，不同之处在于两者间就收入与成本(费用)的规定不完全一致，这也是应纳企业所得税采用调整法的根源。

（六）企业所得税的计算

企业所得税是对企业的应纳税所得额征收的一种税。应纳税所得额是对企业每一纳税年度的收入总额减去准予扣除项目后的余额，并不是企业自身账面核算的利润。应对其会计利润按照税法的规定进行纳税调整后申报缴纳企业所得税。

【例 4—7】 某企业为居民企业，2018 年经营业务如下：取得销售收入 5 000 万元，销售成本 2 200 万元，发生销售费用 1 340 万元（其中广告费 900 万元），管理费用 960 万元（其中业务招待费 30 万元），财务费用 120 万元，营业税金及附加 80 万元，营业外收入 140 万元，营业外支出 100 万元（含通过公益性社会团体向贫困山区捐款 60 万元，支付税收滞纳金 12 万元），计入成本费用中的实发工资总额 300 万元、拨缴职工工会经费 6 万元、发生职工福利费支出 46 万元、职工教育经费 10 万元。

计算该企业实际应缴纳的企业所得税税额。

解：(1)年度利润总额＝5 000＋140－2 200－1 340－960－120－80－100＝340（万元）。

(2)广告费调增所得额＝900－5 000×15%＝900－750＝150（万元）。

(3)业务招待费支出的限额为 5 000×5‰＝25（万元）＞30×60%＝18（万元）。

业务招待费调增所得额＝30－18＝12（万元）。

(4)捐赠支出应调增所得额＝60－340×12%＝19.2（万元）。

(5)工会经费的扣除限额＝300×2%＝6（万元），实际拨缴 6 万元，无须调整。

福利费扣除限额＝300×14%＝42（万元），实际发生 46 万元，应调增额＝46－42＝4（万元）。

教育经费扣除限额＝300×8%＝24（万元），实际发生 10 万元，无须调整。

三项经费总共调增＝0＋4＋0＝4（万元）。

(6)税收滞纳金 12 万元不得在企业所得税税前扣除，应计入应纳税所得额。

(7)应纳税所得额＝340＋150＋12＋19.2＋4＋12＝537.2（万元）。

(8)2018 年该企业实际应缴纳的企业所得税税额＝537.2×25%＝134.3（万元）。

（七）企业所得税的征收管理

1. 纳税地点

(1)居民企业的纳税地点。除税收法律、行政法规另有规定外，居民企业以企业登记注册地为纳税地点；但登记注册地在境外的，以实际管理机构所在地为纳税地点。

居民企业在中国境内设立不具有法人资格的分支或营业机构，由该居民企业汇总计算并缴纳企业所得税。

(2)非居民企业的纳税地点。非居民企业在中国境内设立机构、场所的，应当就其所设机构、场所取得的来源于中国境内的所得，以及发生在中国境外但与其所设机构、场所有实际联系的所得，以机构、场所所在地为纳税地点。非居民企业在中国境内设立两个或者两个以上机构、场所的，经税务机关审核批准，可以选择由其主要机构、场所汇总缴纳企业所得税。

在中国境内未设立机构、场所的，或者虽设立机构、场所但取得的所得与其所设机构、场所没有实际联系的非居民企业，以扣缴义务人所在地为纳税地点。

2. 纳税期限

企业所得税按年计征，分月或者分季预缴，年终汇算清缴，多退少补。企业所得税的纳税年度，自公历1月1日起12月31日止。企业在一个纳税年度的中间开业，或者由于合并、关闭等原因终止经营活动，使该纳税年度实际经营期不足12个月的，应当以其实际经营期为一个纳税年度。

3. 纳税申报

企业所得税分月或者分季预缴的，企业应当自月份或者季度终了之日起15日内，向税务机关报送预缴企业所得税纳税申报表，预缴税款。

企业应当自年度终了之日起5个月内，向税务机关报送年度企业所得税纳税申报表，并汇算清缴，结清应缴应退税款。

四、个人所得税

2018年8月31日，第十三届全国人大常委会第五次会议通过了《关于修改〈中华人民共和国个人所得税法〉的决定》，这是我国个人所得税法自1990年实施以来的第7次修订，也是截至目前历次修订中改革力度最大、涉及面最广、影响最为深远的一次改革。

新个税法于2019年1月1日起施行，2018年10月1日起施行最新免征额和税率。新个税法规定，自2018年10月1日至2018年12月31日，纳税人的工资、薪金所得，先行以每月收入额减除费用5 000元以及专项扣除和依法确定的其他扣除后的余额为应纳税所得额，依照个人所得税税率表（综合所得适用）按月换算后计算缴纳税款，并不再扣除附加减除费用。

（一）个人所得税概念

个人所得税是对个人（即自然人）取得的各项应税所得征收的一种所得税。其征税对象不仅包括个人，还包括具有自然人性质的企业。

（二）个人所得税纳税人

新修订的个人所得税法规定，个人所得税纳税义务人是指在中国境内有住所，或者无住所而一个纳税年度内在中国境内居住满183天的个人，为居民个人。居民个人从中国境内和境外取得的所得，依法缴纳个人所得税。在中国境内无住所又不居住，或者无住所而一个纳税年度内在中国境内居住累计不满183天的个人，为非居民个人。非居民个人从中国境内取得的所得，依法缴纳个人所得税。

个人所得税纳税义务人依据住所标准和居住时间标准，分居民和非居民纳税人。

1. 居民纳税人

居民纳税人是指在中国境内有住所，或者无住所，而在境内居住满183天的个人。应就其来源于中国境内和境外的所得，向我国政府履行全面纳税义务，依法缴纳个人所得税。

2. 非居民纳税人

非居民纳税人是指在中国境内无住所又不居住，或者无住所而在境内居住累计不满183天的个人。仅就来源于中国境内的所得向我国政府履行有限纳税义务，依法缴纳个人所得税。

现行的个人所得税法中所说的“中国境内”，是指中国大陆地区，目前不包括中国香港、中国澳门和中国台湾地区。

个人所得税以所得人为纳税人，以支付所得的单位或者个人为扣缴义务人。纳税人有中国公民身份号码的，以中国公民身份号码为纳税人识别号；纳税人没有中国公民身份号码的，由税务机关赋予其纳税人识别号。扣缴义务人扣缴税款时，纳税人应当向扣缴义务人提供纳税人识别号。

（三）个人所得税的应税项目

按个人所得税新税法精神，我国个人所得税初次建立起了综合与分类相结合的税制，减并课税所得项目，新个税法课税所得项目由原来的 11 项合并为 9 项。

（1）工资、薪金所得；

（2）劳务报酬所得；

（3）稿酬所得；

（4）特许权使用费所得；

（5）经营所得；

（6）利息、股息、红利所得；

（7）财产租赁所得；

（8）财产转让所得；

（9）偶然所得。

要点强化

【多选题】下列属于我国个人所得税征税范围的是（　　）。

A. 工资、薪酬　　B. 劳务报酬所得　　C. 个人稿酬所得

D. 股息红利所得　　E. 国有企业进口成套设备

【答案解析】ABCD。我国现行个人所得税共包括 9 个应税项目，具体内容见上述文中所述。

（四）个人所得税的应税税率

新个人所得税法规定，综合所得、经营所得实行超额累进税率，其他所得实行比例税率。

（1）综合所得，适用 3％至 45％的超额累进税率，见表 4－5。

（2）经营所得，适用 5％至 35％的超额累进税率，见表 4－6。

（3）利息、股息、红利所得，财产租赁所得，财产转让所得和偶然所得，适用 20％的比例税率。

表 4－5　　个人所得税税率表一（综合所得适用）

级数	全年应纳税所得额	税率（％）
1	不超过 36 000 元的	3
2	超过 36 000 至 144 000 元的部分	10
3	超过 144 000 至 300 000 元的部分	20
4	超过 300 000 至 420 000 元的部分	25
5	超过 420 000 至 660 000 元的部分	30
6	超过 660 000 至 960 000 元的部分	35

续表

级数	全年应纳税所得额	税率(%)
7	超过 960 000 元的部分	45

注:1. 本表所称全年应纳税所得额是指依照《个人所得税法》的规定,居民个人取得综合所得以每一纳税年度收入额减除费用 6 万元以及专项扣除、专项附加扣除和依法确定的其他扣除后的余额。

2. 非居民个人取得工资、薪金所得,劳务报酬所得,稿酬所得和特许权使用费所得,依照本表按月换算后计算应纳税额。

表 4—6　　个人所得税税率表二(经营所得适用)

级数	全年应纳税所得额	税率(%)
1	不超过 30 000 元的	5
2	超过 30 000 至 90 000 元的部分	10
3	超过 90 000 至 300 000 元的部分	20
4	超过 300 000 至 500 000 元的部分	30
5	超过 500 000 的部分	35

注:本表所称全年应纳税所得额是指依照《个人所得税法》的规定,以每一纳税年度的收入总额减除成本、费用以及损失后的余额。

(五)个人所得税的减免项目

个人所得税既是一种分配手段,也是体现国家政策的重要工具。为了支持社会福利、慈善事业和照顾某些纳税人的实际情况,新个人所得税法对个人所得项目有免税、减税的优惠规定。

1. 免税项目

下列各项个人所得,免征个人所得税:

(1)省级人民政府、国务院部委和中国人民解放军军以上单位,以及外国组织、国际组织颁发的科学、教育、技术、文化、卫生、体育、环境保护等方面的奖金;

(2)国债和国家发行的金融债券利息;

(3)按照国家统一规定发给的补贴、津贴;

(4)福利费、抚恤金、救济金;

(5)保险赔款;

(6)军人的转业费、复员费、退役金;

(7)按照国家统一规定发给干部、职工的安家费、退职费、基本养老金或者退休费、离休费、离休生活补助费;

(8)依照有关法律规定应予免税的各国驻华使馆、领事馆的外交代表、领事官员和其他人员的所得;

(9)中国政府参加的国际公约、签订的协议中规定免税的所得;

(10)国务院规定的其他免税所得。

2. 减税项目

有下列情形之一的,可以减征个人所得税,具体幅度和期限,由省、自治区、直辖市人民政府规定，并报同级人民代表大会常务委员会备案：

（1）残疾、孤老人员和烈属的所得；

（2）因自然灾害遭受重大损失的。

国务院可以规定其他减税情形，报全国人民代表大会常务委员会备案。

（六）个人所得税的应税所得额的计算

（1）工资、薪金所得。是指个人因任职或者受雇而取得的工资、薪金、奖金、年终加薪、劳动分红、津贴、补贴，以及与任职或者受雇有关的其他所得。

（2）劳务报酬所得。是指个人独立从事非雇佣的各种劳务所取得的所得。包括：设计、装潢、安装、制图、化验、测试、医疗、法律、会计、咨询、讲学、新闻、广播、翻译、审稿、书画、雕刻、影视、录音、录像、演出、表演、广告、展览、技术服务、介绍服务、经纪服务、代办服务及其他劳务。

（3）稿酬所得。是指个人因其作品以图书、报刊形式出版、发表而取得的所得。

（4）特许权使用费所得。是指个人提供专利权、商标权、著作权、非专利技术及其他特许权的使用权取得的所得。

上述（1）至（4）项合并为居民个人的"综合所得"，按 3%到 45%的七级超额累进税率。

居民个人的综合所得自 2018 年 10 月 1 日起，以每一纳税年度的收入额减除费用 6 万元以及专项扣除、专项附加扣除和依法确定的其他扣除后的余额，为应纳税所得额。专项扣除，指居民个人缴纳的基本养老保险、基本医疗保险、失业保险等社会保险费和住房公积金等；专项附加扣除，是指子女教育、继续教育、大病医疗、住房贷款利息或者住房租金、赡养老人等支出，具体范围、标准和实施步骤由国务院确定，并报全国人民代表大会常务委员会备案。

非居民个人的工资、薪金所得按月或者按次分项计算个人所得税，以每月收入额减除费用 5 000 元后的余额为应纳税所得额。

劳务报酬所得、稿酬所得、特许权使用费所得以收入减除 20%的费用后的余额为收入额。稿酬所得的收入额减按 70%计算。

（5）经营所得。经营所得是指个体工商户生产、经营所得以及对企事业单位承包经营、承租经营所得，合称为"经营所得"，经营所得以每一纳税年度的收入总额减除成本、费用以及损失后的余额，为应纳税所得额。适用 5%到 35%的五级超额累进税率，按年征收。

（6）利息、股息、红利所得。利息、股息、红利所得指个人拥有债权、股权而取得的利息、股息、红利所得。以每次收入额为应纳税所得额。

（7）财产租赁所得。是指个人出租建筑物、土地使用权、机器设备、车船及其他财产取得的所得。财产租赁所得每次收入不超过 4 000 元的，减除费用 800 元；4 000 元以上的，减除 20%的费用，其余额为应纳税所得额。

（8）财产转让所得。是指个人转让有价证券、股票、建筑物、土地使用权、机器设备、车船及其他财产取得的所得。财产转让所得以转让财产的收入额减除财产原值和合理费用后的余额，为应纳税所得额。

（9）偶然所得。是指个人得奖、中奖、中彩及其他偶然性质的所得。偶然所得应缴纳的个人所得税税款，一律由发奖单位或机构代扣代缴。偶然所得以每次收入额为应纳税所得额。

个人将其所得对教育、扶贫、济困等公益慈善事业进行捐赠，捐赠额未超过纳税人申报的应纳税所得额30%部分，可以从其应纳税所得额中扣除；国务院规定对公益慈善事业捐赠实行全额税前扣除的，从其规定。

居民个人从中国境外取得的所得，可以从其应纳税额中抵免已在境外缴纳的个人所得税税额，但抵免额不得超过该纳税人境外所得依照《个人所得税法》规定计算的应纳税额。

（七）个人所得税的征收管理

1. 征收方式

个人所得税的征收方式有两种，一种是由扣缴义务人代扣代缴；另一种是由纳税人自行申报纳税。两种方式缴纳税款时，均要填报个人所得税纳税申报表。

代扣代缴是指按照税法规定负有扣缴义务的单位和个人，在向个人支付应纳税所得时，应计算应纳税额，从其所得中扣除并缴入国库，同时向税务机关报送扣缴个人所得税报告表。代扣代缴的范围包括纳税人的综合所得，取得利息、股息、红利所得，财产租赁所得，财产转让所得和偶然所得。

税法规定有下列情形之一的，纳税人必须自行向税务机关申报并缴纳税款：纳税人取得经营所得；纳税人取得应税所得没有扣缴义务人的；纳税人取得应税所得，扣缴义务人未扣缴税款的；居民个人从中国境外取得所得的；非居民个人在中国境内从两处以上取得工资、薪金所得的；国务院规定的其他情形。

2. 纳税期限

(1)居民个人取得综合所得，按年计算个人所得税；有扣缴义务人的，由扣缴义务人按月或者按次预扣预缴税款；需要办理汇算清缴的，应当在取得所得的次年3月1日至6月30日内办理汇算清缴。

(2)非居民个人取得工资、薪金所得，劳务报酬所得，稿酬所得和特许权使用费所得，有扣缴义务人的，由扣缴义务人按月或者按次代扣代缴税款，不办理汇算清缴。

(3)纳税人取得经营所得，按年计算个人所得税，由纳税人在月度或者季度终了后15日内向税务机关报送纳税申报表，并预缴税款；在取得所得的次年3月31日前办理汇算清缴。

纳税人取得利息、股息、红利所得，财产租赁所得，财产转让所得和偶然所得，按月或者按次计算个人所得税，有扣缴义务人的，由扣缴义务人按月或者按次代扣代缴税款。

(4)纳税人取得应税所得没有扣缴义务人的，应当在取得所得的次月15日内向税务机关报送纳税申报表，并缴纳税款。纳税人取得应税所得，扣缴义务人未扣缴税款的，纳税人应当在取得所得的次年6月30日前，缴纳税款；税务机关通知限期缴纳的，纳税人应当按照期限缴纳税款。

扣缴义务人每月或者每次预扣、代扣的税款，应当在次月15日内缴入国库，并向税务机关报送扣缴个人所得税申报表。

2. 纳税调整

为了更好地体现税赋公平，《个人所得税法》2018年第7次修订时新增了个人所得税的纳税调整项目，发生下列情形的之一的，税务机关有权按照合理方法进行纳税调整：

(1)个人与其关联方之间的业务往来不符合独立交易原则而减少本人或者其关联方应纳税额，且无正当理由；

(2)居民个人控制的，或者居民个人和居民企业共同控制的设立在实际税负明显偏低的

国家(地区)的企业,无合理经营需要,对应当归属于居民个人的利润不作分配或者减少分配;

(3)个人实施其他不具有合理商业目的的安排而获取不当税收利益。

税务机关依照规定作出纳税调整,需要补征税款的,应当补征税款,并依法加收利息。

五、其他税类

除了流转税和所得税类外,我国现行税制还包括资源税、财产税和行为税,主要税种有资源税、城镇土地使用税、房产税、车船税、印花税、契税、城市维护建设税、土地增值税和车辆购置税等。

(一)行为税

1. 城市维护建设税

城市维护建设税是国家对从事工商经营,缴纳增值税、消费税的单位和个人,就其实际缴纳的税额为计税依据而征收的一种税。

(1)纳税人。城市维护建设税的纳税人,是指负有缴纳增值税、消费税纳税义务的单位和个人。包括国有企业、集体企业、私营企业、股份制企业、其他企业和行政单位、军事单位,社会团体、其他单位,以及个体工商户和其他个人。

(2)税率。城市维护建设税按纳税人所在地的不同,设置了三档地区差别比例税率,具体规定:

①纳税人所在地为市区的,税率为7%;

②纳税人所在地为县城、镇的,税率为5%;

③纳税人所在地不在市区、县城或者镇的,税率为1%。

(3)计税依据。城市维护建设税的计税依据是指纳税人实际缴纳的增值税、消费税税额之和。对纳税人违反有关规定而被加收的滞纳金和罚款,不作为城市维护建设税的计税依据,但纳税人被查补和被处以罚款时,应同时对其偷漏的城市维护建设税征收滞纳金和罚款。

城市维护建设税随着增值税和消费税的征收而征收,但如果要免征或者减征增值税和消费税,也要同时免征或者减征城市维护建设税。

(4)应纳税额的计算。城市维护建设税应纳税额应根据纳税人实际缴纳的增值税、消费税税额和纳税所在地的税率计算得到。

其计算公式为:

应纳税额=(实际缴纳的增值税+消费税税额)×适用税率

要点强化

【计算题】某市区一企业2018年5月份实际缴纳增值税50 000元,消费税30 000元,计算该企业当月应纳的城市维护建设税税额。

【答案解析】应纳税额=(实际缴纳的增值税+消费税税额)×适用税率

=(50 000+30 000)×7%= 5 600(元)

2. 印花税

印花税是以经济活动和经济交往中书立、领受应税凭证的行为为征税对象而征收的一种税。因纳税人通过在应税凭证上粘贴印花税票的方式完成纳税义务，所以称为“印花税”。

(1)纳税人。印花税的纳税人是在我国境内书立、使用、领受属于征税范围内所列凭证的单位和个人。根据书立、使用、领受凭证的不同，印花税纳税人可以分别确定为立合同人、立据人、立账簿人、领受人和使用人。

(2)征税范围。印花税的征税范围为税法列举的应税凭证，税法未列举的不纳税。现行税法列举的应税凭证包括经济合同、产权转移书据、营业账簿、权利、许可证照和经财政部批准的其他凭证。

(3)税率。印花税的税率有比例税率和定额税率两种形式。

比例税率适用于各类经济合同、产权转移书据、营业账簿中记载资金的账簿，共分 5 个档次，具体规定如下：

①借款合同适用 0.05‰的税率；

②购销合同、建筑安装工程合同、技术合同适用 0.3‰的税率；

③加工承揽合同、建筑工程勘察设计合同、货物运输合同、产权转移书据、营业账簿中记录资金的账簿适用 0.5‰的税率；

④财产租赁合同、仓储保管合同、财产保险合同适用 1‰的税率。

定额税率适用于权利、许可证照和营业账簿中的其他账簿，按件贴花，每件税额 5 元。

(4)应纳税额的计算。印花税应纳税额的计算可分为从价定率计算和从量定额两种方法。

从价定率计算公式：

应纳税额＝应税凭证所载金额×适用比例税率

从量定额计算公式：

应纳税额＝应税凭证件数×单位税额

要点强化

【多选题】印花税适用 1‰税率的有(　　)。

A. 财产租赁合同　　B. 仓储保管合同　　C. 购销合同　　D. 财产保险合同

【答案解析】ABD。印花税的财产租赁合同、仓储保管合同、财产保险合同适用 1‰的税率。

(二)财产税

1. 房产税

房产税是以房屋为征税对象，按房屋的计税余值或租金收入为计税依据，向产权所有人征收的一种税。房产税征税范围限于城镇的经营性房屋。

(1)纳税人。房产税以征税范围内的房屋产权所有人为纳税人。产权属于国家所有的，由经营管理单位缴纳；产权出典的，由承典人缴纳；产权所有人、承典人不在房屋所在地的，由房产代管人或使用人缴纳。

(2)计税依据。房产税的计税依据是房产的计税余值或房屋的租金收入。按照房产计税价值征税的,称为从价计征;按照房产租金收入计征的,称为从租计征。

从价计征房产税依照房产原值一次减除10%—30%后的余值计算缴纳;从租计征房产税以房产租金收入为房产税的计税依据。

(3)税率。按房产余值计征的,税率为1.2%。按房产出租的租金收入计征的,税率为12%。但对个人按市场价格出租的居民住房,用于居住的,可暂减按4%的税率征收房产税。

(4)应纳税额的计算。从价计征是按房产的原值减除一定比例后的余值计征。其计算公式为:

应纳税额=应税房产原值×(1-扣除比例)×1.2%

要点强化

【计算题】某公司的经营用房原值为1 000万元,按照当地规定允许减除30%后的余值计税,计算其应纳房产税税额。

【答案解析】应纳税额=应税房产原值×(1-扣除比例)×1.2%

=1 000×(1-30%)×1.2% =8.4(万元)

2. 契税

契税是以在我国境内转移土地、房屋权属为征税对象,向产权承受人收的一种财产税,是不动产买卖、典当、赠与或交换而订立契约时,由承受方缴纳的一种财产税。

(1)纳税人。契税的纳税人是承受中国境内转移土地、房屋权属的单位和个人。

(2)征税对象。契税的征税对象是在中国境内转移土地、房屋权属。具体包括以下几种:国有土地使用权出让;土地使用权转让(不包括取得的农村集体土地承包经营权);房屋买卖、赠与和交换。

(3)税率。契税实行幅度比例税率,税率幅度为3%—5%。实行幅度比例税率是考虑到我国经济发展的不平衡。各省、自治区、直辖市人民政府可以在3%—5%的幅度比例税率规定范围内,按照本地区的实际情况决定。

(4)应纳税额的计算。契税的应纳税额是根据契税的计税依据和规定的适用税率计算征收。计算公式为:

应纳税额=计税依据×税率

计税依据为不动产的价格,由于土地、房屋权属转移方式定价方法不同,因而其计税依据也不相同。

(三)资源税

资源税是对在我国领域及管辖海域开采应税资源的矿产品或者生产盐的单位和个人课征的一种税。

1. 纳税人

在我国领域及管辖海域开采应税资源的矿产品或者生产盐的单位和个人,为资源税的纳税人。

2. 税目、税率

资源税税目包括7大类，在这7个税目下面又设有若干个子目。资源税采取从价定率或者从量定额的办法计征，其税目、税率参照表4—7。

表4—7 资源税税目表

税目		税率
一、原油		销售额的5%—10%
二、天然气		销售额的5%—10%
三、煤炭	焦煤	每吨8—20元
	其他煤炭	每吨0.3—5元
四、其他非金属矿原矿	普通非金属矿原矿	每吨或每立方米0.5—20元
	贵重非金属矿原矿	每千克或每克拉0.5—20元
五、黑色金属矿原矿		每吨2—30元
六、有色金属矿原矿	稀土矿	每吨0.4—60元
	其他有色金属矿原矿	每吨0.4—30元
七、盐	固体盐	每吨10—60元
	液体盐	每吨2—10元

3. 计税依据

(1)实行从价定率征收的计税依据。实行从价定率征收的以销售额作为计税依据。销售额是指纳税人销售应税产品向购买方收取的全部价款和价外费用，但不包括收取的增值税销项税额。

(2)实行从量定额征收的计税依据。实行从量定额征收的以销售数量为计税依据。

4. 应纳税额的计算

资源税应纳税额，按照从价定率或者从量定额的办法，分别以应税产品的销售额乘以纳税人具体适用的比例税率，或者以应税产品的销售数量乘以纳税人具体适用的定额税率计算，具体计算公式为：

实行从价定率征收的：

应纳税额＝销售额×适用税率

实行从量定额征收的：

应纳税额＝销售数量×单位税额

纳税人开采或者生产应税产品、自用于连续生产应税产品的，不缴纳资源税；自用于其他方面的，应视同销售，缴纳资源税。

本章小结

税收是指以国家为主体，为实现国家职能，凭借政治权力，按照法律标准，采用强制性手段，无偿取得财政收入的一种特定分配形式，具有强制性、无偿性和固定性的基本特征。依据不同标准,税法有不同的分类方法。税法的构成要素一般包括征税人、纳税义务人、征税对象、税目、税率、计税依据、纳税环节、纳税期限、纳税地点、减免税、法律责任等。其中,纳税义务人、征税对象、税率是构成税法的三个最基本的要素。征税对象是区别不同税种的重要标志。税率是计算税额的尺度,是税收法律制度中的核心和灵魂。

我国目前的税收制度形成了以流转税和所得税为主体,其他税种同时并存的结构。流转税指以流转额为征税对象征收的一类税。流转税是我国税制中的主体税种,主要包括增值税、消费税、关税等。所得税是指以所得额为征税对象而征收的一类税。在我国税制结构中,所得税仅次于流转税,我国现行的所得税主要包括企业所得税、个人所得税。

增值税是指对在中国境内从事销售货物或者加工、修理修配劳务,销售服务、无形资产、不动产,以及进出口货物的单位和个人取得的增值额为计税依据征收的一种流转税。从2009年开始我国增值税由生产型向消费型转变。根据增值税纳税人的会计核算是否健全,是否能够提供准确的税务资料以及企业规模的大小,将增值税纳税人划分为增值税一般纳税人和增值税小规模纳税人。一般纳税人适用税率为16%、10%,小规模纳税人适用的征收率为3%。

消费税是指在中华人民共和国境内生产、委托加工和进口应税消费品的单位和个人,以及国务院确定的销售应税消费品的其他单位和个人,就其应税消费品的销售额、销售数量或者销售额与销售数量相结合征收的一种流转税。消费税的计税方法有从量定额、从价定率、复合计税方法。

企业所得税是以企业取得的生产经营所得和其他所得为征税对象所征收的一种税。企业所得税的纳税人为在中华人民共和国境内的企业和其他取得收入的组织。企业所得税的纳税人分为居民企业和非居民企业。

新《个人所得税法》于2019年1月1日起施行,2018年10月1日起施行最新免税额和税率。按新《个人所得税法》精神,我国个人所得税初次建立起了综合与分类相结合的税制,减并课税所得项目,新个税法课税所得项目由原来的11项合并为9项。个人所得税纳税义务人依据住所和居住时间标准,分为居民纳税人和非居民纳税人。现行个人所得税综合所得、经营所得实行超额累进税率,其他所得实行比例税率。

思考与练习

一、单选题

1. 负有代扣代缴义务的单位和个人是(　　)。

A. 实际负税人　　B. 扣缴义务人　　C. 纳税义务人　　D. 征税人

2. (　　)是制定税收政策的核心。

A. 税收负担问题　　B. 税率确定问题　　C. 税种选择问题　　D. 税收范围问题

3. 在税收活动中,从征税到税负的最终落实要经过若干环节,其中关键环节是(　　)。

A. 税收收入　　B. 税负转嫁　　C. 税负归宿　　D. 税收分配

4. 在征税对象的全部数额中,免予征税的数额称为(　　)。

A. 免征额　　B. 起征点　　C. 免予额　　D. 减税额

5. 下列税种中，属于价外税的是(　　)。

A. 资源税　　B. 增值税　　C. 消费税　　D. 所得税

6. 增值税征税中，人民生活必需品、宣传、文教等适用税率(　　)。

A. 16%　　B. 3%　　C. 0%　　D. 10%

7. 增值税一般纳税人采用的税率为(　　)。

A. 20%　　B. 10%　　C. 16%　　D. 5%

8. 我国现行的增值税采用的是(　　)。

A. 价外税　　B. 价内税　　C. 定额税　　D. 累进税

9. 我国增值税对购进农产品的扣除税率为(　　)。

A. 10%　　B. 7%　　C. 13%　　D. 16%

10. 消费税中采用分档次定额税率征税的项目为(　　)。

A. 啤酒　　B. 润滑油　　C. 黄酒　　D. 柴油

11. 小规模工业企业销售货物不含税价格为 2 000 元，当期应纳增值税税额为(　　)。

A. 180 元　　B. 60 元　　C. 460 元　　D. 540 元

12. 消费税是选择部分消费品列举税目征收的，目前，我国的消费税共列举(　　)个税目的征税范围。

A. 14　　B. 11　　C. 9　　D. 8

13. 根据有关规定，对化妆品按(　　)征收消费税。

A. 16%　　B. 10%　　C. 15%　　D. 30%

14. 企业所得税应纳税所得额等于(　　)。

A. 收入总额＋准许扣除项目金额　　B. 收入总额－准予扣除项目金额

C. 收入总额　　D. 不确定

15. 个人帮助出版社审稿取得收入属于(　　)。

A. 工资薪酬所得　　B. 稿酬所得

C. 劳务报酬所得　　D. 个体户生产经营所得

16. 股息、红利、利息所得，以(　　)为应纳税所得额。

A. 每年收入额　　B. 每次收入额　　C. 每季收入额　　D. 每月收入额

17. 个人出租房屋使用权的所得是(　　)。

A. 特许权使用费所得　　B. 个体工商户的生产．经营所得

C. 财产转让所得　　D. 财产租赁所得

18. 现行政策规定，工资、薪金所得，以每月收入额减除费用(　　)元后的余额，为应纳税所得额。

A. 800　　B. 2 000　　C. 3 500　　D. 5 000

19. 我国个人所得税法规定对个人工资、薪金所得采用(　　)。

A. 五级超额累进税率　　B. 九级超额累进税率

C. 20%的比例税率　　D. 七级超额累进税率

20. 国务院批准的高新技术产业开发区高新技术企业适用(　　)的企业所得税税率。

A. 25%　　B. 10%　　C. 15%　　D. 20%

21. 按照我国税法规定，以下不是企业所得税纳税人的是(　　)。

A. 外商投资企业　　B. 私营有限责任公司
C. 个人独资企业　　D. 有经营所得的事业单位

22. 城市维护建设税的适用税率，一般按照(　　)的适用税率执行。
A. 纳税人所在地　　B. 纳税人缴纳增值税和消费税的所在地
C. 纳税人生产经营地　　D. 纳税人总机构所在地

23. 纳税人经营用房屋的计税依据是(　　)。
A. 房屋的原值　　B. 房屋净值　　C. 房屋重置价值　　D. 房屋余值

24. 借款合同适用的税率为(　　)。
A. 0.05‰　　B. 0.5‰　　C. 1‰　　D. 3‰

二、多选题

1. 税收的三大基本要素是(　　)。
A. 纳税人　　B. 纳税环节　　C. 税率　　D. 征税对象

2. 按计税依据分类，可分为(　　)。
A. 从价税　　B. 从量税　　C. 直接税　　D. 间接税

3. 税负转嫁的方式有(　　)。
A. 前转　　B. 后转　　C. 混转　　D. 消转

4. 实行从量定额与从价定率相结合征税办法的产品有(　　)。
A. 卷烟　　B. 啤酒　　C. 粮食白酒　　D. 薯类白酒

5. 根据增值税法的有关规定，下列项目中不得从销售额中抵扣的进项税额有(　　)。
A. 购进的生产设备
B. 非正常损失的购进货物
C. 用于免税项目的购进货物
D. 纳税人购进货物未按照规定取得增值税扣税凭证

6. 消费税应纳税额的计算分为(　　)等方法。
A. 从价定率　　B. 超额累进
C. 从价从量复合计税　　D. 从量定额

7. 我国消费税分别采取(　　)的计税办法。
A. 从价定率　　B. 从量定额
C. 从价定率与从量定额相结合　　D. 上述均对

8. 消费税具有(　　)特点。
A. 征税环节具有单一性　　B. 征税项目具有选择性
C. 中性　　D. 征收方法具有多样性

9. 以下属于企业工资薪金支出范围的项目有(　　)。
A. 职工的基本工资　　B. 职工的投资分红　　C. 职工的加班工资　　D. 年终加薪

10. 在计算应纳税所得额时，不得从收入总额中扣除的有(　　)。
A. 企业所得税　　B. 各项税收的滞纳金、罚金和罚款
C. 超过规定标准的捐赠支出　　D. 违法经营被没收的财产损失

11. 企业所得税纳税人的收入总额包括(　　)。

B. 财产转让收入　A. 生产经营收入　D. 股息收入　C. 利息收入

12. 下列企业所得税的纳税义务人包括(　　)。

A. 国有企业　B. 集体企业　C. 私营企业　D. 联营企业
E. 个体户

13. 我国个人所得税的纳税义务人,区分为居民纳税人和非居民纳税人的依据标准有(　　)。

A. 住所　B. 365 天　C. 现居住地　D. 居住时间

14. 在工资、薪金中可以按规定准予扣除的“三险一金”是指(　　)。

A. 养老保险金　B. 医疗保险金　C. 住房公积金　D. 失业保险金

15. 城市维护建设税设置了三档地区差别比例税率,分别是(　　)。

A. 5%　B. 7%　D. 3%　D. 1%

16. 城市维护建设税的计税依据是指纳税人实际缴纳的(　　)税额之和。

A. 增值税　B. 企业所得税　C. 关税　D. 消费税

17. 房产税税率有(　　)。

A. 1.2%　B. 12%　C. 1%　D. 3%

18. 印花税的税率种类有(　　)。

A. 比例税率　B. 超额累进税率　C. 复合税率　D. 定额税率

19. 以下单位和个人属于契税纳税人的是(　　)。

A. 转让自己居住用房屋的个人　B. 购买自己居住用房屋的个人
C. 转让自己生产用房屋的单位　D. 购买自己生产用房屋的单位

20. 契税的征收对象包括(　　)。

A. 房屋买卖　B. 房屋赠与
C. 房屋交换　D. 国有土地使用权出让

三、名词解释

1. 税收　2. 税率　3. 税目　4. 纳税人
5. 起征点　6. 免征额　7. 流转税　8. 所得税
9. 增值税　10. 从价税　11. 从量税　12. 税负转移

四、思考题

1. 如何理解税收的基本概念?
2. 简述全额累进税率和超额累进税率的优缺点。
3. 税负转嫁的形式有哪些?
4. 简述增值税一般纳税义务人与小规模纳税义务人的认定标准。
5. 计算应纳增值税时,不得抵扣进项税额的情况有哪些?
6. 消费税的征税范围有何规定?
7. 企业所得税计算应纳税所得额时不准扣除的项目有哪些?
8. 个人所得税的征税范围有何规定?
9. 个人所得税的计税依据如何确定?

五、计算题

1. 甲企业为增值税一般纳税人,2018 年 11 月有关生产经营业务如下:

(1)销售产品设备一批,开出增值税专用发票中注明的销售额为 20 000 元,增值税额为 3 200 元,另开出一张普通发票,收取包装费 232 元。

(2)销售三批同一规格、质量的货物,每批各 1 000 件,不含增值税销售额分别为每件 200 元、180 元和 60 元。经税务机关认定,第三批销售价格每件 60 元明显偏低并且无正当理由。

(3)将自产的一批产品 200 件作为职工福利发放给本企业职工,不含增值税售价为 500 元。

则其本月的增值税销项税额为多少元?

2. 某酒厂为增值税一般纳税义务人,2018 年 11 月发生以下经济业务:

(1)销售葡萄酒 2 000 斤,不含税售价 20 000 元,开出增值税专用发票。

(2)开具普通发票收取上述葡萄酒的包装费 580 元。

(3)销售白酒 3 000 斤,价税合计 34 800 元,另收取包装物租金 1 000 元。

要求:计算该企业当月应纳消费税税额。

3. 某企业(非特殊行业企业)2018 年销售收入 2 000 万元,实现会计利润总额 800 万元,2018 年发生有关业务如下:

(1)全年广告费支出 500 万元;

(2)业务招待费支出 20 万元。

计算该企业 2018 年应纳所得税额。

4. 假定演员李某一次表演取得收入 40 000 元,则其应缴纳个人所得税税额是多少?

第五章 国家预算

【知识目标】

1. 掌握国家预算的定义及分类；
2. 掌握国家预算级次的划分和构成；
3. 熟悉国家预算的编制、执行和决算程序；
4. 理解国家预算管理体制的基本内容；
5. 掌握我国分税制预算管理体制的内容。

【能力目标】

1. 能运用所学国家预算的相关理论知识，结合我国经济现状，分析探究我国国家预算政策的制定原因；

2. 能运用分税制知识，认识并探究我国目前预算管理体制中存在的问题及改进方向。

【情感目标】

培养学生注意观察经济现象，关心国家预算政策，针对我国采取的国家预算政策能作出合理的解释。

【案例导入】

新时代呼唤财政新作为

习近平总书记在中共十九大报告中提出:"中国特色社会主义进入新时代"。新时代新在哪里?财政如何适应新时代要求?

新时代的三大特征

一是新的社会主要矛盾:人民日益增长的美好生活需要和不平衡不充分的发展之间的矛盾。人民美好生活需要日益广泛,不仅对物质文化生活提出了更高要求,而且在民主、法治、公平、正义、安全、环境等方面的要求日益增长。而发展不平衡不充分已经成为满足人民日益增长的美好生活需要的主要制约因素。进一步消除发展不平衡不充分等问题,推动人民美好生活需求不断上台阶,是新时代面临的一项中心任务。

二是新的战略目标定位:中共十九大坚持继承与发展,综合分析国际国内形势和我国发展条件,提出到2035年基本实现社会主义现代化,再奋斗15年,到21世纪中叶,把我国建成富强民主文明和谐美丽的社会主义现代化强国,为新时代确立了振奋人心、细化明晰的奋斗目标。

三是新的指导思想:习近平新时代中国特色社会主义思想,科学地回答了新时代遇到的各方面问题与挑战,并根据新的实践对经济、政治、法治、科技、文化、教育、民生、民族、宗教、社会、生态文明、国家安全、国防和军队、"一国两制"和祖国统一、统一战线、外交、党的建设等各方面做出理论分析和政策指导,提供了更好坚持和发展中国特色社会主义的基本方略。

财政如何适应新时代要求

中共十九大报告向财政工作提出了新的要求。

一是财政论述排序上的变化,反映了新时代新任务的轻重缓急,也意味着新时代财政理论与实践必须"跳出财政看财政",在做好自身工作的同时,更好地服务于供给侧结构性改革、创新型国家建设、乡村振兴发展及区域协调发展。

二是从"建立现代财政制度"调整为"加快建立现代财政制度"。新时代呼唤财政更好地发挥国家治理的基础和重要支柱的作用,客观上要求广大财政干部跟上新时代的步伐,研究思考、改革完善现代财政制度的建设与发展。

三是三大财政改革重点的排序发生了变化,中央与地方的财政关系调整上升至第一位,具体要求从"建立事权和支出责任相适应的制度"变化为"建立权责清晰、财力协调、区域均衡的中央和地方财政关系"。这是顺应我国地方现实呼声的最好回应,也是发挥好新时代政府作用的体制基础和重要前提,没有科学、规范的政府间财政关系,不可能有效地调动中央和地方政府的两个积极性。其中,权责清晰是前提,财力协调是保障,区域均衡是方向。

四是关于政府预算制度改革,中共十九大报告的表述从十八届三中全会做出的"实施全面规范、公开透明的预算制度"调整为"建立全面规范透明、标准科学、约束有力的预算制度,全面实施绩效管理",特别加入标准科学、约束有力、绩效管理三方面新要求。从世界预算制度发展史的一般规律来看,约束有力往往排在第一位,其次是标准科学,然后走向规范透明,最后实现绩效管理。此次十九大报告新论述,总结国际经验与教训,立足于中国国情,进行了创新发展,为世界财政改革做出中国贡献。

五是从"深化税收制度改革,完善地方税体系"变化为"深化税收制度改革,健全地方税体系”。税收制度改革的基础在于国民财富分配格局的变化。由于税收制度改革的力度与进度明显滞后于国民财富分配格局的调整，客观上需要我们高度重视税收制度改革，加快税收制度改革步伐，充分发挥税收在国家治理、经济发展及社会进步中的应有作用。

1920 年，美国曾经自豪地宣布进入了新时代，30 年后，美国登上了世界的巅峰，成为世界上最强大的国家。然而这 30 年间，美国走过了一条不平凡、不平坦的发展道路。未来中国的道路同样是既充满着机遇，也将面临各种艰难险阻。财政理论界和实践工作者都需要适应新时代的新要求，不断探索与创新，完善财政理论，建立现代财政制度，以实现中华民族的伟大复兴。

（资料来源：马洪范，http://finance.china.com.cn/news/20171227/4488397.shtml，《中国财经报》2017 年 12 月 27 日）

第一节　国家预算概述

“预算”从字面上理解是指在经济上预先盘算，即对未来一定时期内收支安排的预测、计划。它作为一种管理工具，在个人家庭日常生活、企业管理乃至国家行政管理中被广泛采用。国家的财政分配不能盲目进行，国家要从社会产品中收取多少，通过什么方式收取，收来的钱用在什么地方，怎样使用，达到什么效果，都必须事先做出估算，并经法定程序予以确认。

一、国家预算的概念

国家预算也称政府预算、财政预算，是一国具有法律效力的基本年度财政收支计划，是反映计划年度内国家筹集和分配集中性财政及其平衡状况的重要工具，它具体规定了计划年度内政府财政收支指标及财政资金的规模、来源以及财政资金的去向和用途，体现了以国家为主体的分配关系。国家预算是国家财政的核心内容，预算安排直接体现政府的政策指向，是一张有关政府活动的详细记录表，关系到千家万户，与每个人的生活都息息相关。国家预算制度最早起源于英国，英国于 17 世纪编制了第一个国家预算。

国家预算是具有法律效力的文件。国家预算是国家和政府意志的体现，经过立法机构批准的国家预算，本质上是法律。具体表现为：国家预算的级次划分、收支内容、管理职权划分等都是以预算法的形式规定的。预算的编制、执行和决算的过程也是在预算法的规范下进行的，国家预算编制之后要经过国家立法机构审查和批准后方能公布生效，从而组织实施。

国家预算反映国家的施政方针和社会经济政策，规定政府活动的范围和内容。国家预算中的各项收入和支出，都反映着政府的每一项活动。国家预算不仅反映财政资金的来龙去脉，还能反映出当下政府政策预期目标、政府建设重点项目。国家预算和决算相结合更有助于人民群众了解建设进度，对政府财政行为进行监督。例如，2014 年中央一般公共预算教育支出 101.9 亿元，增长 8.2%，全国有 488 万名普通高中学生获得国家助学金，有 660 万名高校学生获得奖助贷等资助。

知识链接5－1

《预算法》和《预算法实施条例》

1.《预算法》

我国第一部《预算法》于1994年3月22日第八届全国人民代表大会第二次会议通过，自1995年1月1日起施行。

中华人民共和国第十二届全国人民代表大会常务委员会第十次会议于2014年8月31日通过了《全国人民代表大会常务委员会关于修改〈中华人民共和国预算法〉的决定》，并重新颁布修订后的《预算法》，自2015年1月1日起施行。修订后的《预算法》包括总则、预算管理职权、预算收支范围、预算编制、预算审查和批准、预算执行、预算调整、决算、监督、法律责任和附则共11章101条。

《预算法》是我国第一部财政基本法律，是我国国家预算管理工作的根本性法律，是制定其他预算法规的基本依据。《预算法》的立法主旨是规范政府收支行为，强化预算约束，加强对预算的管理和监督，建立健全全面规范、公开透明的预算制度，保障经济社会的健康发展。

2.《预算法实施条例》

国务院于1995年11月2日制定并通过了《预算法实施条例》。该条例自1995年11月22日起施行。《预算法实施条例》包括总则、预算收支范围、预算编制、预算执行、预算调整、决算、监督和附则共8章79条。

《预算法实施条例》根据《预算法》所确立的基本原则和规定，对其中的有关法律概念，以及预算管理的方法和程序等作了具体规定。

二、国家预算的原则

国家预算的原则，是指政府选择预算形式和体系时所遵循的指导思想，是国家预算立法、编制及执行所必须遵循的，其原则主要归纳为以下几点。

（一）完整性原则

为了推行国家预算规范化、法制化，国家预算必须包括政府全年的全部预算收支项目，完整地反映政府全部财政收支活动。不得打埋伏、造假账、预算外另列预算。国家允许的预算外收支，也应在预算中有所反映。

（二）统一性原则

虽然一级政府设立一级预算，但所有地方预算连同中央预算共同组成了统一的国家预算。因此，要求设立统一的预算科目，每个科目的金额都应按统一的口径、程序计算和填列。同时，任何机构的收支都要以总额列入国家预算，而不列入收支相抵后的净额。这也实际上要求各级政府都只有一个预算，而不能以临时或者特种基金的名义另立。

（三）公开性原则

国家预算反映政府活动的范围、方向和政策，与全体公民的切身利益息息相关，国家预算及其执行情况必须采取一定形式进行公开，为人民所了解，并置于人民的监督之下。

（四）可靠性原则

每一收支项目的数字指标必须运用科学的方法，依据充分确实的资料，并总结出规律进行计算，不得假定、估算，更不能任意编造。

（五）年度性原则

任何一个国家预算的编制、执行、决算，都要有时间上的界定，即所谓预算年度，是指国家预算收支起止的有效期限，通常为1年。国家预算的年度预算要反映全年的财政收支活动，同时不允许将不属于本年度财政收支的内容列入本年度的国家预算之中。

我国的预算年度采取的是公历年制，自公历1月1日起至12月31日止。

三、国家预算的分类

（一）总预算和分预算

按收支管理的范围，国家预算分为总预算和分预算。

1. 总预算

总预算是指政府的财政汇总预算。按照国家行政区域划分和政权结构可相应划分为各级次的总预算，如我国的中央总预算、省（自治区、直辖市）总预算、市总预算、县总预算等。地方各级总预算由本级国家预算和所属下级政府总预算汇编而成，由财政部门负责编制。下级政府只有本级预算的，下级政府总预算即指下级政府的本级预算。没有下一级预算的，总预算即指本级预算。如乡级总预算没有下级预算，乡级总预算即为本级预算。

2. 分预算

分预算也称部门单位预算，是指部门、单位的收支预算。各部门预算由本部门所属各单位预算组成。单位预算是指列入部门预算的国家机关、社会团体和其他单位的收支预算。部门单位预算是总预算的基础，其预算收支项目比较详细和具体，它由各预算部门和单位编制。

要点强化

【多选题】按收支管理的范围，国家预算分为（　　）。

A. 总预算　　B. 绩效预算　　C. 部门预算　　D. 单位预算

【答案解析】AD。按收支管理的范围，国家预算分为总预算和分预算。分预算也称部门单位预算。

（二）中央预算和地方预算

按预算管理的级次，国家预算分为中央预算和地方预算。

1. 中央预算

中央预算指经法定程序审查批准的，反映中央政府活动的财政收支计划。我国的中央预算由政府各部门（含直属单位，下同）的单位预算组成。中央预算包括地方向中央上解的收入数额和中央对地方返还或者给予补助的数额。所谓“中央各部门”，是指与财政部直接发生预算缴款、拨款关系的国家机关、军队、政党组织和社会团体；所谓“直属单位”，是指与财政部直接发生预算缴款、拨款关系的企业和事业单位。中央预算在国家预算体系中占主导地位。

2. 地方预算

地方预算是经法定程序批准的，反映地方各级政府的财政收支计划的通称，由各省、自治区、直辖市总预算组成。地方各级国家预算由本级各部门(含直属单位,下同)的预算组成,包括下级政府向上级政府上解的收入数额和上级政府对下级政府返还或者给予补助的数额。所谓“本级各部门”,是指与本级政府财政部门直接发生预算缴款、拨款关系的地方国家机关、军队、政党组织和社会团体;所谓“直属单位”,是指与本级财政部门直接发生预算缴款、拨款关系的企业和事业单位。

3. 我国的五级预算体系

我国国家预算级次结构是根据国家政权结构、行政区域划分和财政管理体制要求确定的。实行一级政府一级预算的原则。根据我国《预算法》规定,设立五级预算。(1)中央预算;(2)省级(省、自治区、直辖市)预算;(3)地市级(设区的市、自治州)预算;(4)县市级(县、自治县、不设区的市、市辖区)预算;(5)乡镇级(乡、民族乡、镇)预算。省以下的预算是地方预算。不具备设立预算条件的乡、民族乡、镇,经省、自治区、直辖市政府确定,可以暂不设立预算。

课堂思考 5-1

你所在的城市是哪一级预算?如果你家在农村,你所在的乡(或镇)设立预算了吗?

全国预算由中央预算和地方预算组成。地方预算由各省、自治区、直辖市总预算组成。地方各级总预算由本级预算和汇总的下一级总预算组成;下一级只有本级预算的,下一级总预算即指下一级的本级预算。没有下一级预算的,总预算即指本级预算。

我国的国家预算中中央预算居于主导地位。中央预算集中了主要的财力并担负着最重要的具有全国意义的经济和文化建设支出,以及全部国防支出、外交支出等。地方预算进行本地区的经济、文化建设,支援农业和满足地方其他需要方面,发挥着重要的作用,所以地方预算在国家预算中处于基础地位。

要点强化

【多选题】下列属于地市级预算的是(　　)。

A. 设区的市　　B. 不设区的市　　C. 自治州　　D. 直辖市

【答案解析】AC。根据我国《预算法》规定,设立五级预算。其中地市级包括设区的市和自治州预算;不设区的市是县市级预算;直辖市是省级预算。

(三)单式预算和复式预算

按预算编制的形式分类,国家预算可分为单式预算和复式预算。

1. 单式预算

单式预算是将全部的财政收入和支出编入一个总预算之内,形成一个收支项目安排对照表,而不区分各项财政收支经济性质的预算组织形式。这种方法具有较强的完整性和统一性,操作起来也相对简单易行,但是这种预算方式不能反映各项预算收支的性质,例如资本性支出与消耗性支出的区别,既不利于预算管理和监督,也不利于体现政府在不同领域活动的性质、特点。

2. 复式预算

复式预算是将全部的财政收入与支出按经济性质的对应关系，编制成两个或两个以上的收支平衡表，从而编制成两个或两个以上的预算。复式预算一般由经常性预算和建设性预算组成。经常性预算要反映政府的日常收支，以税收为收入来源，以行政事务活动的支出为对象；建设性预算反映政府在干预经济过程中的投资等活动，以国债为收入来源，以经济建设项目为支出对象。经常预算结余或赤字转入建设性预算。复式预算区分了各项收支的经济性质和用途，便于政府权衡收支性质，判别轻重缓急，进行经济分析，实行科学的宏观决策。但复式预算也存在着工作量大、程序复杂，对财政赤字反映模糊等缺点。新中国成立以来，我国一直采用单式预算编制方式，从 1994 年开始编制复式预算。

知识链接 5－2

复式预算的产生与发展

复式预算兴起于 20 世纪 20—30 年代，是在单式预算的基础上发展演变而来。1927 年，丹麦把国家预算按经济性质分为普通预算和资本预算两部分，从而创立了复式预算制度。复式预算产生后，世界上曾经历了一个实行复式预算的高潮，复式预算在许多发达国家和发展中国家迅速普及。但一些国家如美国，实行不久后就取消了复式预算。20 世纪 70 年代后期，丹麦、瑞典等发达国家也停止使用复式预算。从这些国家的复式预算的实践来看，复式预算制度的产生、推广直至废弃，是由经济社会的发展变化所决定的。

3. 我国“四位一体”的复式预算

我国的国家预算是“四位一体”的复式预算，包括一般公共预算、政府基金预算、国有资本经营预算、社会保险基金预算。四大预算功能定位不同，各自保持完整性和独立性。

一般公共预算是对以税收为主体的财政收入，安排用于保障和改善民生、推动经济社会发展、维护国家安全、维护国家机构正常运转等方面的收支预算。政府性基金预算是对依照法律、行政法规的规定在一定期限内向特定对象征收、收取或者以其他方式筹集的资金，专项用于特定公共事业发展的收支预算。国有资本经营预算是对国有资本收益做出支出安排的收支预算。社会保险基金预算是对社会保险缴款、一般公共预算安排和其他方式筹集的资金，专项用于社会保险的收支预算。

政府性基金预算、国有资本经营预算、社会保险基金预算要与一般公共预算相衔接。

要点强化

【多选题】我国实际的“四位一体”的复式预算包括(　　)。

A. 一般公共预算　　　　B. 政府基金预算

C. 国有资本经营预算　　D. 社会保险基金预算

【答案解析】ABCD。我国的国家预算是“四位一体”的复式预算，包括一般公共预算、政府基金预算、国有资本经营预算、社会保险基金预算。

课堂思考5-2

我国为什么要实行“四位一体”的复式预算？它与单式预算相比，有什么优点？

（四）国家预算的其他分类

1. 增量预算和零基预算

按预算编制的方法分类，国家预算可分为增量预算和零基预算。

增量预算是指在安排本年度预算收支时，在上年度或基期预算安排的基础上，综合考虑本年度经济发展情况，对各项目上年预算安排数额进行增减调整，确定最终预算收支数的方法。

零基预算是在编预算时不考虑上年度财政收支指标，以“零”为基数，根据预算年度国民经济发展的情况和保障政府职能实现的需要，对预算年度财政收支进行科学预测和评估来确定预算收支指标的预算编制方法。零基预算强调一切从计划的起点开始，不受以前各期预算执行情况的干扰。

这种方法可使政府在评价各项目必要性的基础上，确定优先安排的项目，对不必要或非优先的项目可适当进行削减，由此使预算收支更加符合客观实际，提高财政支出效益，节约预算资金。美国是最早采用这种预算编制方法的国家。但零基预算是以对预算收支的科学预测和评估为基础的，其操作比较复杂和繁琐，有很高的信息和技术要求。因此零基预算还没有成为编制预算的一种方法，通常只是在某些具体预算收支项目上使用。

要点强化

【单选题】（　　）是在编预算时不考虑上年度财政收支指标，对原有的各项开支都要重新审核、测算并编制预算年度指标的方法。

A. 绩效预算　　B. 部门预算　　C. 零基预算　　D. 单位预算

【答案解析】C。零基预算是以“零”为基数，在编预算时不考虑上年度财政收支指标。

2. 项目预算和绩效预算

按投入项目能否直接反映其经济效果分类，国家预算可分为项目预算和绩效预算。项目预算，是指只反映项目的用途和支出金额，而不考虑其支出经济效果的预算。项目预算的重点在于如何控制资源的投入和使用，保证预算按预定的规则运行，而不强调是否达到政府的政策目标。

绩效预算是指根据成本效益比较的原则，决定支出项目是否必需及其金额大小的预算形式。绩效预算强调的是投入与产出的关系，目的在于有效降低政府提供公共产品的成本，提高财政支出的效率。绩效预算具有两大特点：一是绩效预算重视对预算支出效益的考察，预算可以明确反映出所产生的预计效益；二是按职责、用途和最终产品进行分类，并根据最终产品的单位成本和以前计划的执行情况来评判支出是否符合效率原则。

3. 年度预算和中长期预算

按时间分类，国家预算可分为年度预算和中长期预算。

年度预算是指预算有效期为1年的政府收支预算。传统意义上的国家预算，主要指年度预算。中长期预算是指预算有效期为 1 年以上的财政收支预算。中长期预算实际上是对年度预算具有指导功能的财政发展计划。有些支出项目的建设需要连续跨多个年度拨款才能完成,如大型公共设施建设、国防军备补充等。对于这些项目就需要制定中长期预算。

国家预算的分类如图 5－1 所示。

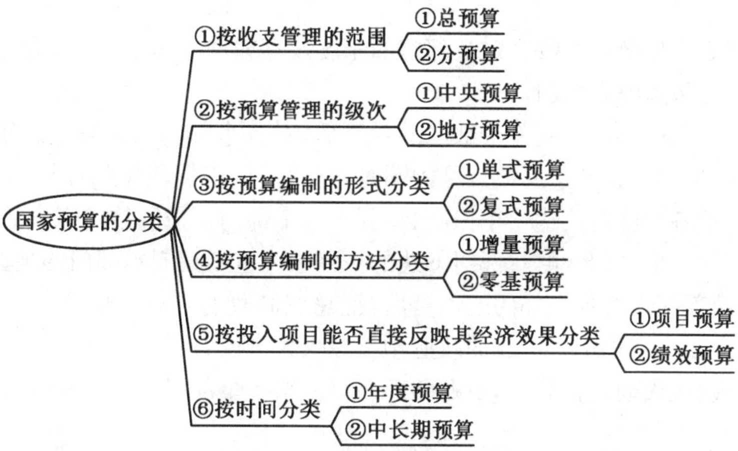

图 5—1 国家预算的分类

第二节 国家预算的编制、执行和决算

一、国家预算的编制

预算的编制,是对未来一段时间内政府收支进行测算和计划的活动。预算的编制工作是整个预算管理工作的起点,我国的预算编制工作是由各级政府负责的,具体工作由政府的财政管理部门部署,各部门、各单位应当按照国务院发布的关于编制下一年度预算的原则和要求,做好年度预算草案编制工作。

> **知识链接 5－3**
>
> 预算草案是指各级政府、各部门、各单位编制的未经法定程序审查和批准的预算收支计划,因而还不是具有法律效力的国家预算。

(一)预算编制前的准备工作

为了及时、准确地编制预算,在国家预算编制之前必须做好以下准备工作:(1)对本年度预算收支的执行情况进行预计和分析,总结经验,吸取教训,为编制下一年度的预算提供参考。只有在预算编制中充分考虑和分析上年度预算收支指标的合理与不合理,并在预算编制中结合计划年度的实际情况加以适当调整,才能保持预算的科学性和合理性。(2)根据国家的方针政策以及国民经济计划指标,拟定计划年度的预算收支指标,作为编制各级预算的依据和参考。(3)向各地区、各部门颁发编制国家预算草案的指示和具体规定,以保证国家预算的统一性、完整性和准确性。(4)修订预算科目和预算表格，以适应国民经济发展的变化和预算管理制度的变化，正确反映预算收支的内容。

(二)国家预算的编制程序

国家预算的编制程序是指编制国家预算的基本步骤，国家预算草案的编制采用“自上而下、自下而上、两上两下、上下结合”的编制程序，具体包括以下步骤：

(1)“一上”。支出部门在收到财政部门的年度预算编制通知之后，对部门下一年度的支出进行测算，然后报送财政部门。

(2)“一下”。财政部门收到各个部门的预算后，对各个部门的预算进行审查，然后将审查意见反馈给各部门。在下达反馈意见的同时，财政部门根据往年的预算情况和对未来年度收入的预测，给各个部门下达一个控制数，要求各个部门在控制数内修改部门预算。

(3)“二上”。各个部门在财政部门下达的控制数内重新编制本部门的预算，然后报送给财政部门。财政部门审查各个部门的预算后，汇总编制政府预算。财政部门将政府预算草案报人大常委会初审。初审后形成的政府预算在人大会议召开时提交人大会审议通过。

(4)“二下”。人大通过预算后，由财政部门批复给各个部门，开始预算执行。

要点强化

【单选题】我国国家预算草案的编制采用(　　)的编制程序。

A. 自下而上、自上而下、两上两下、上下结合

B. 自上而下、自下而上、两上两下、上下结合

C. 自上而下、自下而上、一上一下、上下结合

D. 自上而下、自下而上、两上两下、上下分离

【答案解析】B。我国国家预算草案的编制采用“自上而下、自下而上、两上两下、上下结合”的编制程序。

(三)国家预算的审批

在我国由政府部门所编制的国家预算草案必须经全国人民代表大会审议批准方为有效，各级地方预算草案必须经同级人民代表大会审议批准后才能生效。审批的一般程序是：先由财政部门代表本级政府向人民代表大会作预算报告，并提交预算草案，然后由人大财经委员会进行具体审查并提出审查报告，提请大会审议表决。审议批准通过后，成为正式的国家预算，并具有法律约束力，非经法定程序，不得改变。

二、国家预算的执行

国家预算一经批准，就进入到预算的执行阶段，包括组织预算收入、拨付预算资金和预算调整等内容。正确组织预算执行工作是实现预算收支任务的核心工作，是预算管理的重要组成部分。在我国，国务院和地方各级人民政府为国家预算的执行机构，具体工作由各级财政部门负责，税收、海关、国家金库为参与机构。

(一)预算收入的执行

这是预算执行工作的首要环节，只有完成了收入任务，才能保证支出的需要。预算收入

的执行工作是由财政部门统一负责组织的。这就要求各级财政部门要加强预算管理，制定完善组织收入的各项规章制度。按国家税法和其他法规的规定，保证及时、准确、足额地完成国家规定的收入并缴纳入库。一切有预算收入上缴任务的部门和单位，应依据法律、法规和规章，将应当上缴的资金上缴国库，不得截留、占用、挪用和拖欠。各级政府和预算收入执行机关不得乱开减少预算收入的口子，任何单位和个人不得擅自减少预算收入。

（二）预算支出的执行

预算支出的执行，是在国家统一领导、统一计划下，由财政部门、上级主管部门和国家金库等支出机关具体负责执行。预算支出应根据年度支出计划和季度计划，按计划、按进度、按指定用途、按预算级次划拨预算资金，并及时对预算支出情况进行监督、检查和分析，以充分提高预算资金的使用效益。任何部门、单位和个人不得自行增加新的预算支出项目，防止突破预算支出指标和范围，影响预算平衡的实现。

（三）组织预算收支平衡

组织预算收支平衡是预算执行中经常性的重要工作。由于预算是在年初编制的收支计划，在执行过程中会受到多方面因素的影响，往往会出现由于减收增支而使预算收支出现不平衡的现象，因而要经常组织预算收支新的平衡，应尽量缓解减收增支的矛盾，确保重点项目支出的需要，保证国家预算收支任务的完成。可以说预算执行过程，就是不断组织新的预算收支平衡的过程。

（四）预算调整

预算调整是组织预算收支新的平衡的重要方法，是指在执行中因特殊情况需要增加支出或减少收入，使总支出超过总收入或使原举借债务的数额增加的部分变更。在预算执行过程中，预算调整按调整幅度不同可以分为全局调整和局部调整。全局调整只有在某些特殊情况下，国家对年度国民经济和社会发展计划作出重大调整时，才会发生。由于主客观的原因，预算的局部调整是经常的，主要包括：

1. 预算的追加和追减

在原核定的预算数基础上增加收入或支出的，称为预算追加；在原核定的预算数基础上减少收入或支出的，称为预算追减。在预算执行过程中，由于经济建设和社会发展计划的调整等原因而需要追加或追减预算的，可编制预算调整方案，经审核批准后办理。

2. 动用预备费

预备费是在编制预算时按支出总额的一定比例设置的不指定具体用途的预算后备基金，我国《预算法》规定，各级国家预算应当按照本级预算支出额的1%～3%设立预备费。设立预备费的目的是用以解决预算执行过程中难以预料的急需开支。在预算执行过程中，如果发生了未预料到的自然灾害或重大政治、经济变革等突发事件，导致出现预算安排时没有列入又必须解决的支出时，经批准可以动用预备费。

3. 预算科目之间的经费流用

经费流用，又称预算流用、科目流用，是指在预算执行过程中，各科目的资金使用情况不尽相同，有的出现盈余，有的出现短缺。在保证完成原定发展目标的基础上，在不突破预算支出总额的前提下，通过改变部分资金用途，形成资金的再分配，以调整预算支出的余缺。

4. 预算的划转

这是指由于行政区划或企事业单位行政隶属关系的改变，必须同时改变其预算的隶属关系，并及时将全年预算划归新接管地区或单位，以保证财权和事权的统一。

预算调整，应当由各级政府编制调整方案，提请各级人代会或人大常委会审查和批准，未经批准不得调整预算。各部门、各单位的预算支出，不同科目间需要调整使用的，必须按财政部门的规定报经批准。

要点强化

【案例分析】 A市某财政重大项目预算在执行过程中，因核心采购设备原材料价格急剧上涨，导致项目采购预算不足，该项目财务负责人刘某认为只有申请预算调整，方可确保项目如期完工。该项目总负责人张亮认为，项目预算调整是正常的活动，只要报请财政部门审批即可。请根据资料，分析该项目是否需要预算调整，并具体说明情况。

【答案分析】 该项目需要预算调整。在预算执行过程中，出现下列情况之一的，应当进行预算调整：需要增加或者减少预算总支出的；需要调入预算稳定调节基金的；需要调减预算安排的重点支出数额的；需要增加举借债务数额的。预算调整方案应该由A市政府财政部门负责编制，由A市人民代表大会常务委员会审查和批准。

（资料来源：中华会计网校．财经法规与会计职业道德[M]．北京：高等教育出版社，2016：174—1）

三、国家决算

（一）国家决算的概念

国家决算是指经法定程序批准的年度预算执行结果的总结，由决算报表和文字说明两部分组成。国家决算反映着年度国家预算收支的最终结果，也是一国政治、经济活动在财政上的集中反映。一般来说，国家决算的体系与国家预算的体系相同，有一级政府，就要编制一级决算。

通过编制国家决算，可以看出年度预算的执行情况，对这些情况进行分析研究，可以积累预算统计资料，总结预算工作经验，探索出一些有关预算管理活动的规律，从而使下年度预算建立在更加可靠的基础上，使预算管理水平得到提高。

（二）国家决算的编制和审批

国家决算的编制程序是自下而上，逐级汇总。即从执行预算的基层单位开始。自下而上地进行编制、审核和汇总。

在年度终了后，各基层单位按照财政部门下达的有关规定和要求，准确、及时地编制单位决算，经逐级汇总上报，由各主管部门将汇总单位决算报送同级财政部门，由财政部门汇编总决算。各级财政部门将同级各主管部门报送的汇总单位决算进行审核后，连同本级财政决算一起汇编成总决算。

我国《预算法》规定：国务院财政部门编制中央决算草案，报国务院审定后，由国务院提请全国人民代表大会常务委员会审查和批准。县级以上地方各级政府财政部门编制本级决算草案，报本级政府审定后，由本级政府提请本级人民代表大会常务委员会审查和批准。乡、民族乡、镇政府编制本级决算草案，提请本级人民代表大会审查和批准。

第三节 国家预算管理体制

一、国家预算管理体制的概念

预算管理体制是确定中央和地方政府之间、地方各级政府之间的预算收支范围和管理权限的根本制度。它是财政管理体制的重要组成部分，也是处理政府之间财政关系的基本规范。其实质是正确处理中央和地方之间财权、财力的划分，也就是预算管理和资金分配上的集权与分权、集中与分散的关系问题，体现中央与地方在财政管理中的权利与义务。

二、国家预算管理体制的基本内容

预算管理体制的根本任务是划分预算收支范围和规定预算管理职权，促使各级政府明确各自的责、权、利，发挥各级政府理财积极性，促进国民经济和社会事业的发展。政府预算管理体制的主要内容如下。

（一）确定预算管理的主体和级次

我国实行一级政府一级预算，相应设立中央，省、自治区、直辖市，设区的市、自治州，县、自治县、不设区的市、市辖区，乡、民族乡、镇五级国家预算。

（二）预算收支范围的划分

为了提高资源配置的效率，调动中央和地方的积极性，收支范围往往按照“统筹兼顾，全面安排”“事权与财权统一”“收支挂钩，权责结合”等原则来确定。

（三）预算管理权限的划分

预算管理权限的划分是确定各级人民代表大会、各级人大常委会和各级政府在预算的编制、审批、执行、监督等方面拥有的权限和应负的责任。根据《预算法》的规定，预算管理相关职权的具体划分如下：

（1）各级人民代表大会主要负责审查、批准本级总预算草案及本级总预算执行情况的报告；改变或者撤销本级人民代表大会常务委员会关于预算、决算的不恰当的决议或者命令。

（2）各级人大常务委员会主要负责监督本级总预算草案的执行；审查和批准本级预算的调整方案和本级决算，撤销本级人民政府和下一级人民代表大会关于预算、决算的不恰当的决定、命令和决议。

（3）各级政府主要负责编制本级预算、决算草案，向本级人民代表大会做本级总预算的报告，汇总下一级政府报送的预算并报本级人大常委会备案，组织本级总预算的执行，决定本级预算预备费的动用，编制本级预算的调整方案，监督本级各部门和下级政府的预算执行；改变或者撤销本级各部门和下级人民政府关于预算、决算的不恰当的命令或者决定，向本级人民代表大会、人民代表大会常务委员会报告本级预算的执行情况。

（4）各级财政部门主要负责具体编制本级预算、决算草案；具体组织本级总预算的执行；提出本级预备费动用方案；具体编制本级预算的调整方案；定期向本级政府及上一级政府的财政部门报告本级总预算的执行情况。

（5）各部门根据国家预算法律、法规，制定本部门预算具体执行办法；编制本部门预算草案;组织和监督本部门预算执行;定期向本级财政部门报告预算的执行情况,编制本部门决算草案。

(6)各单位负责编制本单位的预算决算草案,按照规定上缴预算收入,安排预算支出,并接受国家有关部门的监督。

要点强化

【单选题】(　　)是审查、批准预决算的权力机关。

A. 各级政府　　B. 各级人民代表大会

C. 财政部门　　D. 国务院

【答案解析】B。各级人民代表大会主要负责审查、批准本级总预算草案及本级总预算执行情况的报告;改变或者撤销本级人民代表大会常务委员会关于预算、决算的不恰当的决议或者命令。

三、分税制预算管理体制

(一)分税制预算管理体制的内涵与特征

分税制预算管理体制,简称分税制,是指在明确划分中央政府和地方政府职责和支出范围的基础上,主要按税种来划分各级政府的预算收入,各级预算相对独立的一种预算管理体制。该体制下各级次间和地区间的差别通过转移支付制度进行调节,它是市场经济国家普遍推行的一种财政管理体制模式。

其主要要点如下:(1)一级政府、一级预算主体,各级预算相对独立。(2)在明确划分各级政府职责的基础上划分各级预算支出范围。由于各级政府职责分工明确,各级预算重点和层次分明,除国防费和行政管理费外,中央预算以社会福利、社会保障和经济发展为主,地方预算以科教文卫体事业和市政建设为主。(3)收入划分实行分税制。在收入划分比例上,中央预算居于主导地位。在税收划分方法上,主要按税种进行划分,也可以对同一税种按不同税率分配或实行共享制。(4)对预算收入水平的差异通过政府间转移支付制度加以调节,这种方法也称预算调节制度。其方式主要分为纵向调节和横向调节,纵向调节是中央从地方征收国税,同时对每个地方给予补助。横向调节是实行地区间的互助式调整,不再通过中央预算。

(二)我国分税制预算管理体制的主要内容

为了进一步理顺中央与地方的财政关系,更好地发挥国家财政的职能,增强中央的宏观调控能力,国务院于1993年12月21日颁布了《关于实行分税制财政管理体制的决定》(以下简称《决定》),对省、自治区、直辖市以及计划单列市实行分税制预算管理体制,《决定》从1994年起实行,主要内容如下。

1. 中央与地方的事权和支出划分

根据现行中央与地方政府事权的划分,中央财政主要承担国家安全、外交和中央国家机关运转所需经费,调整国民经济结构、协调地区发展、实施宏观调控所必需的支出,以及由中央直接管理的社会事业发展支出。主要包括中央统管的基本建设投资,中央直属企业的技术改造和新产品试制费，地质勘探费，国防费，武警经费，外交和援外支出，由中央财政安排的支农支出，中央级行政管理费和文化、教育、卫生、科学等各项事业支出，以及应由中央负担的国内外债务的还本付息支出。

地方财政主要承担本地区政权机关运转所需支出以及本地区经济、社会事业发展所需支出。具体包括地方筹建的基本建设投资，地方行政管理费，地方企业的技术改造和新产品试制费，支农支出，城市维护和建设经费，地方行政管理费，部分武警经费，民兵事业费，地方文化、教育、卫生等事业费，价格补贴支出以及其他支出。

2. 中央与地方的收入划分

根据事权与财权结合的原则，按税种划分中央与地方收入。采取的原则是将维护国家权益、实施宏观调控所必需的税种划分为中央税；把一些收入稳定、数额较大，具有中性特征的增值税等作为中央与地方共享税；将一些与地方经济和社会发展关系密切以及适合地方征管的税种划分为地方税，充实地方税税种，增加地方税收入。具体划分内容如表 5－1 所示。

表 5－1　　中央税、地方税和共享税分税税种收入划分表

级次(项目)	收入范围
中央政府收入	关税，消费税，海关代征增值税、消费税，企业所得税。地方银行、外资银行和非银行金融企业所得税，铁道部门、各银行总行、各保险公司集中缴纳的所得税和城市维护建设税，车辆购置税，印花税
地方政府收入	城市维护建设税、企业所得税（主要 2002 年前注册的企业）、城镇土地使用税、耕地占用税、土地增值税、房产税、车船税、契税、遗产税、烟叶税、船舶吨税
共享收入	增值税（中央分享 75%，地方政府分享 25%）、资源税（海洋石油企业缴纳的部分归中央政府）、个人所得税（2003 年出台，中央占 60%，地方占 40%）

要点强化

【单选题】我国现行的分税制中，中央与地方分享增值税的比例为（　　）。

A. 80%与 20%　　B. 60%与 40%　　C. 75%与 25%　　D. 50%与 50%

【答案解析】C。我国分税制中，增值税是中央和地方共享税，基本中央分享 75%，地方政府分享 25%。

3. 建立政府间财政转移支付制度

为了调节实施分税制后各地财政中的不平衡状况，解决困难地区的财政困难，分税制在划分中央财政收入与地方财政收入的基础上，建立了转移支付制度。除保留原体制下中央财政对地方的定额补助、专项补助和地方上解外，根据中央财政固定收入范围扩大、数量增加的情况，着重建立了中央财政对地方财政的税收返还制度。具体办法是中央税收上缴完成后，通过中央财政支出，将一部分收入返还给地方使用。转移支付额由客观因素转移支付额和政策性转移支付额组成。前者主要是指由于各种客观因素造成地方实际财力低于地方标准支出的差额，后者主要是对少数民族地区的转移支付。

4. 中央财政对地方税收返还数额的确定

实行分税制后，中央和地方都要按照新口径编报预算，同时，将中央税收返还数和地方的原来上税数抵扣，按抵扣后的净额占当年预计中央消费税和增值税收入数的比重，核定一个资金调度比例，由金库按此比例划拨消费税和中央分享增值税给地方。

知识链接 5－4

中央对地方税收返还数额的确定

现行分税制度建立了中央对地方税收的返还制度。税收返还以 1993 年为基期核定。按照 1993 年地方实际收入以及税制改革后中央与地方收入的划分情况，核定 1993 年中央从地方净上划的收入数额(即：消费税＋75％的增值税－中央下划收入)，并以此作为中央对地方的税收返还基数，以保证 1993 年地方既得利益。

1993 年以后，税收返还额在 1993 年基数上，逐年递增，递增率先是按全国增值税和消费税增长率的 1∶0.3 系数确定，后为了调动地方政府发展生产、增加财源的积极性，促进增值税和消费税的合理增长，改为按各地区增值税和消费税增长率的 1∶0.3 确定，即本地区增值税和消费税每增长 1％，中央对地区的税收返还额增长 0.3％。对 1994 年以后上划中央收入达不到 1993 年基数的，则相应扣减返还数额。

本章小结

国家预算指由政府编制的年度财政收支计划，是具有法律效力的文件，是一项可持续的财政经济活动，它反映了政府活动的范围和内容。国家预算具有完整性、统一性、公开性、年度性和可靠性原则。

按收支管理的范围，国家预算分为总预算和分预算；按预算管理的级次，国家预算分为中央预算和地方预算；按预算编制的形式分为单式预算和复式预算。根据我国《预算法》规定，设立五级预算：中央预算；省级(省、自治区、直辖市)预算；地市级(设区的市、自治州)预算；县市级(县、自治县、不设区的市、市辖区)预算；乡镇级(乡、民族乡、镇)预算。我国的国家预算是“四位一体”的复式预算，包括一般公共预算、政府基金预算、国有资本经营预算、社会保险基金预算。四大预算功能定位不同，各自保持完整性和独立性。

国家预算的组织程序包括国家预算的编制、执行和决算。国家预算的编制程序是指编制国家预算的基本步骤，国家预算草案的编制采用“自上而下、自下而上、两上两下、上下结合”的编制程序。在我国由政府部门所编制的国家预算草案必须经全国人民代表大会审议批准方为有效，各级地方预算草案必须经同级人民代表大会审议批准后才能生效。国家预算一经批准，就进入到预算的执行阶段，包括组织预算收入、拨付预算资金和预算调整等。国家决算是指经法定程序批准的年度预算执行结果的总结，我国《预算法》规定：国务院财政部门编制中央决算草案，报国务院审定后，由国务院提请全国人民代表大会常务委员会审查和批准。

预算管理体制是确定中央和地方政府之间、地方各级政府之间的预算收支范围和管理权限的根本制度。目前，我国实行分税制的预算管理体制，在明确划分中央政府和地方政府职责与支出范围的基础上，主要按税种来划分各级政府的预算收入，各级预算相对独立的一种预算管理体制。我国分税制预算管理体制的主要内容：划分中央与地方的事权和支出；划分中央与地方的收入；建立政府间财政转移支付制度；确定中央财政对地方税收返还数额。

思考与练习

一、单选题

1. 国家预算的主体是（　　）。
A. 政府　　B. 财政　　C. 国家　　D. 税务
2. 现代国家预算最早出现在（　　）。
A. 英国　　B. 德国　　C. 美国　　D. 丹麦
3. 我国的国家预算中中央预算居于（　　）。
A. 主导地位　　B. 次要地位　　C. 从属地位　　D. 领导地位
4. 国家预算由（　　）的预算组成。
A. 各级财政部门　　B. 各级政府　　C. 各个单位　　D. 各级国库
5.（　　）是国家财政的核心内容。
A. 国家预算　　B. 政府债务　　C. 国家主权　　D. 政府补贴
6. 下列说法正确的是（　　）。
A. 绩效预算是以项目的绩效为目的，以成本为基础而编制的预算
B. 零基预算是在编预算时不考虑上年度财政收支指标，以"零"为基数
C. 绩效预算只反映项目的用途和支出金额，而不考虑其支出经济效果的预算
D. 绩效预算重点在于如何控制资源的投入和使用，而不强调是否达到政府的政策目标
7. 新中国成立以来，我国一直采用单式预算编制方式，从（　　）年开始编制复式预算。
A. 1979　　B. 1984　　C. 1994　　D. 1996
8. 分税制是我国（　　）年开始实行的预算管理体制。
A. 2004　　B. 1984　　C. 1994　　D. 1996
9.（　　）是对以税收为主体的财政收入，维护国家机构正常运转方面的收支预算。
A. 一般公共预算　　B. 政府基金预算
C. 国有资本经营预算　　D. 社会保险基金预算
10.（　　）是政府预算执行的具体负责和管理机构，是执行预算收支的主管机构。
A. 国务院　　B. 财政部门　　C. 税务部门　　D. 海关
11. 预算年度是指预算收支的起讫时间，通常为1年，我国的预算年度形式是（　　）。
A. 历年制　　B. 跨年制
C. 历年制与跨年制相结合　　D. 阴历年
12. 预算管理是（　　）的职权。
A. 各级人民代表大会　　B. 各部门
C. 各级财政部门　　D. 各单位
13. 在原核定的预算数基础上增加收入或支出的，称为（　　）。

A. 动用预备费　　B. 预算追减
C. 预算追加　　D. 预算科目之间的经费流用

14. 零基预算和增量预算的划分标志为(　　)。
A. 国家预算的编制方法　　B. 国家预算的组织形式
C. 预算内容的分合关系　　D. 国家预算的组成环节

15. 下列收入中不属于中央、地方共享收入的是(　　)。
A. 增值税　　B. 证券交易税　　C. 资源税　　D. 消费税

16. 我国《预算法》规定,各级国家预算应当按照本级预算支出额的(　　)设立预备费。
A. 3%—5%　　B. 2%—3%　　C. 1%—5%　　D. 1%—3%

二、多选题

1. 国家预算的基本特征为(　　)。
A. 完整性原则　　B. 统一性原则　　C. 公开性原则　　D. 可靠性原则
E. 年度性原则

2. 我国的国家预算,根据预算对象不同分为(　　)。
A. 总预算　　B. 部门单位预算　　C. 中央预算　　D. 地方预算

3. 我国的预算体系包括(　　)。
A. 中央预算　　B. 省级预算　　C. 地市级预算　　D. 县市级预算
E. 乡镇级预算

4. 预算调整按调整幅度不同可以分为(　　)。
A. 全局调整　　B. 局部调整　　C. 政府预算调整　　D. 单位预算调整

5. 政府预算周期的构成环节一般应包括以下步骤:(　　)。
A. 预算编制前的准备工作　　B. 编制预算
C. 执行预算　　D. 编制决算
E. 评估决策

6. 2014 年 3 月 13 日,第十二届全国人民代表大会第二次会议表决通过了《关于 2013 年中央和地方预算执行情况与 2014 年中央和地方预算的决议(草案)》。这说明(　　)。
A. 预算是国家的基本财政计划
B. 决算是上年度财政收支的实际情况
C. 预算需要经国家权力机关审批后方能生效
D. 预算是国家财政的主要环节

7. 下列关于我国国家预算管理级次的叙述正确的是(　　)。
A. 五级预算　　B. 中央、省、市三级预算
C. 中央、省、市、县四级预算　　D. 中央、省、市、县、乡五级预算

8. 复式预算一般由(　　)组成。
A. 经常性预算　　B. 零基预算　　C. 建设性预算　　D. 绩效预算

9. 下列属于预算调整的是(　　)。
A. 预算的追加和追减　　B. 动用预备费
C. 预算科目之间的经费流用　　D. 预算的划转

10. 地方各级总预算由(　　)组成。

A. 本级预算　　B. 上级总预算

C. 汇总所属单位预算　　D. 汇总下一级总预算

三、名词解释

1. 国家预算　2. 绩效预算　3. 零基预算　4. 总预算

5. 分预算　6. 复式预算　7. 中央预算　8. 地方预算

9. 预算管理体制　10. 分税制　11. 国家决算

四、思考题

1. 国家预算有哪些基本特征?
2. 简述我国的预算体系。
3. 简述国家预算的编制程序。
4. 简述国家预算管理体制的基本内容。
5. 简述我国分税制的主要内容。

五、案例分析

在一次关于国家预算研讨会上,参会代表分别作出如下发言:

甲:国家预算是指经法定程序批准的、国家在一定期间内预定的财政收支计划,是国家进行财政分配的依据和宏观调控的重要手段。国家预算在经济生活中主要起到财力保证、调节制约、统计和反映监督的作用。

乙:我国的国家预算实行一级政权一级预算的多级次预算。

丙:我国社会主义国家预算是具有法律效力的基本财政计划,是国家为了实现政治经济任务,有计划地集中和分配财政收入的重要工具,是国家经济政策的反映。

丁:我国的预算收入主要采取无偿划拨的形式,是社会主义经济的内部积累;我国的预算支出,主要用于经济建设和文化、教育、科学、卫生以及社会福利事业等。

戊:部门单位预算是由本部门所属各单位预算组成,各单位预算草案由其主管部门负责编制。

己:部门单位预算应具体由各预算部门和单位编制,是总预算的基础。

庚:我国国家预算级次结构是依据国家政权结构、经济发展区域规划、行政区域划分和财政管理体制设计。

根据以上资料,请回答如下问题:

1. 下列甲代表关于国家预算在经济生活中的作用的发言中,正确的为(　　)。

A. 统计作用　B. 财力保证作用　C. 反映监督作用　D. 调节制约作用

2. 结合乙代表发言,下列各项有关我国现行国家预算实行级次的表述中,正确的为(　　)。

A. 三级预算　B. 五级预算　C. 四级预算　D. 六级预算

3. 下列代表的发言中,不正确的为(　　)。

A. 丁:我国预算支出,主要用于经济建设和文教科卫以及社会福利事业等

B. 丁：我国的预算收入主要采取无偿划拨的形式，是社会主义经济的内部积累
C. 甲：国家预算是指经法定程序批准的、国家在一定期间内预定的财政收支计划
D. 丙：我国社会主义国家预算是具有法律效力的基本财政计划
4. 下列代表关于部门单位预算的发言中，不正确的为（　　）。
A. 戊：部门单位预算由本部门所属各单位预算组成
B. 戊：各单位预算草案由其主管部门负责编制
C. 己：部门单位预算由各预算部门和单位编制
D. 己：部门单位预算是总预算的基础
5. 结合庚代表发言，下列各项中，属于我国国家预算级次结构设计依据的为（　　）。
A. 国家政权结构　　B. 经济发展区域规划
C. 行政区域划分　　D. 财政管理体制

第六章 政府采购和国库集中收付制度

【知识目标】

1. 理解政府采购的概念，了解政府采购的原则；
2. 掌握政府采购的内容与限额；
3. 掌握政府采购的执行模式和方式；
4. 熟悉政府采购的基本流程；
5. 掌握国库单一账户体系的构成；
6. 理解国库集中收付方式和程序。

【能力目标】

1. 能运用政府采购制度相关理论分析政府采购的具体流程，并办理具体的政府采购业务；

2. 能理解国库单一账户体系各环节的具体内容，并运用所学知识分析预算单位具体支付业务的支付方式。

【情感目标】

掌握政府采购的模式及国库单一账户体系的运行，可以将对经济政策的认识从预算单位层面上升到国家层面，从而提高整体素质。

【案例导入】

政府采购，如何“不买贵的，只买对的”(节选)

最近，媒体曝出的几则政府采购或购进低劣货、或购进高价货的新闻，引起社会关注。如重庆合川区政府采购中心为该区 19 所学校采购的 2 000 多套上下铺木床，质量低劣；广州市及所属番禺市政府采购中心为番禺中心医院采购空调设备，报价 1 707 万元的某集团落标，而报价 2 151 万元的另一家公司却中标。

政府采购本是为了规范政府采购行为，提高政府采购资金使用效益的一种集中采购方式。人们对政府采购的最大期盼，用民间的话来说就是“不买贵的，只买对的”。可是很多“买贵的”“买劣质的”事例却让百姓很忧心。那么，如何让政府采购“只买对的”呢？

政府采购“只买对的”，这个“对”的衡量标准，最关键的就是“质优价廉”。我国《政府采购法》指出：“集中采购机构进行政府采购活动，应当符合采购价格低于市场平均价格、采购效率更高、采购质量优良和服务良好的要求。”以此要求来分析重庆合川的木床采购和广州番禺的空调设备采购等例，他们所采购的自然算不上质优价廉，当然买的也就不是“对的”了。

从媒体披露的情况看，合川此次采购的 2 000 多套上下铺木床，之所以出现“一摇就散，一睡就垮”的问题，很重要的原因，就是只注重了“最低价中标”，却忽视了“质优”这一条。而广州和番禺政府采购中心在采购空调设备中，却又有忽视“价廉”这一要素之嫌。

据广州市政府采购中心称，空调之所以以最低报价在政府采购中被淘汰，主要是因为其投标文件对星号条款响应不够。所谓星号条款，是指重要的关键性商务和技术条款。尽管供应商方面以确凿的参数说明这只是标书制作方面的误差，其设备实际上是足可达到“质优”标准的，但采购方还是放弃而选择了一家并不生产空调的高价货。按理说，采购到既“质优”又“价廉”的货，才是政府采购的最佳选择。因为这既是遵循《政府采购法》的内在要求，更是对建设节约型社会负责、对纳税人血汗钱负责的必要。如果仅因投标文件有点填写误差，就不选择空调技术本来过硬的专业厂家的产品而选择一家中间商提供的产品，乃至一下子多耗纳税人 440 多万元血汗钱，这就难免有舍本逐末之嫌，难免会偏离既“质优”又“价廉”的采购目的。

政府采购中出现这些问题，一个重要原因是透明不够。这一本来事关公共利益和纳税人利益的采购活动，往往多是封闭式运作。其中有无什么“猫腻”，最终到底是买了“贵的”还是买了“对的”，圈外的公众大都不知情。而在竞标中失利“吃亏”的企业因怕得罪政府采购者，也大都不敢公开“讨说法”；至于一些“暗箱操作”，也常因缺少第三只“眼”监督而难以曝光。

政府采购实际上是政府在代纳税人采购。因此，花费着纳税人钱财的这块“蛋糕”，其采购过程和相关信息是最该阳光透明，最该广受社会监督的。譬如上述那宗空调设备采购案，当地采购中心称买的货是“综合评分最好的”。那么，就应当把所买的货是什么品牌、评标中综合评分的价格、技术和商务条件之类参数以及评标专家有哪些等，全部公开。

有些事项的完善，既靠内修，也靠外促。在政府采购招标中，如果不明不白“被挤掉”的企业都无奈地默默做“冤大头”，都不敢依法公开讨说法，那采购招投标中的一些弊端就可能难以充分暴露；有的“潜规则”就难以被打破；政府采购机构就不会感到有压力，企业在其面前也就可能总是受气的“小媳妇”。而有了像空调厂家这样的较真，就可能改变这种情形。

比如，这可以倒逼政府采购招投标机制趋于公平公正，努力破除采购中的“潜规则”、暗箱操作等弊端；同时，这也有利于维护公平公正的市场环境，维护政府采购相关法律制度的权威，维护公权机关的清正廉明。正是从这个意义上，我认为企业在政府采购招标中，如果觉得不公，如果觉得有“潜规则”等嫌疑存在，就要敢于较真，敢于依法讨个说法。如此，即使讨到的说法未必对自己有利，也能对完善政府采购产生一定的警示与促进效应。

（资料来源：搜狐网，http://www.sohu.com/a/217609995_100046245）

第一节　政府采购

近年来我国政府采购规模快速增长，2016年，全国政府采购同口径规模为25 731.4亿元，较上年增加4 660.9亿元，增长22.1%，占全国财政支出和GDP的比重分别为11%和3.5%。从国际经验为看，实行政府采购资金节约率一般为10%以上。正因为如此，政府采购对社会经济发展状况、产业结构以及公众生活环境都有着十分明显的影响，已成为各国政府经常使用的一种支持国货、反腐倡廉等宏观经济调控手段。

一、政府采购的概念

（一）政府采购的概念

政府采购是指各级国家机关、事业单位和团体组织，为从事日常活动或为了满足公共服务的目的，使用财政性资金采购依法制定的集中采购目录以内的或者采购限额标准以上的货物、工程和服务的行为。

政府采购制度是在长期的政府采购实践中形成的对政府采购行为进行管理的一系列法律和惯例的总称。具体来说，政府采购制度包括以下内容：(1)政府采购政策，包括采购的目标和原则；(2)政府采购的方式和程序；(3)政府采购的组织管理。

（二）政府采购的资金范围

采购资金的性质是确定采购行为是否属于政府采购制度规范范围的重要依据。根据政府采购的上述定义，政府采购资金为财政性资金，按照财政部的现行规定，财政性资金是指预算内资金、预算外资金，以及与财政资金相配套的单位自筹资金的总和。

二、政府采购的主要当事方

政府采购当事人是指在政府采购活动中享受权利和承担义务的各类主体。包括采购人、供应商和采购代理机构等。

《政府采购法》规定：“在中华人民共和国境内进行的政府采购适用本法。”即在我国境内进行的，各级国家机关、事业单位和团体组织使用财政性资金采购依法制定的集中采购目录以内的或者采购限额标准以上的货物、工程和服务的行为适用《政府采购法》。《政府采购法》未将国有企业纳入政府采购的主体范围。

政府采购的当事方主要包括：

1. 政府采购机构

是指财政部门内部设立的,制定政府采购政策、法规和制度,规范和监督政府采购行为的行政管理机构。该机构不参与和干涉采购中的具体商业活动。

2. 政府采购机关

是指政府设立的负责本级财政性资金的集中采购和招标组织工作的专门机构。

3. 采购主体

采购主体即采购人,是指使用财政性资金采购货物、工程和服务的国家机关、事业单位或其他社会组织,是政府采购中的直接需求者。一般具有以下两个重要特征:

(1)采购人是依法进行政府采购的国家机关、事业单位和社会团体;

(2)采购人的政府采购行为从筹划、决策到实施,都必须在《政府采购法》等法律法规的规范内进行。

采购主体有在特殊情况下提出特殊要求的权利。例如,纳入集中采购目录属于本部门、本系统有特殊要求的项目,可以实行部门集中采购;属于本单位有特殊要求的项目,经省级以上人民政府批准,可以自行采购。

4. 政府采购社会中介机构

是指依法取得招标代理资格,从事招标代理业务的社会中介组织。采购代理机构是指具有一定条件,经政府有关部门批准而依法拥有政府代理资格的社会中介机构。《政府采购法》中所称的集中采购机构就是采购代理机构。采购代理机构分为集中采购机构和一般采购代理机构。

集中采购机构是进行政府集中采购的法定代理机构,由设区的市、自治州以上人民政府根据本级政府采购项目组织集中采购的需要而设立。集中采购机构完全是为了向采购人提供采购服务而设立的,它不是政府机关,而是非营利性的事业法人。一般采购代理机构应是依法成立并具有法人资格的社会中介机构,在代理过程中,会向委托人或中标人收取一定的服务费。一般采购代理机构的资格由国务院有关部门或省级人民政府有关部门认定,主要负责分散采购的代理业务。

5. 供应商

是指与采购人可能或者已经签订采购合同的供应商或者承包商。供应商是指向采购人提供货物、工程或者服务的法人、其他组织或者自然人。两个以上的自然人、法人或者其他组织可以组成一个联合体,以一个供应商的身份共同参加政府采购。《政府采购法》规定,供应商参加政府采购活动应当具备以下条件:具有独立承担民事责任的能力;具有良好的商业信誉和健全的财务会计制度;具有履行合同所必需的设备和专业技术能力;有依法缴纳税收和社会保障资金的良好记录;参加政府采购活动前 3 年内,在经营活动中没有重大违法记录;法律、行政法规规定的其他条件。

6. 政府采购资金管理部门

指编制政府采购资金预算、监督采购资金的部门,包括财政部门和采购单位的财务部门。

三、政府采购的原则

政府采购的原则是贯穿在政府采购计划中为实现政府采购目标而设立的一般性原则。

（一）公开透明原则

公开透明原则是政府采购必须遵循的基本原则之一，政府采购被誉为“阳光下的交易”即源于此。政府采购的资金来源于纳税人缴纳的各种税金，只有坚持公开透明原则，才能为供应商参加政府采购提供公平竞争的环境，为公众对政府采购资金的使用情况进行有效的监督创造条件。依《政府采购法》的精神，公开透明原则要求做到政府采购的法规和规章制度要公开，招标信息及中标或成交结果要公开，开标活动要公开，投诉处理结果或司法裁定等都要公开，使政府采购活动在完全透明的状态下运作。

课堂思考 6－1

按照法律规定政府采购信息必须在政府采购监督管理部门指定的媒体上公开发布。请想一想政府采购信息为什么要在指定的媒体上公告？

（二）公平竞争原则

公平竞争原则是市场经济运行的重要法则，是政府采购的基本规则。公平竞争原则要求在确保公平的前提下充分引入竞争机制。首先，要将竞争机制引入采购活动中，实行优胜劣汰，让采购人通过优中选优的方式，获得价廉物美的货物、工程或者服务，提高财政性资金的使用效益。其次，竞争必须公平，不能设置妨碍充分竞争的不正当条件。政府采购信息要在政府采购监督管理部门指定的媒体上公开披露。

（三）公正原则

公正原则是为采购人与供应商之间在政府采购活动中处于平等地位而确立的。公正原则要求政府采购要按照事先约定的条件和程序进行，对所有供应商一视同仁，不得有歧视条件和行为，任何单位或个人无权干预采购活动的正常开展。尤其是在评标活动中，要严格按照统一的评标标准评定中标或成交供应商，不得存在任何主观倾向。为了实现公正原则，《政府采购法》提出了评标委员会及有关的小组人员必须要有一定数量的要求，要有各方面代表，而且人数必须为单数，相关人员要回避，同时规定了保护供应商合法权益的方式。

知识链接 6－1

《政府采购法》第十二条规定，采购人员及相关人员与供应商有利害关系，必须回避。采购人员及相关人员在什么情况下属于与供应商存在利害关系呢？主要有以下几种情况：现在或者在采购活动发生前三年内，与供应商存在雇佣关系，担任供应商的财务、法律或技术顾问，是供应商的控股股东或者实际控制人；与供应商的法定代表人或负责人有直系血亲、三代以内旁系血亲及姻亲关系；与供应商之间存在其他影响政府采购活动依法进行的利害关系。

（四）诚实信用原则

诚实信用原则是发展市场经济的内在要求，在市场经济发展初期向成熟时期的过渡阶段，尤其要大力推崇这一原则。诚实信用原则约束的是政府采购活动中的各方当事人，一方面，要求采购主体在项目发标、信息公布、评标审标过程中要真实，不得有所隐瞒；另一方面，也要求供应商在提供物品、服务时达到投标时作出的承诺，树立相应的责任意识。

知识链接 6-2

政府采购，应该只买对的

我国政府采购制度建立10多年来，政府部门随意花钱的现象正在逐渐减少，政府采购的实施范围逐步由货物类采购向服务类、工程类采购扩展。采购的内容不仅包括政府自身的行政办公支出，也开始涵盖一些公益性强、关系民生的支出项目。比如，农机具购置、中小学免费教材、医疗器械及药品、安居工程、文化下乡等。目前，在全国政府采购总量中，进口产品比例保持在3%以内，较好地体现了"国货优先"的原则。

虽然整体情况在好转，但是局部也有一些不和谐的声音。比如，一些部门和单位采购需求不合理，"豪华采购""天价采购"的情况时有发生。有些单位一味讲排场，采购高档产品，明确提出要采购进口产品，有些单位则希望采购市场上最好的产品，明显超出基本办公需要，甚至加上了某些不合理的个性化要求。虽然政府采购的功能不仅仅是节约资金，但政府在自身支出方面是否恰如其分，是否节约资金，是社会最关注的。

针对这种情况，公众意见最大的是，采购人以采购"办公用品"为名，购买一些超出办公功能的豪华产品；供应商以"政府专供产品"为由来抬高协议价格，回避与市场价格的比较。这些行为不仅违背了公共财政的精神和原则，也给政府的公正廉洁抹了黑。所以，需要完善制度、堵住漏洞，进一步规范政府采购行为。

四、政府采购的内容与限额

（一）政府采购内容

政府采购的内容应当是依法制定的《政府集中采购目录及标准》以内的货物、工程和服务，或者虽未列入《政府集中采购目录及标准》，但采购金额超过了规定的限额标准的货物、工程和服务。

《政府集中采购目录及标准》中的政府采购内容涉及货物、工程和服务。采购是指以合同方式有偿取得货物、工程和服务的行为，包括购买、租赁、委托、雇用等。货物是指各种形态和种类的物品，包括原材料、燃料、设备、产品等；工程是指建设工程，包括建筑物和构筑物的新建、改建、扩建、装修、拆除、维修等；服务是指除货物和工程以外的其他政府采购对象。

《政府集中采购目录及标准》中的采购内容，无论金额大小都属于政府采购的范围。

政府采购应当采购本国货物、工程和服务。但有下列情形之一的除外：

（1）需要采购的货物、工程或者服务在中国境内无法获取或者无法以合理的商业条件获取的；

（2）为在中国境外使用而进行采购的；

（3）其他法律、行政法规另有规定的。

知识链接 6-3

《政府采购法》第10条明确规定，政府采购应当采购本国货物、工程和服务。本国货物是指在中国境内生产，且国内生产成本超过一定比例的最终产品；本国工程和服务，是指由中国公民、法人、其他组织提供的工程、服务。具体认定标准由国务院有关部门会同国务院财政部门制定。

（二）政府采购限额

《政府集中采购目录及标准》以外的采购内容，采购金额超过政府采购的最低限额标准的，也属于政府采购的范围。《政府集中采购目录及标准》和政府采购最低限额标准的制定实行分级管理。其中，属于中央预算的政府采购目录、限额标准，由国务院确定并公布；属于地方预算的政府采购项目、限额标准，由省、自治区、直辖市人民政府或者其授权的机构确定并公布。

《政府采购法》实施以来，国务院办公厅公布的中央预算单位政府采购的最低限额标准为：货物和服务单项或批量为 100 万元，工程为 120 万元。

知识链接 6－4

《中央预算单位 2017—2018 年政府集中采购目录及标准》有关问题的解读

近日，国务院办公厅印发《中央预算单位 2017—2018 年政府集中采购目录及标准》（国办发〔2016〕96 号，以下简称《目录》）。为做好相关执行工作，财政部有关负责人就《目录》有关内容进行了解读。

一、集中采购机构采购项目的调整情况

与上一期《目录》相比，集中采购机构采购项目主要有三方面变化：

（一）完善中央高校、科研院所科研仪器设备采购。按照中办、国办《关于进一步完善中央财政科研项目资金管理等政策的若干意见》（中办发〔2016〕50 号）有关规定，《目录》明确集中采购机构采购项目不包括中央高校、科研院所采购的科研仪器设备。中央高校、科研院所可按照有关规定自行组织或委托采购代理机构采购各类科研仪器设备。

（二）新增云计算服务。近年来，云计算服务在政府部门信息化建设中逐步得到应用，相关采购需求逐步增强。为了支持我国云计算产业发展，加大政府部门采购云计算服务的力度，将云计算服务列入集中采购机构采购项目。

（三）传真机、电视机、车辆租赁服务、合同能源管理服务、会议服务不再列入集中采购机构采购项目。从近年中央预算单位集中采购执行情况看，传真机、电视机、合同能源管理服务采购量较小，不再列入集中采购机构采购项目。考虑到公车改革以后公务出行费用已发放到个人，统一集中采购车辆租赁服务不能保证效率，车辆租赁服务不再列入集中采购机构采购项目。鉴于《党政机关会议定点管理办法》（财行〔2015〕1 号）规定省级（含自治区、直辖市和计划单列市）财政部门统一负责本地区党政机关会议定点管理，各地区确定的会议定点场所在全国范围内实行资源共享，各级党政机关举办会议共同使用，执行统一的会议定点场所目录和相同的协议价格，会议服务不再列入集中采购机构采购项目。

二、部门集中采购项目的调整情况

根据《政府采购法实施条例》“采购人本部门、本系统基于业务需要有特殊要求，可以统一采购的项目，列为部门集中采购项目”的规定，结合有关部门实际需要，《目录》新增文化部和高检院部门集中采购目录，民政部边界勘界和联检专用设备、救灾物资，海洋局海洋仪器设备不再列入部门集中采购项目，外交部、公安部、卫生计生委等部门集中采购项目作了调整。

三、公开招标数额标准和分散采购限额标准的调整情况

《目录》将政府采购货物、服务项目的公开招标数额标准由原来的120万元提高到200万元，将货物、服务项目的分散采购限额标准由原来的50万元提高到100万元，将工程项目的分散采购限额标准由原来的60万元提高到120万元。主要考虑如下：

（一）深入贯彻“放管服”改革精神，减少审批审核数量。按照政府采购有关法律制度规定，政府采购审批审核范围包括分散采购限额标准以上需采购进口产品的项目和公开招标数额标准以上需采用公开招标以外采购方式的项目。适当提高有关标准可以有效减少审批审核数量，提高小额零星采购效率。财政部按照简政放权、放管结合、加强服务的要求，在减少政府采购审批审核的同时依托信息化手段，对中央预算单位政府采购预算和计划编报情况、政府采购审批审核事项执行情况、政府采购信息开展情况开展动态监管。

（二）做好与有关制度办法的衔接。国务院法制办正在研究制定《必须招标的工程项目规定》，拟提高工程项目的公开招标数额标准。相应上调政府采购货物、服务项目的公开招标数额标准和货物、工程、服务项目的分散采购限额标准，有利于政府采购和招标投标相关制度办法的衔接与协调。

（三）适应经济社会发展现状。现行公开招标数额标准和分散采购限额标准自2004年以来一直未作调整。十几年来，物价上涨明显，政府采购规模大幅增加，现行标准已不适应经济社会发展现状，有必要适当提高。

（资料来源：中华人民共和国中央人民政府网，2016年12月28日）

五、政府采购的执行模式

政府采购的执行模式有集中采购、分散采购和半集中半分散模式三种。

（一）集中采购

集中采购是指由政府设立的职能机构统一为其他政府机构提供采购服务的一种采购组织实施形式。是由财政部门或另由一个专门负责的部门负责本级政府所有采购的模式。

根据《政府采购法》的规定，集中采购必须委托采购机构代理采购。设区的市、自治州以上的人民政府根据本级政府采购项目组织集中采购的需要，设立集中采购机构实行集中采购有利于取得规模效益、降低采购成本，保证采购质量、贯彻落实政府采购的政策导向、便于实施统一的管理和监督。但是，集中采购周期长、程序复杂，难以满足用户多样化的需求，特别是无法满足紧急情况下的采购需要。

集中采购的范围由省级以上人民政府公布的集中采购目录确定；属于中央预算的政府采购项目，其集中采购目录由国务院确定并公布；属于地方预算的政府采购项目，其集中采购目录由省、自治区、直辖市人民政府或者其授权的机构确定并公布。

中国政府采购中，集中采购占了很大的比重，列入集中采购目录和达到一定采购金额以上的项目必须进行集中采购。

（二）分散采购

分散采购是指各预算单位自行开展采购活动的一种组织实施形式。这是一种由各支出单位自行采购的模式。

根据《政府采购法》的规定，采购未纳入集中采购目录的政府采购项目，可以自行采购，也可以委托集中采购机构在委托的范围内代理采购。相对于集中采购来说，分散采购有利于满足采购及时性和多样性的需求，手续简单。不足之处是失去了规模效益，加大了采购成本，也不便于实施统一的管理和监督。

（三）半集中半分散模式

是由专门的政府采购机构负责部分项目的采购，而其他的则由各单位自行采购。

六、政府采购方式

政府采购方式是指政府为实现采购目标而采用的方法和手段。《政府采购法》规定，我国政府采购方式包括公开招标、邀请招标、竞争性谈判、单一来源采购、询价等。公开招标应作为政府采购的主要采购方式。

（一）公开招标方式

公开招标方式是指招标采购单位（即采购人及采购代理机构）依法以招标公告的方式邀请一定的供应商参加投标的方式。公开招标是政府采购的主要方式，其他方式是政府采购的辅助采购方式。

货物或服务采购项目达到公开招标数额标准的，必须采用公开招标方式。采购人采购货物或者服务应当采用公开招标方式的，其具体数额标准，属于中央预算的政府采购项目，由国务院规定；属于地方预算的政府采购项目，由省、自治区、直辖市人民政府规定；因特殊情况需要采用公开招标以外方式的，应当在采购活动开始前获得设区的市、自治州以上人民政府财政部门的批准。

采购人不得将应当以公开招标方式采购的货物或者服务化整为零，或者以其他任何方式规避公开招标采购。

（二）邀请招标方式

邀请招标方式是指招标采购单位依法从符合相应资格条件的供应商中随机邀请 3 家（含 3 家）以上供应商，并以投标邀请书的方式，邀请其参加投标的方式。

符合下列情形之一的货物或者服务，可以采用邀请招标方式采购：

（1）具有特殊性，只能从有限范围的供应商处采购的；

（2）采用公开招标方式的费用占政府采购项目总价值的比例过大的。

要点强化

【单选题】邀请招标方式是指招标采购单位依法从符合相应资格条件的供应商中随机邀请（　　）以上供应商。

A. 2 家　　B. 3 家　　C. 4 家　　D. 5 家

【答案解析】B。邀请招标方式是指招标采购单位依法从符合相应资格条件的供应商中随机邀请 3 家（含 3 家）以上供应商，并以投标邀请书的方式，邀请其参加投标的方式。

（三）竞争性谈判方式

竞争性谈判方式是指要求采购人就有关采购事项，与不少于 3 家供应商进行谈判，最后按照预先规定的成交标准，确定成交供应商的方式。

符合下列情形之一的货物或者服务，可以采用竞争性谈判方式采购：

(1)招标后没有供应商投标或者没有合格标的，或者重新招标未能成立的；

(2)技术复杂或者性质特殊，不能确定详细规格或者具体要求的；

(3)采用招标所需时间不能满足用户紧急需要的；

(4)不能事先计算出价格总额的。

(四)单一来源采购方式

单一来源采购方式是指采购人采购不具备竞争条件的物品，在只能从唯一供应商处取得采购货物或服务的情况下，直接向该供应商协商采购的采购方式。

符合下列情形之一的货物或者服务，可以采用单一来源采购方式：

(1)只能从唯一供应商处采购的；

(2)发生了不可预见的紧急情况，不能从其他供应商处采购的；

(3)必须保证原有采购项目的一致性或者服务配套的要求，需要继续从原供应商处添购，且添购资金总额不超过原合同采购金额10%的。

知识链接6-5

申请单一来源采购方式时，符合下列条件之一的，确定为不可预见的紧急情况：自然灾害；社会突发事件；本级或上级人民政府应急机构认定为紧急情况的。

(五)询价采购方式

询价采购方式是指只考虑价格因素，要求采购人向3家以上潜在的供应商发询价单，对一次性报出的价格进行比较，最后按照符合采购需求，质量和服务相同且报价最低的原则，确定成交供应商的方式。采购的货物规格、标准统一，现货货源充足且价格变化幅度小的政府采购项目，可以依照规定采用询价采购方式。

要点强化

【案例分析】丁单位是某市一家事业单位，2016年4月，按照预算安排，丁单位拟采购一台纳入政府采购集中采购目录的精密仪器A设备，用于药品检验，设备价款为200万元。由于设备具有特殊性，只能从有限范围的供应商处采购，丁单位以投标邀请书的方式邀请了5家供应商参与投标，按照招标程序选择了供应商B企业并与之签订采购合同。5月，丁单位又从B企业购买与A设备配套使用的检验试剂，价款为5万元。

根据上述案例，分析丁单位的政府采购行为采用了哪种方式?? 并简述其具体内容。

【答案解析】(1)本案例中丁单位采购A设备使用的是邀请招标方式。邀请招标方式是指采购人或其委托的政府采购代理机构以投标邀请书的方式邀请3家或3家以上特定的供应商参与投标的采购方式。

(2)本案例中丁单位采购检验试剂采用的是单一来源采购方式。单一来源采购方式是指采购人采购不具备竞争条件的物品，只能从唯一的供应商取得采购货物或服务的情况下，直接向该供应商采购的采购方式。

资料来源：中华会计网校，《财经法规与会计职业道德》[M]，高等教育出版社，2016，8：186

七、政府采购的基本流程

政府采购的基本流程是由政府设立的集中采购机构依据政府制定的集中采购目录，受采购人的委托，按照公开、公平、公正的采购原则，以及必须遵循的市场竞争机制和一系列专门操作规程进行的统一采购。以设区的市、自治州政府集中采购的工作流程为例，政府采购的基本流程如图 6－1 所示。

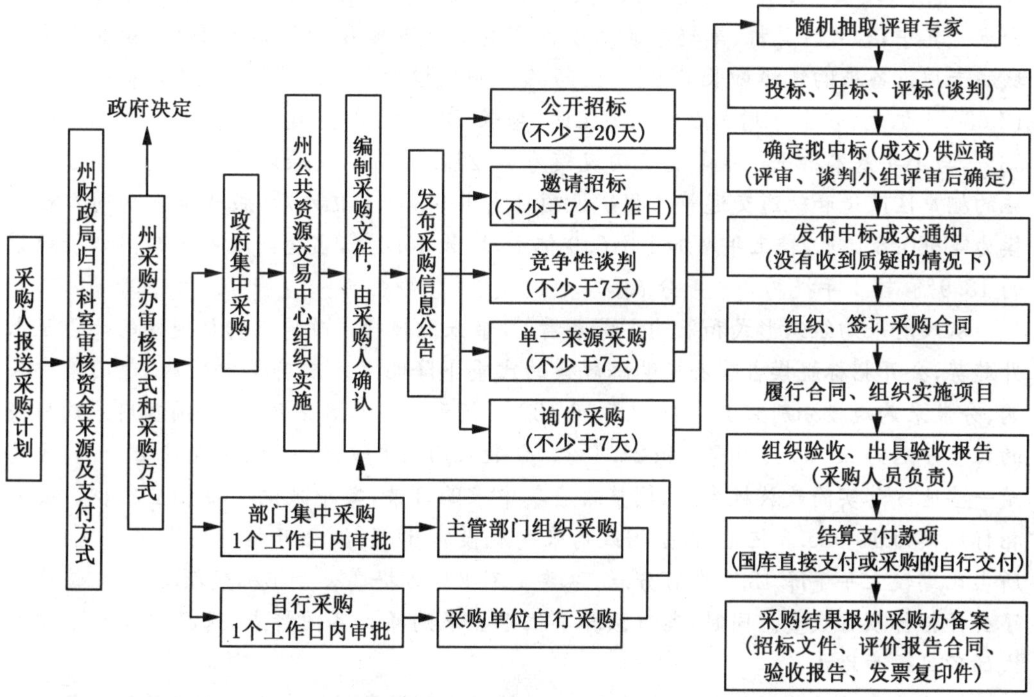

图 6－1 设区的市、自治州政府集中采购工作流程

要点强化

【单选题】政府采购程序中，货物和服务项目实行招标方式采购的，自招标文件开始发出之日起至投标人提交投标文件截止之日止，不得少于（　　）日。

A. 20　　B. 30　　C. 10　　D. 15

【答案解析】A。《政府采购法》规定，政府采购程序中，货物和服务项目实行招标方式采购的，自招标文件开始发出之日起至投标人提交投标文件截止之日止，不得少于 20 日。

知识链接 6-6

2016 年全国政府采购简要情况

2016 年全国政府采购规模继续保持快速增长，采购规模为 31 089.8 亿元，剔除一些地方以政府购买服务方式实施的棚户区改造和轨道交通等工程建设项目相关支出 5 358.5 亿元，全国政府采购同口径规模为 25 731.4 亿元，较上年增加 4 660.9 亿元，增长 22.1%，占全国财政支出和 GDP 的比重分别为 11%和 3.5%。

从政府采购结构来看，货物类采购规模占政府采购总规模比重下降，工程类采购比重相对稳定，服务类采购比重上升明显。货物类采购规模为 7 240 亿元，较上年增加 668.6 亿元，增长 10.2%，占全国政府采购同口径规模的 28.1%，较上年下降 3.1 个百分点。其中，台式计算机、车辆等通用设备采购规模下降 8.4%；医疗卫生、教育科技领域的专用设备采购规模增长 6.9%；医药品采购规模增长 19.5%。工程类采购规模为 13 630.4 亿元，较上年增加 2 475.2 亿元，增长 22.2%，占全国政府采购同口径规模的 53%，与上年基本持平。服务类采购规模为 10 219.3 亿元，剔除以政府购买服务方式实施的棚户区改造和轨道交通等工程建设项目支出 5 358.5 亿元后，服务类采购同口径规模为 4 860.8 亿元，较上年增加 1 516.9 亿元，增长 45.4%，占全国政府采购同口径规模的 18.9%，较上年提高 3 个百分点。

从政府采购组织形式和采购方式来看，分散采购规模占政府采购总规模的比重呈上升趋势，公开招标规模占政府采购总规模的比重下降明显。政府集中采购、部门集中采购、分散采购规模分别为 16 446 亿元、6 132.9 亿元、8 510.8 亿元，占全国政府采购规模的比重分别为 52.9%、19.7%和 27.4%。分散采购比重较上年上升 6.7 个百分点，主要是一些地方落实简政放权要求，调整政府集中采购目录，集中采购项目相应减少。公开招标规模为 19 935.3 亿元，占全国政府采购规模的 64.1%，公开招标仍占主导地位，但所占比重较上年下降 13.6 个百分点，主要是不少地方提高公开招标数额标准，相应减少了公开招标项目数量。同时，各级预算单位根据采购项目不同特点，选择非招标采购方式的项目逐步增加。

从政府采购政策功能落实情况来看，支持节能环保和促进中小企业发展等政策功能得到较好发挥。全国强制和优先采购节能产品规模达到 1 344 亿元，占同类产品采购规模的 76.2%。全国优先采购环保产品规模达到 1 360 亿元，占同类产品采购规模的 81.5%。政府采购合同授予中小微企业的总采购额为 24 036.2 亿元，占全国政府采购规模的 77.3%。其中，授予小微企业的采购额为 10 193.9 亿元，占授予中小微企业总采购额的 42.4%。

（资料来源：http://www.zbytb.cn/e_magazine/hangye_detail.php?recordID=6226.）

第二节　国库集中收付制度

2015年1月1日起，正式实施新的《预算法》，以法律形式明确了实行国库集中收付制度。即以国库单一账户体系为基础、资金缴拨以国库集中收付为主要形式。截至2016年年初，我国省、市、县有24万个单位，1 117个乡镇实施了国库集中收付改革，将绝大部分财政资金纳入国库单一账户体系管理中。

一、国库集中收付制度的概念

国库集中收付制度包括国库集中支付制度和收入收缴管理制度，是指由财政部门代表政府设置国库单一账户体系，所有的财政性资金均纳入国库单一账户体系收缴、支付和管理的制度。由于其核心是建立国库单一账户体系，将所有财政收入通过国库单一账户体系直接缴入国库或财政专户，将所有财政支出通过国库单一账户体系由国库支付给商品或劳务供应者或用款单位的财政资金管理制度。所以这种制度一般又被称作国库单一账户制度。

二、国库单一账户体系

（一）国库单一账户体系的概念

国库单一账户体系是指以财政国库存款账户为核心的各类财政性资金账户的集合。所有财政性资金的收入、支付、存储及资金清算活动均在该账户体系运行。

实行国库单一账户集中支付，虽然不改变各部门、各单位的支出权限，但其作用在于建立了预算执行的监督管理机制。一方面通过单一账户集中化管理，灵活地调度和使用资金，提高政府资金使用效率，降低成本；另一方面从根本上杜绝在预算执行中的克扣、截留、挪用资金的现象，促进政策资金使用信息公开化、透明化，强化了约束力和社会监督力，从源头上堵住了政府资金使用的行政干预和腐败现象。

（二）国库单一账户体系的构成

我国财政国库账户设置为国库单一账户、财政零余额账户、单位零余额账户、财政专户、小额现金账户和特设专户六类账户，被统称为国库单一账户体系，如图6－2所示。每类账户功能各异。

这一账户体系涵盖了所有财政性资金的管理，它既借鉴了市场经济国家财政国库管理制度的经验，又考虑了我国现阶段的具体国情；既体现改革方案的系统性和前瞻性，为今后改革向纵深发展留有余地，又考虑了历史遗留问题和新旧体制转换过程中的衔接问题，方便了操作和单位用款。

1. 国库单一账户

国库单一账户是财政部门在中国人民银行开设的国库存款账户，用于记录、核算和反映纳入预算管理的财政收入和支出，并与财政部门零余额账户进行清算，实现支付。所有财政资金在支付行为实际发生前均保存在国库单一账户内。

2. 财政零余额账户

财政部门按资金使用性质在商业银行开设的零余额账户，用于财政直接支付和与国库

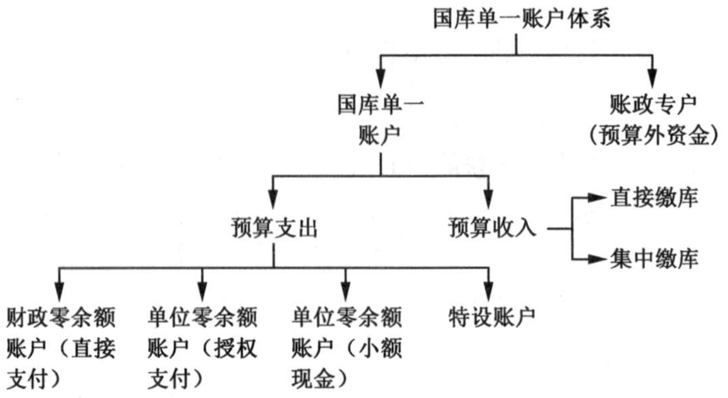

图 6—2　国库单一账户体系

单一账户清算。即每当发生财政资金支付行为时，先由代理银行将实际应支付的款项垫付给收款人，每日终了后再由代理银行与中国人民银行国库单一账户清算，划转代理银行已垫付资金。营业中每笔支付额为 5 000 万元人民币以上的(含 5 000 万元)，应当及时与国库单一账户清算。财政零余额账户与国库单一账户相互配合，构成财政资金支付过程的基本账户。财政零余额账户在国库会计中使用，行政单位和事业单位中不设置该账户。

3. 预算单位零余额账户

财政部门在商业银行为预算单位开设的零余额账户，用于财政授权支付和与国库单一账户清算。该账户每日发生的支付，于当日营业终了前由代理银行在财政部门批准的用款额度内与国库单一账户清算。该账户既可以办理转账、提取现金等结算业务，也可以向本单位按账户管理规定保留的相应账户划拨工会经费、住房公积金等，以及财政部门批准的特殊款项，但不得违反规定向本单位其他账户和上级主管单位、所属下级单位账户划拨资金。预算单位零余额账户是在行政单位和事业位中使用的。

4. 财政专户

财政专户即预算外资金专户，是财政部门为履行财政管理职能，在商业银行开设的，用于记录、核算和反映预算外资金收入和支出活动，并对预算外资金日常收支进行清算的银行结算账户。该账户由财政部门负责管理，代理银行根据财政部门的要求和支付指令，办理财政专户的收入和支出业务。预算单位不得将财政专户的资金转入本单位其他账户。

在国库单一账户体系内专门设置预算外资金专户，主要是考虑目前预算外资金来源较复杂，还有财政性资金未纳入预算管理，难以全部纳入国库单一账户，仍需要设置财政专户进行管理。随着财政体制改革的不断深化，预算外资金也将逐步纳入国库单一账户管理。

5. 小额现金账户

财政部门在商业银行为预算单位开设小额现金账户，主要是方便预算单位日常发生的一些零星分散、数额小、支付频繁的支出。该类账户用于记录、核算和反映预算单位的零星支出活动，并用于与国库单一账户清算。

6. 特设专户

特设专户是经国务院和省级人民政府批准或授权的财政部门开设的特殊过渡性账户，用于记录、核算和反映预算单位的特殊专项支出活动，并用于与国库单一账户清算。由于现阶段政策性支出项目还比较多，对某些需要通过政策性银行封闭运行的资金支出，还需要设置特殊专户管理，如粮食风险基金、社会保障基金、住房基金等。

要点强化

【单选题】在国库单一账户体系中，属于实存财政资金的银行账户是（　　）。

A. 国库存款账户　　B. 财政部门零余额账户

C. 预算单位零余额账户　　D. 财政汇缴零余额账户

【答案解析】A。财政部门零余额账户、预算单位零余额账户、财政汇缴零余额账户都属于过渡性质账户，不是实存财政资金账户。

三、国库集中收付方式和程序

（一）国库体系

国家金库简称国库，是国家财政资金的出纳、保管机构，负责办理预算收入的收纳、划分、留解、退付和预算支出的拨付。

我国的国库单一账户实行国家统一领导、分级管理的财政体制，原则上一级财政设立一级国库，包括总库、分库、中心支库和支库四级。中国人民银行总行经理总库；各省、自治区、直辖市中国人民银行分行经理分库；省辖市、自治州和成立一级财政的地区，由市、地（州）中国人民银行分、支行经理中心支库；县（市）中国人民银行支行（城市区办事处）经理支库。

县级以上各级财政必须设立国库，具备条件的乡、民族乡、镇也应当设立国库。

（二）财政收入集中收缴方式和程序

我国实行国库集中收缴和集中支付制度。所有财政的收支都通过国库单一账户体系进行集中收缴、拨付和清算。

财政收入的集中收缴是指全部财政收入应直接缴入国库，对于法律有明确规定或者经国务院批准的特定专用资金，可以依照国务院的规定设立财政专户。

1. 财政收入集中收缴的方式

为适应财政国库管理制度的改革要求，财政收入集中收缴分为直接缴库和集中汇缴，见图6—3。

（1）直接缴库。直接缴库是指由缴款单位或缴款人按有关法律法规规定，直接将应缴收入缴入国库单一账户或预算外资金财政专户。

（2）集中汇缴。集中汇缴是指由征收机关和依法享有征收权限的单位按有关法律规定，将所收的应缴收入汇总缴入国库单一账户或预算外资金财政专户。

2. 财政收入集中收缴的程序

（1）直接缴库程序。直接缴库的税收收入，由纳税人或税务代理人提出纳税申报，经征收机关审核无误后，由纳税人通过开户银行将税款缴入国库单一账户。直接缴库的其他收入，按照上述程序缴入国库单一账户或财政专户。

（2）集中汇缴程序。小额零散税收和法律另有规定的应缴收入，由征收机关于收缴收入的当日，汇总缴入国库单一账户。非税收入中的现金缴款，按本程序缴入国库单一账户或财政专户。

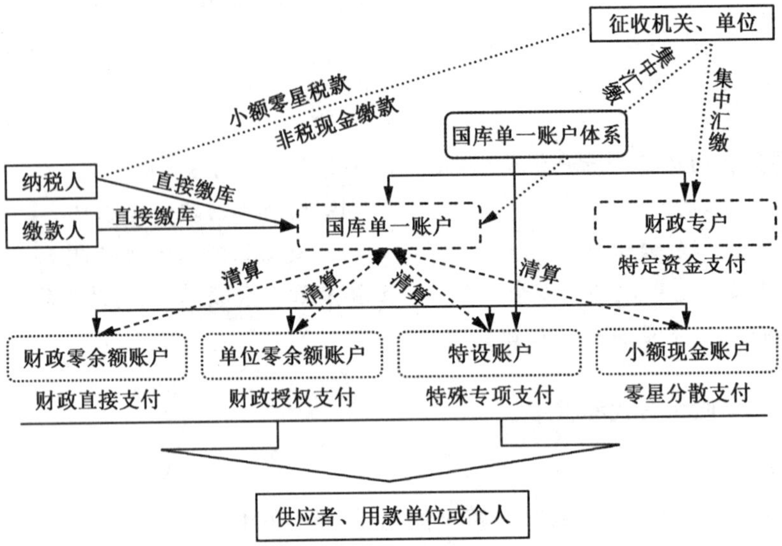

图 6—3　国库集中收支示意图

要点强化

【单选题】财政收入收缴方式中，由征收机关按有关法律法规规定，将所收的应缴收入汇总缴入国库单一账户或预算外资金财政专户的方式是（　　）。

A. 分次汇缴　　B. 直接缴库　　C. 集中汇缴　　D. 汇总缴纳

【答案解析】C。本题考核财政收入收缴方式。集中汇缴是指由征收机关（有关法定单位）按有关法律法规规定，将所收的应缴收入汇总缴入国库单一账户或预算外资金财政专户。

（三）财政支出集中支付方式和程序

1. 财政支出集中支付方式

全部财政支出通过国库单一账户体系支付到商品和劳务供应者或用款单位。按照不同的支付主体，对不同类型的支出，分别实行财政直接支付和财政授权支付。

（1）财政直接支付。财政直接支付由财政部门开具支付令，通过国库单一账户体系，直接将财政资金支付到收款人（即商品和劳务供应者，下同）或用款单位账户。

实行财政直接支付的支出包括：①工资支出、购买支出以及中央对地方的专项转移支付，拨付企业大型工程项目或大型设备采购的资金等，直接支付到收款人。②转移支出（中央对地方专项转移支出除外），包括中央对地方的一般性转移支付中的税收返还、原体制补贴、过渡期转移支付、结算补助等支出，对企业的补贴未指明购买内容的某些专项支出等，支付到用款单位（包括下级财政部门和预算单位）。

（2）财政授权支付。财政授权支付由预算单位根据财政授权，自行开具支付令，通过国库单一账户体系中的单位零余额账户或财政专户将资金支付到收款人账户。

财政授权支付程序适用于未纳人工资支出、工程采购支出以及物品、服务采购支出管理的购买支出和零星支出。①单件物品或单项服务购买额不足10万元人民币的购买支出；投资额不足50万元人民币的工程项目支出；②特别紧急的支出；③差旅费支出，指单位工作人员出差发生的费用支出，国内及境外学习、考察支出除外；④交通费支出，指单位车船等各类交通工具发生的费用支出，车辆维修、保险和刷卡加油除外；⑤劳务费支出，指单位向个人支付劳务发生的费用支出；⑥咨询费支出，指单位向个人咨询发生的费用支出；⑦奖励性支出，指单位向部分个人奖励发生的费用支出；⑧其他零星现金支出，指单位未包括上述支出范围的一些零星现金支出。

要点强化

【多选题】财政授权支付程序适用于(　　)。

A. 单件物品或单项服务购买额不足10万元人民币的购买支出

B. 单件物品或单项服务购买额不足50万元人民币的购买支出

C. 年度财政投资不足50万元的工程采购支出

D. 特别紧急的支出

【正确答案】ACD。本题考核财政授权支付程序的适用范围。财政授权支付程序适用于未纳入工资支出、工程采购支出以及物品、服务采购支出管理的购买支出和零星支出。包括单件物品或单项服务购买额不足10万元人民币的购买支出；投资额不足50万元人民币的工程项目支出，以及特别紧急的支出。

2. 财政支出集中支付程序

(1)财政直接支付程序。①预算单位申请。由一级预算单位汇总、填制“财政直接支付申请书”，上报财政局国库支付中心；②财政部门国库支付执行机构开具支付令。财政部门国库支付执行机构审核确认后，开具“财政直接支付汇总清算额度通知单”和“财政直接支付凭证”，经财政部门国库管理机构加盖印章签发后，分别送中国人民银行和代理银行。③代理银行划拨资金。代理银行根据“财政直接支付凭证”，及时将资金直接支付给收款人或用款单位。④资金清算。代理银行依据财政部门国库支付执行机构的支付指令，将当日实际支付的资金，与国库单一账户进行资金清算。⑤出具入账通知书。代理银行开具财政直接支付“入账通知书”，送达预算单位，预算单位将“入账通知书”作为收到或付出款项的凭证。财政直接支付的基本流程如图6—4所示。

(2)财政授权支付程序。①预算单位申请月度用款限额。②通知支付银行。财政部门根据批准的一级预算单位用款计划中月度授权支付额度，每月25日前以“财政授权支付额度通知单”的形式分别通知中国人民银行、代理银行。③代理银行在收到财政部门下达的“财政授权支付额度通知单”时，向预算单位发出“财政授权支付额度到账通知书”。④预算单位凭据“财政授权支付额度到账通知书”所确定的额度向代理银行下达“财政授权支付令”。⑤预算单位支用授权额度时，填制财政部门统一制定的“财政授权支付凭证”送代理银行，代理银行通过单位零余额账户或财政专户向收款人办理付款。⑥由代理银行按实际支

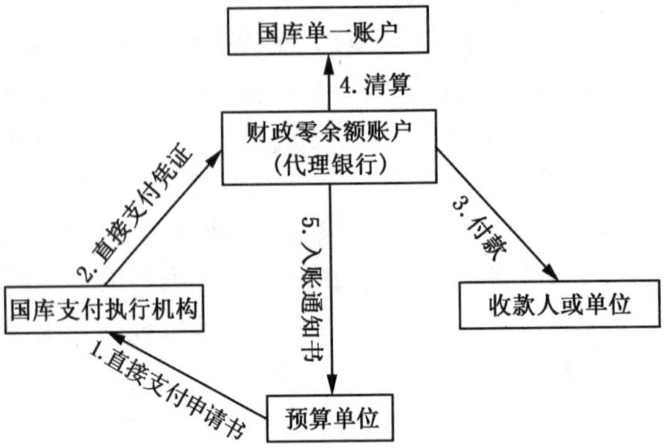

图 6—4　财政直接支付流程示意图

付的额度与国库单一账户清算。财政授权支付的基本流程如图 6—5 所示。

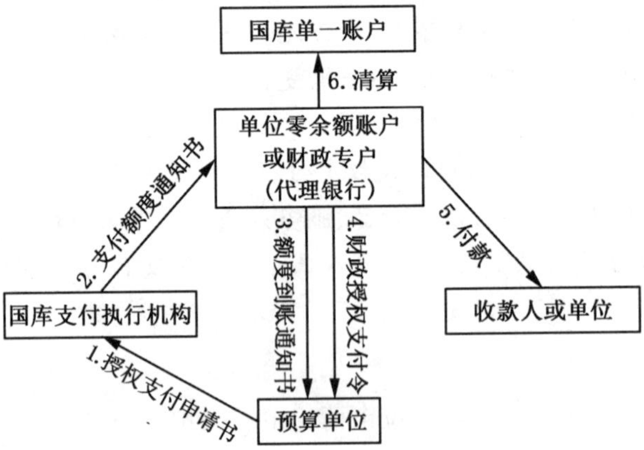

图 6—5　财政授权支付流程示意图

本章小结

政府采购已成为各国政府经常使用的一种支持国货、反腐倡廉的经济调控手段。政府采购涉及多个主要当事方。我国的政府采购应遵循《政府采购法》,按照集中采购的工作流程,以公开招标为主,邀请招标、竞争谈判、单一来源或询价等方式为辅进行。

我国财政收支实行国库集中收付制度。国库集中收付制度包括国库集中支付制度和收入集中收缴管理制度,是指由财政部门代表政府设置国库单一账户体系,所有的财政性资金均纳入国库单一账户体系收缴、支付和管理的制度,其核心是建立国库单一账户体系。国库单一账户体系是指以财政国库存款账户为核心的各类财政性资金账户的集合,包括在中国人民银行开设的国库单一账户,在商业银行开设的财政零余额账户、单位零余额账户、财政专户、小额现金账户和特设专户等六类账户,每类账户功能各异。

国库集中支付制度下,财政收入集中收缴分为直接缴库和集中汇缴。集中支付有财政直接支付和财政授权支付。财政直接支付由财政部门开具支付令，通过国库单一账户体系，直接将财政资金支付到收款人或用款单位账户。财政授权支付由预算单位根据财政授权，自行开具支付令，通过国库单一账户体系中的单位零余额账户或财政专户将资金支付到收款人账户。

思考与练习

一、单选题

1.《政府集中采购目录及标准》有关政府采购最低限额标准的制定实行分级管理。其中，属于中央预算的政府采购目录、限额标准，由（　　）确定并公布。

A. 国务院　　B. 财政部

C. 全国人民代表大会　　D. 全国人民代表大会常务委员会

2. 使用财政性资金采购依法制定的集中采购目录以内的或者限额标准以上的货物、工程和服务的单位中，不适用《政府采购法》的主体是（　　）。

A. 国家机关　　B. 事业单位　　C. 社会团体　　D. 国有企业

3.（　　）应作为政府采购的主要采购方式。

A. 公开招标　　B. 邀请招标　　C. 竞争性谈判　　D. 单一来源采购

4. 政府采购项目中符合下列（　　）情形之一的货物或者服务，可以依照《政府采购法》采用询价方式采购。

A. 只能从唯一供应商处采购的

B. 发生了不可预见的紧急情况不能从其他供应商处采购的

C. 采购的货物规格、标准统一、现货货源充足且价格变化幅度小的采购项目

D. 必须保证原有采购项目一致或者服务配套的要求，需要继续从原供应商处添购，且添购资金总额不超过原合同采购金额10%的

5. 与预算单位零余额账户进行清算的账户是（　　）。

A. 财政部门零余额账户　　B. 国库存款账户

C. 单位自行开设的银行存款账户　　D. 财政汇缴零余额账户

6. 根据国库集中收付制度的规定，用于财政直接支付和与国库单一账户支出清算的账户是（　　）。

A. 预算单位的零余额账户　　B. 财政部门的零余额账户

C. 预算外财政资金专户　　D. 特设过渡性专户

7. 财政部门开设的零余额账户，营业中（　　），应当及时与国库单一账户清算。

A. 单笔支付额在3 000万元人民币以上（含3 000万元）的

B. 单笔支付额在3 000万元人民币以下（含3 000万元）的

C. 单笔支付额在5 000万元人民币以上（含5 000万元）的

D. 单笔支付额在5 000万元人民币以下（含5 000万元）的

8. 财政资金支出按照不同的支付主体分别实行财政直接支付和财政授权支付。实行财政直接支付的支出不包括（　　）。

A. 工资支出　B. 购买支出　C. 转移支出　D. 零星支出

9. 下列不通过特设专户核算的内容是(　　)。

A. 粮食风险基金　B. 预算外资金专户　C. 社会保障基金　D. 住房基金

10. 国库集中收付制度又称(　　)。

A. 国库专项收付制度　B. 国库基本收付制度

C. 国库单一账户制度　D. 国库现金管理制度

11. (　　)是由预算单位根据财政授权，自行开具支付令，通过国库单一账户体系中的单位零余额账户或财政专户将资金支付到收款人账户。

A. 财政直接支付　B. 财政授权支付　C. 财政委托支付　D. 财政集中支付

12. 下列银行账户中，不构成国库单一账户体系的是(　　)。

A. 财政部门在商业银行开设的零余额账户

B. 财政部门在商业银行为预算单位开设的零余额账户

C. 预算单位在商业银行为本单位开设的基本账户

D. 财政部门在中国人民银行开设的国库存款账户

13. 下列各项中，代表政府设置国库单一账户体系的是(　　)。

A. 中国人民银行　B. 财政部门　C. 政府机关　D. 国有商业银行

14. 用于记录、核算和反映纳入预算管理的财政收入和支出的账户是(　　)。

A. 国库单一账户　B. 财政部门零余额账户

C. 预算外资金账户　D. 特设账户

15. 县级财政设立的国库属于(　　)。

A. 总库　B. 分库　C. 中心支库　D. 支库

二、多选题

1. 政府采购中，采购人是指依法进行政府采购的(　　)。

A. 国家机关　B. 事业单位　C. 企业单位　D. 团体组织

2.《中华人民共和国政府采购法》规定中央预算单位政府采购的最低限额标准为(　　)。

A. 货物和服务单项或批量为 100 万元　B. 货物和服务单项或批量为 120 万元

C. 工程为 100 万元　D. 工程为 120 万元

3. 符合(　　)的货物或者服务，可以采用单一来源采购方式。

A. 只能从唯一供应商处采购的

B. 发生了不可预见的紧急情况，不能从其他供商处采购的

C. 必须保证原有采购项目的一致性或者服务配套的要求，且添购资金总额不超过原合同采购金额 10%的

D. 必须保证原有采购项目的一致性或者服务配套的要求，且添购资金总额不超过原合同采购金额 50%的

4. 政府采购的执行模式有(　　)。

A. 集中采购　B. 分散采购

C. 半集中半分散模式　D. 单一采购

5.《政府采购法》规定,我国政府采购方式包括(　　)。

A. 公开招标　　B. 邀请招标　　C. 竞争性谈判　　D. 单一来源采购

E. 询价

6. 国库单一账户体系的构成包括(　　)等。

A. 国库单一账户　　B. 财政部门零余额账户

C. 预算单位零余额账户　　D. 预算外资金专户

7. 财政支出支付方式按不同主体分为(　　)。

A. 财政直接支付　　B. 财政工资支付

C. 财政转移支付　　D. 财政授权支付

8. 下列各项中,属于实行国库单一账户集中支付作用的有(　　)。

A. 建立起了预算执行的监督管理机制

B. 灵活地调度和使用资金,提高政府资金使用效率,降低成本

C. 从根本上杜绝在预算执行中的克扣、截留、挪用资金的现象

D. 促进政策资金使用信息公开化、透明化,强化了约束力和社会监督力

9. 关于国库集中收付制度,下列说法正确的是(　　)。

A. 财政部门代表政府设置国库单一账户体系

B. 所有的财政性资金均纳入国库单一账户体系收缴、支付和管理

C. 大大提高了财政资金收付管理的规范性和安全性

D. 能有效地防止利用财政资金谋取私利等腐败现象的发生

10. 符合下列情形之一的货物或者服务,可以依照《政府采购法》采用邀请招标方式采购(　　)。

A. 具有特殊性,只能从有限范围的供应商处采购的

B. 只能从唯一供应商处采购的

C. 采用公开招标方式的费用占政府采购项目总价值的比例过大的

D. 发生了不可预见的紧急情况不能从其他供应商处采购的

11. 符合下列情形之一的货物或服务,可以依照《政府采购法》采用竞争性谈判方式采购(　　)。

A. 招标后没有供应商投标或者没有合格标的或者重新招标未能成立的

B. 技术复杂或者性质特殊,不能确定详细规格或者具体要求的

C. 采用招标所需时间不能满足用户紧急需要的

D. 不能事先计算出价格总额的

12.《政府采购法》规定的可以采用单一来源方式采购的情形有(　　)。

A. 只能从唯一供应商处采购的

B. 发生了不可预见的紧急情况不能从其他供应商处采购的

C. 必须保证原有采购项目一致性或者服务配套的要求,需要继续从原供应商处添购,且添购资金总额不超过原合同采购金额10%的

D. 采购人习惯使用某产品

三、判断题

1. 招标采购单位在发布招标公告、发出投标邀请书或者发出招标文件后，采购人因要对需求变更可终止招标。（ ）

2. 预算单位零余额账户用于财政直接支付和与国库单一账户支出清算。（ ）

3. 财政授权支付是指预算单位按照财政部门的授权，自行向代理银行签发支付指令，代理银行根据支付指令，在财政部门批准的预算单位的用款额度内，通过国库单一账户体系将资金支付到收款人账户。（ ）

4. 国库集中收付制度是指将所有财政性资金全部集中到国库单一账户，并规定所有的支出必须由国库直接支付给商品或劳务供应者或用款单位，实行收支两条线管理。（ ）

四、名词解释

1. 政府采购
2. 国库收付制度
3. 国库单一账户体系
4. 财政直接支付
5. 财政授权支付
6. 集中采购
7. 公开招标
8. 国库单一账户
9. 国库
10. 预算单位零余额账户
11. 财政专户
12. 小额现金账户
13. 特设专户
14. 财政零余额账户
15. 直接缴库
16. 集中汇缴

五、案例分析

一、某市A单位系行政单位，2018年6月发生如下业务：

(1)A单位收到代理银行转来的“财政授权支付额度到账通知书”系支付本月工资，工资已由代理银行直接支付到个人工资卡内，共支付工资45万元。

(2)对于单件物品或单项服务购买额不足10万元人民币的购买支出等，采用财政授权支付方式支付。甲单位收到代理银行转来的“授权支付到账通知书”，注明的授权支付额度为5万元。

(3)A单位张三出差回来报销，会计人员填制“财政直接支付凭证”送代理银行，支付张差旅费5 000元。同时，按此方法支付李四专利发明奖金2 000元。

(4)A单位购买业务活动材料45 000元，填制“财政授权支付凭证”送代理银行，款项支付完毕，材料已收到。

(5)采购一台专用设备，购买价格34万元，由财政直接支付。A单位收到代理银行转来的“财政直接支付入账通知书”及有关凭证，设备已验收入库。

根据以上资料分析回答下列问题：

1. 执行国库集中收付制度的单位，经过申请可设立哪些账户？
2. 财政直接支付与财政授权支付的适用范围是否合法？
3. 财政直接支付的程序是什么？

二、丁单位是实行国库集中支付的事业单位。2018年4月，按照预算安排，丁单位拟采购一台精密仪器A设备用于药品检验，设备价款为200万元，属于政府集中采购目录内的设备。由于设备具有特殊性，只能从有限范围的供应商处采购，丁单位以投标邀请书的方式邀请了5家供应商参与投标，按照招标程序选择了供应商B企业并与其签订了采购合同。当月，丁单位按照批复资金使用计划，向财政国库支付执行机构提出支付设备采购价款申请，财政国库支付执行机构审核无误后，向代理银行发出支付令，并通知中国人民银行国库部门，通过代理银行进入全国银行清算系统实时清算，将A设备采购价款200万元从国库单一账户划拨到B企业银行账户。5月，丁单位采用财政授权支付的方式直接从B企业购买了与A设备配套使用的检验试剂，价款为5万元。

根据以上情况，请回答如下问题：

1. 根据《政府采购法》，下列各项关于政府采购的表述中，正确的为(　　)。

A. 集中采购可以自行采购，也可以委托集中采购机构在委托的范围内代理采购

B. 政府采购只能实行集中采购的方式

C. 属于地方预算的政府采购项目，其集中采购目录和政府采购限额标准由省(含自治区、直辖市)、市、县各级财政部门确定并公布

D. 采购人采购纳入集中采购目录的采购项目，应当委托采购代理机构实行集中采购

2. 下列各项中，属于本例中丁单位采购A设备所采用的采购方式的为(　　)。

A. 单一来源采购　　B. 竞争性谈判　　C. 公开招标　　D. 邀请招标

3. 下列各项中，属于邀请招标方式中受邀参与投标的供应商数量不得少于的数量的为(　　)。

A. 2家　　B. 4家　　C. 1家　　D. 3家

4. 下列各项中，属于本例中丁单位采用的国库集中支付方式的为(　　)。

A. 财政直接支付　　B. 财政直接缴库　　C. 财政集中汇缴　　D. 财政授权支付

5. 下列各项中，属于本例中丁单位采购检验试剂所采用的采购方式的为(　　)。

A. 单一来源采购　　B. 公开招标　　C. 竞争性谈判　　D. 邀请招标

第七章

金融概论

【知识目标】

1. 理解金融的概念；

2. 理解货币的概念，掌握货币的职能，掌握货币制度的内容，尤其是我国货币制度的内容；

2. 理解信用的含义，掌握现代信用的主要形式和信用工具；

3. 理解通货膨胀和通货紧缩的概念；

4. 掌握通货膨胀和通货紧缩对社会经济的影响及治理对策。

【能力目标】

1. 能认识并合理解释金融现象；

2. 能结合身边实例，理解信用的含义，能使用单利和复利两种方法计算利息；

3. 能根据通货膨胀、通货紧缩的含义和特征，分析、判断经济形势走向；

4. 能根据通货膨胀与通货紧缩对经济的影响及治理对策，做出合理的经济决策，防范经济波动对生产、消费的不良影响 。

【情感目标】

培养学生树立正确的金钱意识，树立正确的消费观，并引导学生树立一定的理财意识。

【案例导入】

金融危机

金融危机,又称为金融风暴,是指一个国家或几个国家与地区的全部或大部分金融指标的急剧、短暂和超周期的恶化,具体表现为金融资产价格大幅下跌、金融机构倒闭或濒临倒闭、某个金融市场如股市或债市暴跌等。

金融危机可以分为货币危机、债务危机、银行危机、次贷危机等类型。近年来的金融危机越来越呈现出某种混合形式的危机。1997 年 7 月 2 日,亚洲金融风暴席卷泰国,泰铢贬值。泰国的金融危机事发于股票市场和外汇市场的动乱。不久,这场风暴扫过了马来西亚、新加坡、日本和韩国等地,打破了亚洲经济急速发展的景象。亚洲一些经济大国的经济开始萧条,一些国家的政局也开始混乱。

2008 年美国爆发的次级债务危机导致著名投资银行雷曼兄弟破产,美林被收购,商业银行巨头 RBS 等欧洲大型银行纷纷国有化,银行业出现了大规模的亏损。这一危机不但使银行业受到重创,保险、基金等其他金融机构作为次级贷款的参与人,也受到了重大的影响。美国次债危机最终引发了全球经济危机。

(资料来源:王德祥.经济全球化条件下的世界金融危机研究[M].武汉:武汉大学出版社,2002)

第一节 金融概述

一、常见金融现象

在现实社会生活中人们谈论起金融,就想到股票、债券和银行存款等各种金融商品,人们想通过这些金融资产来获取较高的收益,于是金融便成了收益的代名字。其实金融的范畴比较宽泛,我们日常生活中常常碰到金融问题,比如,同学们在生活中吃饭、穿衣花的钱,生活困难同学可办理的助学贷款,我们平日里买的保险;人们可从不同的来源取得货币收入,诸如工资、奖金、退休金、救济金等,而衣、食、住、行都需要用货币去购买;企事业单位也离不开货币收支等。单位和个人的货币收支有时会结余,有时会不足,结余者可借出,不足者可借入。而这些借入、借出活动必须要有中介来组织,这就有了银行、信用社等金融机构。

金融是商品经济的产物,在市场经济中,金融活动广泛渗透到社会经济和人民生活的每个领域,大到宏观调控,小到个人生活,可谓是无处不在。市场经济是商品经济,没有资金的运转,一切都无从谈起,企业一天也离不开存款、贷款、结算等金融业务;政府也要融通资金,一方面要靠贷款和发行政府债券筹资,另一方面又要有人替它管账、理财,这些同样离不开金融,政府实现宏观调控也要采取货币政策,因为它以资金活动为主线,可起到牵一发而动全身的作用;一家一户的日常生活也离不开金融,家庭要储蓄、要投资、要消费、要接受教育,储蓄离不开银行,投资离不开保险、信托、证券等机构,大宗消费还要使用消费信贷,接受教育可能会申请助学贷款。可见,小到一家一户,大到国家政府,从微观经济活动到宏观经济调控,金融无所不在。

二、金融的含义

金融是现代经济的核心，金融与财政一起构成现代市场经济国家进行宏观调控的重要杠杆和工具。

(一)金融的概念

"金融"从字面上可以理解为：货币资金的融通。金融作为一个经济范畴，是指在社会经济生活中的货币流通、信用活动及一切与货币信用相联系的经济活动及关系的总和，包括金融活动、金融机构、金融工具、金融市场及金融关系等。广义的金融泛指一切与货币的发行、保管、兑换、结算、融通有关的经济活动，甚至包括金银的买卖；狭义的金融专指信用货币的融通。其中，融通的对象是货币或资金；融通的方式采用有借有还的信用方式；融通的机构主要为银行及非银行金融机构；融通场所则是金融市场；融通的价格为利息或利率。

(二)金融体系

金融体系是各种金融工具、机构、市场制度等一系列金融要素的集合，是这些金融要素为实现资金融通功能而组成的有机系统。它是国民经济体系内围绕资金融通，由相关要素有机构成的系统，包括金融工具、金融机构、金融市场和金融制度。

1. 金融工具

金融工具作为交易对象的金融资产或金融工具，又称为信用工具，通常是依一定格式做成用以证明或创设金融交易各方权利和义务的书面凭证。

2. 金融机构

作为金融中介和交易主体的金融机构，是指从事各种金融活动的组织，其职能是组织社会资金的运动，建立或疏通资金融通的渠道。我国的金融机构，按地位和功能分为中央银行、银行(包括商业银行和政策性银行)、非银行金融机构和在境内开办的外资、侨资、中外合资金融机构等。各类金融机构相互互补，构成一个完整的金融机构体系。

3. 金融市场

金融市场通常是指以金融资产为交易对象而形成的供求关系及其机制的总和。它是经济生活中与商品市场、劳务市场和技术市场并列的一种市场。

4. 金融制度

作为交易活动的组织形式和制度保障的金融体制和制度，是金融立法、基本金融政策和金融规章建立起来的，有关金融交易、金融调控和金融监管的相对稳定的框架和办事规程。

要点强化

【单选题】金融的对象是(　　)。

A. 个人　　B. 信用　　C. 银行　　D. 货币

【答案解析】D。金融是货币资金的融通，融通对象是货币或资金。

知识链接 7－1

“金融”这个词并非古已有之，古代文字中有“金”，有“融”，但在《康熙字典》以及它之前的工具书中都没有出现“金融”一词。最早列入“金融”条目的工具书是 1908 年开始编纂的《辞源》和 1905 年酝酿编纂的《辞海》。《辞源》1937 年第 11 版金融条的释文是“今谓金钱之融通状态曰金融，旧称银根。各种银行票号、钱庄，曰金融机构”。《辞海》1936 年版金融条的释文是“谓资金融通之形态也，旧称银根”。

如果判断“金融”一词在我国的逐步定型是 19 世纪后半叶，那时正是现代西方文化东渐之际，自然会提出这样的问题：它是从哪一个西文的词翻译而来的。迄今为止，还无这样的考证。现在，在工具书中都是把金融与 finance. 对应，在日常交往中，人们也是简单互译。

（资料来源：黄达．金融学[M]. 6 版. 北京：中国人民大学出版社，2017）

三、金融的产生与发展

金融与商品经济是密不可分的，它是商品货币关系发展的必然产物，伴随着商品货币关系的发展而发展。

从物物交换中产生了作为一般等价物的货币，解决了商品供求双方在时间、空间上不一致而导致的交换受阻问题，这是金融产生的基础。

在一个社会的某一时期，人们的收入和支出不会完全平衡。一部分人因收入大于支出而成为资金盈余者，手中的资金处于闲置状态；同时，另一部分人因支出大于收入而成为资金短缺者，有好的项目却找不到资金。通过借贷活动产生了信用，使资金从没有投资机会的人那里流向有投资机会的人手中。正是信用这种方式使借贷活动逐渐规范，多种融资形式出现，使金融关系从萌芽发展到清晰化、明朗化。

为进一步解决交换中货币的地区差异问题，产生了货币兑换和货币经营业，从替人保管货币发展到了替人办理结算和放款，从而产生了信用机构——银行，这标志着专门的金融机构诞生。随着资金融通规模的不断扩大，资金融通方式也日益多样化，金融得到了进一步的发展，表现为金融机构数量和种类的不断增加和金融市场的不断完善。

自 20 世纪 80 年代以来，世界金融业发生了巨大而深刻的变化，出现了新的发展趋势，如金融产品多样化、金融服务扩大化、金融体系多元化、金融信息化、金融全球化、金融自由化等变化。随着互联网技术的发展，互联网金融发展得如火如荼。互联网金融从服务的形式而言可以分为三种模式：传统金融服务的互联网延伸、金融的互联网居间服务和互联网金融服务。传统金融服务的互联网延伸，是一种广义的互联网金融。它是借助互联网本身的便捷和广度实现传统金融机构在互联网上的服务延伸。电子银行、网上银行乃至手机银行都属于这类范畴。在这一模式下，传统金融服务从线下扩展到线上，在时间和空间上外延了银行服务。从狭义的层面，互联网金融只包括金融的互联网居间服务和互联网金融服务。前者典型的应用模式有第三支付平台、P2P 信贷、众筹网络等，后者是网络形式的金融平台，包括网络小额贷款公司、互联网基金、保险销售平台等，这一模式多为电商向金融行业的渗透。

四、现代金融的特征

（一）金融商品的多样化

传统的金融业务是存款、贷款、汇款，业务品种单一。近年来，金融商品新品种层出不穷。目前，按照大类分就有单位存款、储蓄存款、信用贷款、抵押贷款、信托、投资、保险、租赁、债券、股票、国内及国际汇兑等，各大类下的具体品种更为丰富多彩。

（二）金融服务扩大化

现在的金融服务范围逐步扩大，不仅代发工资，代收房租、税金、水电费等，还包括代为保管财物、代为家庭理财、提供信息和咨询以及家庭银行服务等许多项目。

（三）金融体系多元化

金融体系不仅有中央银行、商业银行、政策性银行等，而且有众多的非银行金融机构；不仅有银行持股公司，而且有跨国银行；不仅有大的集团银行，而且有形形色色的中小型银行或其他信用机构；还有一些“金融超级市场”或“金融百货商店”，发展成为全面提供各种金融业务的企业，犹如超级市场一样，商品品种繁多，可以满足多种需求。

（四）金融信息化

金融机构的信息化主要表现在三个方面：一是机构内部经营管理和业务处理信息化，表现为会计处理计算机化、经营管理信息系统化；二是机构之间的信息化，表现为同业之间的资金转账、信息传递计算机化、网络化；三是机构与客户之间的信息化，如银行和自动柜员机、零售店终端机、证券业务部的自助交易指令及查询机等。近几年来国际互联网和企业内部网络的发展，若干国际大银行推出的网上银行将金融信息化推进至更高的层次。

（五）金融全球化

伴随着商品生产和交换的全球化，金融的全球化也日益突出。主要表现在：市场经济本身是无能为力的，只有政府的介入，才能克服外部效应的缺陷。

（六）互联网金融方兴未艾

互联网金融（ITFIN）是指传统金融机构与互联网企业利用互联网技术和信息通信技术实现资金融通、支付、投资和信息中介服务的新型金融业务模式。广义的互联网金融涵盖了传统金融业务的网络化、第三方支付、大数据金融、P2P 网络借贷、众筹和第三方金融平台六种模式。互联网金融以其成本低、效率高、覆盖面广的优势迅速发展，在发展过程中也存在着管理弱、风险大的弊端。2015 年 7 月中国人民银行等十部门联合印发了《关于促进互联网金融健康发展的指导意见》；2016 年 10 月 13 日，国务院办公厅发布《互联网金融风险专项整治工作实施方案的通知》，建立和完善适应互联网金融发展特点的监管长效机制，促进互联网金融健康可持续发展。

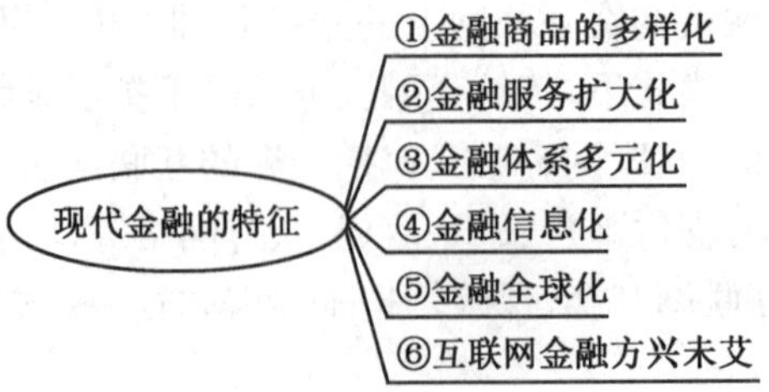

图 7—1　现代金融的特征

课堂思考 7－1

你使用互联网金融从事过哪些经济活动？

第二节　货币与货币制度

货币与货币制度是金融学中最基本的问题，是学习和领会金融领域中一切重大问题的出发点。在现代经济生活中，人们离不开货币，货币在经济生活中发挥着不可替代的作用。但什么是货币？货币又具有怎样的职能？

一、货币的含义

"货币"一词对于人们而言既熟悉又陌生。在人们的日常生活中几乎事事离不开货币，在不同的环境下货币也被赋予了多种不同的含义，但这些含义和金融学中所用的"货币"这一专业术语的含义又不完全一致。

货币是商品生产和交换发展到一定程度的产物。在货币出现之前，商品的交换采取物物交换的形式进行。当商品交换愈发频繁，以物易物的形式在空间和时间上已经不能满足生活需求。因此，从商品世界中自然分离出一种特殊商品，固定地作为商品交换的媒介，被称为"一般等价物"。此时，这种商品就已经具有了"货币"的属性。随着商品交换范围的不断扩大，客观上要求一般等价物能够固定在某一种商品上，以利于商品交换的进一步发展。最后，一般等价物集中到贵金属金、银上。之所以人们最终选择了金银而不是其他的物品作为货币，是因为金银本身所具有的天然的物质属性，与其他的物品相比具有无可比拟的优势，如不易腐烂、价值适中、便于携带等，最适宜充当货币材料，即一般等价物的角色。金银固定地充当一般等价物，就是货币。货币是从商品中分离出来，固定地充当一般等价物的特殊商品。货币的本质是一般等价物。

要点强化

【单选题】货币的本质是(　　)。

A. 充当一般等价物　　　　B. 充当一般支付手段

C. 计价核算的手段　　　　D. 财富的代表

【答案解析】A。货币是从商品中分离出来，固定地充当一般等价物的特殊商品。

二、货币形式的演变

货币自产生以来，其形式随着社会生产力的发展和社会的进步而不断地发生着变化，它在不同的时期有着不同的表现形式。在漫长的岁月中，货币的表现形式经历着由低级向高级不断演变的过程，见图 7－2。

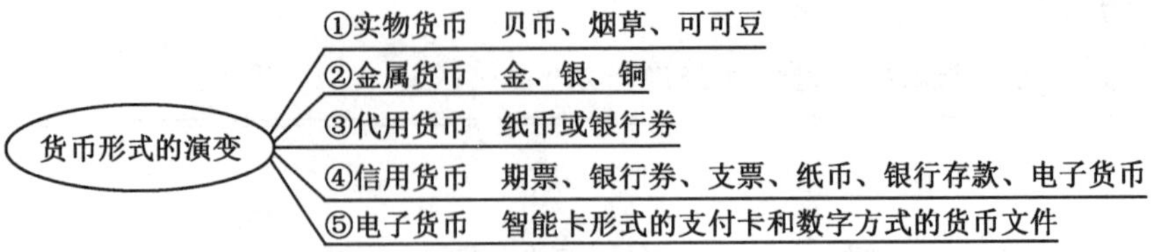

图 7—2　货币形式的演变

(一)实物货币

世界上最早的货币是实物货币,它是货币形态发展的最原始形式。所谓实物货币,是指以自然界中存在的某种物品或人们生产的某种商品来充当货币。早在公元前 2000 年左右的夏、商时期,贝币就已经出现了,是我国最早的货币。美洲曾经充当古老货币的有烟草、可可豆等。实物货币的主要特征是它作为货币用途的价值与作为商品用途的价值相等。但是,实物货币本身具有诸如体积笨重、不便携带,质地不均匀、难以分割,容易腐烂、不易储存,或大小不一、难以比较等缺陷。随着商品交换和贸易的发展,实物货币逐步被金属货币所取代。

(二)金属货币

用金、银、铜等金属充当货币有很多优点,如金属易于分割、易于保管、金银的价值高、便于携带等,较少的数量就能与大额的商品交易。因此它从若干交易媒介中独立出来,取得了一般等价物的特殊地位。典型的金属货币是国家铸币。历史上曾先后出现过青铜铸币、铁铸币、金银铸币。我国最古老的金属铸币是铜铸币。铸币在流通中必定会磨损,它的实际重量在流通中会逐渐低于它的名义重量。但不足值铸币可以和足值铸币一样流通,政府就有意识地用贱金属铸币代替贵金属铸币,或用不足值的铸币代替足值的铸币充当流通手段,进而发行本身没有价值的银行券来代替贵金属铸币充当流通手段。

(三)代用货币

代用货币通常是政府或银行发行的代替金属货币流通的纸币或银行券。它通常为纸币,确切地说是可兑换的纸币,由政府或银行发行,代表金属货币。代用货币最早出现在英国。在中世纪之后,英国的金匠为顾客保管金银货币而开出收据,可以流通,在顾客需要时,随时可以兑换成金银货币。这是原始的代用货币。这种纸币之所以能在市场上流通、从形式上发挥交换媒介的作用是因为它有十足的贵金属准备,而且也可以自由地向发行单位兑换金属或金属货币。代用货币本身的价值虽然大大低于其面值,但是公众持有代用货币等于拥有对金属货币的要求权。代用货币的优点是:发行成本低,易于携带和运输。

(四)信用货币

信用货币是由国家法律规定的,强制流通不以任何贵金属为基础的独立发挥货币职能的货币。目前世界各国发行的货币,基本都属于信用货币。信用货币是由银行提供的信用流通工具,其本身价值远远低于其货币价值,而且与代用货币不同,它与贵金属完全脱钩,不再直接代表任何贵金属。在 20 世纪 30 年代,发生了世界性的经济危机,引起经济的恐慌和金融混乱,迫使主要资本主义国家先后脱离金本位和银本位,国家所发行的纸币不能再兑换金属货币,因此,信用货币便应运而生。当今世界各国几乎都采用这一货币。在现代经济中,信用货币包括以下几种主要形态:期票、银行券、支票、纸币、银行存款、电子货币。

课堂思考 7－2

钱、货币、通货、现金是一回事吗？银行卡是货币吗？

（五）电子货币

电子货币是指用一定金额的现金或存款从发行者处兑换并获得代表相同金额的数据，通过使用某些电子化方法将该数据直接转移给支付对象，从而能够清偿债务。可以在互联网上或通过其他电子通信方式进行支付的手段。这种货币没有物理形态，为持有者的金融信用。随着互联网的高速发展，这种支付办法越来越流行。

电子货币有两种主要形式：智能卡形式的支付卡和数字方式的货币文件。前者包括各种信用卡、储值卡和存款利用型电子货币（主要有借记卡、电子支票，用于对银行存款以电子化方式支取现金、转账结算、划拨资金）等；后者主要指基于电子网络的电子货币、电子钱包等。电子货币具有匿名性、节省交易费用、节省传输费用、持有风险小、支付灵活方便、防伪造及防重复性、不可跟踪性等特点。

知识链接 7－2

计算机的运用、无现金社会与数字货币

在电子技术和网络技术迅速发展的今天，货币形态也受到了巨大的影响。

首先，计算机运用于银行的业务经营，使得很多种类的银行卡取代现钞和支票，成为西方社会中日益广泛运用的支付工具。1952 年，美国富兰克林国民银行发行了全球第一张银行信用卡，1986 年，中国银行发行了长城卡，而后各类银行纷纷跟进。由于这些银行卡的迅速发展，有人认为，它们终将取代现金，进而出现无现金社会。

其次，由于计算机网络迅速覆盖全世界，纯粹的网络银行出现了，传统银行的业务也有越来越大的部分在网上运作。在中国，支付宝、微信支付等第三方网上支付近年来异军突起，以其方便快捷深受公众青睐。自 2015 年以来，中国银联联手近 20 家商业银行推出了“云闪付”，2016 年 7 月 15 日，以 1.15 亿张信用卡领跑全球的中国工商银行也推出二维码支付；如此等等。这种情形是否有可能使得处于电磁信号形态上的货币成为货币的主要形态，这样的趋势将使货币本身乃至市场经济的运作发生怎样的变化，同样值得我们关注。

同时，世界各国也在酝酿数字货币（digital currency，digital money）。2016 年 1 月，中国人民银行表示争取早日发行数字货币。3 月，英格兰银行声称已与计算机科学家联手设计出一种数字加密货币（RSCoin）。日本三菱东京日联银行宣称将于 2017 年秋天发行数字虚拟货币，如果它成为现实，将在全球开商业银行面向公众发行数字货币之先河。

2008 年，一种称作比特币（bitcoin）的网络虚拟货币开始风靡全球，随即出现了与法定货币兑换的网上交易平台，2011 年中国也出现了类似平台。目前，世界各国对待比特币的态度各异，2013 年 12 月，中国人民银行等部门确认比特币不具备法偿性与强制性等货币属性，但普通民众在自担风险的前提下拥有交易的自由。

（资料来源：黄达，张杰．金融学（第四版）[M]．北京：中国人民大学出版社，2017）

知识链接 7－3

比特币(Bitcoin)，一种由开源的 P2P 软件产生的电子货币，是一种网络虚拟货币。比特币是全球通用的共识主动性加密电子货币，也是对等网络支付系统和虚拟计价工具，被一些人称为数位货币，最早在 2009 年由化名的开发者中本聪以开源软件形式推出。由于其采用密码技术来控制货币的生产和转移，因此比特币也被认为是一种加密电子货币。比特币不依靠特定货币机构发行，它通过特定算法的大量计算产生，比特币经济使用整个 P2P 网络中众多节点构成的分布式数据库来确认并记录所有的交易行为。

(资料来源：李浩浅. 浅谈比特币的发展现状以及存在问题[J]. 西部皮革，2016 (2)：64－65)

三、货币的职能

货币的职能是指货币在经济生活中，作为商品的一般等价物所固有的功能，是货币本质的体现。一般认为货币具有五种职能，即价值尺度、流通手段、储藏手段、支付手段和世界货币，其中，价值尺度和流通手段是货币最基本的职能，其他职能都是在商品经济发展中派生出来的，见图 7－3。

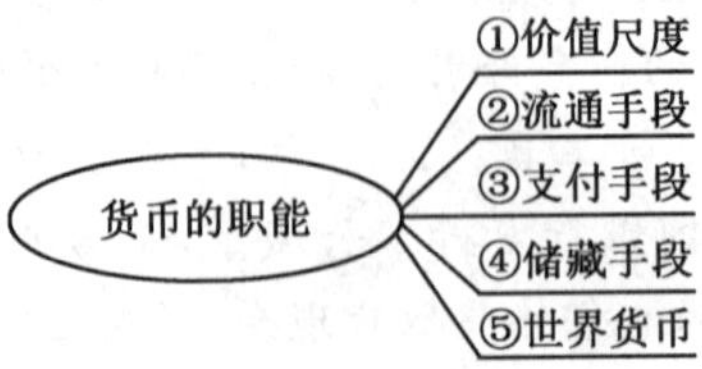

图 7－3　货币的职能

(一)价值尺度

货币表现和衡量商品的价值时就执行着价值尺度的职能。因为货币本身就是商品，与普通商品一样也有价值，如同用秤度量重量一样，所有商品价值量的大小都可以用货币来衡量。当商品的价值用货币来表示时就是商品的价格。商品价格是一种观念形态，不必用相应数量的货币摆在商品旁。因此，货币在执行价值尺度时并不需要现实的货币，只是观念上的货币就可以了。

(二)流通手段

在商品和劳务交换中，货币起媒介作用，执行流通手段职能，通常表现为一手交货，一手交钱。这种以货币为媒介的商品交换通常称为商品流通。货币在执行流通手段职能时必须是现实的货币，可以是贵金属，也可以是纸币，甚至可以是无形的存款货币、电子货币，但不能是观念货币。

(三)支付手段

当货币作为清偿债务，或用作缴纳税费、支付工资等手段时，货币便执行着支付手段的职能。货币支付手段职能源于商品的赊销，在商品赊销的交换过程中，商品的让渡与货币支付在时间上分离，出现延期支付。赊销款项到期偿还时，货币作为价值的独立形态，单方面地从买者手中转移到卖者手中，发挥的便是支付手段职能。因此，货币在执行支付手段职能时必须是现实的货币。随着经济发展，货币超越商品流通的范围，清偿债务、上缴税款、支付租金、发放工资、捐款、赠与等多个方面发挥着支付手段职能。

要点强化

【多选题】下列各项中，发挥货币支付职能的有(　　)。

A. 赋税　　B. 各种劳动报酬　　C. 地租　　D. 银行信用

【答案解析】ABCD。当货币作为清偿债务，或用作缴纳税费、支付工资等手段时，货币便执行着支付手段的职能。

(四)储藏手段

当货币从流通领域中退出处于静止状态，作为社会财富被人们保存、收藏时便执行着储藏手段职能。因为货币是一般等价物，它能随时转化为商品，是社会财富的一般代表，储藏货币就是储藏财富。

货币作为储藏手段具有自发调节货币流通量的作用。当流通中所需要的货币量减少时，多余的金属货币便会退出流通成为储藏货币；反之，当流通中所需要的货币量增多时，一部分储藏货币又会重新进入流通成为流通手段。因此，货币在执行储藏手段职能时必须是现实的货币。

(五)世界货币

当货币超越国界，在世界市场上发挥一般等价物作用时便执行着世界货币的职能。目前世界货币的职能已不是唯一由黄金来担负了，许多国家的货币如美元、英镑、日元、欧元等都在一定范围内发挥着世界货币的作用。

要点强化

【单选题】某公司以延期付款方式销售给某商场一批商品，则该商场到期偿还欠款时，货币执行(　　)职能。

A. 支付手段　　B. 流通手段　　C. 购买手段　　D. 储藏手段

【答案解析】A。货币支付手段职能源于商品的赊销，在商品赊销的交换过程中，商品的让渡与货币支付在时间上分离，出现延期支付。赊销款项到期偿还时，货币作为价值的独立形态，单方面地从买者手中转移到卖者手中，发挥的便是支付手段职能。

四、货币制度

货币制度简称币制，是指一国政府以法律的形式对货币的发行、流通的组织和调节等问题进行的规定。它反映国家通过对货币实行控制以实现政策目标的意图，是一国货币主权的反映。一般来说，货币制度的内容包括：币材的选择，规定货币单位，规定货币的铸造、发行与流通和建立准备金制度等。

(一)币材的选择

规定货币材料即国家规定用哪种材料来充当货币。人们在描述货币制度时，常常用“本位制”来表示货币制度最根本的特征。一旦规定了以某种或几种商品作为法定币材，就将该货币制度称为相应商品的本位制。例如，以黄金作为货币材料的货币制度称为金本位制，以白银作为货币材料的货币制度称为银本位制，而以黄金和白银同时作为货币材料的货币制度则称为金银复本位制。在信用货币制度普遍发展的今天，币材的选择不再是货币制度最重要的因素。

（二）货币单位的确定

规定货币单位即规定货币单位的名称和货币单位的“值”。货币单位的确定包括了两方面的含义：一个是货币单位的名称，如美元、英镑、欧元等，另一个是货币单位的价值即包含多少货币金属。在贵金属时代，通常以金属的重量单位作为货币单位，币值的确定是依据货币金属的重量和成色。而到了不兑现纸币流通时代，货币和贵金属相分离，价值单位和自然单位的关系就发生了很大的变化，但货币与黄金完全脱钩之前，币值确定仍然以确定本国货币单位的含金量为主。如美国的货币单位为美元，1934 年美元的法定含金量定为 1 美元含纯金 0.888 671 克。在 20 世纪 70 年代黄金“非货币化”之后，各国货币不再规定含金量，币值确定的重点转变成如何确定和维持本国货币与外国货币的合理比价，即汇率。

（三）规定货币的铸造、发行与流通

一个国家的通货一般分为本位币和辅币，它们各有不同的铸造、发行与流通程序。本位币又称为主币，是由国家造币机构以法定货币材料按照一定规格铸造的铸币，是一国法律确认的价格标准，是流通中的基本通货。现在流通中不兑现的钞票，也沿用了本位币的称谓，表示它是国家承认的标准通货。本位币的最小规格通常是一个货币单位，如 1 美元、1 欧元或 1 元人民币等。辅币则是在主币以下，供日常零星交易或找零使用的通货，其面值要小于主币的面值。如美元的辅币为美分，1 美元等于 100 美分。辅币多由贱金属铸造，铸造权由国家垄断，为非足值通货。

除了铸币形式的本位币和辅币外，还有银行券、不兑现的纸币和信用货币。现代经济中的信用货币由各国中央银行集中统一发行，强制流通，并通过国家提供的商品和劳务再回笼到银行。信用货币的发行必须遵循经济发行的原则，在流通中实行无限法偿原则。

（四）规定货币的法偿能力

在现代货币制度下，货币的发行由中央银行垄断，因此，国家会通过法律对货币的支付能力进行规定。如果法律规定某种货币可以无限制地用于清偿债务、购买商品、支付劳务、缴纳税款等交易中，并且交易一方所支付的货币数量不受限制，交易的另一方不得拒绝接收，则这种货币被称为无限法偿货币，也就是说，它具有法律赋予的有无限制的偿付能力。在现代信用货币制度下，无限法偿货币指的是不可兑现的中央银行的银行券。有限法偿货币主要是针对辅币而言的，辅币由国家铸造，可以与主币自由兑换，但在一次支付中，如果超过规定数额，收款人有权拒绝接收。

要点强化

【单选题】在一国货币制度中，（　　）是不具有无限法偿能力的货币。

A. 主币　　B. 本位币　　C. 辅币　　D. 都不是

【答案解析】C。无限法偿能力是指法律赋予的货币具有无限制的偿付能力，可以无限制地用于清偿债务、购买商品、支付劳务、缴纳税款等交易中，并且交易一方所支付的货币数量不受限制，交易的另一方不得拒绝接受。有限法偿货币主要是针对辅币而言的。

（五）建立准备金制度

准备金制度又称为黄金储备制度，是指国家集中于中央银行或国库的黄金准备，是一国经济实力的标志，也是货币稳定的基础。准备金的作用主要有：调节国内金属货币流通；保证存款支付和银行券的兑换；用于国际支付。

知识链接 7－4

劣币驱逐良币是经济学中一个古老的原理，为16世纪英国政府的财务顾问格雷欣所提出，它称为“格雷欣法则”：在铸币时代，当那些低于法定重量或是成色的铸币——“劣币”进入流通领域之后，人们就倾向于将那些足值货币——“良币”收藏起来。最后，良币将被驱逐，市场上流通的就只剩下劣币。

（资料来源：萧松华，朱芳．货币银行学[M]．成都：西南财经大学出版社，2001）

五、我国的货币制度

人民币是我国于1948年12月在合并与收兑当时各个革命根据地和解放区的货币的基础上建立起来的，它是我国现行的唯一合法货币，属于纸币本位制。1955年3月1日，我国又发行了新版的人民币，同时建立了辅币制度。这种主辅币流通制度一直保持到现在。到目前为止，中国人民银行共发行了五套人民币。由于我国实行“一国两制”的方针，所以我国现行的货币制度是一种“一国四制”的特殊货币制度，即在中国香港、澳门、台湾地区和大陆实行不同的货币制度。现行的人民币制度内容如下：

（一）实行纸币流通制度，人民币是唯一法定通货

《中华人民共和国中国人民银行法》对人民币做了如下规定：“中华人民共和国的法定货币是人民币。以人民币支付中华人民共和国境内的一切公共的和私人的债务，任何单位和个人不得拒收。”而且“任何单位和个人不得印制、发售代币票券，以代替人民币在市场上流通”。

（二）人民币的单位

人民币的单位是“元”，辅币单位是“角”“分”。它们之间的兑换比例为1元等于10角，1角等于10分。

（三）人民币的发行和流通

人民币是由中国人民银行统一印制、统一发行。中国人民银行是国家唯一的货币发行机构，并在全国范围内实行统一的货币管理。

（四）人民币具有无限的法偿能力

无限的法偿能力是法律赋予的流通权利，在各种交易中，不论金额有多大，收款人均不得拒收。

（五）人民币的对外关系

我国人民币仍是非完全自由兑换货币。目前人民币在经常项目下实行可兑换，资本项目下兑换是受到限制的。随着我国国际地位的上升，人民币最终必然实现完全的自由兑换。

要点强化

【多选题】 我国货币制度规定人民币具有以下特点：(　　)。

A. 人民币是可兑换货币　　B. 人民币与黄金没有直接联系

C. 人民币是信用货币　　D. 人民币具有无限法偿力

E. 人民币具有有限法偿力

【参考答案】 BCD

第三节　信用和信用工具

信用和货币一样，既是一个古老的经济范畴，又是金融领域中一个十分重要的概念。它是商品经济发展到一定阶段的产物，是在商品交换过程中逐步出现的。随着商品经济的发展，商品买卖和货币支付在时间上发生了不一致，出现了赊销现象，商品买卖关系逐渐演变成债权债务关系，于是产生了信用。

一、信用概述

信用是一种借贷行为，是以偿还和付息为条件的、单方面的价值转移，是一种价值运动的特殊形式。

理解信用概念把握以下几点：

一是信用是一种借贷行为，信用关系即债权债务关系。

二是在信用活动中出让的是使用权，并不出让所有权。有借有还是其重要特征。

三是信用是价值的单方面转移，不是对等转移，所以它是价值运动的特殊形式。

二、信用形式

信用形式是信用活动的具体表现形式，随着商品货币关系的发展，信用形式也不断地发展和完善。按照在借贷关系中借者与贷者的不同，现代信用的主要形式有商业信用、银行信用、国家信用、消费信用等，如图 7－4 所示。

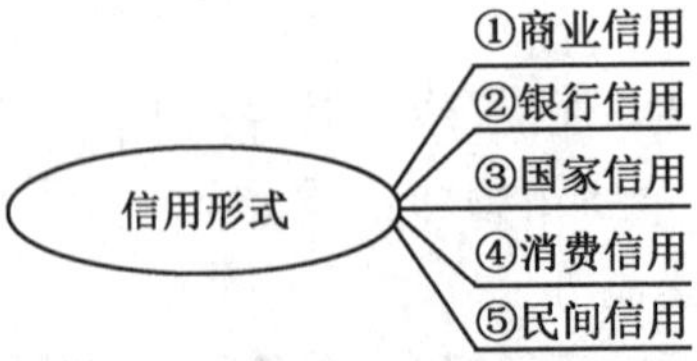

图 7—4　信用形式的种类

(一)商业信用

商业信用是指企业之间在商品交易中相互提供的信用，其基本形式是赊销商品和预付货款。

1. 商业信用的特点

(1)商业信用的债权债务人都是企业经营者。反映的是不同的商品生产企业或商品流通企业之间因商品交易而引起的债权债务关系。

(2)商业信用是以商品形态提供的信用,其资金来源是企业资金循环过程中的商品资金,是企业生产经营资金的一部分,而不是从生产过程游离出来的暂时闲置的货币资金。

(3)商业信用是一种直接信用。企业单位之间进行商品交易的同时也达成了延期付款或预付货款的协议。资金供求双方直接达成协议,无需任何信用中介机构的介入。

2. 商业信用的局限性

商业信用的特征,使它的存在和发展有明显的局限性:(1)商业信用的规模受到提供信用的企业所拥有的资金数额的限制,企业能赊销的商品只能是商品资金的一部分。(2)商业信用有严格的方向性,它受到商品流向的限制,因为商业信用的客体是商品,所以它只能向需要该种商品的企业提供。(3)商业信用的范围受到限制,因为商业信用是直接信用,借贷双方只有在相互了解对方的信誉和偿还能力的基础上才可能确立商业信用关系。

商业信用是直接与商品生产和流通过程相联系的,直接为商品买卖融通资金的一种信用形式,它对于促进商品交换和商品价值的实现,加速企业资金周转,保证再生产过程顺利进行起到了积极作用,但也带来消极影响。首先,商业信用是在企业之间分散、自发进行的,带有一定的盲目性。如果对商业信用规模范围不加引导和限制,就有可能打乱国家的物资和资金分配计划,影响国家重点建设项目对资金和物资集中使用的要求,影响涉及国计民生的重要商品的统一安排。其次,由于商业信用的钱货脱节即商品转移和货款支付的时间不同,容易掩盖企业经营管理上的问题,一旦债务企业资金周转不顺畅、发生偿债困难,就会对债权企业产生连锁影响,甚至可能使一系列企业都陷入债务危机之中。

课堂思考 7-3

商业信用可以按纺纱厂—织布厂—印染厂—服装厂—批发商—零售商的方向提供商业信用,是不是可以反方向提供呢?

要点强化

【多选题】商业信用的特点是(　　)。

A. 其债权人和债务人都是企业　　B. 借贷的对象是商品资本

C. 信用的规模依存于生产和流通的规模　　D. 规模巨大、方向不受限制

【答案解析】ABC。商业信用具有以下特点:商业信用的债权债务人都是企业经营者,商业信用是以商品形态提供的信用,商业信用是一种直接信用。

(二)银行信用

银行信用是银行及其他金融机构以货币形式提供的信用,它包括两个方面:一是通过吸收存款,集中社会各方面的闲置资金;二是通过发放贷款及证券投资,对集中起来的闲置资金加以运用。

银行信用是在商业信用的基础上产生的一种信用形式，它克服了商业信用的局限性，具有以下特点：(1)银行信用所分配的是通过信用形式集中起来的、从企业资金循环过程中游离出来的暂时闲置的货币资金，不受个别企业资金规模的限制。因此，银行信用的规模远远超过商业信用。(2)银行信用贷放出去的资金是处于再生产过程以外的借贷资金，并且一般是以货币形式提供的。不受商品的流向限制，能向任何生产部门提供信用，克服了商业信用在提供信用方向上的局限性。(3)银行信用以银行和各类金融机构为媒介。银行和各类金融机构是社会的信用中介，将社会大量的直接融资转化为间接融资。由于银行与社会联系比较广泛，有较强的信用能力，特别是中央银行产生以后，银行的信誉提高，稳定性增强，银行信用成了现代经济中最主要的信用形式。

(三)国家信用

国家信用是国家作为债务人向社会筹集资金的一种信用形式，国家信用的实质是国家借债，其主要形式有：发行政府债券(包括中央政府的国债、国库券和地方政府债券)及向银行透支等。

1. 国家信用是调剂政府收支不平衡的手段

国家在一个财政年度内，经常会发生收支不平衡的现象，有时支大于收，有时收大于支，为了解决财政年度内收支暂时不平衡，国家往往采取发行国库券的办法解决。

2. 国家信用是弥补财政赤字的重要手段

国家借债的最初目的是为了弥补财政赤字和筹措政府专项资金。解决财政赤字的方法主要有增加税收、挤占银行信贷资金和借债。增税会影响社会生产和商品流通的正常进行，容易引起社会公众的不满。挤占银行信贷资金会导致通货膨胀。采用国家举债的方式弥补财政赤字的副作用较小。所以许多国家都把发行国债作为弥补财政赤字的重要手段。

3. 国家信用是筹集巨额资金的重要手段

国家为了履行管理和发展经济等方面的基本职能，在发生战争、特大自然灾害和举办大规模新开发项目建设时，需要巨额资金。对这种巨额资金需求，许多国家采用国家信用来筹集。

4. 国家信用是调节经济的重要手段

随着国家信用的发展，一些国家中央银行通过买进卖出国家债券来调节整个社会的货币供应，借以影响市场资金供求，从而达到调节经济的目的。

(四)消费信用

消费信用是工商企业、银行或其他金融机构以商品、货币或劳务的形式向消费者个人提供的信用。

消费信用的主要形式有以下几种：(1)信用卡透支。这是发卡银行向持卡人提供的短期消费信用。持卡人在一定限额内允许透支消费，并有一定的免息期，超过免息期后一般按日支付利息。(2)分期付款。它主要用于购买耐用消费品，如汽车、房屋、家具等，并由商品经销商或制造商提供消费信用。(3)消费贷款。这是由银行或其他金融机构对耐用消费品的个人或分期付款销售耐用品的工商企业发放的贷款。这种消费贷款分为信用贷款和抵押贷款两种。信用贷款仅凭借款人的信誉，不必提供抵押品；抵押贷款则要求借款人以固定资产、金融资产或其他财产作为贷款的抵押。

消费信用是在商品经济发展的基础上，为促进商品价值的实现而产生的一种信用形式，它在资本主义社会得到广泛发展。消费信用在一定程度上可以缓和有限的购买力与现代生活需求之间的矛盾,缓和生产过剩的经济危机。随着我国短缺经济时代的结束,需求不足的矛盾逐步显现,消费信贷对于促进消费有着积极作用。我国的消费信贷目前主要用于购置住房、汽车、耐用消费品,教育方面的消费信贷也有一定的发展。

课堂思考7-4

直击老师卧底揭“校园贷”的背后

不良校园贷危害的新闻屡见不鲜,为何不良校园贷仍有生存土壤?有学生借了3 000元的校园贷,利滚利3个月后就需偿还3万元了。日前,某学院美女辅导员毛某带着这样的疑问去寻找答案。

毛某匿名加入一些不良校园贷QQ群,把自己的经历、体会和不良校园贷的危害以及应对对策等拍成视频,然后放给学生们看。在各个高校群体、网站中流传甚广。对一些大学生也有所触及。在获得巨大点击量和赞扬的同时,不少媒体、网友将毛某称为“潜伏在不良校园贷群里的美女卧底辅导员”。

很多网贷平台变着花样玩套路,有的让学生在网贷之前签保证书说自己不是学生,有的以假装购买物品的形式,让学生签分期付款合同,实施变相放贷。在高额债务的压力以及这些贷款平台的暴力催收下,有些学生每天胆战心惊、无心学业,甚至有人不堪重负,选择自杀。

这些不良校园贷的合同,看上去似乎合法,但实际上有很多让人看不懂的条款和算不清楚的利率。不良校园贷和一些比较正规贷款的平台相比,门槛低,所需证件非常少。如此一来,只要大学生愿意贷款,往往都能通过网贷平台轻松拿到钱,只是拿钱之后的事,大学生们往往不在意,大不了再贷款还款,就这样一步步陷入恶性循环。网上还有各式各样的网贷吧、催收群,这些群里有专门教放贷者催款的技巧,还提供异地上门催收、“短信轰炸机”等服务。

一旦有学生还不上钱,就会遭到各种各样的骚扰,直到还清欠款为止。形形色色、五花八门的小额贷款平台之危害,毋庸置疑。有的人甚至欠下几十万元的债务,到最后不得不向家里人坦白、求助。

1.“低利息”并不可信。目前网贷平台多数产品的年化借款利率在15%以上,所谓的“低利息”并不可信。这些字眼导致学生容易“上当受骗”。

2. 越便捷,越易变“劫”。有的贷款很便捷,只需要一张身份证就可以,有的同学碍于人情关系等原因,用身份证替别人办贷款。这种行为风险很高,因为一旦对方无力还款,剩余的债务就由“被”办理人独自承担。

3. 一旦逾期,催款“全方位”。有些案例中,一旦学生贷款还不上,网贷平台并不会通过正当途径追款,而是采用给父母、亲友、老师群发短信,在校园里贴大字报,甚至安排人员上门堵截等威胁恐吓的手段向学生催款逼债。

4. 易滋生借款恶习。有的学生爱攀比,又有恶习,父母提供的费用不能满足其需求。这些学生可能会转向校园高利贷获取资金,并引发赌博、酗酒等恶习,甚至因无法还款而逃课、辍学,进而影响学生的身心健康。

5. 易诱发其他犯罪。放贷人可能利用校园"高利贷"诈骗学生抵押物、保证金,或利用学生信息搞电话诈骗、骗领信用卡等。

(资料来源:http://wemedia. ifeng. com/40702282/wemedia. shtml.)

请同学们思考:你身边有过类似的案例吗?你会不会因提前消费而去贷"校园贷"?"校园贷"是消费信贷吗?

(五)民间信用

民间信用是民间个人之间的借贷活动,其存在的经济基础是个体经济和多种经营方式的存在。

民间信用的参加对象主要是农村居民、农村集体生产单位和个体经营的乡镇小企业。民间信用有以货币形式提供的,也有以实物形式提供的。民间信用在方式上比较灵活、简便,可随时调节个人之间的资金余缺,能在一定范围内弥补银行信用的不足。但由于它利率高、手续不够齐全、随意性大、风险大、分散性和盲目性等特点,必须正确引导和加强管理。

要点强化

【单选题】个人住房贷款属于(　　)。

A. 银行信用　　B. 政府信用　　C. 消费信用　　D. 企业信用

【答案解析】C。个人住房贷款是以个人住房为抵押获得的消费贷款。

知识链接 7-5

当前的"民间借贷"

从1979年经济改革与开放政策开始执行直至今天,特别是在农村地区,民间借贷相当活跃。民间借贷大体包括两部分:一是指在民间自发产生的借贷组织形式,如标会、轮会、摇会、抬会、合会等。它们的出现并非政府倡导,从而政府不予支持,也得不到专门法律或法规的保护。二是指无定型组织形式但遵循借贷准则的经济行为,如通过邻里、熟人的中介进行的借贷。

民间借贷是不是高利贷?进行判断的一个关键性界限是:是否显著超出现代信用关系中的利率水平。然而,高到怎样的程度才算高利贷,难有定论。自改革开放以来再度活跃的民间借贷,其产生基础并非全是迫于丧葬嫁娶、天灾人祸乃至赌博挥霍之类的紧急需要,应该说有相当大的部分是为了解决经营方面的资金需要。改革开放为私人的经营活动提供了极大的余地,而高的投资回报又使其有可能支付高水平的利息;换言之,这里的高利率并未达到阻碍经营活动发展的水平。

民间借贷之所以活跃,是由于现代的信用体系尚不足以满足经济生活中的借贷需求——广大农村和一些城市居民困难户的借贷需求乃至小型经营活动的小额货币资金的需求。面对这种情况,显然我们不应简单排斥、禁止,而应采取积极的办法加以引导、规范。

(资料来源:黄达,张杰. 金融学(第四版)[M]. 北京:中国人民大学出版社,2017(5):34)

三、信用工具

1. 信用工具的概念

信用工具又称为金融工具，是以书面形式发行和流通、借以保证债权人或投资人权利的凭证。信用工具是金融市场的重要交易对象，对持有者来说是金融资产。

2. 信用工具的特征

信用工具一般有以下特征：

(1)偿还性。各种信用工具(除股票外)一般都载明到期进行偿还的义务。只有两种信用工具没有明确的偿还期：一是活期存款单，二是股票。投入到股票上的资金可通过随时出卖股票而收回。商业票据和债券等信用工具一般均注明发行日至到期日的期限，即偿还期。

(2)流动性。信用工具可以在金融市场上进行买卖转让。一般情况下，流动性与偿还期成反比，即偿还期越长，流动性越差，与债务人的信用能力成正比，即债务人资信等级越高，流动性就越强。

(3)风险性。信用工具的风险有两种：一种是信用风险，又称为违约风险，指债务人不履行合同，不能按约定的期限和利率按时还本付息；另一种是市场风险，指因利率变化或证券市场上行情波动，造成信用工具价格下跌，以致给投资者带来损失。

(4)收益性。优良的信用工具应有能给投资者带来收益的能力。信用工具的收益有两种：一种是固定收益，如债券、存单，在券面上就载明了利率；另一种是即期收益，如股票，其收益大小没有事先确定，只能取决于发行股票的公司的盈利水平以及股票市场上的价格水平。

3. 主要的信用工具

随着信用在现代经济生活中的不断深化和扩展，信用工具种类越来越多，信用工具从不同的角度可以进行不同的划分：

(1)按信用形式划分，信用工具可分为商业信用工具，如各种商业票据等；银行信用工具，如银行券和银行票据等；国家信用工具，如国库券等各种政府债券；证券投资信用工具，如债券、股票等。

(2)按融通资金的方式可分为直接融资信用工具和间接融资信用工具。直接信用工具是指非金融机构发行的商业票据、公债国库券、企业债券和股票等，间接信用工具是指金融机构发行的银行券存款单、银行票据和保险单等。

(3)按照偿还期限的长短可分为短期信用工具和长期信用工具。短期信用工具一般是指提供信用的有效期限在1年或1年以内的信用凭证，如各种票据(汇票、期票、支票等)、信用证、信用卡、国库券等；长期信用工具如股票、公司债券、政府公债和金融债券等。

(4)按权利与义务划分，可分为债权凭证和所有权凭证。债权凭证表明信用工具的持有人是债权人，与发行主体之间是债权债务关系；所有权凭证表明信用工具的持有人与发行主体之间是所属关系。债券、存单属于债权凭证，股票是一种所有权凭证。

第四节　利息与利息率

一、利息与利息率的概念

从形态上看，利息是货币所有者因为发出货币资金而从借款者手中获得的报酬；从另一方面看，它是借贷者使用货币必须支付的代价。利息实质上是利润的一部分，是利润的特殊转化形式。

利率表示一定时期内利息与本金的比率，年利率通常用百分比表示，月利率用千分比表示，日利率用万分比表示。根据我国传统习惯，以“厘”作为利率的单位。“年息 1 厘”是指借贷资金 1 年的利息，按本金 1%计算；“月利 1 厘”是指借贷资金 1 个月的利息，按本金的 1‰计算；“日利 1 厘”是指借贷资金 1 天的利息，按本金的 1‱计算。

要点强化

【单选题】年息 4 厘是指(　　)。

A. 4%　　　　B. 4‰　　　　C. 4　　　　D. 以上都不对

【答案解析】A。“年息 1 厘”是指借贷资金 1 年的利息，按本金 1%计算，故年息 4 厘是指 4%。

二、利息的计算

利息计算有两种基本方法：单利法和复利法。

1. 单利法

单利法是指在算利息额时，只按本金计算利息，而不将利息额加入本金进行重复计算的方法。由于计算简单，借入者的利息负担比较轻，所以常用于短期借贷当中。

计算利息有三个基本要素：本金、利率和时期。利息的多少与这三个要素成正比关系，本金数量越大、利率越高，存放期越长则利息越多；反之，利息就越少。可用如下公式表示：

$$S=P(1+r.n)$$

其中 S 为到期日的本利和，P 为本金，r 为利率，n 为计算期数。

【例 7—1】王某存入银行一笔 20 万元的存款，存期为 5 年，年利率为 6%，请按单利法计算王某到期后能收回多少本金和利息？

5 年的本利和＝200 000 ×(1＋6%×5)＝260 000(元)

2. 复利法

复利法是指将前期利息并入本金一并计算当期利息的一种方法。复利法下，每经过一个计息期，都要将利息加到本金再计利息，逐期滚算，俗称“利滚利”。其本利和可以表示为：

$$S=P(1+r)^n$$

课堂思考 7－5

用复利计算上述【例 7－1】中的本利和是多少？

用单利计算利息，手续简便，易于计算借款成本，有利于减轻借款者的利息负担。用复利计算利息，有利于提高资金的时间观念，有利于发挥利息杠杆的调节作用和提高社会资金的使用效益。一个国家选择哪种利息计算方法应根据各国的具体情况确定，一般应考虑经济体制、国家对利息杠杆的利用程度以及传统习惯等因素。

三、利率及种类

利率的种类很多，从不同的角度划分，主要有以下几种类型：

（一）市场利率和公定利率

市场利率是在金融市场上由借贷双方通过竞争而形成的利率，随借贷资金供求状况的变化而变化。公定利率又称政策利率，是政府当局通过中央银行制定的利率，在整个利率中居主导地位，影响和引导市场利率的变化。但是由于市场利率能及时、灵敏地反映借贷资金的供求状况，因此，市场利率又是政府制定和管理利率的依据。

（二）固定利率和浮动利率

固定利率是指在整个借贷期间固定不变、不随借贷资金供求关系的变化而波动的利率。浮动利率是指在借贷期间，利率随市场利率的变化定期调整的利率，调整期限和调整依据由借贷双方在签订借贷协议时商定。我国的利率多为固定利率。

（三）名义利率和实际利率

按照与通货膨胀的关系可分为实际利率和名义利率。实际利率是指物价水平不变，从而货币购买力不变时的利息率。但物价水平不变的情况在当今世界的现实生活中是极少见的，而物价上涨却是一种普遍现象。因此，实际利率就是扣除了同期通货膨胀的利率；名义利率则是包括通货膨胀风险补偿的利率，是借贷合同和有价证券上载明的利率，是借款人需向贷款人或投资人支付的利率。如果不发生货币贬值，则名义利率与实际利率一致；否则，名义利率与实际利率就不一致了。在目前情况下，市场的各种利率都是名义利率，名义利率和实际利率的关系可以通过下列公式表示出来：

实际利率＝名义利率－通货膨胀率

市场上名义利率的变动取决于人们对物价上涨率的预期，需要注意的是，名义利率并非同步于物价上涨率的变化。因为人们对价格变化的预期往往滞后于物价上涨率的变化，所以名义利率追随物价上涨的变化也往往带有滞后的特点。

（四）贷款利率和存款利率

贷款利率是贷款利息额与贷款本金的比率；存款利率是存款利息额与存款本金的比率。从银行角度看，存款利率是借入资金的"价格"，贷款利率是贷出资金的"价格"，存贷款利率之间应保持一定的差距，以保证金融企业有利可图，否则，金融业就失去了生存的基础。

此外，利率还可以分为长期利率、短期利率、普通利率、优惠利率和差别利率等。

知识链接 7－6

我国的利率市场化

利率市场化实际上就是将利率的决策权交给金融机构，由金融机构自己根据资金状况和对金融市场动向的判断来自主调节利率水平，最终形成以中央银行基准利率为基础，以货币市场利率为中介，由市场供求决定金融存贷利率的市场利率体系和利率形成机制。经过20多年的改革，我国已于2013年7月20日起全面放开金融机构贷款利率管制，下一步将进一步完善存款利率市场化所需要的各项基础条件，稳妥有序地推进存款利率市场化。

四、影响和决定利率变化的因素

信用的作用必须通过利息才能有效地发挥出来，但利息的调节作用又主要通过利率的高低变化来实现。利率过高，使投资者利润微薄，甚至无利可图，影响投资的积极性；利率过低，又会使资金盲目再分配，导致资金的浪费和不合理使用，同时还会影响货币资金的筹集和货币流通的稳定。影响和决定利率变化的因素如图7—5。

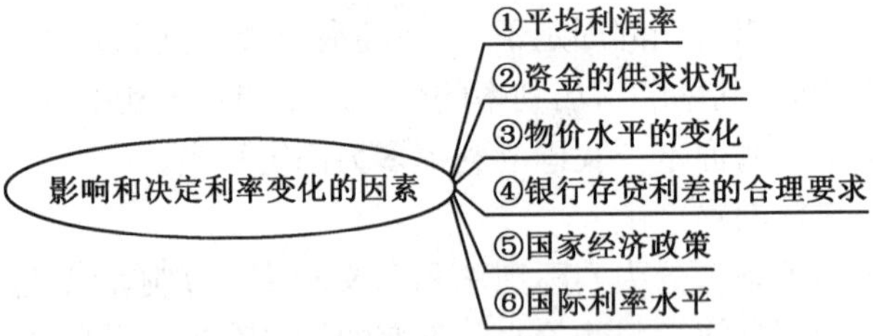

图7—5　影响和决定利率变化的因素

1. 平均利润率是决定利率变化的基本因素

利息来源于企业的纯收入，是企业利润的一部分，利率的高低就必然会受到平均利润率的制约。利息率以平均利润率为最高界限，这意味着利息率不能过高，如果利息率等于或超过平均利润率时，将使大部分使用贷款的企业无利可图，从而影响投资的增长和生产规模的扩大。至于利息率的最低界限一般是难以具体规定的，但利息率肯定不会等于零。如果利息率等于零，货币所有者会因无利可图而不愿出借货币。因此，利息率总是在平均利润率与零之间上下波动。在其他条件不变情况下，平均利润率愈高，利息率一般也就愈高；反之亦然。

2. 考虑资金的供求状况

利息是借贷资金使用权的"价格"。当资金供过于求时，利率就会下降；当资金供不应求时，利率就会提高。当然，利率对资金供求变化的反应并非只是被动消极的，相反，它也积极地反作用于资金供求。利率提高，会减少对资金的需求，并使资金的来源相应地增加；利率降低，会刺激对资金的需求，同时使资金的来源相应地减少。随着金融市场的逐渐发育和成熟，资金供求关系会越来越复杂且多变，资金供求状况对利率的影响也将越来越大。

3. 考虑物价水平的变化

保持物价的基本稳定，是经济持续、稳定发展的重要条件。但是，物价基本稳定不等于物价水平固定不变。在物价上涨的情况下，利率的最低限，是要切实保证实际利率大于零，即不出现负利率。在负利率的情况下，存款人所得的利息不足以补偿物价上涨的损失，使持有货币的个人或单位不愿意把钱存入银行，而宁愿去购买商品以图保值。与此同时，在负利率的情况下，贷款者不仅无须为使用贷款支付任何代价，还会因举债而凭空获得一笔利差收入。这样，会大大刺激企业对资金的需求，甚至利用负利率囤积商品物资，转手牟利。

4. 考虑银行存贷利差的合理要求

一般地说，银行放款的利率应高于存款利率，这两者之间的差额称为利差，是银行收入的主要来源。但利差的水平必须适当。利差过大，无论是由贷款利率过高引起的，还是由存款利率过低引起的，都会影响信贷资金的平衡和货币流通的稳定。利差过小，不仅会减少银行的业务收入，影响银行经营的积极性，而且会削弱利息的杠杆作用，不能起到促进企业合理使用资金的作用，甚至会引发信用膨胀。

5. 国家经济政策

利息政策是国家宏观经济政策的重要组成部分。当国家期望刺激经济发展时，则选择较低的利率水平；当国家要抑制经济过热时，则会选择较高的利率水平。

6. 国际利率水平

目前我国的外汇贷款主要来自国际金融市场，利率是国际金融市场利率，一般要高于国内市场贷款利率。如果国际市场和国内市场利率水平差别太大，就会引起国际间资本的流动，以致影响一个国家的国际收支平衡。为了防止国际收支失衡，当资金外流过多时，可提高国内利率以鼓励资金流入；而当资金流入过多时，可降低国内利率以促进资金外流。

第五节　通货膨胀与通货紧缩

一定时期经济运行中的货币需求与货币供给应在动态上保持一致的状态，即达到货币均衡。但由于各种原因打破这种均衡就会出现通货膨胀或通货紧缩。

一、通货膨胀

通货膨胀是货币供给过度引起的单位货币贬值的经济现象。通货膨胀能破坏经济运行的正常秩序，扭曲市场经济关系，降低资源配置效率，是各国货币供求管理重点防范对象。

(一)通货膨胀的概念

通货膨胀是指实际货币供应量超过现实商品供应量决定的货币必要量而引起的纸币贬值和物价上涨的经济现象。它有三个明显的特征：一是货币过量发行；二是货币贬值；三是物价上涨。货币过量发行是导致通货膨胀的主要原因，货币贬值是通货膨胀的实质所在，而物价上涨则是通货膨胀的必然表现与结果。这三者同时出现，才能判断是否出现通货膨胀。

(二)通货膨胀的种类与成因

随着经济的发展，通货膨胀也日趋复杂和多样化。通常从不同的角度把通货膨胀划分为多种不同的类型，如图 7－6。

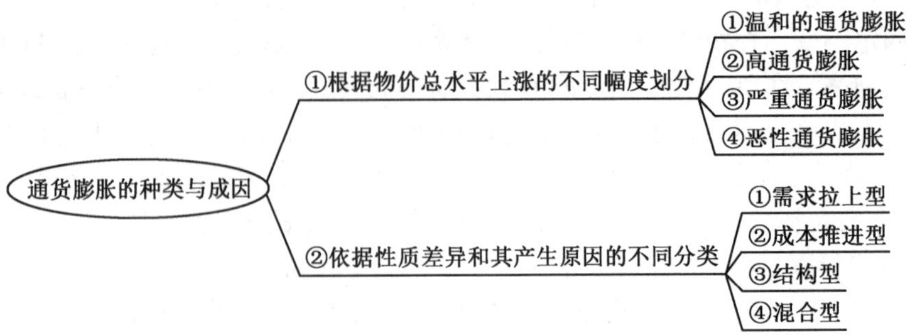

图 7—6　通货膨胀的种类和成因

1. 根据物价总水平上涨的不同幅度划分

根据物价总水平上涨的不同幅度划分为以下 4 种通货膨胀：

(1)温和的通货膨胀，物价总水平上涨幅度为 2%—5%；

(2)高通货膨胀，物价总水平上涨幅度为 5%—10%；

(3)严重通货膨胀，物价总水平上涨幅度为 10%—20%；

(4)恶性通货膨胀，物价总水平上涨幅度超过 20%。

一般认为通货膨胀是指年度而言的，用年通货膨胀率来表示。虽然西方国家和我国有时也公布月或季的物价指数，但在讨论通货膨胀问题时，一般都是以年为计量时间单位，即用年通货膨胀率来表示。

2. 依据性质差异和其产生原因的不同分类

依据性质差异和其产生原因的不同，一般将通货膨胀划分为需求型、成本型、结构型、混合型等不同类型的通货膨胀。这里主要介绍需求拉上型和成本推动型的通货膨胀。

(1)需求拉上型。需求拉上型是指总需求膨胀而形成的通货膨胀，即商品和劳务的总需求量超过商品和劳务的总供给量所造成的过剩需求拉动了物价的普遍上涨。

那么，引起社会总需求过度增长的原因又是什么呢？主要有以下两点：一是财政原因。财政赤字或赤字财政都需要通过一定方式如向中央银行借款、发行政府债券来弥补，而无论采取哪种方式弥补赤字，其结果都是向流通领域供给过多货币，这种货币的过量发行导致总需求膨胀，从而引发通货膨胀。二是信用膨胀。信用膨胀是指用户贷款膨胀，即贷款规模超过了其正常的资金来源，也即超过生产、流通对银行贷款的真正需要，致使货币供应量超过客观需要量，导致总需求膨胀从而引发通货膨胀。

(2)成本推进型。在社会商品和劳务总需求不变的情况下，由于生产成本提高，引起产品价格上涨而形成的通货膨胀，它是从供给方面带动的通货膨胀。推动成本上升的因素有以下几方面：一是工资推进，即工资增长率超过劳动生产率的增长造成产品成本增加，物价上涨。二是利润推进，即垄断企业用涨价方式增加利润，从而导致企业生产要素所有者相应要求增加生产要素报酬，使生产成本增加，引起新一轮涨价。三是进口成本推进，这是指进口能源、原材料等投入品价格的大幅度上涨，使产品成本显著增加引起通货膨胀。四是结构差异，这是指在社会总需求不变的情况下，由于结构的不合理引起通货膨胀。

总之，通货膨胀是一种非常复杂的经济现象，往往是由多种原因引起的，除了上述三种因素外，还存在诸如供给不足、预期不当、体制因素等其他原因。

（三）通货膨胀的社会影响

1. 通货膨胀对生产的影响

通货膨胀对生产的影响突出表现在两个方面：一是持续的通货膨胀会导致生产资本减少。因为商品价格的上涨会使企业的生产成本迅速上升，资金利润率下降，同样的资本投资于生产领域比投资于流通领域特别是投资于金融市场获利要少得多。所以，在通货膨胀条件下，不但不能吸引投资到生产领域，反而会使原来已在生产领域的资金也抽出流向流通领域和金融市场，其后果是生产规模减小，生产萎缩。二是改变了生产格局，导致不合理的生产结构，使国民经济畸形发展。在通货膨胀期间，由于各种商品价格的上涨幅度不一致，因而造成各部门、各行业之间的利润分配不平衡。价格上涨快、幅度大、获利高的部门和行业，会因资金大量流出而导致投资不足。增加配置的不合理，造成了资源的浪费和产业价格的不协调，从而导致国民经济的畸形发展。

2. 通货膨胀对流通的影响

通货膨胀对流通的影响主要表现在两个方面：一是通货膨胀打乱了正常的社会流通渠道。在通货膨胀中，由于物价上涨的幅度在不同地区是不同的，因而商品流通就会冲破原有的渠道，改变原有的流向，向价格上涨更快的地方流动，这就打乱了企业之间原有的购销渠道，破坏了商品的正常流向。二是通货膨胀还会加剧供给与需求之间的矛盾。在通货膨胀情况下，人们为了避免货币贬值的损失，囤积居奇，使本来就不平衡的供给需求矛盾加深。生产供需的失衡和矛盾的加剧，又会反过来推动物价水平的不断上涨。

3. 通货膨胀对分配的影响

通货膨胀对分配的影响可以从国民收入的初次分配和再分配环节去考察。从企业为主的初次分配看，如果币值降低，物价上涨，企业的销售收入就不是真实的，企业据此所支付的工资、企业税后利润等就有一部分不能从市场上买到相应的产品，从而影响企业再生产的顺利进行。从财政的再分配来看，在形式上，通货膨胀使财政收入增加了，但由于物价水平的上涨，财政分配的货币增加却不足以全部转化为实际物资，财政分配就不能在实物形态上得到最终实现，使国家运用财政手段调节经济的能力减弱。

4. 通货膨胀对消费的影响

通货膨胀对消费的影响主要表现在：一方面，居民的货币收入因物价上涨而下降实际上是消费水平的下降；另一方面，由于物价上涨的不平衡性，高收入阶层和低收入阶层所受的损失不一样，因而也会加剧社会成员之间的矛盾。同时，通货膨胀造成的市场混乱，使投机活动猖獗，又加剧了市场供需之间的矛盾，使消费者遭受更大的损失。

课堂思考 7－6

你觉得物价上涨对你有什么影响？在物价飞涨时，人们会说：“投资不如投机”“存钱不如存货”“生产不如囤积”。你对这些说法有什么认识？

（四）通货膨胀的治理对策

1. 调节和控制社会总需求

在财政政策方面，主要措施有：(1)增加税收。增加税收是为了增加财政收入，弥补财政赤字，减少因赤字带来的货币发行。税收增加后，会使企业的利润和个人可支配的收入相对减少，从而使企业的投资需求和个人消费减少。财政赤字减少，总需求的膨胀即可得到抑制。(2)减少政府开支。在财政收入一定的条件下，削减政府的预算支出，也就可以相应减少财政赤字和为弥补财政赤字而增加的货币发行。同时削减预算支出本身也减少了社会总需求。

在货币政策方面，主要措施有：(1)降低货币供应量的增加以抑制总需求。如通过中央银行提高存款准备金比率、在公开市场抛售证券等。(2)提高利率以抑制投资需要、压缩市场货币供应量来控制和压缩需求膨胀。

2. 增加商品的有效供给

增加商品的有效供给是治理通货膨胀的另一个重要方面。一般来说，增加有效供给的主要手段是降低成本，减少消耗，提高经济效益，提高投入产出的比例。同时，调整产业结构，支持短缺商品的生产。

二、通货紧缩

(一)通货紧缩的含义及特征

通货紧缩是指流通中的货币供应量少于实际需求量，从而引起货币升值，商品价格持续下降，生产疲软，有效需求严重不足的一种经济现象。通货紧缩的具体表现是：

1. 物价持续下降

这种物价持续下降是在较长时间内，商品与劳务价格普遍不断下降，不是个别商品和劳务的价格下降，而是物价总水平连续下降的动态过程。

2. 商品有效需求不足

通货紧缩往往是在通货膨胀得到抑制后发生的。在通货膨胀下，市场需求较旺，刺激了企业投资。在通货膨胀得到抑制之后，一种是市场供求趋于正常；另一种是在通货膨胀刺激下已经扩大了的商品供给与萎缩了的有效需求之间发生矛盾，商品总需求连续下降，社会有效需求不足。

3. 生产下降，经济衰退

由于有效需求不足，商品价格下降，企业利润降低甚至发生亏损，生产性投资明显减少，市场萎缩。

4. 失业增加

由于工厂开工不足，失业人数增加，工资收入下降，进一步制约着对商品的有效需求，出现通货紧缩，导致经济增长连续下降。

(二)通货紧缩的危害

长期以来，通货紧缩的危害往往被人们轻视，并认为它远远小于通货膨胀对经济的威胁。然而，通货紧缩的历史教训和全球性通货紧缩的严峻现实，迫使人们认识到，通货紧缩与通货膨胀一样，会对经济发展造成严重危害。而且，政策制定者很难防止通货紧缩的发生，或使通货紧缩趋势逆转。通货紧缩一旦发生，如果不能及时扭转，则可能导致以下后果。

1. 通货紧缩会导致并加速经济衰退

通货紧缩既是经济紧缩的结果，又是经济进一步紧缩的原因。由于通货紧缩提高了货币的购买力，使人们愿意更多地储蓄，更少地消费。与此同时，物价的持续下跌会使实际利率水平上升，提高企业投资成本，迫使企业减少投资。消费和投资水平的下降必然造成经济萎缩和衰退。

2. 通货紧缩可能引发银行危机

通货紧缩有利于债权人而损害债务人，通货紧缩使货币越来越昂贵，这实际上加重了借款人的债务负担，使借款人无力偿还贷款，从而导致银行形成大量不良资产，甚至使银行倒闭，金融体系崩溃。

3. 负财富效应

通货紧缩在使货币越来越昂贵的同时，会产生商品和资产价格的持续下跌，股市的狂跌，产生负面的财富效应，降低资产的抵押或担保价值，加速企业的破产过程。此种情况在债务与国内生产总值比率高的国家更易发生。

(三)通货紧缩的治理

1. 实行积极的货币政策

主要有以下手段:(1)较大幅度地增加货币供应量，尤其是扩大中央银行基础货币的投放;(2)下调法定存款准备金率和完善准备金制度;(3)加速货币信贷主体的货币投放积极性，消除货币投放中的障碍。

积极的财政政策不仅意味着扩大财政支出，而且还意味着要优化财政支出结构，以增大财政支出的"乘数效应"。扩大财政支出，可以发挥财政支出在社会总支出中的作用，弥补个人消费需求不足造成的需求减缓，起到"稳定器"的作用。优化财政支出结构，使财政支出能最大化地带动企业或私人部门的投资，以增加社会总需求。

2. 适当运用积极货币政策

实行积极的货币政策就要求中央银行及时做好货币政策的微调，适时增加货币供应量，降低实际利率，密切关注金融机构的信贷行为，通过灵活的货币政策促使金融机构增加有效贷款投放量，以增加货币供给。

3. 优化产业结构

实行恰当的产业政策在反通货紧缩体系中占有重要地位。要强调结构优化，使技术产业升级并辅之以鼓励，补助高科技和高就业等产业;坚决压缩无效供给，优化资源配置，把投资环境和结构关系作为衡量一个地区发展水平和政绩的重要指标。同时，还要以制度创新、技术创新为重点。

本章小结

金融作为一个经济范畴，是指在社会经济生活中的货币流通、信用活动及一切与货币信用相联系的经济活动及关系的总和。金融是社会资金运动的总枢纽，是发展经济的重要杠杆，已成为现代经济的核心。

货币是从商品中分离出来，固定地充当一般等价物的特殊商品。货币的本质是一般等价物。货币起源于商品交换，其发展过程中出现过实物货币、金属货币、信用货币和电子货币形态。货币具有价值尺度、流通手段、储藏手段、支付手段、世界货币的职能。我国的货币制度是人民币制度，属于不兑现的信用货币制度。

信用是借贷行为的总称，是以偿还本金和支付利息为前提条件的特殊的价值运动形式，是从属于商品货币经济关系的一个经济范畴;现代信用主要有商业信用、银行信用、国家信用、消费信用、民间信用等。信用工具也称金融工具,主要的信用工具有票据、国库券、债券、股票等。

利息是贷出方向借入方收取的让渡货币资金使用权的报酬。利息率,简称利率,是一定时期内的利息额与本金的比率。决定和影响利率变化的因素主要有平均利润率、通货膨胀、货币资金供求状况、国家经济政策、国际市场利率水平等。利息的计算方法有单利法和复利法。

通货膨胀是指实际货币供应量超过现实商品供应量决定的货币必要量而引起的纸币贬值和物价上涨的经济现象。一般将通货膨胀划分为需求型、成本型、结构型、混合型等不同类型的通货膨胀。通货膨胀对生产、流通、分配、消费都会产生一定的影响,其破坏经济运行的正常秩序,扭曲市场经济关系,降低资源配置效率,是各国货币供求管理重点防范对象。其主要治理对策有调节和控制社会总需求,增加商品的有效供给。

通货紧缩是指流通中的货币供应量少于实际需求量,从而引起货币升值,商品价格持续下降,生产疲软,有效需求严重不足的一种经济现象。通货紧缩会引起物价持续下降、商品有效需求不足、失业增加、经济衰退,引发银行危机,负财富效应。治理通货紧缩的主要方法是适当运用积极的财政政策、货币政策,优化产业结构。

思考与练习

一、单选题

1. 历史上最早出现的货币形态是(　　)。

A. 实物货币　　B. 信用货币　　C. 代用货币　　D. 电子货币

2. 典型的银行券属于(　　)类型的货币。

A. 实物货币　　B. 信用货币　　C. 代用货币　　D. 电子货币

3. 中国本位币的最小规格是(　　)。

A. 1 分　　B. 1 角　　C. 1 元　　D. 10 元

4. 货币的本质特征是充当(　　)。

A. 特殊等价物　　B. 一般等价物　　C. 普通商品　　D. 特殊商品

5. 通货膨胀是(　　)引起的物价上涨。

A. 货币升值　　B. 货币贬值　　C. 成本上升　　D. 需求过多

6. 在商品和劳务供应不变的情况下,因生产成本提高而引起的通货膨胀是(　　)。

A. 需求拉上型通货膨胀　　B. 成本推动型通货膨胀

C. 结构失调型通货膨胀　　D. 抑制性通货膨胀

7. 通货紧缩会导致消费总体趋于(　　)。

A. 提升　　B. 下降　　C. 不变　　D. 旺盛

8. 通货紧缩会使人们(　　)储蓄。

A. 增加　　B. 减少　　C. 没有　　D. 改变

9. 月息 5 厘是指(　　)。

A. 5% B. 5‰ C. 5‱ D. 以上都不对

10. 年息5厘是指年利率为( )。

A. 5% B. 50% C. 0.5% D. 0.05%

11. 衡量利率最精准的指标通常是( )。

A. 存款利率 B. 贷款利率 C. 到期收益率 D. 基准利率

12. 我国的利率多为( )。

A. 固定利率 B. 浮动利率 C. 混合利率 D. 以上都不对

13. 随市场供求变化而自由变动的利率是( )。

A. 固定利率 B. 浮动利率 C. 市场利率 D. 名义利率

14. 实际利率是由名义利率扣除( )后的利率。

A. 利息所得税率 B. 商品变动率 C. 物价变动率 D. 平均利润率

二、多选题

1. 现代金融有以下特征:( )。

A. 金融商品多样化 B. 金融体系多元化

C. 互联网金融迅速发展 D. 金融全球化

2. 货币的职能是( )。

A. 支付手段 B. 流通手段 C. 储藏手段 D. 世界货币

E. 价值尺度

3. 货币单位的确定包括( )。

A. 规定货币单位的名称 B. 确定货币单位的"值"

C. 确定货币的币材 D. 确定货币进制

4. 信用货币包括( )。

A. 银行券 B. 支票 C. 活期存款 D. 商业票据

E. 定期存款

5. 货币的两个基本职能是( )

A. 流通手段 B. 支付手段 C. 储藏手段 D. 世界货币

E. 价值尺度

6. 在下列货币职能中,不能采用观念上的货币,而必须采用现实货币的有( )。

A. 价值尺度 B. 流通手段 C. 储藏手段 D. 支付手段

E. 世界货币

7. 消费信贷的主要形式有( )。

A. 赊销 B. 信用卡透支 C. 分期付款 D. 消费贷款

8. 利息的计算有( )。

A. 单利法 B. 复利法 C. 计划法 D. 成本法

9. 造成需求拉上型通货膨胀的原因是( )。

A. 金融政策 B. 财政原因 C. 信用萎缩 D. 信用膨胀

10. 在成本推进型通货膨胀中,引起成本上升的因素有( )。

A. 利润推进 B. 工资推进 C. 进口成本推进 D. 结构差异

11. 通货膨胀对流通的影响主要表现在(　　)。

A. 改善供给与需求之间的平衡
B. 打乱正常的社会流通渠道
C. 增加消费机会
D. 加剧供给与需求之间的矛盾

12. 出现通货紧缩时,一般会出现的现象是(　　)。

A. 物价持续下降
B. 商品有效需求不足
C. 就业充分
D. 生产下降,经济衰退

13. 一般来说,通货膨胀对经济的影响有(　　)。

A. 加速经济衰退
B. 造成生产停滞
C. 消费总体趋于下降
D. 促进生产

14. 银行信用的特点是(　　)。

A. 银行信用可以达到巨大规模
B. 银行信用是以货币形态提供的信用
C. 银行信用有一定的方向性
D. 银行是作为债务人的身份出现的

15. 银行信用与商业信用的关系表现为(　　)。

A. 商业信用是银行信用产生的基础
B. 银行信用推动商业信用的完善
C. 两者相互促进
D. 银行信用可以取代商业信用
E. 在一定条件下,商业信用可以转化为银行信用

三、判断题

1. 信用货币虽然本身没有价值,但由于其能够发挥货币的职能,所以构成社会财富的组成部分。(　　)

2. 电子货币作为一种信用货币,预示着无现金社会的发展趋势,即完全没有货币的社会。(　　)

3. 在纸币本位制下,如果在同一市场上出现两种以上可流通纸币,会导致实际价值较低的货币排斥实际价值高的货币的"劣币驱逐良币"现象。(　　)

4. 银行信用与商业信用是对立的,银行信用发展起来后,逐步取代商业信用,使后者的规模日益缩小。(　　)

5. 消费信用对于扩大有效需求,促进商品销售是一种有效的手段,其规模越大越好。(　　)

6. 信用活动出让的是所有权,并不是使用权。(　　)

7. 商业信用是直接信用,不需要中介参与。(　　)

8. 利息实质上是利润的一部分,是利润的特殊转化形式。(　　)

9. 公定利率是政府当局通过中央银行制定的利率,在整个利率中居主导地位。(　　)

四、名词解释

1. 金融　2. 货币　3. 价值尺度　4. 流通手段
5. 电子货币　6. 信用　7. 利息　8. 利息率
9. 通货膨胀　10. 通货紧缩　11. 无限法偿

五、思考题

1. 什么是金融？现代金融有什么特点？
2. 什么是货币制度？其主要构成要素有哪些？
3. 如何理解货币的两个最基本的职能？
4. 我国的人民币制度有哪些内容？
5. 简述现代信用形式。
6. 简述影响和决定利率变化的因素。
7. 简述通货膨胀的成因和类型。
8. 分析通货膨胀的影响及治理对策。
9. 分析通货紧缩的影响及治理对策。

六、计算题

阿 Q 存入银行 20 000 元，存期 2 年，年利率 5%，试用单利和复利两种方法计算利息分别是多少？

七、讨论题

你借过钱吗？你试过到商店买东西，先拿走货物，以后再付款吗？如果一个非常没有信用的人找你借钱，你借给他吗？为什么？

第八章
金融机构体系

【知识目标】

1. 掌握金融机构的概念和分类；

2. 了解中央银行产生的原因和发展过程，理解中央银行的性质与职能，掌握中央银行的负债业务、资产业务及中间业务，了解中央银行独立性的含义；

3. 掌握商业银行的职能和主要业务；

4. 掌握非银行金融机构的分类，了解非银行金融机构的业务范围。

【能力目标】

1. 能运用金融机构体系理论，理解并识别我国各金融机构所处地位；

2. 能理解中央银行、商业银行、保险公司、证券公司等金融机构的一般业务，并能办理相关的金融业务。

【情感目标】

通过本章的学习，使学生在了解我国金融机构发展进程的基础上，熟悉各个金融机构的经营范围和主要业务，为日后从事金融相关行业打下良好基础。

【案例导入】

银行的起源

最早的银行可以追溯到公元前2000年的巴比伦,那时的寺庙就已有经营保管金银、发放贷款、收取利息的活动。在公元前500年的希腊、公元前400年的雅典和公元前200年的罗马帝国,都可以找到原始银行的雏形。

近代银行起源于中世纪的欧洲,主要出现在当时的世界商业中心意大利的威尼斯、热那亚等城市。1580年成立的威尼斯银行通常被认为是最早使用“银行”名称经营业务的。英语中银行一词“bank”就是由意大利语的“BanCa”演变而来的,原意是交易时用的长凳、椅子。16世纪末,银行逐渐在欧洲其他国家兴起,1609年成立的阿姆斯特丹银行、1619年成立的汉堡银行和1621年成立的纽伦堡银行等都是当时著名的银行。

英国的银行是在金匠业的基础上发展而来的。17世纪中叶,英国的金匠业很发达。他们代为客户保管金银货币,签发保管凭证,收取保管费用,还进行金银划拨。后来,随着保管收据逐渐演变为银行券,划拨凭证演变为银行支票,十足准备金转变为部分准备金,金匠业逐渐发展成为从事货币经营业务的银行业。

我国的银行业也具有悠久的历史。《周礼》中就有“泉府”的记载,即办理赊贷业务的机构。春秋战国时,借贷行为已经很普遍。到了商业发达的唐代,不仅开办了称为“飞钱”的汇兑业务,还出现了“质库”,即当铺。以及后来宋朝设置的“便钱务”,金代的“质典库”,元代的“解典铺”,明代的“钱庄”和清朝的“票号”,都是从事货币经营业务的机构。

我国的第一家现代银行是1845年英国在香港成立的丽如银行,即后来的东方银行。1857年成立的英国麦加利银行(即渣打银行),1865年成立的英国汇丰银行,1889年成立的德国德华银行,以及1894年成立的法国东方汇理银行都是当时几家主要的外资银行。1897年在上海成立的中国通商银行,是我国自己创办的第一家银行,标志着我国现代银行的产生。

随着资本主义经济的进一步发展,政府对社会经济生活的干预不断加强,产生了建立中央银行的需要。1668年,瑞典政府将成立于1656年、由私人创办的欧洲第一家发行银行券的银行改组成瑞典国家银行,使瑞典国家银行成为最早的中央银行,但直到1897年才独占货币发行权。而1844年改组后的英格兰银行则被普遍认为是真正中央银行的开始。英格兰银行于1833年取得法偿货币发行者的资格,即英格兰银行发行的银行券,由政府赋予无限法偿资格。1844年,英国通过《英格兰银行条例》,即皮尔法案,英格兰银行获得独占货币发行的权力,成为真正的中央银行。到19世纪,各资本主义国家相继成立了中央银行,美国到1913年才开始建立联邦储备体系。1920年布鲁塞尔国际金融会议决定,凡未成立中央银行的国家应尽快成立,这直接推动了世界上几乎所有国家中央银行的成立。

(资料来源:http://www.chinavalue.net/wiki/showcontent.aspx? titleid=179094,价值中国2017年11月21日)

第一节　金融机构体系概述

一、金融机构及其分类

（一）金融机构的概念

我们的衣食住行大多数与金融活动有关，例如存款、取款、结算账务，通过APP在网上炒股，为自己或者家人购买保险等。所以现实生活中每个人都会不可避免地和金融机构打交道。例如大部分人都有去银行网点存取款的经历，一些炒股爱好者需要去证券公司开设证券账户，投保人到保险公司购买保险并签订保险单等。

金融机构是资金盈余者与资金需求者之间融通资金的信用中介，是金融体系的重要组成部分，在整个国民经济运行中起着举足轻重的作用。它们通过疏通、引导资金的流动，促进和实现了金融资源在经济社会中的有效配置，提高了全社会经济运行的效率。例如，银行（金融机构）是连通储户（资金供给者）和贷款者（资金需求者）的桥梁和纽带。上市公司（资金需求者）通过投资银行（承销商）发行股票（金融工具）来筹集资金，用于公司的日常经营和发展，股东（资金供给者）通过购买股票以获取上市公司的分红和资本利得。

从以上例子中可以看出，银行、证券公司起到了连通资金供给者和资金需求者的金融中介作用，属于典型的金融机构。

（二）金融机构的服务内容

一般来说，金融机构主要提供以下一种或多种服务：

（1）转换各种从市场获得的金融资产，并将其变成一种更受欢迎的不同资产类型；

（2）代理客户进行金融资产买卖；

（3）进行金融资产自营交易；

（4）协助客户开发金融资产，并将其销售给金融市场中的其他参与者；

（5）为其他市场参与者提供投资建议；

（6）为其他市场参与者提供资产组合管理。

（三）金融机构的分类

金融机构的种类繁多，按照不同的标准，可以划分为不同的种类。每一类机构有自己独特的业务，同时它们的业务又有所交叉。

（1）市场经济条件下，金融机构按照其地位、功能、性质，可以分为金融调控、金融监管与金融中介三个层次，如图8－1所示。

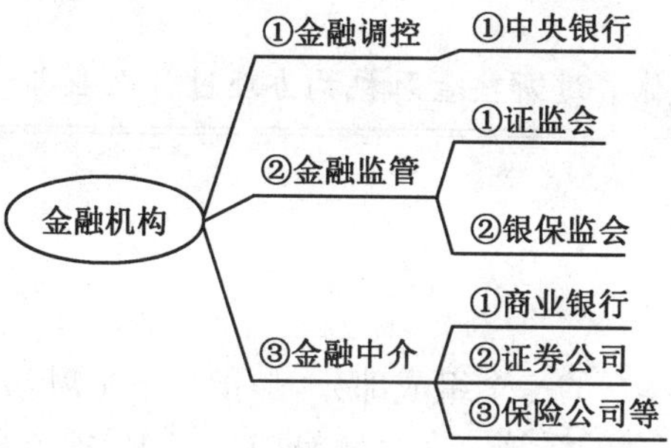

图 8—1　金融机构按照地位、功能、性质分类

(2)按照业务的类别,金融机构通常分为银行与非银行金融机构两大类(存款类与非存款类),如图 8—2 所示。

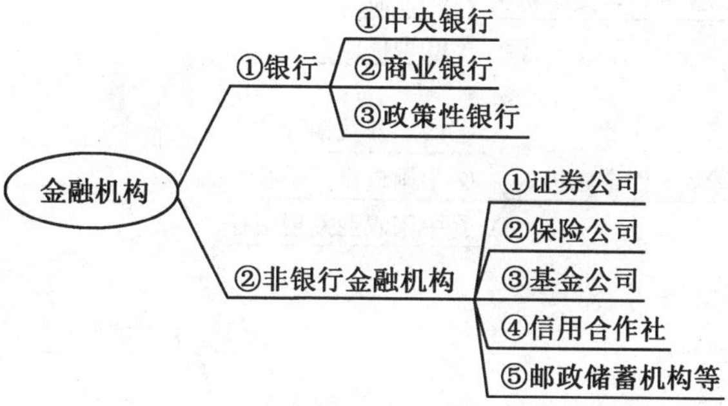

图 8—2　金融机构按照业务的类别分类

(3)按是否承担国家政策性融资任务,金融机构可划分为政策性金融机构和非政策性金融机构,如图 8—3 所示。

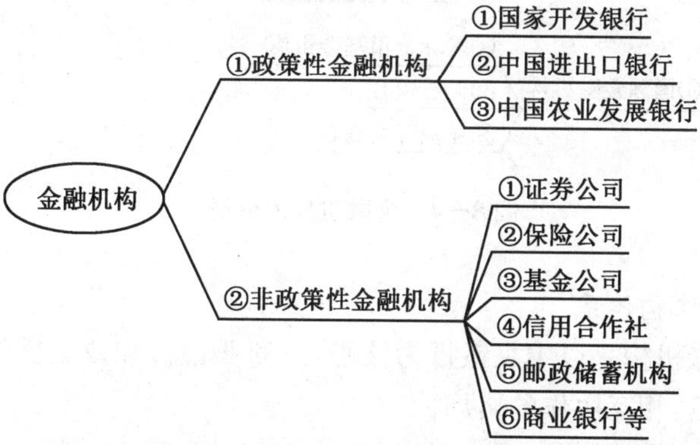

图 8—3　金融机构按是否承担国家政策性融资任务分类

课堂思考 8－1

联系实际，回忆一下你去过哪些金融机构办理过什么业务？请举例。

二、我国的金融机构体系

（一）金融机构体系

金融机构体系是金融体系的一个组成部分，是指从事金融活动的各类经济组织和机构所组成的相互补充、有机结合的系统。在金融机构系统中，各个金融机构既相互联系、相互依存，又相互竞争、相互影响。同时，它们共同促进金融体系的发展，共同为经济社会提供金融产品和服务，在经济和金融活动中发挥重要作用。

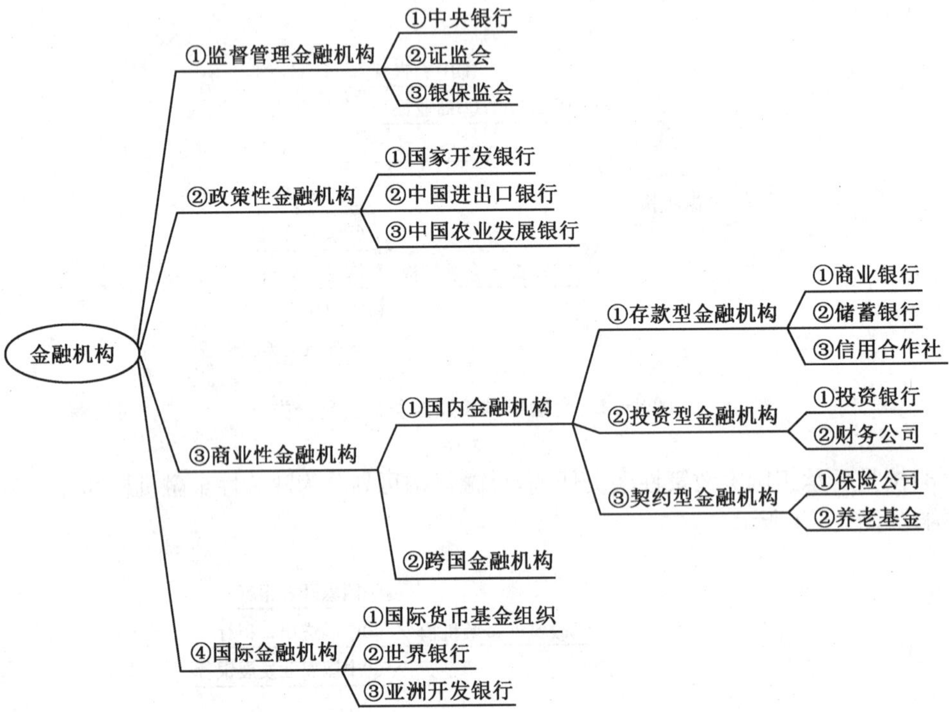

图 8－4　金融机构的分类

（二）我国的金融机构体系

目前，我国的金融机构是以中央银行为核心，以商业银行和政策性银行为主体，多种金融机构并存，分业经营，相互协作的格局。

1. 中央银行

中央银行是国家赋予其制定和执行货币政策，对国民经济进行宏观调控和管理监督的特殊的金融机构，是一国金融体系的核心。中国人民银行是国务院领导下的管理全国金融事务的国家机关，是我国的中央银行，履行国家赋予的中央银行职能。中国人民银行总行设在北京，下设 9 个跨省（自治区、直辖市）的分行。其主要任务是在国务院领导下制定和执行货币政策，对金融业实施监督管理，具体职责都以法律形式加以明确。

2. 政策性银行

政策性银行指政府创立、参股或保证，为贯彻政府社会经济政策或意图，以国民经济的整体性和长远利益为目标，不以商业性标准为行为准则，在特定的业务领域从事政策性融资活动的专业性金融机构。

1994 年，为适应经济发展的需要，以及"把人民银行办成真正的中央银行，把政策性业务与商业性业务相分离，把专业银行办成真正的商业银行"的要求，相继成立了国家开发银行、中国进出口银行和中国农业发展银行三家政策性银行。

国家开发银行注册资本 500 亿元人民币，是我国最早成立的政策性银行。主要为国家重点项目、重点产品、基础产业提供金融支持。2008 年经国务院批准，转制为商业银行。中国农业发展银行注册资本 200 亿元人民币，主要对农业基础设施、农副产品、农业发展提供资金支持。中国进出口银行注册资本 33.8 亿元人民币，侧重对外贸易。主要业务为出口信贷、政府贷款、混合贷款、银团贷款、进出口保险等。

3. 商业银行

现代商业银行是指以经营工、商业存、贷款为主要业务，并为顾客提供多种服务，以利润为其主要经营目标的金融机构。其中通过办理转账结算实现国民经济中绝大部分货币的周转，同时起着创造存款货币的作用。

我国的商业银行体系包括国有商业银行、股份制商业银行、城市商业银行等。我国的国有商业银行包括中国工商银行、中国农业银行、中国银行、中国建设银行、交通银行、中国邮政储蓄银行等。股份制商业银行是在 1986 年交通银行重组后陆续设立的全国性商业银行，如交通银行、中信银行、中国光大银行、华夏银行、中国民生银行、招商银行等，其股东是分散化的投资主体。城市商业银行是在原城市信用社的基础上，由城市企业、居民和地方财政投资入股组成的地方性股份制商业银行，主要为地方经济服务，为中心企业服务。

《中华人民共和国商业银行法》就商业银行的性质、职能等通过立法形式作了界定。根据这一法律规定，商业银行在境内"不得从事信托投资和股票业务""不得投资于非自用不动产""不得向非银行金融机构和企业投资"。这说明我国商业银行业务与信托、证券等投资银行业务必须实行分业经营，不能交叉。

4. 非银行金融机构

(1)保险公司。西方国家的保险业十分发达，几乎是人人保险，物物保险，事事保险，因而按照保险种类分别设有形式多样的保险公司，如人寿保险公司、财产保险公司、灾害和事故保险公司、老年和伤残保险公司、信贷保险公司、存款保险公司、再保险公司等等，各类保险公司是各国最重要的非银行金融机构。

原中国人民保险公司是 1949 年 10 月 20 日在北京成立的，在相当长一段时间内，作为国有唯一的保险公司经营保险业务。1996 年 7 月，改名为中国人民保险(集团)公司，实行分业经营，下设中保财产保险有限公司、中保人寿保险有限公司和中保再保险有限公司。后逐渐更名为中国财产保险有限公司、中国人寿保险有限公司、中国再保险有限公司。此外，全国性保险公司还有中国太平洋保险公司、中国平安保险公司等。

(2)证券公司。证券公司是专门从事有价证券发行和交易的金融机构，它受托办理债券和股票发行业务、受托代理单位及个人买卖证券，同时自己也从事有价证券的买卖经营。

1987年,我国第一家证券公司——深圳经济特区证券公司在深圳成立,之后在全国各地陆续成立了国泰、华夏、平安、海通等多家证券公司。我国证券公司的主要业务有:承销有价证券业务、代理证券发行业务、自营买卖业务、参与企业并购、充当企业财务顾问等。

(3)信托投资公司。信托投资公司是指经营信托投资业务的金融机构。目前我国信托投资公司的业务主要有以下四类:①信托投资业务。这类业务按资金来源,可分为信托投资和委托投资。信托投资是指信托投资公司运用自有资金和组织的信托存款,以及发行公司股票和债券筹集的资金,直接向企业或项目进行投资。委托投资则是信托投资公司接受委托单位的资金,对投资项目的资金使用进行监督管理,以及办理投资项目的收益处理等。②代理业务。包括代理保管、代理有价证券的发行和买卖、信用担保等。③租赁业务。主要是融资性租赁。④咨询业务。包括资信咨询、项目可行性咨询、投资咨询和金融咨询等。

(4)企业集团财务公司。这是金融业与工商企业相互结合的产物,1716年首先产生于法国,随后英美各国相继效仿成立。当代西方的财务公司一般以消费信贷、企业融资和财务、投资咨询等业务为主。我国的财务公司产生于1984年,截至2016年年末,全国财务公司法人机构数量达到236家。财务公司的宗旨和任务是为本企业集团内部各成员单位提供融资服务,一般不在企业集团外部吸收存款。

(5)信用合作社。信用合作社简称信用社。是以合作社的理念和规范建立的互助合作性质的金融机构。信用社一般规模不大,资金来源于合作社成员缴纳的股金和吸收的存款,所发放的贷款主要解决其成员的资金需要。作为群众性互助合作组织,其业务经营是在民主选举的基础上由社员指定人员管理,并对社员负责。其最高权力机构是社员代表大会,负责具体事务的管理和业务经营的执行机构是理事会。

课堂思考8-2

除了商业银行,你还知道哪些非银行金融机构?请举例。

要点强化

【单选题】下列属于我国金融机构组织的是(　　)。

A. 银行、保险公司、农村信用合作社、股票交易所

B. 国家财政部门、银行、保险公司、信托投资公司

C. 银行、保险公司、信托投资公司、农村信用合作社

D. 银行、保险公司、信托投资公司、国家外汇管理部门

【答案解析】C。我国的金融体系呈金字塔型。最上层是中国人民银行。第二层是银行类金融机构。包括政策性银行、商业银行、农村信用社等。第三层是非银行金融机构,主要包括保险公司、证券公司、租赁公司、信托公司、企业财务公司等。第四层是在境内开办的外资、侨资、中外合资金融机构。股票交易所是股票的交易场所,国家财政部门和国家外汇管理部门是国家机构,它们都不属于金融机构。

知识链接 8－1

我国金融机构体系发展进程

我国金融机构体系的建立最早要追溯到新中国建立伊始，在此之前，我国的金融机构尚处于萌芽发展状态。早在 1845 年，在广州建立了由英国人出资的丽如银行，这是中国国土上的第一家银行。随后 1897 年，中国通商银行成立，标志着中国银行业的兴起。1905 年，清朝政府建立了户部银行，1908 年，改为大清银行，在 1912 年清政府行将就木之际，又改为中国银行。随后的十几年之内，陆陆续续出现了多家银行，至 1927 年，国民政府兼并了多家银行，建立起了以四行两局一库为核心的官僚资本金融体系。

伴随着全国的逐渐解放，1948 年 12 月 1 日，在合并华北银行、北海银行和西北农民银行这三个根据地银行的基础上，在河北石家庄市成立了中国人民银行，并同时发行统一的人民币。中国人民银行成立，标志着中国统一的社会主义国家银行制度开始形成。1949 年 2 月，中国人民银行迁入北京。在新中国成立初期的社会主义大改造阶段，主要通过没收官僚资本主义性质的资本，将资本融归中国人民银行，取消外国在华银行特权以及建立农村信用合作社等手段来逐渐建立金融机构体系。随着社会主义改造的基本完成，我国进入全面建设社会主义的时期，金融机构体系的建立主要参考苏联模式，建立起了一个高度集中的国家银行体系，即由中国人民银行一家经营金融业务，亦称为“大一统”模式的金融机构体系。自 1978 年十一届三中全会以来，随着改革开放的逐步发展，金融机构的改革也逐渐展开步伐，在 1979—1993 年期间主要是从过去的高度集中的金融机构体系朝向多元化方向发展。首先是为适应农村经济体制改革，1979 年率先恢复了中国农业银行，同年 3 月，中国银行从人民银行中分立出来，成为专门经营外汇业务的专业银行，中国建设银行也从财政部划分出来。1979 年 10 月，在改革开放大的时代背景下，成立了中国国际信托投资公司，1980 年，开始允许外国金融机构设立驻华办事处，1981 年，中国投资银行成立，1984 年 1 月，中国工商银行正式成立，与此同时中国人民银行开始专一行使中央银行职能。随后在 1994 年开始，为了适应市场经济发展的需要，我国对专业银行进行了改革，实行企业化经营。1999 年，我国先后建立了四家由国家投资的特定政策性金融资产管理公司(华融、长城、东方、信达)，分别收购、经营、管理从工、农、中、建四家国有商业银行剥离出来的部分不良资产。为了实现政策性银行与商业性银行的分离，解决人民银行和专业银行的身兼二任的问题，我国于 1994 年，先后成立了中国国家开发银行、中国进出口银行、中国农业发展银行三家政策性银行。为了强化人民银行作为中央银行的职能，在 1998 年按经济区域设置大区行，1999 年 1 月，中国人民银行的九大区行成立，金融机构的监管以及货币政策的实施更加具有独立性。随着我国加入世界贸易组织，为了应对世贸组织的新形势，2004 年 1 月 6 日，国务院决定对中国银行和中国建设银行实施股份制改革试点，目前中国银行、中国建设银行、中国工商银行和中国农业银行均已成功上市。在金融监管方面，我国于 2003 年 4 月成立了中国银行业监督管理委员会，实施对银行机构的经营活动的监管。2018 年 3 月 13 日，国务院机构改革方案出炉，银监会、保监会合并，成立中国银行保险监督管理委员会。

我国现阶段金融机构体系，主要有中央银行：中国人民银行(PBC)；商业银行：中国工商银行(ICBC)、中国农业银行(ABC)、中国银行(BOC)、交通银行(BOCOM)、中国建设银行(CCB)、中信银行(CITIC)、华夏银行(HXB)、中国光大银行(CEB)、招商银行(CMB)、平安银行(PAB)、广东发展银行(GDB);专业银行:邮政储蓄银行(PSBC);政策性金融机构:国家开发银行(CDB)、中国进出口银行(EIBC)、中国农业发展银行(ADBC);保险公司:中国人民保险公司(PICC)、中国人寿保险公司(CF)、中国太平洋保险公司(CPI)、新华人寿保险有限公司(NCI);投资基金:私募股权投资基金(PE)、私募证券基金(PSF)、风险投资基金(VC)、天使投资基金(AI)、信托投资基金(ITS)、战略投资基金(SIF);外资银行:花旗银行(Citibank, N. A.)、汇丰银行(HSBC)、美国银行(BAC);金融监管机构:中国人民银行、银保监会和证监会;证券公司:中信证券、华夏证券、银河证券、招商证券;资产管理公司:中国华融资产管理公司(CHAMC)、中国长城资产管理公司(GWAMCC)、中国信达资产管理公司(CINDAMC)、中国东方资产管理公司(COAMC)。

(资料来源:百度文库. https://wenku. baidu. com/view/b329aad128ea81c758f578b4. html? from=search,2018 年 1 月 1 日)

第二节　中央银行

中央银行在现代经济体系中的地位和作用非常突出,它是整个金融运行的核心和全社会货币、信用的调节者,也是经济社会稳定、健康发展的主要组织者和保证者。本节将介绍中央银行的产生和发展历史,中央银行的性质和职能及中央银行的业务,同时将介绍我国的中央银行制度。

一、中央银行的产生与发展

(一)中央银行产生的必要性

中央银行的产生有两个基本前提,一是商品经济的发展比较成熟,二是金融业的发展对此有客观要求。建立和发展中央银行的必要性主要体现在四个方面:

1. 统一货币的需要

多家银行分散发行银行券的做法对已经迅速发展的商品经济构成障碍,由一家大银行来统一发行银行券势在必行。

2. 票据清算的需要

银行制度的建立和发展带来了支票等银行票据的流通,依托于银行的转账结算也成为货币流通的主要渠道。资金是经济运作的血液,票据交换及清算若不能得到及时、合理的处置,就会严重阻碍经济的顺畅运行。因此,需要有一个更权威的、全国性的、统一的清算中心。

3. 最后贷款人的需要

商业银行在经营过程中,经常会出现临时性的资金不足,这时,它可以通过同业拆借或回购协议方式筹资,但有时这些方式并不能满足需要。这时,客观上就需要一个经济实力雄厚的部门向商业银行提供资金支持,充当商业银行的最后贷款人,以帮助商业银行渡过暂时的难关，这对于维护金融体系的稳定是非常重要的。

4. 金融宏观调控与监管的需要

由于一国金融机构数量众多，业务繁杂，需要受到严格的金融监管，否则可能会因金融风险引发行业动荡，甚至引发严重的金融危机。中央银行作为一国金融机构体系的核心，负责制定货币政策，管理本国的金融机构，维护金融秩序。

知识链接 8－2

我国中央银行的产生历史

新中国的中央银行，是在 1948 年 12 月 1 日合并华北银行、西北农民银行、北海银行后在石家庄成立的中国人民银行。这时及以后一段时期的中国人民银行既是政府的银行（代理财政金库、管理金融行政），是发行银行，执行中央银行职能，也兼办商业银行的各项业务，这就是所谓“大一统”的“一身而兼二任”的兼营式的中央银行。

（二）中央银行制度的发展

中央银行的发展大致可分为两个阶段。

1. 中央银行的普遍推行时期

第一次世界大战后，各国先后放弃金本位制，发生恶性通货膨胀，货币制度出现混乱。1920 年布鲁塞尔国际金融会议大大推进了各国中央银行的普遍建立。中央银行的普遍推行时期，是以布鲁塞尔国际金融会议为主要推动力。从第一次世界大战结束，到第二次世界大战结束时止。

2. 中央银行的强化时期

第二次世界大战后，世界经济遭到了严重破坏，各国普遍信奉凯恩斯的宏观经济理论，以财政政策、货币政策来管理经济。考虑到中央银行在货币政策制定和执行中的地位，各国加强了中央银行制度的建设，把货币信用政策作为干预生产和调节经济的杠杆。中央银行是制定货币政策的重要机构，中央银行制度也因此发生了变化，地位也日渐增强。

（三）中央银行的类型

从全球范围内来看，中央银行有单一央行制、复合央行制、类似央行制、跨国央行制等类型，如图 8－5 所示。

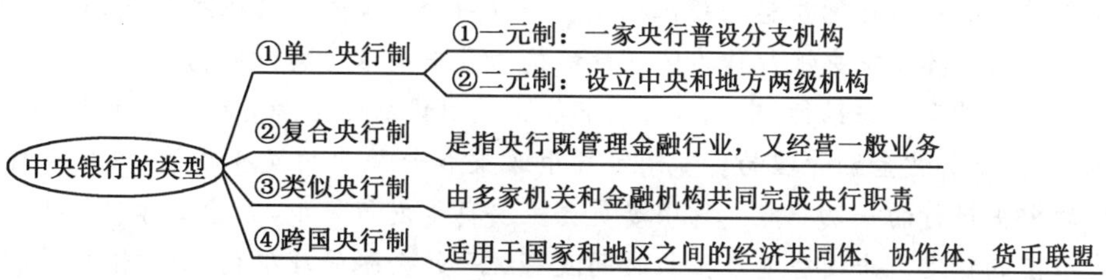

图 8－5　中央银行的类型

1. 单一央行制

包含一元制和二元制。一元制中央银行制度即全国只设一家中央银行，并下设若干分支机构的中央银行制度。世界上绝大多数国家都实行这种类型的中央银行制度，并且通常将总行设在首都，各国中央银行的分支机构一般都按经济或行政区设立。实行单一式中央银行制度比较典型的国家主要是英国、法国、日本等。二元式中央银行制度是指全国设立中央一级机构和相对独立的地方一级机构，作为一个体系构成中央银行制度。在这种制度下，地区性中央银行不是总行的分支机构，它们除执行统一的货币政策外，在业务经营管理上具有较大的独立性。实行二元制中央银行制度的国家有美国、德国等。

2. 复合央行制

即国家银行既具有中央银行职能又具有专业银行(商业银行)职能。又分为一体式和混合式。一体式中央银行集所有银行业务于一身，形成"大一统"的国家银行体系，社会主义国家在体制改革前多采取此结构。

3. 类似央行制度

指国内(或地区)没有职能完备的中央银行，而是由几个执行部分中央银行职能的机构共同组成中央银行制度。实行类似中央银行制度的国家和地区主要有新加坡、中国香港、马尔代夫、斐济、沙特阿拉伯、阿拉伯联合酋长国、塞舌尔。

4. 跨国央行制度

指几个国家共同组成一个货币联盟，各成员国不设本国的中央银行，而由货币联盟执行中央银行职能的制度。例如西非货币联盟、中非货币联盟、东加勒比货币联盟和欧盟。

知识链接 8－3

各国(地区)中央银行的概述

我国的中央银行是中国人民银行，成立于 1948 年 12 月 1 日，1984 年正式成为我国的中央银行，总行设在北京，按经济大区设立一级分行。英国的中央银行是英格兰银行，成立于 1694 年，总行设在伦敦。在伯明翰、利物浦等 8 个城市设有分行。法国的中央银行是法兰西银行，成立于 1800 年，总行设在巴黎。共有分支机构 234 个。日本的中央银行是日本银行，成立于 1882 年，总行设在东京，下设 33 个分行。美国的中央银行是联邦储备体系，在联邦一级，设立联邦储备委员会，作为联邦储备系统的最高决策机构；设立联邦公开市场委员会，作为公开市场政策的制定和执行机构；设立联邦顾问委员会，对经济发展及银行业发展问题向联邦储备委员会提出建议和提供咨询。在地方一级，美国将 50 个州和一个直属划分为 12 个联邦储备区，共设立 12 家联邦储备银行以及 25 家分行。德国的中央银行是德意志联邦银行，于 1957 年建立，总行设在法兰克福。下辖 10 个州中央银行。各州中央银行作为区域性机构不是中央银行总行隶属机构，有很强的独立性。新加坡没有中央银行，中央银行的职能由政府设立的金融管理局和货币委员会两个机构行使，新加坡金融管理局负责制定货币政策和金融业的发展政策，执行除货币发行以外的中央银行的一切职能。货币委员会主要负责发行货币，保管发行准备金和维护新加坡币值的稳定。中国香港在很长时间没有统一的金融管理机构，中央银行的职能分别由政府、同业公会和商业银行来承担。1993 年 4 月 1 日，香港成立了金融管理局，香港金融管理局集中了货币政策、金融监管及支付体系管理等中央银行的基本职能。香港金融管理局的职能与世界其他国家的中央银行大致相同，但它不执行发行钞票的职能。港币由渣打银行、汇丰银行、中国银行共同发行。

要点强化

【单选题】我国现行的中央银行制度是(　　)。

A. 一元式中央银行制度　　B. 二元式中央银行制度

C. 复合式中央银行制度　　D. 准中央银行制度

【答案解析】A。我国实行的是单一的中央银行制度，在全国范围内只有一家中央银行（中国人民银行）行使中央银行职能。

二、中央银行的性质

《中华人民共和国中国人民银行法》明确规定："中国人民银行是中华人民共和国的中央银行。中国人民银行在国务院领导下，制定和执行货币政策，防范和化解金融风险，维护金融稳定。"

(一)中央银行是国家调控宏观经济的工具

中央银行对国民经济进行宏观调控和管理监督，它是完成国家经济目标的重要机构。中央银行利用货币政策工具，对经济进行调节、管理和干预，以稳定币值、发展经济，并代表国家制定和执行金融政策。

(二)中央银行是特殊的政府机构

中央银行是代表政府干预经济、管理金融的特殊的金融机构，是金融管理机关。它既要与政府保持协调，又要有一定的独立性，可独立地制定和执行货币政策，实现稳定货币的政策目标。它作为政府机构主要负责管理金融业，不从事经营性业务。

(三)中央银行是特殊的金融机构

中国人民银行在国务院领导下，制定和执行货币政策，防范和化解金融风险，维护金融稳定。中央银行不是普通的银行，它居于商业银行和其他金融机构之上，与商业银行和其他金融机构是调控、管理与被调控、被管理的关系。中央银行不起一般的信用中介作用，它的主要作用是制定货币政策，加强金融监管，实施金融服务。中央银行仅以政府和其他金融机构为经营对象。不以营利为目的，对其他金融机构在央行的存款不支付利息。

三、中央银行的职能

中央银行是特殊的金融机构。它既不同于一般的国家机关，又不同于一般的银行。一般具有发行的银行、银行的银行和国家的银行三大职能，如图 8－6 所示。

(一)发行的银行

发行的银行职能是指中央银行是一国范围内唯一合法的发钞机构，负责全国本位币的发行，并通过调控货币流通，稳定币值。央行垄断货币发行，一方面有利于通货形式的统一，避免造成货币流通混乱；另一方面，有利于根据经济发展的客观需要，调节货币供应量。作为发行的银行，首先，中央银行必须根据经济发展和商品流通的需要，保证及时供应货币。其次，中央银行必须根据经济运行状况，合理调节货币供给量。最后，中央银行要加强货币流通管理，保证货币流通的正常秩序，稳定币值。

(二)银行的银行

银行的银行职能是指中央银行服务于商业银行和整个金融机构体系，履行维持金融稳

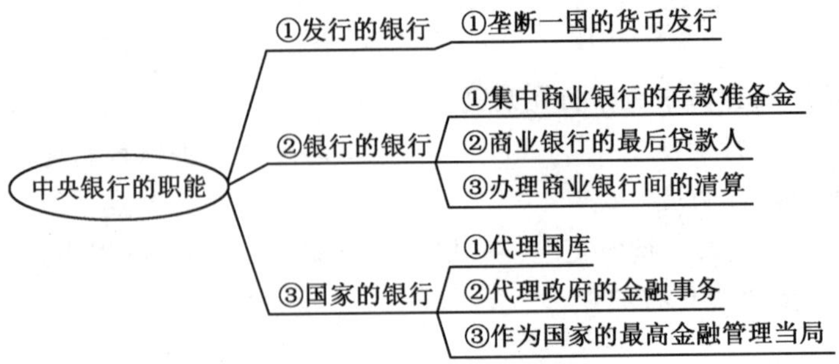

图 8—6 中央银行的职能

定、促进金融业发展，具体表现在：

1. 集中商业银行的存款准备金

按法律规定，商业银行吸收的存款须按规定的比例向中央银行上交存款准备金，这样一方面保证了商业银行的清偿能力，防止出现流动性问题，以应对客户提存；另一方面，中央银行通过调整存款准备金率可以影响商业银行的存款准备金数量，从而调节货币供给，维护金融稳定。

2. 商业银行的最后贷款人

当商业银行资金不足，出现流动性困难时，可以通过再贷款或再贴现的方式从中央银行获取资金支持。最后贷款人的规定确立了中央银行在整个金融体系中的核心和主导地位。

3. 办理商业银行间的清算

由于各商业银行都有存款准备金存于中央银行，并在中央银行设有活期存款账户，所以可通过存款账户划拨款项，办理结算。中央银行建立全国范围的电子资金划拨系统，对商业银行各应收应付款项进行清算，同时对商业银行调拨资金提供划转服务。

（三）国家的银行

国家的银行职能是指中央银行代表国家贯彻执行财政金融政策，代为管理财政收支。具体表现在：

1. 代理国库

中央银行经办政府的财政收支，执行国库的出纳职能，如接受国库的存款，兑付国库签发的支票，代理收付税款，替政府发行公债券，还本付息等。

2. 代理政府的金融事务

具体包括：代理国债的发行和还本付息；代理政府保存和管理国家的黄金外汇储备，在金融市场上买卖黄金外汇；代表政府参加国际金融组织和各种国际金融活动；充当政府的金融顾问，提供金融方面的信息的建议等。

3. 作为国家的最高金融管理当局

作为代表国家执行金融政策的机关，制定和执行货币政策；代表政府对银行业和金融市场实施监管。

要点强化

【多选题】

1. 下列属于中央银行作为“银行的银行”职能的具体内容的是(　　)。

A. 代理国库　　B. 充当最后贷款人

C. 全国清算中心　　D. 集中管理商业银行存款准备金

【答案解析】BCD。中央银行作为银行的银行，其职能是集中保管商业银行的准备金，并对它们发放贷款，充当“最后贷款人”，最后，作为全国清算中心的中央银行负责商业银行的全国性的清算。这也是中央银行中间业务的重要组成部分。A项代理国库是中央银行的国家的银行职能。排除A项。

2.(　　)业务是中央银行作为“国家的银行”功能的具体表现。

A. 向政府放款　　B. 向政策性银行放款

C. 代理国库　　D. 经营国际储备

E. 货币发行

【答案解析】ACD。中央银行有三大职能，即“国家的银行”(或称“政府的银行”)、“银行的银行”、“发行的银行”。中央银行是“国家的银行”，它是国家货币政策的制订者和执行者；同时为国家提供多元化的金融服务，如代理国库，代理发行政府债券，为政府筹集资金，代理政府经营国际储备，代表政府参加国际金融组织和各种国际金融活动。

3. 中央银行典型的三大职能有(　　)。

A. 发行的银行　　B. 证券投资　　C. 银行的银行　　D. 国家的银行

E. 政策制定

【答案解析】ACD。中央银行的三大职能是发行的银行、银行的银行和国家的银行，ACD满足条件，B项证券投资是投资银行的业务，我国商业银行目前不能开展证券投资的业务。E项叙述不清，国家政策有很多种，例如产业政策、货币政策、财政政策、税收政策、再分配政策、区域发展政策等。中央银行负责货币政策的制定。E项不符合条件。

四、中央银行的业务

中央银行的业务主要包括：负债业务、资产业务、中间业务，如图8—7所示。

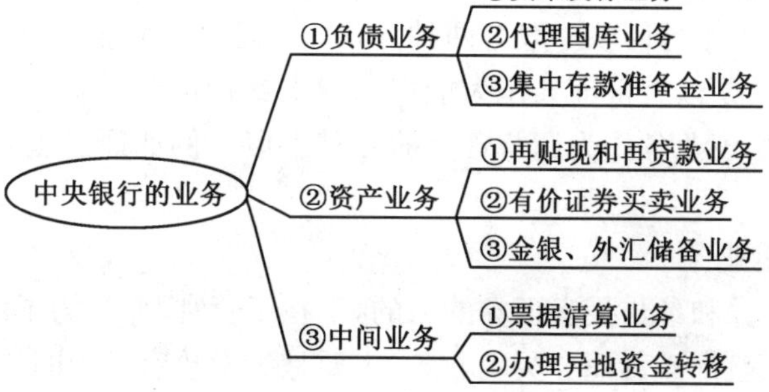

图8—7　中央银行的业务

(一)负债业务

中央银行的负债,是指社会各集团和个人持有的对中央银行的债权。包括货币发行业务、代理国库业务、集中存款准备金业务。

1. 货币发行业务

中央银行的纸币和铸币通过再贴现、贷款、购买证券、收购金银外汇等方式投入市场,从而形成流通中的货币。这些现金货币投入市场后,都是中央银行对社会公众的负债。因此,货币发行成为中央银行一项重要的负债业务。

2. 代理国库业务

在代理国库业务中,形成的财政性存款是央行的一项负债。财政金库存款,即机关、团体、部队等行政事业单位存款在支出之前存于中央银行,属于财政性存款,是中央银行的重要资金来源,构成中央银行的负债业务。

中央银行代理国库业务,可以沟通财政与金融之间联系。使国家的财源与金融机构的资金来源相连接,充分发挥货币资金的作用,并为政府资金的融通提供一个有力的调节机制。

3. 集中存款准备金业务

商业银行必须按照规定比率将其吸收存款的一部分存储于中央银行,如此一来便形成了商情业银行的法定存款准备金,同时商业银行尚未贷放出去、尚未投资的超额存款准备金也存放在央行,这样就使商业银行的现金准备集中于中央银行,形成中央银行的负债。

中央银行可运用这些准备金满足银行的临时资金需要,中央银行还可以通过对商业银行法定存款准备金的调节来控制商业银行的贷款数量和投资数量。如中央银行降低法定存款准备金率,即可增加商业银行的超额存款准备金,使商业银行贷款和投资的能力提高;提高法定存款准备金率,就可减少商业银行的超额存款准备金,其贷款和投资能力下降。

课堂思考 8-3

集中在中央银行的存款准备金由哪两部分构成?

(二)资产业务

中央银行的资产是指中央银行在一定时点上所拥有的各种债权。包括再贴现和再贷款业务、有价证券买卖业务、金银和外汇储备业务。

1. 再贴现和再贷款业务

金融机构取得中央银行借款一般有两种方式。一是拿工商企业办理过贴现的票据向中央银行办理再贴现,二是以有价证券作为抵押向中央银行申请借款。中央银行可以配合政府的经济政策,将再贴现业务作为调节资金的一种手段。例如通过提高或降低再贴现率以紧缩或扩张信用。

2. 有价证券买卖业务

中央银行持有证券和参与买卖证券的目的,不在于营利,而是为了调节和控制货币供应量。各国中央银行一般都经营证券买卖业务,主要是买卖政府发行的长期或短期债券。

在金融市场发达的国家,政府债券发行量大,市场交易量也大,仅以政府债券为对象进行买卖,中央银行即可达到调节货币供应量的目的。一般在金融市场不太发达的国家,中央政府债券在市场上流通规模很小，中央银行买卖证券的范围就要扩大到各种票据和债券，如汇票、地方政府债券等。

3. 金银、外汇储备业务

各国政府都赋予中央银行掌管国际储备的职责。所谓国际储备，是指具有国际性购买能力的货币，主要有黄金、白银、外汇（包括外国货币、存放外国的存款余额和以外币计算的票据及其他流动资产）、特别提款权和在国际货币基金组织的头寸等。

要点强化

【单选题】再贴现业务是中央银行对存款货币银行的（　　）业务。

A. 资产业务　　B. 负债业务　　C. 中间业务　　D. 短期信贷业务

【答案解析】A。中央银行的资产业务是指中央银行通过对所持资产的处理，履行中央银行职能的业务。再贴现业务、国际储备等都是中央银行的资产业务。中央银行的负债业务主要包括货币发行业务、存款业务等。中央银行的中间业务即资金清算业务，包括集中办理票据交换、结清交换差额、办理异地资金转移等。D 项是商业银行的资产业务。故选 A。

【多选题】中央银行以（　　）方式向商业银行贷款。

A. 贴现　　B. 再贴现　　C. 抵押贷款　　D. 再贷款

【答案解析】ABD。中央银行的资产业务包括中央银行向商业银行贷款，可以有以下几种方式：(1)中央银行可以将商业银行的票据进行再贴现，使商业银行获得即时可用资金。(2)中央银行可以将商业银行贴现的未到期票据进行再贴现，相当于给商业银行发放贷款，使其获得即时可用资金。(3)再贷款。中央银行的再贷款政策指的是央行为了实现货币政策目标而对商业银行提供的贷款。抵押贷款是资金需求者通过抵押方式向商业银行贷款。中央银行对商业银行的贷款不包括抵押贷款，C 项错误。

（三）中间业务

中央银行的清算业务是中央银行集中票据交换及办理全国金融机构间资金清算的业务，也是中央银行金融服务职能的具体体现。包括票据清算业务、办理异地资金转移等。

1. 票据清算业务

中央银行的票据清算业务是中央银行的一项传统业务，是指商业银行每日彼此应收应付的票据由票据交换所清理并轧差后，其应收应付的差额通过中央银行汇兑转账结清。

这项业务是通过票据交换所进行的。票据交换所是同一城市银行间清算各自应收应付票据和款项的场所。票据交换所一般每天交换两次或一次，根据实际需要而定，所有银行间的应收应付款项，都可相互轧抵后而收付其差额。各行交换应收应付差额后，即可通过其在中央银行开设的往来存款账户，进行转账收付，不必收付现金。

2. 办理异地资金转移

各城市、各地区间的资金往来，通过银行汇票传递，汇进汇出，最后形成异地间的资金划拨。这种异地间的资金划拨，必须通过中央银行统一办理。

办理异地资金转移，各国清算办法有很大不同，一般有两种类型，一是先由各金融机构内部自成联行系统，最后各金融机构的总管理处通过中央银行总行办理转账结算。二是将异地票据统一集中传送到中央银行总行办理轧差转账。

四、中央银行的独立性

中央银行的独立性是指在货币政策的决策和运作方面，中央银行由法律赋予或实际拥有的自主程度。

1. 中央银行对政府保持独立性

(1)中央银行与政府所处地位、行为目标不尽相同。中央银行的目标始终是保持币值稳定，而政府的目标具有多元性。

(2)中央银行不是简单的政府行政管理机构，需要专业理论支持和长期的经验积累。

2. 中央银行对政府的独立性是相对的

(1)金融是经济大系统的子系统，应当服从经济社会大系统的运转。

(2)中央银行是宏观调控体系的组成部门，中央银行货币政策目标的实现需要其他政策的配合。

(3)中央银行的活动经政府授权，主要负责人也由政府委任。

第三节　商业银行

一、商业银行概述

商业银行也叫存款货币银行，是以吸收存款、发放贷款、办理转账结算为主要业务的金融机构。商业银行是以追求最大利润为目标，以多种金融负债筹集资金，以多种金融资产为其经营对象，能利用负债进行信用创造，并向客户提供多功能、综合性服务的金融企业。

(一)商业银行的性质

1. 商业银行具有一般企业的特征

商业银行同一般的企业一样，拥有独立的财产、名称、组织机构和场所，依法经营，照章纳税，自负盈亏，具有独立的法人资格。其经营目标是追求利润最大化，获取最大利润既是其经营与发展的基本前提，也是其发展的内在动力。

2. 商业银行是一种特殊企业

商业银行同一般企业的经营的内容和范围较为不同，以金融资产和金融负债为经营对象。商业银行与一般工商企业是一种相互依存的关系。一方面，当经营资金充裕时，工商企业将资金存于商业银行，获取存款利息；另一方面，当经营资金不足时，工商企业又向商业银行申请贷款，并支付贷款利息。作为金融链条的重要组成部分，商业银行经营好坏将影响到整个社会的稳定。由于商业银行对社会的特殊影响，国家对商业银行的管理要比对一般工商企业的管理严格得多，管理范围也要广泛得多。

3. 商业银行是一种特殊的金融企业

与中央银行比较，商业银行面向工商企业、社会公众、政府部门以及其他金融机构开展业务和提供服务。与其他金融机构相比，商业银行提供的金融服务更全面、范围更广。其他金融机构，如政策性银行、保险公司、证券公司、信托公司等都属于只经营特种业务的金融机构，而现代商业银行则是“万能银行”或者“金融百货公司”，业务范围要广泛得多。

要点强化

【单选题】商业银行是经营货币业务的(　　)。

A. 事业单位　　B. 独资企业

C. 特殊企业　　D. 非营利性的金融机构

【答案解析】C。商业银行是不同于一般工商企业的特殊企业。其特殊性具体表现为经营对象的差异。工商企业经营的是具有一定使用价值的商品，从事商品生产和流通；而商业银行是以金融资产和金融负债为经营对象，经营的是特殊商品——货币和货币资本。经营内容包括货币收付、借贷以及各种与货币运动有关的或者与之相联系的金融服务。从社会再生产过程看，商业银行的经营，是工商企业经营的条件。同一般工商企业的区别，使商业银行成为一种特殊的企业——金融企业。

知识链接 8－4

商业银行的起源

近代银行产生于中世纪的意大利，由于威尼斯特殊的地理位置，使它成为当时的贸易中心。1171 年，威尼斯银行成立，这是世界上最早的银行。其后，荷兰在阿姆斯特丹、德国在汉堡、英国在伦敦也相继设立了银行。18 世纪末至 19 世纪初，银行得到了普遍发展。

银行在我国起源于唐朝，在唐宣宗时期(公元 847—858 年)，苏州就有“金银行”出现。北宋嘉祐二年(1057 年)，蔡襄知福州时，作《教民十六事》，其中第六条为“银行轧造吹银出卖许多告提”，这是“银行”一词单独出现最早的时间。

(二)商业银行的经营原则

1. 安全性

安全性是指银行具有控制风险、弥补损失、保证银行稳健经营的能力。安全性是商业银行经营的前提，只有保证了资金安全无损，业务才能正常运转。

2. 流动性

流动性原则是指商业银行能够随时满足客户提现和必要支付的能力。流动性是条件，只有保证了资金的正常流动，才能确立信用中介的地位，银行各项业务才能顺利进行。

3. 盈利性

盈利性指商业银行稳健经营的前提下，尽可能提高银行的盈利能力，力求获取最大利润，以实现银行的价值最大化。盈利性是目的，银行经营强调安全性和流动性，其目的还是为了获得利润。

商业银行经营管理的安全性、流动性和效益性之间往往是相互矛盾的。安全性是前提，流动性是条件，盈利性是最终目标。盈利性与安全性呈反方向变化。盈利性与流动性呈反方向变化。安全性与流动性呈同方向变化。因此，银行要满足盈利性、安全性、流动性三方面的要求，就需要在经营管理中统筹兼顾，协调安排，实现三者之间的最佳组合，在保证安全性的前提下，通过灵活调整流动性，实现盈利性。

（三）商业银行的职能

1. 信用中介职能

信用中介职能是商业银行最基本、最能反映其经营活动特征的职能。是指商业银行通过负债业务，将社会上的各种闲散资金集中起来，又通过资产业务，将所集中的资金运用到国民经济各部门中去。商业银行通过充当资金供应者和资金需求者的中介，实现了资金的顺利融通，同时也形成了商业银行利润的重要来源。

2. 支付中介职能

支付中介职能是指商业银行通过为客户开设账户，充当客户之间货款收付与结算的中间人，成为客户的现金出纳和保管者，并从中赚取手续费收入。

在执行支付中介职能时，商业银行是以企业、团体或个人的货币保管者、出纳或支付代理人的资格出现的。商业银行支付中介职能形成了以商业银行为中心、经济过程中无始无终的支付链条和债权债务关系。支付中介职能一方面有利于商业银行获得稳定而又廉价的资金来源，另一方面又为客户提供良好的支付服务，节约流通费用，增加生产资本的投入。

3. 信用创造职能

信用创造是指商业银行利用其吸收活期存款的有利条件，通过发放贷款、从事投资业务而衍生出更多的存款，从而扩大货币供应量。商业银行的信用创造包括两层意思：一是指信用工具的创造，如银行券或存款货币；二是指信用量的创造。整个信用创造过程是中央银行和商业银行共同创造完成的。商业银行通过创造流通工具和支付手段，可节约现金使用，节约流通费用，同时又满足社会经济发展对流通和支付手段的需要。

4. 金融服务职能

金融服务职能是商业银行凭借其联系面广、信息灵通，尤其是计算机的广泛运用等优势，为客户提供多种金融服务，如为企业的经营决策提供咨询服务；代理货币收付、工资发放；对个人提供信托、财产保管等服务。

要点强化

【单选题】商业银行通过（　　）职能实现资本的融通。

A. 支付中介　　B. 信用中介　　C. 信用创造　　D. 效益

【答案解析】B。ABC均是商业银行的职能，其中商业银行最基本的职能是信用中介职能，即商业银行作为资金盈余者和短缺者的信用中介，实现他们之间的资金融通和调剂。选B项。A项支付中介职能是指商业银行通过办理客户账户上的存款的转移和代理客户支付，成为工商企业、团体和个人的货币保管者、出纳者和支付代理人。C项信用创造职能是指商业银行通过负债业务吸收的存款来发放贷款，并通过存款创造机制，创造出数倍于原始存款的派生存款的过程。D项与题目无关，排除。

二、商业银行业务

商业银行的主要业务可分为负债业务、资产业务和中间业务三大类，如图8－8所示。

负债业务和资产业务是商业银行的信用业务，也是其传统业务。中间业务是资产和负债业务的派生业务，是极具发展潜力的业务。

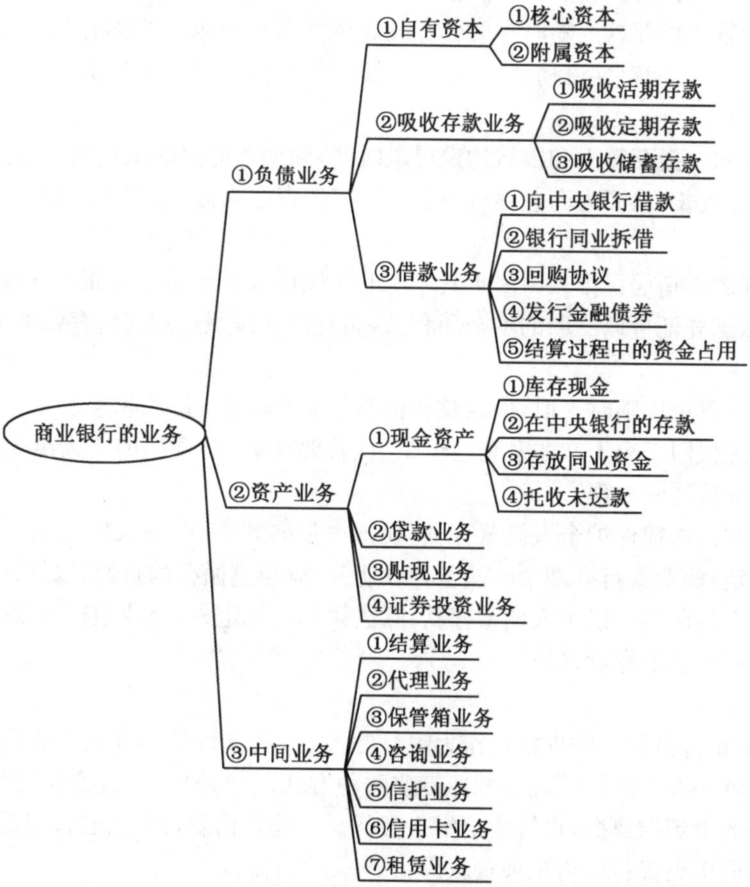

图 8—8 商业银行的业务

（一）商业银行的负债业务

商业银行的负债业务是商业银行筹集资金、借以形成资金来源的业务，是商业银行资产业务和其他业务的基础。广义的负债业务主要包括自有资本、吸收存款业务、借款业务三部分。

1. 自有资本

同企业一样，商业银行在设立之初，也需一定数量的自有资本金。一般说来，商业银行资金来源中的自有资金所占比重不大，但自有资金是吸收外来资金的基础。商业银行的自有资本包括核心资本和附属资本，其中，核心资本包括：股本、公开储备。附属资本主要包括：未公开储备、重估储备、普通准备金、混合资本工具（例如可转换债券）、长期附属债务。

《中华人民共和国商业银行法》中规定设立全国性商业银行的注册资本最低限额为 10 亿元人民币。设立城市商业银行的注册资本最低限额为 1 亿元人民币，设立农村商业银行的注册资本最低限额为 5 000 万元人民币。注册资本应当是实缴资本。资本充足率不得低于 8%。

2. 吸收存款业务

吸收存款业务是指银行接受客户存入的货币款项，存款人可随时支取款项或按照约定的时间支取款项并可获得利息的一种信用业务。

(1)活期存款。指存款人随时存取的存款。持有活期存款账户的存款者可以用各种方式提取存款。因为活期存款流动性大、存取频繁、手续复杂、存款成本高，因此不付利息或只付少量利息。

(2)定期存款。指存款人和银行约定提取时间，到期才能提取款项的业务。因为定期存款固定且时间比较长，从而为商业银行提供了稳定的资金来源，对商业银行长期贷款与投资具有重要意义。

(3)储蓄存款。指居民个人将属于其所有的人民币或者外币存入储蓄机构，储蓄银行开具凭证，个人依据凭证可以支取的本金和利息，储蓄机构按照规定支付存款本金和利息的业务。

活期存款虽然可以随时支取，但取款凭证不能流通转让，也不能透支。传统的定期储蓄存款的对象一般仅限于个人和非营利性组织，且若要提取，必须提前 7 天事先通知银行，同时取款凭证不能流通和贴现。

许多国家都用法律保护个人储蓄存款，我国也是如此。《中华人民共和国商业银行法》第二十九条规定：商业银行办理个人储蓄存款业务，应当遵循存款自愿、取款自由、存款有息和为存款人保密的原则。以个人储蓄存款，除法律另有规定外，商业银行有权拒绝任何单位或个人查询、冻结、扣划存款账户。

3. 借款业务

(1)向中央银行借款。中央银行作为银行的银行，须执行最后贷款人的职能，商业银行向中央银行借款一般采取再贴现和抵押借款两种方式。一是再贴现，商业银行将其办理贴现业务所买进的未到期票据，再转卖给中央银行。二是再借款，商业银行以其持有的有价证券作为抵押品向中央银行取得抵押贷款。

(2)银行同业拆借。银行同业拆借是指商业银行之间以及商业银行与其他金融机构之间相互提供的短期资金融通业务。在这种拆借业务中，借入资金的银行主要是用以解决本身临时资金周转的需要，一般均为短期，并且同业拆借的利率水平一般较低，且为日利率。

(3)回购协议。回购协议是指商业银行在出售证券等金融资产时与对方签订协议，约定在一定期限后按约定价格购回所卖证券，以获得即时可用资金的交易方式。回购协议的实质是银行以证券担保而获得的一种借款，大多以政府债券做担保，在相互高度信任的机构间进行，并且期限一般很短。

(4)发行金融债券。发行金融债券是商业银行筹集资金来源的途径之一。金融债券具有不记名、可转让、期限固定、收益较高的特点。对银行来说，发行金融债券有利于筹集稳定的长期资金，提高负债的稳定性，从而提高资金使用效率和效益。

(5)结算过程中的资金占用。商业银行在为客户办理转账结算等业务过程中可以占用客户的资金。占用的时间虽然很短，但由于周转金额巨大，占用的资金数量相当可观。从某时点上看，总会有一定金额的处于结算过程之中的资金，构成商业银行可以运用的资金来源。

要点强化

【单选题】

商业银行的(　　)业务属于负债业务。

A. 贴现　　B. 汇兑　　C 代收　　D. 吸收单位存款

【答案解析】 D。商业银行的负债业务是形成其资金来源的业务。包括自有资本和吸收外来资本两大类。吸收单位存款属于后者,满足条件。D 项正确。

(二)商业银行的资产业务

商业银行资产业务,是指商业银行对通过负债业务所集聚起来的资金加以运用的业务,是其取得收益的主要途径。商业银行的资产业务主要包括现金资产、贷款、贴现、证券投资等。

1. 现金资产

现金资产,也称第一准备,是满足银行流动性需要的第一道防线。现金资产是银行资产中最具流动性的部分,是银行的非盈利性资产。包括库存现金、在中央银行的存款、存放同业资金和托收中的资金。

(1)库存现金。库存现金是银行金库中的现钞和硬币,主要用于应付日常业务支付的需要(如客户以现金形式提取存款等)。因为库存现金属于不生利息的资产,因此,银行一般只保持必需的数额。库存现金太多,影响银行收益;太少,不能应付客户提取现金的需求,甚至造成挤提存款,增加银行风险。

(2)在中央银行的存款。在中央银行的存款是指商业银行的法定存款准备金和超额准备金。法定存款准备金是商业银行按法定存款准备金比率,将其所吸收的存款缴存在中央银行的部分。超额准备金是商业银行的总准备金减去法定存款准备金的差额。

(3)存放同业资金。存放同业资金是银行为了自身清算业务的便利,在其他银行经常保持一部分存款余额而开立的活期性质的存款账户。

(4)托收未达款。托收未达款是指银行应收的清算款项。具体来讲,是商业银行收到以其他商业银行为付款人的票据,已向票据交换所提出清算申请或已向其他商业银行提出收账但尚未正式记入存放同业账户或记入在中央银行存款账户中的款项。

2. 贷款业务

贷款是商业银行最主要的也是传统的资产业务。贷款是商业银行利润的主要来源。可以按不同标准进行划分。

(1)按贷款的期限划分为短期、中期、长期贷款。短期贷款是指贷款期限在 1 年以内的贷款。中期贷款是指期限在 1 年以上,10 年以下的贷款,通常可达 8－10 年。长期贷款是指期限超过 10 年的贷款。

(2)按贷款的保障程度分为抵押贷款、担保贷款、信用贷款。抵押贷款是指借款人以特定的抵押品作抵押保证的贷款。例如票据抵押贷款、商品抵押贷款和证券抵押贷款。担保贷款是指由借贷双方以外的有相应经济实力的第三方为担保人而发放的贷款。信用贷款是指无抵押品作保证,也无担保人担保,银行完全凭借客户的信誉而发放的贷款。

(3)按贷款质量和风险程度,分为正常、关注、次级、可疑、损失贷款。

①正常贷款:借款人能够履行合同,有充分把握按时足额偿还本息。

②关注贷款:尽管借款人目前有能力偿还贷款本息,但是存在一些可能对偿还产生不利影响的因素。

③次级贷款:借款人的还款能力出现了明显的问题,依靠其正常经营收入已无法保证足额偿还本息。

④可疑贷款:借款人无法足额偿还本息,即使执行抵押或担保,也肯定要造成一部分损失。

⑤损失贷款:在采取所有可能的措施和一切必要的法律程序之后,本息仍然无法收回,或只能收回极少部分。

3. 贴现业务

贴现业务是商业银行重要的资产业务之一。贴现业务的做法是银行应客户的要求,买进未到期的票据,银行从买进日起至到期日止,计算票据的贴现利息,从票面金额中扣除贴现利息以后,将票面余额付给持票人;银行在票据到期时,持票向票据载明的付款人索取票面金额的款项。

4. 证券投资业务

证券投资是指商业银行在金融市场上运用其资金购买有价证券,是商业银行利润的主要来源之一。证券投资的目的是提高资产的流动性、取得较高的投资收益、实现资产多样化以分散风险。投资对象主要是各种证券,包括国库券、中长期国债、政府机构债券或地方政府债券以及公司债券。

要点强化

【多选题】商业银行的资产业务主要包括(　　)。

A. 票据贴现　　B. 贷款　　C. 再贷款　　D. 证券投资

【答案解析】ABD。商业银行的资产业务是商业银行的资金运用业务。商业银行将未到期的票据向投资者贴现得到即时的可用资金。故A选项符合。贷款业务是商业银行最大的资产业务,B项符合题意。商业银行将自己通过负债业务得到的资金进行证券投资,例如购买国债等,获得证券的收益,所以D项满足题意。C项中商业银行的再贷款指的是中央银行向经过批准的商业银行进行贷款,商业银行可以获得即时可用资金,故再贷款是商业银行的负债业务。

(三)商业银行的中间业务和表外业务

商业银行的中间业务指商业银行不用或较少运用自己的资金,以中间人的身份代客户办理收付和其他委托事项,提供各类金融服务并收取手续费的业务。表外业务是指商业银行从事的按会计准则不列入资产负债表内,不影响其资产负债总额,但能影响银行当期损益,改变银行资产报酬率的经营活动。我国的中间业务等同于广义上的表外业务。包括结算业务、代理业务、保管箱业务、咨询业务、信托业务、银行卡业务、租赁业务等。

1. 结算业务

结算业务是指商业银行通过提供结算工具,如本票、汇票、支票等,为购销双方完成货币收付、转账划拨行为的业务，是商业银行的存款业务基础上衍生出来的一种业务。

2. 代理业务

代理业务是指银行接受客户委托，以委托人的名义代办经济事务的活动，主要是代理收付款业务、代为清理债权债务业务和代客买卖业务等。如代理发放工资和离退休金，代理企业事业单位收付税款、学费、有线电视费等各项费用。

3. 保管箱业务

是指银行设置保管库，接受单位或个人的委托，代为保管各种贵重物品或单证的业务。

4. 咨询业务

是指商业银行通过资金运用记录，以及资金运用相关资料的收集整理，可以向政府、企业或个人提供咨询服务，包括财务分析、验资、资信调查、商情调查、金融情报等，既满足客户需求，又密切了银行与客户的联系，为银行扩大经营规模、增强竞争力创造条件。

5. 信托业务

信托即信用委托，是指委托人依照契约的规定为自己或第三者(即受益人)的利益，将财产转给受托人，由受托人代委托人管理、运用和处理所托管的财产，并为受益人谋利的活动。商业银行经营信托业务是商业银行以受托人身份接受委托人的委托，代办管理营运和处理财产的业务。

6. 信用卡业务

银行信用卡是由商业银行或专门的信用卡公司发行的证明持卡人资信良好，可以凭卡在约定的商店和场所进行记账消费或在指定地点支取现金的一种信用凭证，在推动大众化服务过程中起着非常重要的作用。

7. 租赁业务

租赁业务是指以收取租金为条件并出让物件使用权的经济行为。可分为经营性租赁和融资性租赁两种。

要点强化

【单选题】票据结算业务按其性质可归属于(　　)。

A. 信贷业务　　B. 中间业务　　C. 代理业务　　D. 结算业务

【答案解析】D。票据结算业务的会计核算主要是对票据行为的会计核算。票据行为包括出票、背书、承兑、保证、付款和追索。单纯的同行结算不是属于中间业务，跨行通存通兑才属于中间业务。故选D。

第四节　非银行金融机构

非银行金融机构是指以发行股票和债券、接受信用委托、提供保险等形式筹集资金，并将所筹集资金运用于长期性投资的金融机构。非银行金融机构与银行的主要区别在于信用业务形式不同，其业务活动范围的划分取决于国家金融法规的规定。非银行金融机构不经营存款业务，其资金来源主要是通过发行股票和债券等渠道筹集，资金运用则以非贷款的某项金融业务为主，如专门从事保险、证券、信托、租赁等。我国的非银行金融机构主要有保险公司、证券公司、信托投资公司、企业集团财务公司、金融租赁公司、基金公司、信用合作社、邮政储蓄机构等组成。

一、保险公司

保险是一种经济补偿制度，依靠投保人交纳的保险费建立保险基金，用于补偿因自然灾害或意外事故所造成的经济损失，或对个人的死亡伤残支付保险。

（一）保险公司概述

保险公司是经营财产和人身风险业务的金融机构，是按照合约规定办理保险业务，依靠投保人缴纳的保险费建立保险基金，在风险发生时，对投保人或被保险人给予经济补偿或支付的金融中介机构。保险公司的资金来源主要是投保人缴纳的保险费。由于保险公司的资金来源稳定，保险公司获得的保费收入经常远远超过它的保费支付，其所聚集的大量货币资本就成为金融体系长期资本的重要来源。

保险公司的主要功能有：(1)经济补偿功能。保险公司的基本职能就是经济补偿。(2)保险资金的运用功能。保险公司的保险资金的运用功能指的是保险公司把积累的或暂时不用于赔付的各项准备金用于各项投资活动，实现保险资金的保值和增值。(3)保险公司的防灾、减损功能。保险公司的防灾功能是指保险人和被保险人共同采取保险合同规定的措施，对保险标的不应该发生的灾害进行防范。保险公司的减损功能是指在保险标的发生灾害时，投保人和保险人按照保险合同的规定应当采取措施进行积极的施救，减少可能的损失。

（二）保险公司的种类

1. 按照资本构成和企业组织形式的不同分类

按照资本构成和企业组织形式的不同，保险公司可分为国有保险公司、股份制保险公司和相互保险公司。国有保险公司是指由国家或政府投资设立的经营保险业务的保险公司组织形式，其既可以由政府机构直接经营，也可以通过国家法令委托某个团体来经营，即间接国营保险组织。股份制保险公司是由股东认购股金份额，并以营利为目的的保险公司组织形式。相互保险公司是由社会上具有共同风险的个人或经济单位共同集资设立的，由保单持有人所有的非营利性保险公司组织形式。

2. 按照保险公司经营的业务种类的不同分类

按照保险公司经营的业务种类的不同，保险公司可分为人寿保险公司和非人寿保险公司或者人寿保险公司和财产保险公司。依据《中华人民共和国保险法》的规定，把商业保险分为人身保险和财产保险两大类，前者包括人寿保险、人身意外伤害保险和健康保险等；后者则包括财产损失保险、责任保险和保证保险等。因此，我国的保险公司就按照其经营的业务种类分为人寿保险公司和财产保险公司。

3. 按照保险公司经营性质的不同分类

按照保险公司经营性质的不同，保险公司可分为商业保险公司和政策性保险公司。商业保险公司是指按照商业原则经营，以营利为目的的保险企业。政策性保险公司是指由政府或政府机构发起或出资，经营某种特定政策性保险业务的机构。

4. 按照保险公司承担风险的层次分类

按照保险公司承担风险的层次，保险公司可划分为原保险公司和再保险公司。原保险公司是指开展原保险业务，即与投保人直接订立保险合同，接受保险业务的保险公司。再保险公司是指接受原保险公司分保业务，并不直接向投保人签发保单的保险公司，即保险公司的保险公司。

5. 按照保险公司出资人的不同分类

按照保险公司出资人的不同，保险公司可划分为中资保险公司、外资保险公司和中外合资保险公司。

（三）保险公司的主要业务

保险公司的主要业务活动指的是保险公司为经营保险商品而进行的一系列活动，包括展业、承保、分保、防灾防损、理赔和险种设计等环节。

1. 展业

保险展业是保险公司利用各种手段和方法，以加强保险意识和普及保险知识为内容，促使人们购买保险的活动。

2. 承保

保险承保是指保险人依据保险条款承担投保人保险标的的保险责任或人身风险责任的行为，即保险人同意接受投保人的申请，签订保险合同，承担保险责任。

3. 分保

保险分保是直接承保人将其所承保的保险业务的一部分或全部分给其他直接承保人，以及直接承保人向再保险人分出保险业务。

4. 防灾防损

保险防灾防损，简称防灾，是指保险人对其所承保的保险标的可能发生的各种风险进行识别、分析和处理，以防止事故的发生和减少灾害损失的行为。

5. 理赔

保险理赔是指保险人对被保险人所发生的保险合同责任范围内经济损失的处理和赔付的活动过程。理赔是实现保险经济补偿职能的环节，也是对承保工作质量的检验，具体包括：出险通知、现场勘查、保险审核和赔款计算等。

6. 险种设计

保险的险种设计是指根据保险标的及保险经营的性质和特点对保险业务种类的内容、规则及程序的规定。险种设计是保险经营的基础，其主要内容包括保险标的、保险责任、保险期限、保险金额与保险金给付方式、保险费率与保费缴纳方式等条款的设计。

知识链接 8－5

我国的保险公司

中国人寿保险股份有限公司是中国最大的寿险公司，2003 年成功改制重组为中国人寿保险（集团）公司，上市创造了 2003 年全球最大 IPO。拥有由保险营销员、团险直销人员以及专业和兼业代理机构组成的广泛分销和服务网络，包括 18 069 个营业网点，3 000 多家客户服务柜面。其产品覆盖个人和团体人寿保险、年金产品、意外险和健康险等。

中国人民财产保险股份有限公司成立于2003年7月，注册资本122.559 8亿元，由中国人民保险集团公司发起设立，是目前中国内地最大的财产保险公司。拥有遍布全国城乡超过1.3万个机构网点，形成强大的销售和服务网络。其产品涵盖车险、旅游保险、意外保险、家庭保险、文化产业保险、建筑工程质量保险、火灾责任保险、企业财产险、员工保障计划、责任保险等多个险种。

中国财产再保险股份有限公司是2003年12月中国再保险公司按照国务院批示进行整体改制，成立的唯一国有专业财产再保险公司。经营范围包括：财产保险的商业再保险业务、短期健康保险和意外伤害保险的商业再保险业务、上述再保险业务的服务、咨询业务等。

二、证券公司

证券公司又称券商或证券商，是指由证券主管机关批准设立的，以经营证券发行和交易业务为主的，具有独立企业法人地位的非银行类金融机构。证券公司经营的主要业务有：

1. 代理发行证券业务

代理发行证券业务是指证券经营机构依照协议包销或代销发行人发行的有价证券的行为，也称为证券承销。发行标的物有股票、债券等。

2. 代理证券交易业务

代理证券交易业务也称为证券经纪业务或代理买卖证券业务，是指证券经营机构接受客户委托代客户买卖有价证券的行为。

在通常情况下，代理买卖证券业务经证券交易所集中成交，其整个过程实际上分为两个步骤，即客户委托证券经营机构代理买卖证券和证券经营机构在证券交易所中交易证券。

3. 证券自营业务

证券自营业务是指证券经营机构自行买卖有价证券、独立承担风险，并从自营买卖中赚取差价收益的行为。

4. 其他业务

除上述业务外，证券公司还经营私募发行、兼并收购、基金管理、风险基金、咨询服务、金融衍生工具交易等一种或多种业务。

在我国，证券公司的设立必须经国务院证券监督管理机构审查批准，并接受中国证监会的监管。一般来说，初设时的证券公司是由某一家金融机构全资设立的独资公司，或是由若干金融机构、非金融机构以入股形式组建的股份制公司。

截至2017年6月30日，中国证券行业共有129家证券公司。129家证券公司总资产为5.81万亿元，净资产为1.75万亿元，净资本为1.50万亿元，客户交易结算资金余额(含信用交易资金)1.27万亿元，托管证券市值37.67万亿元，受托管理资金本金总额18.06万亿元。证券公司未经审计财务报表显示，129家证券公司2017年上半年实现营业收入1 436.96亿元，实现净利润552.58亿元，117家公司实现盈利，占证券公司总数的90.70%。

三、信托投资公司

信托公司是以资金或其他财产为信托标的，根据委托人的意愿，以受托人的身份管理及运用信托财产的非银行金融机构。现代经济的发展，促使信托公司在经营一般信托业务的同时，也从事投资业务，从而形成信托投资公司。

我国的信托投资公司有三种类型：一是国家银行附属的信托投资公司；二是全国性的信托投资公司，如中国国际信托投资公司和爱建金融信托公司等；三是地方性信托投资公司，它是地方政府为促进本地区和国外的经济技术合作而在大中城市建立的信托投资公司。

信托业务涵盖的范围有：一是货币信托，包括信托存款、信托贷款、委托存款、委托贷款、养老信托、投资信托、养老基金信托等；二是非货币信托，包括有价证券信托、债券信托、不动产信托、动产信托等。此外，一些国家的信托公司兼营银行业务、财产保管、不动产买卖等业务。

根据我国的《信托投资公司管理办法》，信托公司可以申请经营下列部分或者全部本外币业务：(1)资金信托；(2)动产信托；(3)不动产信托；(4)有价证券信托；(5)其他财产或财产权信托；(6)作为投资基金或者基金管理公司的发起人从事投资基金业务；(7)经营企业资产的重组、并购及项目融资、公司理财、财务顾问等业务；(8)受托经营国务院有关部门批准的证券承销业务；(9)办理中介、咨询、资信调查等业务；(10)代保管及保管箱业务；(11)法律法规规定或中国银行业监督管理委员会批准的其他业务。

四、企业集团财务公司

财务公司又称财务有限公司或金融公司，是指以加强企业集团资金集中管理和提高企业集团资金使用效率为目的，为企业集团成员单位提供财务管理服务的非银行金融机构。

在我国，财务公司是“企业集团财务公司”的简称，是指一类由大型企业集团内部成员单位出资组建并为各成员单位提供金融服务的非银行金融机构。为独立的企业法人，必须实行独立核算、自负盈亏、自主经营、照章纳税。其宗旨是支持国家重点集团或重点行业的发展。

财务公司的主要业务有：(1)对成员单位办理财务和融资顾问、信用签证及相关的咨询、代理业务；(2)协助成员单位实现交易款项的收付；(3)经批准的保险代理业务；(4)对成员单位提供担保；(5)办理成员单位之间的委托贷款及委托投资；(6)对成员单位办理票据承兑与贴现；(7)办理成员单位之间的内部转账结算及相应的结算、清算方案设计；(8)吸收成员单位的存款；(9)对成员单位办理贷款及融资租赁；(10)从事同业拆借及中国银行业监督管理委员会批准的其他业务。

五、基金公司

基金公司又称基金管理公司，是指管理和运作基金资产的机构。具体的是指凭借专门的知识与经验，运用所管理基金的资产，根据法律法规及基金章程或基金契约的规定，按照科学的投资组合进行投资决策，谋求所管理的基金资产不断增值，并使基金持有人获取尽可能多收益的机构。

基金公司的主要职责是进行基金资产的投资运作，负责基金资产的财务管理，促进基金资产的保值增值及其他与基金资产有关的经营活动。基金管理公司可以是一个专门从事基金资产管理运作的独立法人机构，也可以是一个独立法人机构中专门从事基金资产管理运作的部门。

1991 年 10 月，武汉证券投资基金设立，是我国最早的基金。1998 年 3 月，国泰基金管理公司和南方基金管理公司成立，我国的基金业才真正起步。2000 年 10 月，国家颁布了《开放式基金管理试点办法》，标志着开放式基金的开始。此后，基金的设立、运作、交易和管理得到不断规范，我国的基金业开始快速发展。

根据中国基金业协会公布的数据显示，截至 2017 年 8 月底，我国境内共有基金管理公司 112 家，其中，中外合资公司 45 家，内资公司 67 家；取得公募基金管理资格的证券公司或证券公司资管子公司共 12 家，保险资管公司 2 家。以上机构管理的公募基金资产合计 11.06 万亿元，比 2012 年底的 2.87 万亿元增长 2.86 倍。

在公募基金总规模突飞猛进的同时，公募基金产品数量也大幅增长，类型日益丰富。证监会公布的最新数据显示，截至 2017 年 9 月底，我国公募基金总数达到 4 732 只，基金数量已经远远超过上市公司家数。

六、信用合作社

信用合作社是由个人集资联合组成，以互助为主要宗旨的合作金融组织。其基本经营目标是以简便的手续和较低的利率，向社员提供金融服务，帮助经济力量薄弱的个人解决融资困难问题。

我国的农村信用合作社简称“农信社”，是农民根据自愿原则组织起来的集体合作金融机构，其成立宗旨是为农民、为社员服务。是由农民投资入股，资金有限服务于入股社员的贷款需求，实行民主管理，为农业、农民和农村经济发展提供支持的农村金融机构，是中国金融体系的重要组成部分。

2003 年 6 月，国务院印发《深化农村信用社改革试点方案》，按照“明晰产权关系、强化约束机制、增强服务功能、国家适当扶持、地方政府负责”的总思路，在浙、鲁等八省市率先启动农村信用社试点改革；2004 年 8 月扩大至除西藏、海南以外的 29 个省份；2007 年海南省联社正式挂牌成立。农村信用社新的管理体制框架初步建立，产权组织形式呈现多元化发展态势。在财政、货币和税收政策综合支持下，农村信用社彻底摆脱了发展缓慢，连年亏损的不利局面，迎来了历史上发展最快的时期。

七、邮政储蓄机构

邮政储蓄机构作为国务院、人民银行批准成立的专门面向个人的金融机构，以国家信用为保障，以邮政为依托，始终如一地为社会大众提供了方便、快捷的邮政储汇业务。邮政储蓄从事的是零售金融业务，服务对象主要是广大城乡居民大众。自 1986 年恢复开办以来，在党和国家的扶持下，业务开展从单一化到多元化，规模不断扩大，服务手段不断完善，为保持国家金融稳定和满足城乡居民日益增长的金融服务需要做出了巨大贡献。

中国邮政储蓄银行已成为全国网点规模最多、覆盖面最广、服务客户数量最多的商业银行。截至 2016 年年末，邮储银行拥有营业网点近 4 万个，打造了包括网上银行、手机银行、电话银行、电视银行、微博银行、微信银行和易信银行在内的电子金融服务网络，服务触角遍及广袤城乡，服务客户超过5.7亿人，累计发放小微企业贷款超过2.3万亿元。

要点强化

【多选题】下面属于非银行金融机构的有（　　）。

A. 商业银行　B. 信托公司　C. 保险公司　D. 中央银行

E. 证券公司

【答案解析】BCE。BCE都是非银行金融机构，符合题意。A商业银行属于银行金融机构，排除。D中央银行属于金融监管机构，排除之。

本章小结

金融机构是资金供给者与资金需求者之间融通资金的信用中介，是金融体系的重要组成部分，在整个国民经济运行中起着举足轻重的作用。它们通过疏通、引导资金的流动，促进和实现了金融资源在经济社会中的有效配置，提高了全社会经济运行的效率。

金融机构体系是金融体系的一个组成部分，是指从事金融活动的各类经济组织和机构所组成的相互补充、有机结合的系统。在金融机构系统中，各个金融机构既相互联系、相互依存，又相互竞争、相互影响。目前，我国的金融机构是以中央银行为核心，以商业银行和政策性银行为主体，多种金融机构并存，分业经营，相互协作的格局。

中央银行的职能，即中央银行的功能、作用，是中央银行性质的具体反映，一般被概括为发行的银行、银行的银行和国家的银行三大职能。中央银行的负债，是指社会各集团和个人持有的对中央银行的债权。中央银行的负债业务包括货币发行业务、代理国库业务、集中存款准备金业务。中央银行的资产是指中央银行在一定时点上所拥有的各种债权。中央银行的资产业务包括再贴现和再贷款业务、有价证券买卖业务、金银和外汇储备业务。中央银行的清算业务是中央银行集中票据交换及办理全国金融机构间资金清算的业务，也是中央银行金融服务职能的具体反映。包括票据清算业务、办理异地资金转移业务等。

商业银行也叫存款货币银行，是以吸收存款、发放贷款、办理转账结算为主要业务的金融机构。商业银行的职能包括信用中介职能、支付中介职能、信用创造职能、金融服务职能。商业银行的主要业务可分为负债业务、资产业务和中间业务三大类。商业银行的负债业务是商业银行筹集资金、借以形成资金来源的业务，是商业银行资产业务和其他业务的基础。商业银行资产业务，是指商业银行对通过负债业务所集聚起来的资金加以运用的业务，是其取得收益的主要途径。商业银行的中间业务指商业银行不用或较少运用自己的资金，以中间人的身份代客户办理收付和其他委托事项，提供各类金融服务并收取手续费的业务。

我国的非银行金融机构主要有保险公司、证券公司、信托投资公司、企业集团财务公司、金融租赁公司、基金公司、信用合作社、邮政储蓄机构等。

思考与练习

一、单选题

1. 在我国现行的金融体系中，处于主导地位的是(　　)。
A. 中央银行　　B. 国有商业银行　　C. 国有专业银行　　D. 政策性银行
2. 我国的中央银行属于(　　)。
A. 单一型　　B. 复合型　　C. 跨国型　　D. 准中央银行型
3. 我国行使中央银行职能的是(　　)。
A. 中国人民银行　　B. 国有商业银行　　C. 国有专业银行　　D. 政策性银行
4. 促使商业银行流动性供给增加的因素是(　　)。
A. 客户提取存款　　B. 客户用在该行的存款偿还贷款
C. 向股东发放现金股利　　D. 收回同业拆出资金

二、多选题

1. 中国人民银行与商业银行的关系是(　　)。
A. 行政上隶属　　B. 监管与被监管　　C. 服务与被服务　　D. 总部与派出机构
E. 利润参与分配
2. 非银行金融机构包括(　　)。
A. 保险公司　　B. 投资公司　　C. 信用合作社　　D. 信托公司
E. 财务公司
3. 我国国有商业银行有(　　)。
A. 中国工商银行　　B. 中国建设银行　　C. 中国银行　　D. 国家开发银行
E. 中国农业银行
4. 我国政策性银行有(　　)。
A. 中国进出口信贷银行　　B. 交通银行
C. 光大银行　　D. 国家开发银行
E. 中国农业发展银行
5. 商业银行的负债业务包括(　　)。
A. 自有资本　　B. 各项存款　　C. 各项借款　　D. 转账结算
E. 发行债券
6. 中央银行的负债业务包括(　　)。
A. 自有资本　　B. 存款准备金　　C. 财政性存款　　D. 货币发行
E. 国际金融机构负债

三、判断题

1. 我国的商业银行全部都是有国家参股的银行。(　　)
2. 再贷款只能用于补充准备金不足和资产的临时调整，而不能用于证券投资。(　　)
3. 吸收财政性存款实际上是商业银行为中国人民银行代理的一项业务。(　　)

4. 人民币实质就是银行券，它表明中国人民银行对持有人的一种负债。　（　　）

四、名词解释

1. 金融体系　2. 中央银行　3. 商业银行　4. 负债业务
5. 资产业务　6. 保险　7. 信托

五、思考题

1. 简述我国的金融体系构成。
2. 中央银行存在有什么必要性？
3. 中央银行的职能和业务是什么？
4. 什么是商业银行的负债业务？包括哪些内容？
5. 什么是商业银行的资产业务？包括哪些内容？
6. 简述非银行金融体系的构成。

六、讨论题

1. 讨论主题：我国的金融机构都有哪些？它们的职能和业务都是什么？各自的发展趋势怎样？

2. 要求：运用所学的有关金融体系的基本理论知识，结合金融机构发展和业务开展现状，进行分析和思考，从而提出自己的观点。

3. 目的：经过分析、讨论，充分认识我国金融机构的职能和业务，为进入金融机构工作打下良好基础。

4. 建议：收集相关资料，分组做出 PPT，最后由教师组织全班进行讨论。

第九章
金融市场

【知识目标】

1. 了解金融市场的概念及其重要性，掌握金融市场分类、构成要素和功能，理解金融市场的运作机理，了解金融市场的发展趋势；

2. 掌握货币市场和资本市场的概念、特点和构成；

3. 了解股票、债券等常见金融工具的概念和特征。

【能力目标】

1. 能够结合实际分析金融市场在市场经济中的核心作用；

2. 能够分析目前我国金融市场存在的问题及改进方向。

【情感目标】

通过本章的学习，使学生在了解金融市场基础知识的基础上，提高财商，树立理财意识及理财风险的防范意识。

【案例导入】

小张毕业后决定在自己学校开个奶茶店，主要经营奶茶、绿茶、红茶、鲜榨果汁、凉茶、咖啡等，店铺装修加上购买设备总共花费 3 万元，店铺每月租金 1 万元，需要先期支付 3 个月房租。目前小张勤工俭学和做兼职积累的存款共 1 万元，从亲朋好友处借到 2 万元，剩下的

3 万元钱让小张有些发愁。小张的大学同学小吴听说后，请求入股小张的奶茶店，双方各占50%的股权，将来根据经营情况对半分红。小张有些心动，这笔钱正好解了燃眉之急，但他对小吴不算特别了解，又怕将来因为经营理念不同产生分歧。这时，有个熟人给小张出主意，通过网络借贷的方式借入 3 万元，但是一方面小张对网络借贷的流程不熟悉，另一方面网络借贷利息较高，同时存在平台不正规等问题。所以，小张正在纠结究竟应该选择哪个方案。

经济生活中，由于资金分布是不均匀的，经济活动的开展需要在资金盈余者和资金短缺者之间进行资金调剂，这就需要一种精巧的制度安排，来促进资金在余缺者之间进行流转，实现资金的融通。金融市场正是发挥这种作用的一种机制，在金融市场上，通过各种金融工具的交易活动，推动资金的流转，实现储蓄向投资的转化。

如果你是小张，你会选择哪个方案，为什么？

第一节　金融市场概述

一、金融市场的概念

金融市场是货币资金或金融商品交易的场所，即资金融通的场所。它主要是进行货币借贷以及各种票据和有价证券、黄金、外汇买卖的场所。通过金融市场上的交易活动，沟通资金供求双方的关系，实现资金融通。如图 9—1 所示。

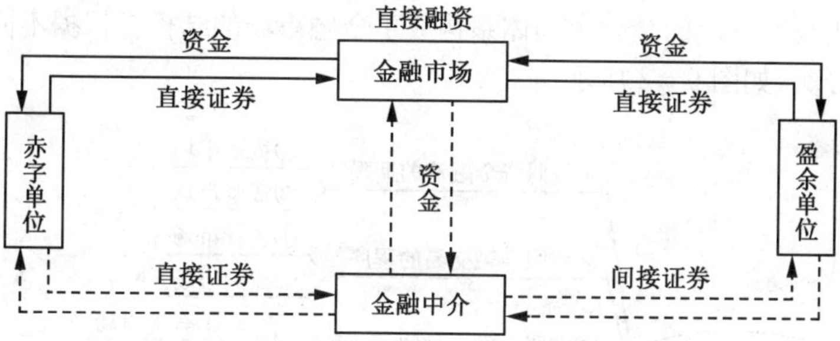

图 9—1　金融市场的运作图

对金融市场可以从以下三方面理解：(1)金融市场既可以是有形的市场，也可以是无形的市场。有形，即市场可以看得见、摸得着，如证券交易所。无形，是指市场不存在固定的交易场所，主要是通过现代通信技术进行交易。(2)金融市场反映了金融资产的供应者和需求者之间所形成的供求关系。既然是一个市场，那么金融市场也和商品市场一样受到供求关系的影响。只不过，它的商品是金融工具，而不是实物商品。(3)金融市场包含了金融资产交易过程中所产生的运行机制，其中主要是价格机制。

知识链接 9－1

华尔街的起源与《梧桐树协议》

1653 年，一群荷兰移民忙忙碌碌地在纽约市曼哈顿岛接近南端的地方竖起了一排高 12 英尺的原木墙，目的是保护自己免受印第安人和英国人的袭击与骚扰。32 年后，一群测量人员沿着这排木墙画下了建设街道的白线，并给这条还不存在的街道起了一个名字——华尔街(Wall Street)。

在此之后的 100 多年里，华尔街一直默默无闻，直到 1792 年 5 月 17 日。这一天，24 个在街头买卖股票的经纪人聚集在华尔街 68 号前的一棵梧桐树下，开始讨论起有价证券交易的条件和规则。讨论的结果就是举世闻名的《梧桐树协议》，协议具有中世纪行业协议的性质，它规定 24 个签约者进行债券买卖时，彼此之间享有优惠，以统一、固定的比率提取佣金。

要点强化

【判断题】金融市场是金融商品和金融工具交易的场所。(　　)

【答案解析】√。金融市场是资金供给者和资金需求者进行金融商品和金融工具交易的场所，此题说法正确。

二、金融市场的分类

不同的子市场所组成的金融市场体系构成了金融市场的结构。根据不同的标准对金融市场有不同的分类，如图 9－2 所示。

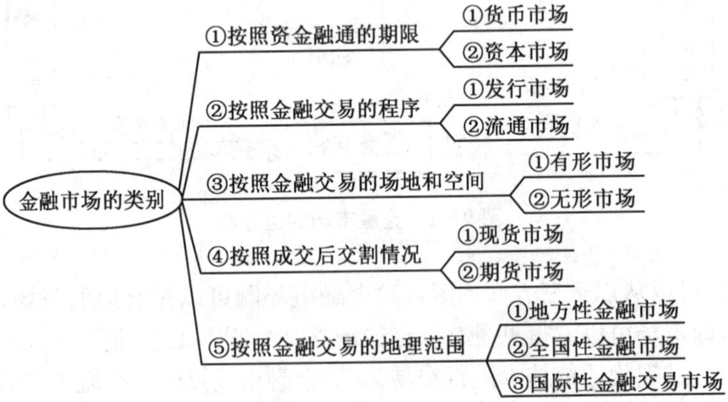

图 9－2　金融市场的类别

(一)按照资金融通的期限分为短期金融市场和长期金融市场

前者通常又称为货币市场，后者称为资本市场。短期金融市场是指以期限在一年或一年以下的金融工具为交易标的物的市场；长期金融市场是融通期限在一年以上的中长期资金的市场。

（二）按照金融交易的程序分为发行市场和流通市场

发行市场又称一级市场或初级市场，是票据和证券等金融资产最初发行的场所，是筹资者和初始投资者之间进行金融交易的市场。流通市场又称二级市场或次级市场，是已经发行的票据和证券等金融资产转让买卖的场所，是投资者之间进行金融交易的市场。金融资产的发行有公募和私募两种方式。前者的发行对象是社会公众，后者的发行对象是机构投资者，两者相比公募涉及的范围大、影响广、成本高、准备的手续复杂、需要的时间长。

（三）按照金融交易的场地和空间分为有形市场和无形市场

有形市场指有固定的交易场地，在组织严密的特定交易场所中进行金融交易活动的市场。比如股票的最终交易是在证券交易所完成的。银行、证券公司、保险公司等各类金融机构的营业厅也是多种金融工具交易的有形市场。

无形市场是指没有固定的交易场地，通过电话、电报、电传、电脑网络等进行的金融交易活动，如资金拆借、外汇交易等（也包括有价证券交易的场外市场，如美国的纳斯达克市场）。随着信息技术、电子计算机行业的日益发展，越来越多的金融工具利用现代化的信息传递手段，连成一个无比庞大的市场，实现快速、安全的金融交易。有形市场和无形市场是不能截然分开的，两者相互衔接、相互依赖又相互转化。

（四）按照成交后交割情况分为现货市场和期货市场

现货市场是指交易双方成交后，在1—3日内立即进行付款交割的市场。期货市场是交易双方达成协议成交后，不立即交割，而在一定时间内，如1个月、2个月或者3个月后交割的市场。

（五）按照金融交易的地理范围划为地方性金融市场、全国性金融市场和国际性金融交易市场

地方性金融市场是指在国内的一个城市或者一个经济区域内进行金融交易的市场。全国性金融市场是指不超过国界，在全国范围内进行交易的市场。国际金融市场则是超越国界在国际间进行资金融通的市场。外资借贷、外汇买卖、黄金交易等，构成了国际金融市场融资活动的主要内容。

要点强化

【单选题】下列关于金融市场分类错误的是（　　）。

A. 按照交易的阶段划分可以分为发行市场和流通市场

B. 按照交易活动是否在固定场所进行可以分为场内市场和场外市场

C. 按照金融工具的具体类型可分为债券市场、股票市场、外汇市场、保险市场等

D. 按照金融工具上所约定的期限长短划分可以分为现货市场和期货市场

【答案解析】D。金融市场按照资金融通的期限划分为货币市场和资本市场。按照成交后是否立即交割划分为现货市场与期货市场。D项错误。ABC均是金融市场的分类。

三、金融市场的构成要素

(一)交易主体

金融市场的交易主体指金融市场的参与者,包括资金供应者(盈余者)、资金需求者(短缺者)、中介者、管理者。具体来说,金融市场上有政府部门、中央银行、金融中介机构、工商企业、居民个人和外国参与者等参与者。各种参与者的特性不同,在金融市场上起到的作用也各不相同,如图9—3所示。

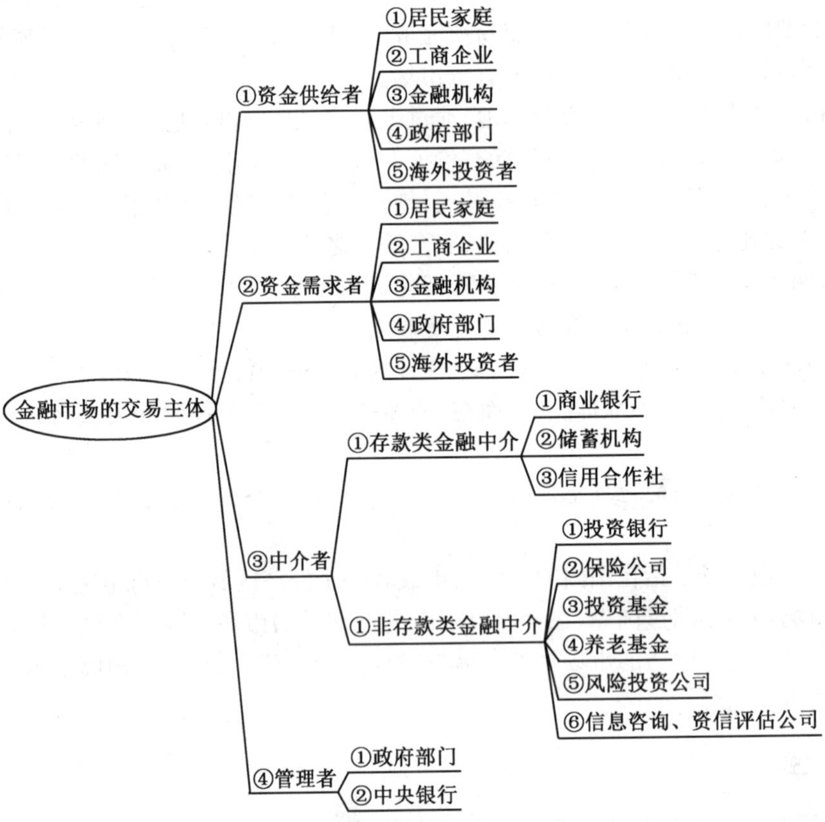

图9—3　金融市场的交易主体

1. 政府部门

政府部门(包括中央政府、中央政府的代理机构和地方政府)是金融市场上资金的需求者之一,主要通过发行国债或者地方政府债券来筹集资金,用于国家基础设施建设、弥补财政预算赤字等。在国际金融市场上,不同国家的政府部门可以是资金的需求者,也可以是供给者。很多国家的政府部门同时担负金融市场的调节和监督职能,也是金融市场的监管者。

2. 中央银行

中央银行在金融市场中具有双重角色,它既是金融市场的行为主体,又是金融市场的主要监管者。中央银行参与金融市场是以实现国家货币政策、稳定货币、调节经济为目的。中央银行通过买卖金融市场工具、投放或者回笼货币来调整和控制货币供应量,并会对金融市场上资金的供求以及其他经济主体的行为产生影响。

3. 金融中介机构

金融中介机构是金融市场上的特殊参与者，也是专业参与者。金融中介机构可以分为存款类金融中介和非存款类金融中介两大类。存款类金融中介包括：①商业银行；②储蓄机构；③信用合作社。非存款类金融中介包括：①投资银行；②保险公司；③投资基金；④养老基金；⑤风险投资公司；⑥信息咨询、资信评估公司等。

4. 工商企业

工商企业在金融市场的运行中无论是作为资金的需求者还是资金的供给者，都有着重要的地位。一方面，工商企业可以通过发行股票或者中长期债券等方式来筹集资金，用于扩大再生产和经营规模，是资金的需求者；另一方面，工商企业支付员工工资和供应商货款，是资金的供应者。

5. 居民家庭

居民家庭主要是金融市场上的资金供给者和金融工具的购买者。消费是居民家庭作为资金供给者的体现。除此之外，居民可以通过金融中介机构购买金融工具进行投资，例如购买保险、购买共同基金等，最终都是向金融市场提供资金。居民有时也会有资金需求，例如购买价格高的耐用消费品，如住房、汽车等。

6. 海外投资者

海外投资者构成了外国部门。这个部门包括所有来自国外的参与者：家庭、非金融机构、政府以及中央银行。随着世界各国逐步放开其金融市场，海外投资者参与国内金融市场和国际金融市场的现象将越来越普遍。

要点强化

【单选题】在金融市场中，既是重要的资金需求者和供给者，又是金融衍生品市场上重要的套期保值主体的是(　　)。

A. 家庭　　B. 企业　　C. 中央银行　　D. 政府

【答案解析】B。一方面，企业既需要资金扩大生产和再生产，并将其盈余的资金予以投资。所以它既是资金的需求者，又是资金的供给者。另一方面，企业的应收账款或者货物一般都是延期支付，所以企业需要在金融衍生品市场上进行套期保值，避免利率风险、汇率风险和商品价格波动的风险。

(二)交易对象

货币资金是金融市场特有的交易对象，金融市场和商品市场不同，表面看是金融工具的交易，而实质却是货币资金的交易。人们通过交易取得货币资金的最终目的是为了投向商品生产和流通领域。

(三)交易工具

金融市场的交易工具指的是金融工具。金融工具也称金融资产或信用工具，即以书面形式发行和流通的借以保证债权债务双方权利和责任的信用凭证。金融工具代表了所有权、债权与货币要求权和一定的收益权，因而本质上是虚拟资本，是证明金融交易金额、期限、价格，对交易双方权利和义务具有法律约束意义的证明文件。

金融工具的发展是与货币、信用和金融市场的发展分不开的，在商业信用基础上发展起来的银行信用和金融市场促进了信用工具成为金融市场上的交易工具，随着金融市场范围和深度的不断拓展，金融创新的速度不断加快，金融工具的种类也会越来越多。

要点强化

【多选题】关于金融市场基本要素的说法正确的是(　　)。

A. 中央银行仅以管理者的身份进入市场

B. 工商企业仅以筹资人身份进入金融市场

C. 金融市场的交易对象是货币资金

D. 货币资金的供求和金融工具的供求在方向上是相反的

【答案解析】CD。中央银行不仅作为金融市场的管理者，还作为市场的参与者，比如在公开市场上买卖政府证券，借以调节经济。A错误。工商企业不仅以筹资者的身份进入金融市场，还以投资者的身份投资其他企业的股票和债券。B错误。金融市场的交易对象是货币资金，C项正确。短期内市场上总的资金量是确定的，货币资金市场供过于求时，投资者投资购买金融工具的资金就会减少，导致金融工具市场供不应求。所以，货币资金和金融工具的供求在方向上是相反的。

四、金融市场的功能

金融市场的功能是指金融市场特有的促进经济发展和协调经济运行的机能与作用，一般有四大功能。

(一)聚敛功能

金融市场的聚敛功能是指金融市场引导众多分散的小额资金汇聚成为可以投入社会再生产的资金集合功能。

在这里，金融市场起着资金“蓄水池”的作用。金融市场之所以具有资金的聚敛功能，一是由于金融市场创造了金融资产的流动性，二是金融市场的多样化的融资工具为资金供应者的资金寻求合适的投资手段找到了出路。

(二)配置功能

金融市场通过将资源从低效率利用的部门转移到高效率的部门，从而使一个社会的经济资源能最有效地配置在效率最高或效用最大的用途上，实现稀缺资源的合理配置和有效利用。

(三)调节功能

调节功能是指金融市场对宏观经济的调节作用。金融市场一边连着储蓄者，另一边连着投资者，金融市场的运行机制通过对储蓄者和投资者的影响而发挥作用。金融市场对宏观经济具有直接调节作用。通过银行放贷前的仔细审查，最终只有符合市场需要、效益高的投资对象才能获得资金支持。金融市场也会为政府对宏观经济的管理起到间接调节作用，主要体现在政府相关部门通过收集、分析金融市场信息作为决策依据上。

(四)反映功能

金融市场历来被称为国民经济的“晴雨表”和“气象台”,是公认的国民经济信号系统。主要表现在:股票、债券、基金市场的每天交易行情变化,能够为投资者判断投资机会提供信息;金融交易会直接、间接地反映货币供应量的变动情况;金融市场上每天有大量专业人员从事信息情报研究分析,及时了解上市公司发展动态;金融市场发达的通信网络和信息传播渠道,能够把全球金融市场融为一体,让社会公众及时了解世界经济的发展变化。

要点强化

【多选题】金融市场的基本功能有(　　)。

A. 融通功能　　B. 积累资本的功能　C. 监督功能　　D. 调控功能

E. 检查功能

【答案解析】ABD。金融市场的基本功能包括:敛聚功能;资源配置功能;调节功能和反映功能等。其中资金融通功能和资本积累功能属于敛聚功能。调控功能属于调节功能。监督检查的功能不属于金融市场的功能。

五、金融市场的发展

(一)我国金融市场的发展

1. 货币市场的发展

经过30多年的发展,我国已初步建立起了以银行短期信贷市场、同业拆借市场、票据市场、短期债券市场、回购市场为主体的货币市场体系,其参与主体已覆盖了商业银行、外资银行、保险公司、证券公司、基金管理公司、城乡信用社等各类金融机构。从功能上看,目前我国的货币市场除发挥重要的短期融资功能以外,还在利率市场化方面发挥了重要的作用。

2. 资本市场的发展

我国经济体制改革后的资本市场是以国债市场的恢复为发端的,近年来,我国资本市场的发展取得了举世瞩目的成就。主要体现在以下几个方面:一是股票发行制度由核准制向注册制改革。二是资本市场规模逐年扩大。三是品种结构日趋合理。四是机构投资者的队伍逐渐壮大。五是大力推进资本市场发展的政策日益丰富。六是多层次资本市场的结构已经形成。

(二)全球金融市场发展的趋势

1. 金融资产证券化

所谓资产证券化,是指把流动性较差的资产,通过商业银行或投资银行予以集中并重新组合,以这些资产作抵押来发行证券,实现相关债权的流动化。具体来说,一是证券形式的资产在金融市场所占比重日益扩大,二是将流动性较低的金融资产经过重新组合和抵押而发行流动性较高的证券,对原先的资产赋予新的活力。

2. 金融市场国际化

(1)投融资活动的国际化和市场交易的国际化。

(2)市场参与者的国际化和资本流动的自由化。

(3)外汇市场的国际性和活跃性增强。

(4)全球金融市场汇率和利率变动的同步化。

3. 金融自由化

金融自由化的趋势是指20世纪70年代中期以来，西方国家特别是发达国家所出现的逐渐放松甚至取消对金融活动的管制措施的过程，主要表现为：

(1)开放金融市场，减少或取消国与国之间的金融壁垒。

(2)放松或消除外汇管制，给外国投融资者以国民待遇。

(3)放宽对金融机构业务范围的限制，实行业务交叉。

(4)放宽或取消对银行的利率管制，利率市场化步伐加快。

第二节　货币市场

一、货币市场的概念

货币市场是融资期限在1年以内的短期资金交易市场。主要包括：同业拆借市场、回购协议市场、商业票据市场、大额可转让定期存单市场。交易工具是短期金融工具，最短只有1天，一般以3－6个月者居多。货币市场一般风险小，流动性强，交易的目的主要是短期资金周转的需要，一般是为了弥补流动资本的临时不足。

二、同业拆借市场

(一)同业拆借市场的概念

狭义地理解，同业拆借市场是指金融机构之间进行临时性资金头寸调剂的市场，期限较短，多为隔夜融通或隔日融通。广义地理解，同业拆借市场是指金融机构之间进行短期资金融通的市场。此时所进行的资金融通已不仅仅是限于弥补或调剂资金头寸，而已成为各金融机构特别是各商业银行弥补资金流动性不足和充分、有效运用资金，减少资金闲置的市场。

同业拆借市场的形成与中央银行实行的存款准备金制度有关。商业银行都在中央银行保持一部分超额存款准备金，以随时弥补法定存款准备金的不足。由于商业银行的负债结构及余额每日都在发生变化，在同业资金清算过程中，会经常出现应收款大于应付款而形成资金头寸的盈余，或者出现应收款小于应付款而形成资金头寸的不足，表现在商业银行在中央银行的存款，有时不足以弥补法定存款准备金的不足，形成缺口；有时则大大超过法定存款准备金的要求，形成过多的超额储备存款。因此，各商业银行都非常需要有一个能够进行短期临时性资金融通的市场。同业拆借市场也就由此应运而生。

(二)同业拆借市场的参与者

同业拆借市场的参与者大致可以分为三类，即资金需求者、资金供给者和中介机构(或中介人)。

(1)资金需求者——大多数为资本雄厚的商业银行。

(2)资金供给者——主要是有多余超额储备的金融机构，包括商业银行、地方中小商业银行、非银行金融机构、境外代理银行及境外银行在境内的分支机构。

(3)中介机构——专门从事拆借市场中介业务的专业性中介机构和非专门从事拆借市

场中介业务的兼营机构。

（三）同业拆借市场的运作方式

(1)通过中介机构的同城同业拆借，多以支票作为媒介。

(2)通过中介机构的异地同业拆借，交易程序大体与同城同业拆借程序相同，区别主要是：拆借双方不需交换支票，仅通过中介机构以电话协商成交；成交后拆借双方通过各所在地区中央银行的电子资金划拨系统划拨转账。

(3)不通过中介机构的同业拆借。程序和前面大同小异，不同的是这里是双方直接洽谈协商，不通过专门的中介机构。成交后相互转账，增减各自账户上的存款。

（四）我国同业拆借市场的现状

我国同业拆借市场建立于1986年1月，1996年建立了全国统一的同业拆借市场，每年交易额超万亿元。1998年10月，保险公司进入同业拆借市场；1999年8月，证券公司进入市场。2002年6月，统一的国内外币同业拆借市场正式启动。

中国外汇交易中心暨全国银行间同业拆借中心(简称交易中心)，按16个品种计算和公布加权平均利率。

要点强化

【单选题】金融机构之间通过(　　)解决临时资金不足。

A. 同业拆借市场　　B. 债券市场　　C. 一级市场　　D. 二级市场

【答案解析】A。金融机构的资金头寸用于在同业拆借市场购买短期金融产品，从而弥补金融机构之间的临时性的资金不足。A正确。

知识链接 9－2

Shibor 简介

新型中国货币市场基准利率——上海同业拆借(放)利率(Shibor)于2006年10月8日开始试运行。

Shibor的推出，意味着中国货币市场建立起了真正的价格中枢，其不仅是短期债券品种定价的参考基准，也是货币市场衍生金融工具如利率互换、利率期权、利率期货等发展的基础性指标。

Shibor主要是1年以下16个品种：隔夜、1周、2周、1个月、3个月、6个月、9个月及1年共8个公布品种，以及3周、2个月、4个月、5个月、7个月、8个月、10个月、11个月共8个参考品种。利率品种代码按期限长短排列为O/N、1W、2W、3W、1M、2M、3M、4M、5M、6M、7M、8M、9M、10M、11M、1Y(O/N代表隔夜，W代表周，M代表月，Y代表年)。

Shibor报价银行团现由16家商业银行组成。报价银行是公开市场一级交易商或外汇市场做市商，在中国货币市场上人民币交易相对活跃、信息披露比较充分的银行。中国人民银行成立Shibor工作小组，依据《上海银行间同业拆放利率(Shibor)实施准则》确定和调整报价银行团成员、监督和管理Shibor运行、规范报价行与指定发布人行为。

全国银行间同业拆借中心受权Shibor的报价计算和信息发布。每个交易日根据各报价行的报价，剔除最高、最低各2家报价，对其余报价进行算术平均计算后，得出每一期限品种的Shibor，并于11:30对外发布。

三、回购协议市场

（一）回购协议的概念

回购是指按照交易双方的协议，由卖方将一定数额的证券卖给买方，同时承诺一定时期后按约定价格将该种证券如数买回的一种交易方式。回购协议指证券买卖双方签订协议，约定回购方在指定日期以约定价格购回证券。

逆回购是从买方的角度来看，同一笔回购协议，则是买方按协议买入证券，并承诺在日后按约定价格将该证券卖回给卖方，即买入证券借出资金的过程。逆回购协议是从资金融出方角度来看的同一笔回购协议交易，即资金融出方按照协议向资金融入方买入证券，并承诺在日后将该证券卖回给资金融入方。每一笔回购协议交易由一方（即资金融入方）的正向回购协议和另一方（即资金融出方）的反向回购协议组成。

回购协议的性质相当于证券卖方（即回购方）以证券为抵押获得证券买方（逆回购方）的指定期限的贷款。前后两次买卖价格之差称为回购利息，其利率即回购利率，是回购方的抵押贷款成本。

回购协议的特点是回购交易的证券大多是短期国库券或商业票据等高安全性证券。大多数回购协议期限极短。期限最短只有一天，称为隔夜回购。

（二）回购市场的参与者

回购市场的参与者比较广泛，包括中央银行、商业银行、证券交易商、非金融机构（主要是企业）。

（三）回购市场的运行形式

证券交易所回购市场。包括自主回购和委托回购。银行同业之间的回购交易，一般通过同业拆借市场进行，买卖双方以直接联系报价，或通过市场中介询价方式协商成交。合理、规范的回购交易比同业拆借具有更高的安全性、更强的灵活性。

我国交易所回购市场仅允许券商、非金融企业和机构参与交易。全国银行间同业回购市场除商业银行外，我国已允许证券机构等银行和非银行金融机构参与交易。

（四）我国国债回购交易

我国的国债回购市场始于20世纪90年代初。当时推出国债回购，主要是为了活跃国债交易，促进国债发行。目前，深交所推出的国债回购品种有3天、4天、7天、14天、28天、63天、91天、182天和273天期限。上交所推出的国债回购品种有1天、3天、7天、14天、28天、91天和182天期限。不同期限的回购利率与手续费不同。一般期限越短，手续费越低，年收益率也越低。

要点强化

【单选题】关于回购协议，以下说法正确的是（　　）。

A. 回购协议是一种信用贷款协议

B. 资金借入人将标的证券抵押给资金借出方，并承诺在未来某个时候用资金将标的证券购回

C. 回购协议比担保贷款更加不安全

D. 公司债券的信用等级低，所以不能作为回购协议的标的物

【答案解析】B。回购协议是指在出售证券的同时，与证券的购买商达成协议，约定在一定期限后，以预定的价格购回所买证券，从而获得及时可用资金的交易行为。在债券质押式回购中，正回购方向逆回购方提供质押物，如国债等，所以它不是一种信用贷款协议。A错误。B正确。回购协议是建立在质押物的基础上，所以它比较安全。C错误。在某些国家，公司债券可以作为回购协议的标的物，D错误。

四、商业票据市场

(一)商业票据的概念

商业票据是信誉良好的企业为筹集资金，主要以贴现方式出售给投资者的一种短期无担保债务凭证。或者说，是一种以融资为目的、直接向货币市场投资者发行的无担保的信用凭证。

知识链接 9－3

商业票据的产生与发展

商业票据是货币市场上历史最悠久的工具，在商业交换中产生和发展起来，最早可追溯至公元12世纪。产业革命之后，资本主义工商业蓬勃发展，票据这种商业信用形式也得到了快速发展，在很大程度上成了与货币一样媒介商品流通和生产循环的工具。(据说，在马克思生活的年代，每张商业票据至少都会背书两次。这说明至少在19世纪，商业票据的流通已经非常广泛。)

从世界范围来看，早期商业票据的发行者主要为纺织品工厂、铁路等非金融性企业，通过经纪商出售，购买者主要是商业银行。20世纪20年代以来，随着信贷消费的发展，一些公司开始发行商业票据，并越过经纪商直接出售给投资者。其主要购买者自50年代之后也不再是商业银行，许多公司开始购买商业票据，保险公司、非金融企业、地方政府、养老基金组织等成为主要投资者。但商业银行的信用额度支持对商业票据的发行有较大的影响。

发行商业票据的最初目的是筹集短期资金以满足企业短期季节性需求。除此之外，发行商业票据还可以让企业进行桥梁融资以满足其长期资金需求。例如，当企业需要长期资金扩建工厂或增加设备时，而市场利率较高，不能坐等市场利率降下来再筹资。这时企业可先发行商业票据，进行短期融资，让项目开工，直至市场利率适合于进行长期融资时再转换成长期筹资工具。这时的商业票据就成为桥梁融资。

(二)商业票据的发行和交易

1. 发行人

商业票据的发行人一般是大企业的财务公司或者一些大银行的控股公司。较小或不太有名的低信用等级的企业如发行商业票据，必须借助于信用等级较高的公司给予的信用支持(这种票据被称为信用支持票据)，或以高品质的资产为抵押(这种票据称为抵押支持商业票据)。

2. 投资者

商业票据的投资者中机构投资者是主体，包括养老基金、货币市场基金、非金融公司、商业银行、投资公司等。个人投资者比重不大。

3. 发行方式

商业票据的发行有两种方式，一是发行人直接销售给投资者，二是发行人通过证券经销商间接销售给投资者。美国约一半左右的商业票据是直接销售。采用间接发行的往往是较小的公司。商业票据的发售方式一般采用贴现制，即低于面值出售，到期按面值支付收回票据。

4. 商业票据的交易

商业票据的二级市场是场外大宗交易。在美国商业票据市场上，大多数商业票据的面额在 10 万美元以上，最低交易规模为 10 万美元。小额投资者只能通过货币市场共同基金来间接参与商业票据投资。二级市场交易不太活跃。原因一是票据期限短，大多持有到期；二是票据的高度异质性，期限、面额、利率都不同，难以交易。

五、大额可转让定期存单市场

（一）大额可转让定期存单的概念

大额可转让定期存单（Large-denomination Negotiable Certificates of Time Deposit, CDs），是银行接受客户大额定期存款后出具的凭证。该凭证可在二级市场转让。

知识链接 9－4

大额银行存单的特点和作用

大额可转让定期存单的产生源于 20 世纪 60 年代初的美国，当时美国的市场利率上升，定期存款利率受 Q 条例限制，导致银行存款额明显下降。这种背景下，纽约花旗银行首先于 1961 年 2 月宣布开始对大公司和其他客户发行大面额存单，存单统一面额，统一期限，利率高于同期限的定期存款，并允许持有人在存单到期前将其转让。

（二）大额可转让定期存单的特点

CDs 作为一种定期存款创新工具，主要的特点是在扬弃原有定期存款利率固定、不能流通的缺陷的基础上，赋予存单以流通性和投资性，即建立存单的二级市场（流通市场）。具体表现在：（1）CDs 具有自由流通的能力，可以自由转让流通，有比较活跃的二级市场。（2）CDs 存款面额固定且一般金额较大，最低 2.5 万美元，最高可达 1 000 万美元，以 100 万美元面额的最受欢迎。（3）存单不记名，以便于流通。和普通定期存款不同，大额存单不能提前支取，但可以流通转让。实质是证券化的定期存款。（4）存款期限为 3－12 个月不等，以 3 个月居多，最短的 14 天。

（三）大额可转让定期存单的作用

正因为 CDs 具有上述特点，也就使 CDs 具备两个明显的优点：第一，提高了存款的市场收益率。第二，使存款具有很强的流动性。

对于投资者来说，持有 CDs 一方面可以获取定期存款的收益，另一方面又具有近似于活期存款的流动性。拥有大额短期资金的部门如企业、退休基金、政府部门等纷纷投资于

CDs,以获得短期高收益,并在需要资金的时候,就可以把手中持有的CDs在二级市场上转让出售。

(四)我国的大额可转让定期存单市场

与国外的CDs市场相比,根据《大额可转让定期存单管理办法》的规定,我国的大额可转让定期存单市场具有明显的特点。

(1)发行主体只能是各商业银行,其他金融机构不得发行;认购主体为城乡居民个人和企业、事业单位。

(2)对城乡居民个人发行的大额可转让定期存单,面额为1万元、2万元、5万元;对企业、事业单位发行的大额可转让定期存单,面额为50万元、100万元、500万元。

(3)大额可转让定期存单的期限为3个月、6个月、12个月。

(4)大额可转让定期存单在存期内按照存单开户日银行挂牌公布的利率水平浮动幅度计付利息,不分段计息。

(5)大额可转让定期存单采用背书转让方式,转让次数不限,背书应当连续。其转让采取自营买卖和代理买卖两种交易方式。

(6)经中国人民银行批准,经营证券交易业务的金融机构可以办理大额可转让定期存单的转让业务。发行银行只能办理代理买卖转让业务,不得办理自营买卖转让业务。企业、事业单位持有的大额可转让定期存单,只能在经营证券业务的金融机构办理转让。

要点强化

【多选题】下列信用工具中属于货币市场金融工具的有(　　)。

A. 优先股　　B. 普通股　　C. 商业票据

D. 国库券　　E. 1年期以上的定期存款单

【答案解析】CD。货币市场工具的特点是期限短,一般在1年以内。国库券和商业票据的期限在1年以内,1年期以上的定期存款单的期限超过1年,所以CD正确,排除E。因股票一经发行,其有效期是永远的,除非该股份公司倒闭或被撤销。优先股和普通股都是股票的不同类型,排除AB。

第三节　资本市场

一、资本市场概述

资本市场是期限在1年以上各种资金借贷和证券交易的场所。资本市场上的交易对象是1年以上的长期证券。因为在长期金融活动中,涉及资金期限长、风险大,具有长期较稳定收入,类似于资本投入,故称之为资本市场。

资本市场的资金供应者为各金融机构,如商业银行、储蓄银行、人寿保险公司、投资公司、信托公司等。资本市场的资金需求者主要为国际金融机构、各国政府机构、工商企业、房地产经营商以及向耐用消费零售商买进分期付款合同的销售金融公司等。

与货币市场相比，资本市场特点主要有：(1)融资期限长。至少在1年以上，也可以长达几十年，甚至无到期日。(2)流动性相对较差。在资本市场上筹集到的资金多用于解决中长期融资需求，故流动性和变现性相对较弱。(3)风险大而收益较高。由于融资期限较长，发生重大变故的可能性也大，市场价格容易波动，投资者需承受较大风险。同时，作为对风险的报酬，其收益也较高。

要点强化

【单选题】资本市场的特征是(　　)。

A. 风险性高，收益也高

B. 收益高，安全性也高

C. 流动性低，风险性也低

D. 风险性低，安全性也低

【答案解析】A。资本市场是交易的金融工具期限在1年以上的金融市场。其交易的金融工具包括股票、中长期债券等。与货币市场的交易工具商业票据、国库券、同业拆借等相比，其特征为风险性高、安全性较低、流动性低、收益率高。A正确。

我国的资本市场从1990年沪、深两市开办至今，已经形成了主板、中小板、创业板、三板(含新三板)市场、产权交易市场、股权交易市场等多种股份交易平台，具备了发展多层次资本市场的基础。我国具有典型代表意义的资本市场包括四部分：(1)国债市场。这里所说的国债市场是指期限在1年以上、以国家信用为保证的国家重点建设债券、财政债券、基本建设债券、保值公债、特种国债的发行与交易市场。(2)股票市场。包括股票的发行市场和股票交易市场。(3)企业中长期债券市场。(4)中长期放款市场。该市场的资金供应者主要是商业银行；其资金投向主要是工商企业固定资产更新、扩建和新建；资金借贷一般都需要以固定资产、土地、建筑物等作为担保品。

二、股票市场

股票是股份公司发行的用来证明股东投入股份并因此享受一定权益的，可以转让、流通的所有权凭证。股份公司的资本在被分为每股金额相等的若干股份的同时，公司发行相应数额的股票。

(一)股票的相关知识

1. 股东权利

(1)股东的表决权。包括股东的质询权、表决权、选举权和被选举权等。(2)股东的收益权。即股东参加分红的权利，包括新股认购权、分配公司剩余资产的请求权等。(3)股东的经营决策权。指股东具备的促进公司改善经营状况的权利。包括起诉权、股东大会召集权、董事或监事的免职请求权、公司解释请求权、查阅公司账表文件的请求权等。

2. 股票收益的形式

股票收益的形式包括股利和资本利得。(1)股利。股利包括股息和红利。股息是股份公司从利润中按股票份额的一定比例分配给股东的收益。红利是指股东在获得股息后，从公司剩余利润中分得的收益。(2)股票的资本利得，即低价买入高价卖出的交易差价收益。

3. 衡量股票价值的几个概念

(1)票面价值。也称之为股票的面值，是指股份公司在所发行的股票票面上所标明的票面金额。在中国，票面金额是以元/股为单位，其作用是用来表明每一张股票所包含的资本数额。

课堂思考 9－1

股票的面值能不能代表公司的实际资产价值？为什么？

(2)账面价值。股票的账面价值，称之为股票净值，也称之为每股净资产，是每股股票所包含的资产净值，是反映股票质量的一个重要指标，也是股票投资者评估和分析上市公司经营实力的重要依据之一。其中，净资产是指剔除了一切债务后的资产，包括注册资本、法定盈余公积、任意盈余公积、未分配利润等。

$$\text{每股股票的账面价值}=\frac{\text{资产总额}-\text{负债总额}}{\text{股票总份额}}$$

(3)内在价值。也称为股票的理论价值，即股票未来收益的现值，取决于股票收入和市场收益率。股票的内在价值是股息资本化的表现，也是股票的投资价值，是为获得股息、红利收入的请求权而必须投入的资本数量。股票的内在价值决定股票的市场价格，但又不等于市场价格。股票的市场价格受多种因素的影响，并围绕股票的内在价值上下波动。

(4)市场价值。包括股票的发行价格和交易价格。发行价格决定公司筹集资金数量的多少。交易价格影响公司的市场形象，由股票市场的供求关系决定。

(5)清算价值。是指当股份公司进入破产清算程序时，每股股票所代表的实际价值。从理论上讲，股票的每股清算价格应当与股票的账面价值一致，但实际上两者通常不相等。股票清算价格的应用比较有限，仅在公司破产或者其他原因丧失法人资格进行清算时，才能作为确定股票价格的依据。

(二)股票的分类

1. 按股东权益可以分为普通股与优先股

普通股是代表着股东享有平等权利，并随公司利润大小而分取相应股息的股票。普通股股东的主要权利有：经营决策权、公司盈余的分配权、剩余资产的索取权、优先认股权等。优先股是相对于普通股，在分取公司收益和剩余资产上具有优先权的股票。其特征为：按照规定的方式优先领取股息，优先按面额清偿，限制参与经营决策。

2. 按票面是否记名可以分为记名股与无记名股

记名股是在股票的票面上记载股东姓名，并同时记载于公司的股东名册上。优点是相对安全，缺陷是转让程序相对繁琐，要办理过户、登记等手续，但在电子化的背景下，这个缺陷并不明显。无记名股票不记载股东姓名，持有股票即享受股东权利，可自由转让。

3. 按发行与交易范围可以分为 A 股、B 股、H 股、N 股、S 股等

A 股即人民币普通股票，是由境内的公司发行，供境内机构或个人以人民币认购和交易的普通股股票。B 股即人民币特种股票，是由境内的公司发行，以人民币标明面值，在境内证券交易所上市，由境外居民或机构以外币认购和买卖的股票。H 股、N 股和 S 股是由境内公司发行，用人民币标明面值，分别在香港、纽约和新加坡上市，用港币、美元和新加坡元进

行交易的股票。

4. 按照投资主体的不同性质，股票可以分为国有股、法人股和社会公众股

国有股是指有权代表国家投资的部门或机构以国有资产身份向公司投资形成的股份，包括以公司现有国有资产折算成的股份。法人股是指企业法人或具有法人资格的事业单位和社会团体以其依法可经营的资产向公司投资所形成的股份。社会公众股是指我国境内个人和机构，以其合法财产向公司投资所形成的股份。

（三）股票的发行市场

1. 股票发行制度

股票发行制度是指支配股票发行行为和明确市场参与各方的权利和责任的一系列规则体系，其核心内容是股票发行决定权的归属。

依据股票发行决定权归属的不同，发行审核制度主要分为核准制和注册制。

目前，我国的股票发行制度正在从核准制向注册制改革。

2. 股票发行价格

股票的发行价格是指投资者认购股份有限公司新发行的股票时实际支付的价格。在确定股票发行价格时，可以按票面金额确定，也可以超过票面金额，但不得以低于票面金额的价格发行。影响股票发行价格的因素有很多，比如公司现在的以及未来的盈利前景、企业财务状况、宏观经济形势、国家政策、投资者对未来的预期、股票流通市场的状况等。

知识链接 9－5

我国现行的股票发行价格确定方法

根据《证券发行与承销管理办法》的有关规定，首次公开发行股票应通过询价方式确定股票发行价格。询价是指交易的一方为购买或出售某种商品，向询价对象口头或书面发出的探询交易条件的过程。询价内容可以询问价格，也可以询问其他有关的交易条件。询价对象包括符合有关规定和条件的特定机构投资者，如证券公司、信托投资公司、财务公司、基金管理公司、保险机构投资者、合格境外机构投资者等。询价可以分为初步询价和累计投标询价。初步询价是指发行人及其保荐机构向询价对象进行询价，并根据询价对象的报价结果确定发行价格区间及相应的市盈率区间。累计投标询价分为网上累计投标询价、网下累计投标询价及网上、网下累计投标询价。网上累计投标询价是指由主承销商将公司发行股票总额输入其在交易所的股票发行专户中，并作为股票的唯一买方，按网上累计投标询价结果最终确定的发行价格作为卖出价。网下累计投标询价是指网下对战略投资者、证券投资基金投标询价申购。网上、网下累计投标询价是指在价格区间内网下向战略投资者、证券投资基金累计投标询价和网上向社会公众投资者累计投标询价相结合的发行方式。

发行人及其主承销商首先通过初步询价来确定发行价格区间，然后在所确定的发行价格区间内通过累计投标询价的方法进一步确定发行价格。如果首次发行股票时在中小企业板上市，发行人及主承销商可以根据初步询价结果直接确定发行价格，不需要进行累计投标询价。未参与初步询价或参与初步询价但没有有效报价的询价对象，不得参与累计投标询价和网下配售。与发行人或主承销商具有实际控制关系的询价对象，不可以参与本息发行股票的询价、网下配售工作。

3. 股票发行方式

股票发行是指股票公司为了筹集资本的需要，在一级市场按照法律规定的条件和程序，通过证券承销商向投资者发行证券的行为。

(1)按发行对象不同，可以分为私募发行与公募发行。私募发行又称为内部发行，是指仅向少数特定投资者发行股票的一种方式。发行对象一般是与发行者有特定关系的投资者。私募发行手续相对简单，可节省发行费用。但私募发行股票不能上市流通，流动性较差，不利于提高发行者的社会信誉。

公募发行是指面向广泛的不特定的投资者公开发行股票的一种方式。公募发行的股票是可以上市流通的。公募发行还可以提高发行者在证券市场的知名度，扩大社会影响力，能够在较短时间内筹集大量资金。但其手续比较复杂，发行成本较高。

(2)按发行过程划分，可以分为直接发行与间接发行。直接发行是指发行人不通过证券承销机构而自己发行股票的一种方式。私募大多采用直接发行方式。间接发行是指发行人委托一家或几家证券承销机构代为发行股票的一种方式。证券承销机构一般为投资银行、证券公司、信托公司等。

(3)我国目前采取的股票发行方式。

①向战略投资者配售。

②向参与网下销售的询价对象配售。

③向参与网上发行的投资者配售。

4. 股票的销售方式

股票的销售方式主要有两种：(1)自销，即公司自行销售；(2)承销，即公司委托专门的股票承销机构代为销售。一般情况下，股票公开发行主要是以承销为主。按照发行风险的承担、所筹资金的划拨以及手续费的高低等因素，承销可以分为包销和代销两种。包销分为全额包销和余额包销两类。我国《上市公司证券发行管理办法》规定，上市公司发行股票，应当由证券公司承销；非公开发行股票，发行对象均属于原前10名股东的，可以由上市公司自行销售。上市公司向原股东配售股份应当采用代销方式发行。

(三)股票的流通市场

1. 股票流通市场的概念

股票流通市场又称为二级市场，是指已经发行的股票按市价进行转让、买卖和流通的市场。其目的在于为股票发行市场提供流动性，从而可以使得股票持有者在需要的时候能够尽快卖出股票，收回投资。

2. 股票流通市场的组织形式

(1)场内交易。场内交易是指在证券交易所内进行的交易。证券交易所作为进行证券交易的场所，不仅设有固定的场所，备有各种服务设施，还配备了必要的管理和服务人员等。场内交易是股票流通市场的主要组织形式，而证券交易所则是场内交易的主要场所。

①证券交易所的概念。证券交易所是由证券管理部门批准的，为证券的集中交易提供固定场所和有关设施，并制定各项规则以形成公正合理的价格和交易秩序的组织。

②证券交易所的组织形式。包括会员制证券交易所和公司制证券交易所。

会员制证券交易所是不以营利为目的，会员之间自治自律、相互约束，仅参与其中的会员才可以进行股票买卖与交割的交易场所。公司制证券交易所是以营利为目的，提供交易场所和服务人员，以便于证券商交易与交割的证券交易所。主要是收取上市公司的上市费用和证券成交的佣金来获取收入。

③证券交易制度。证券交易制度是对证券市场上证券的买卖流程的一种描述，一般包括买卖双方在交易过程的作用、交易中介的组成和作用、交易价格的形成、交易的交割和结算、交易系统的组成和作用等内容。根据价格决定的特点，证券交易制度可以分为做市商交易制度和竞价交易制度。

做市商交易制度又称为报价驱动制度，是一种市场交易制度，其核心是做市商以自由资金和证券与投资者进行双向交易，从而为市场提供及时性和流动性，并通过买卖价差来获取利润。做市商是指在证券市场上，由具备一定实力和信誉的证券经营法人作为特许交易商，不断向公众投资者双向报出某些特定证券的买入价格和卖出价格，并在该价位上接受公众投资者的买卖要求，以其自有资金和证券与投资者进行证券交易，从而维持整个市场的流动性和价格连续性。

竞价交易制度又称为委托驱动制度，其特征是：开市价格由集合竞价形成，随后交易系统对不断进入的投资者交易指令，按价格与时间优先原则排序，将买卖指令配对竞价成交。在竞价交易机制的市场上，证券价格是单一的，投资者的交易成本为支付给经纪人的手续费。而做市商交易机制的市场上，存在着买入价格与卖出价格，买卖价格的差额就是做市商的利润，是做市商提供服务所索取的合理报酬。

(2)场外交易。场外交易是相对于证券交易所交易而言的，是指在证券交易所之外进行的证券交易。这种交易最早是在各券商的柜台进行的，又称为柜台交易。与场内交易相比，场外交易没有固定的交易场所，其交易是由做市商决定的，其价格是通过买卖双方协议达成的，也没有标准化的合约以及严格的监管。场外交易的优点：管制少，比较灵活，能够为有潜力的，尤其是高科技公司提供便利的融资渠道。但场外交易缺乏统一的组织，风险较大。

(3)第三市场。第三市场是指在证券交易所上市的证券，但是在场外市场进行交易而形成的市场。第三市场最早出现在 20 世纪 60 年代的美国。大宗交易的买家和卖家为了降低其交易费用，而寻求场外交易，促使了第三市场的产生和发展。1975 年以后，美国的证券交易委员会宣布取消固定佣金制，由交易所会员自行决定佣金，降低了第三市场的吸引力。

(4)第四市场。第四市场是指一些较大的机构投资者不经过经纪人或者做市商，只是彼此之间利用电子通信网络直接进行的大宗股票买卖所形成的市场。第四市场主要是一个计算机网络市场，各大公司把股票的买进价和卖出价输入电子计算机系统，客户在购进或出售股票时，可以通知计算机系统，显示出各种股票的买入或卖出价，一旦客户对某种股票价格满意，他可以通过终端设备商直接谈交易。

3. 股票流通市场的交易主体

股票流通市场的交易主体主要有个人投资者和机构投资者。

(1)个人投资者：是一个与机构投资者相对应的概念，即“散户”，一般是指以自身所拥有的有限资金投资于股票等有价证券的投资者。

(2)机构投资者：是指那些以其所运用的资金在资本市场中进行各类证券投资的法人机构。机构投资者往往资金实力雄厚、信息面广、拥有专业的高级金融技术人才以及先进的投资管理水平。机构投资者的资金量大，一般都是通过组合投资的方式来进行投资操作，以规避和分散风险，实现稳定的收益。

4. 股票交易的过程

股票交易的过程是指投资者从开户、买卖股票到股票与资金交易完毕的全过程。在我国，股票交易过程包括开户、委托、成交、清算和交割五个阶段。

(1)开户。投资者进入股市交易之前，首先需要开立委托买卖股票的账户。开户包括开立股票账户和资金账户等行为。股票账户相当于投资者的股票存折，用于记录投资者所持有的股票种类和数量。资金账户是投资者开设的资金专用账户，用于存放投资人买入股票所需资金和卖出股票所得的价款。

(2)委托。委托是指投资者或股东在办理规定的手续后委托券商代理股票买卖的行为。在委托中，股东将所委托卖出的股票和委托购买的股票的资金交付给券商。委托是进行股票买卖的关键行为。当前，证券交易所采用的主要委托方式有：柜台当面委托、电话委托、传真委托、网上委托、手机委托等等。

(3)成交。成交是指股票买卖双方达成交易契约的行为。由于买卖股票是交易双方的直接目的，股票一旦成交，在正常情况下，买卖双方不可违约。成交方式一般包括竞价成交方式和撮合成交方式。竞价成交方式是指通过买方或卖方的竞争性报价达成股票交易契约的方式。撮合成交方式是指由券商将买方和卖方的竞争性报价分别输入电脑主机，由电脑主机按照价格优先、时间优先的原则进行排序并撮合成交的方式。

(4)清算。清算是指股票成交后买卖各方通过证券交易所的系统所进行的股票和资金的轧差和结算。

(5)交割。交割是指股票买卖双方相互交付资金和股份的行为。在交割中，买方将购买股票的资金交付给卖方，即资金过户；而卖方将售出的股份交付给买方，即股票过户。

三、债券市场

(一)债券概述

1. 债券的定义

债券是一种有价证券，是社会各类经济主体为筹措资金而向债券投资者发行的，并且承诺按一定利率定期支付利息和到期偿还本金的债权债务凭证。

债券的定义可以从四个方面理解：(1)债券的发行人是资金的借入者；(2)投资者是资金的借出者；(3)发行人需要在一定时期还本付息；(4)债券是债的证明书，具有法律效力。债券购买者与发行者之间是一种债权债务关系。

2. 债券的票面基本要素

(1)票面价值。债券的票面价值也称面值。包括面值币种和面值大小两个内容。面值币种取决于发行者需要的债券的种类，面值大小是指债券的票面金额。例如美国中长期国债的面值一般为 1 000 美元。我国国债的面值一般为 100 元。

(2)到期日与期限。债券在发行时，一般要规定债券的到期日，债权的到期日是指债券偿还本金的日期。债券的偿还期是指债券从债券发行之日起至清偿本息之日止的时间，而债券的剩余偿还期是指发行一段时间之后的债券距离到期日剩余的时间长度。债券的偿还期短则数月，长则几十年，到期日比较固定，不可随意变动。例如，某长期国债是 2017 年 12 月 10 日发行的，该债券的偿还期为 20 年，到期日为 2037 年 12 月 10 日，在 2027 年 12 月 10 日，该债券的剩余偿还期为 10 年。

(3)债券利率。也称票面利率,是债券利息同债券面值之比。对于面值为 100 元,年化利息率 8%,每半年付息一次的债券,其年利息额为 8 元。因此,半年的利息额为 4 元。

3. 债券的基本特征

债券作为一种债权债务凭证,具有以下基本特征:

(1)收益性。体现在两个方面:一是债券可以给投资者带来定期或不定期的利息收入;二是资本利得,即债券低买高卖的价差。

(2)流动性。即债券可以迅速得以较合理的价格(接近市场价格)变现的能力。

(3)偿还性。债券在发行时必须明确其还本付息日期,并在到期日按约定条件偿还本金并支付利息。

(4)安全性。与股票相比,债券通常规定固定利率,与企业经营绩效没有直接联系,收益比较稳定,风险较小。

4. 债券的分类

(1)按发行主体不同可分为政府债券、公司债券、金融债券与国际债券四大类。政府债券是指中央政府、政府机构和地方政府发行的债券,它是以政府的信誉作保证,因而通常无需抵押品。根据发行机构不同,分为中央政府债券、地方政府债券、政府机构债券。公司债券是非金融机构企业为筹措营运资本而发行的债券,代表公司的债务,该债券要求不管公司业绩如何都应优先偿还其固定收益,否则将在破产法的规范下寻求解决。具体来说,按抵押担保状况,分为信用债券、抵押债券、质押债券、保证债券;按利率水平,分为固定利率债券、浮动利率债券、指数债券和零息债券;按内含选择权,分为可赎回债券、偿还基金债券、可转换债券和带认股权证的债券。金融债券由银行和一流的非银行金融机构发行,筹集的资金用于发放贷款和投资。国际债券是发行人为筹措资金,在国外金融市场上以外国货币为面值发行的债券。分为外国债券和欧洲债券。外国债券是指债券的发行人在本国以外的市场上以当地货币为面值所发行的债券。欧洲债券是指债券的发行人在本国以外的市场上以第三国货币为面值所发行的债券。

(2)根据期限长短,债券可分为短期债券、中期债券和长期债券。短期债券一般指偿还期在 1 年以内的债券。中期债券是指偿还期为 1 至 10 年的债券。长期债券是指偿还期在 10 年以上的债券。

(3)根据利率的规定,债券可分为固定利率债券和浮动利率债券、累进利率债券。固定利率债券也称定息债券。此类债券在发行时就确定了债券利率,并且该利率在整个有效期内固定不变。浮动利率债券主要是中期债券,是指发行人在发行债券时,规定债券利率以预先选定的某一市场利率为参考指标,并随参考利率的波动而变化。这种债券有助于降低利率风险。有的浮动利率债券存在某个利率下限,在一定程度上保障了投资者的收益。累进利率债券是指利率随投资期限的延长而相应上浮的债券。

(4)按利息支付方式,债券可分为附息债券、贴现债券和到期支付债券。附息债券是指在债券上附有息票的债券,记录着付息日期和金额,持票人按照约定期限,凭息票领取利息。附息债券的特点是期限较长,且还本之前分次付息。贴现债券,指发行时不规定利率息,也不附有息票,只是以一定折扣出售,又被称为零息债券。通常来说,贴现债券期限较短。到期支付债券是指到期按面额还本的债券,发行人在债券到期时一次性支付全部利息。

(5)按债券募集的方式,债券可分为公募债券和私募债券。公募债券公开向社会发行,所以需要更高的发行条件。其优点是具有广告效应,可以分散债务,达到社会资金的合理配置。私募债券面向特定的投资者发行,同公募债券相比发行程序简便,手续费低,但不具有广告效应。

(6)按债券记名与否,债券可分为注册债券,记名债券和不记名债券。注册债券是债券发行人委托有关机构,将债券购买者的姓名、地址等登记在册,并发给购买者注册证书以代替发行债券本身的债券。这种债券转让时,必须重新登记注册。注册债券可以降低筹资者的发行成本,并且便于投资者保管。记名债券是指在券面上注明债权人的姓名,同时在发行公司登记注册的债券。不记名债券是券面上不载明债权人姓名,也无需在发行公司注册登记的债券。

(7)按照债券的信用保证程度,债券可分为信用债券和担保债券。信用债券是指发行债券的公司不以特定的资产或他人的信用作担保,而完全凭借自身的信用来发行的债券。担保债券是以特定的财产或他人的信用作为担保而发行的债券,包括抵押债券、质押债券和保证债券。抵押债券是以不动产为抵押品,质押债券是以有价证券为担保品,而保证债券则是以他人信用作为担保。

(8)从债券的形式来看,可以分为凭证式债券、实物债券和记账式债券。凭证式债券,可记名、挂失,以"凭证式债券收款凭证"记录债权,不能上市流通,从购买之日起计息。在持有期内持券人如遇特殊情况需要提取现金,可以到购买网点按提前兑现档次计算兑现,经办机构按兑付本金的一定比例收取手续费。实物债券,以实物券的形式记录债权,面值不等,不记名,不挂失,可上市流通。发行期内,投资者可直接在销售债券机构的柜台购买。在证券交易所设立账户的投资者,可委托证券公司通过交易系统申购。发行期结束后,实物债券持有者可在柜台卖出,也可将实物债券交证券交易所托管,再通过交易系统卖出。记账式债券以记账形式记录债权,通过证券交易所的交易系统发行和交易,可以记名、挂失。投资者进行记账式证券买卖,必须在证券交易所设立账户。由于记账式债券的发行和交易均无纸化,所以效率高,成本低,交易安全。

(二)债券的发行市场

1. 债券发行市场的概念

债券的发行市场是债券发行人向债券投资人发行债券的市场。通过债券发行市场,发行者将其新发行的债券第一次销售给投资者。由于债券的发行活动可以没有固定的场所、统一的时间,所以债券发行市场是一个无形的市场、抽象的市场。

2. 债券发行市场的参与者

债券发行市场的参与者按照其在债券发行中作用和职能的不同,可以分为债券发行人、债券投资人、中介机构和监督管理机构四种类型。

(1)债券发行人一般是中央政府、地方政府、公共事业机构、金融机构和公司,以及国际组织机构等,也就是资金的需求者或筹资者,通常称为债务人。债券发行人要从市场上筹集资金,必须按照一定的法律程序,接受有关管理机构的监管,而且通常还需经过信用评级机构的评定以证明发债人的信用能力。

(2)债券投资人即债券的认购者,也就是资金的供给者或投资者,通常称为债权人。债券投资人主要包括:①政府。当政府出现财政盈余时,也会投资于信用等级高的债券,或购买政府支持的企业机构发行的债券。②中央银行。它参与债券的目的与其他投资者不同,因为它不是为了利息收益，而是为了调节市场上的资金供求，实施放松银根的货币政策。③机构投资者。包括商业银行、投资银行、储蓄与贷款协会、互助储蓄银行、邮政储蓄机构等，以及保险公司、信托投资公司、投资基金管理公司和养老基金会等。由于机构投资人拥有精通投资业务、经验丰富的专门人才，并采用有利于分散投资风险的组合投资（多元化投资）方式，并具有广泛集聚社会公众闲散资金的优势。④公司。是指一般企业或事业实体，而不同于拥有专门投资人才的机构投资者。⑤个人投资者。这是指参与债券市场投资的个人或家庭。个人投资者的比例很大，但其投资金额所占比重却相对较小，这主要受众多个人投资者收入不高的因素影响。

（3）中介机构指自己并不直接从事债券投资，而是在债券发行人与投资者之间起中介作用，帮助债券发行人将债券卖给投资者，并提供与发债有关服务的人或机构。中介机构包括承销公司、受托公司和律师等。

（4）一般有证券市场的国家都设有专门或相应机构管理债券的募集、发行、买卖等行为。在美国、日本、加拿大、巴西、新加坡等国都设有专门的管理机构。比如，美国的证券交易委员会（SEC）及其分支机构就专门负责证券的发行、交易的管理工作。而在英国、德国、意大利等国则无专门的证券管理机构，而由一些机构兼管。无论是专管还是兼管的国家，其管理机构对债券的发行都采取了审核制度。具体审核方式则采取注册制或核准制。

3. 债券的发行方式

债券的发行按其发行方式和认购对象，可分为私募发行与公募发行；按其有无中介机构协助发行，可分为直接发行与间接发行；按定价方式，又可分为平价发行、溢价发行和折价发行。

（1）私募发行和公募发行。私募发行，是指面向少数特定投资者的发行。一般来说，私募发行的对象主要有两类：一类是有所限定的个人投资者。一般情况是限于发行单位内部或有紧密联系的单位内部的职工或股东。另一类是指定的机构投资者，如专业性基金（包括养老退休基金、人寿保险基金等），或与发行单位有密切业务往来的企业公司等。公募发行是指公开向社会非特定投资者的发行，充分体现公开、公正的原则。也是私募发行的对称。

（2）直接发行和间接发行。直接发行是指债券发行人直接向投资人推销债券，不需要中介机构进行承销的债券发行方式。采用这种方式，可以节省中介机构的承销、包销费用，节约发行成本。但要花费大量的人力和时间。间接发行是指发行人不直接向投资者推销，而是委托中介机构进行承购推销的发行方式。间接发行可以节省人力、时间及一定的发行风险，一般都能迅速、高效地完成发行工作，但由于发行人要支出一笔较大的承销费用，因此会引起发行成本增加。这就需要发行人进行成本和收益比较，进行发行方式的选择。

（3）平价发行、溢价发行和折价发行。平价发行，即发行价格与票面相一致的发行。溢价发行是指发行价格高于票面金额的发行。折价发行是指发行价格低于票面金额的发行。

（三）债券的流通市场

1. 债券流通市场的概念

债券流通市场也叫债券交易市场，是指已发行的债券在投资者之间交易的场所，也叫二级市场、次级市场或转让市场。

2. 债券流通市场的类型

债券流通市场一般包括场内交易市场（证券交易所市场）和场外交易市场。

(1)交易所市场。债券的场内交易是指债券在证券交易所上市并进行集中交易。证券交易所是具有高度组织和严格规则的交易场所。能在交易所上市交易的债券一般都信用较好,因为各类债券进入证券交易所挂牌公开交易或上市交易,首先必须经过证券上市管理部门的审核、批准。

债券在证券交易所进行交易,是采用公开竞价的方式进行的,是双向拍卖市场,既有买者之间的竞争,也有卖者之间的竞争,还有买卖双方之间的竞争。买者以尽可能低的价格买入,卖者以尽可能高的价格卖出。在这种竞买竞卖的过程中,当某一价格为买卖双方所接受,或者说当买卖价达成一致时,就会立即成交。

知识链接 9－6

证券是怎么成交的

在证券交易所内并不是买卖双方同时进场直接协议成交,而是通过各自的证券经纪商和交易商。

以美国为例,经纪商代理客户买卖债券,从中赚取佣金或手续费,不承担任何买卖风险。证券交易商也叫自营商,主要为自己买卖债券,赚取买进价与卖出价之间的价差,自己承担交易风险。在证券交易所进行债券交易,是以经纪商的代理买卖为主的,经纪商按照客户的委托指令进行交易,债券买卖双方可以用书面或电话等方式向其经纪人发出委托指令,经纪人接到指令后,立即通知其经纪商行(证券公司等),经纪商行再以最快的速度通知本商行在交易所占有席位的场内经纪人,场内经纪人收到委托买进或委托卖出的指令后,按照指令上的价格及数额,通过大声喊叫,或者打手势,或者输入电脑寻求配对,最后成交。

经纪人在交易所进行交易时,要遵循"价格优先"和"时间优先"的原则,以体现公开、公正、公平竞争的原则。报价较高的买者可以优先于报价较低的买者买到证券,报价较低的卖者可以优先于报价较高的卖者卖出证券。在报价相同的情况下,则按委托指令发出时间的先后顺序成交,这是交易所交易的最基本规则。

交易所的交易结构如图 9—4 所示。

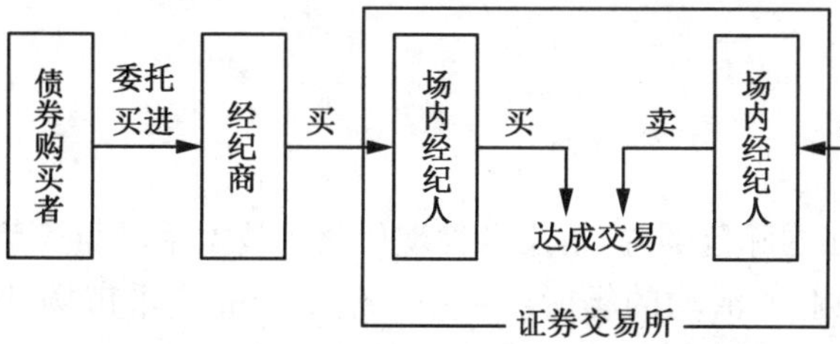

图 9—4　证券交易所的交易流程

(2)场外交易市场。场外交易,也叫柜台交易,是指在交易所以外的场所进行买卖交易的统称。

之所以要有柜台交易或场外交易,是因为债券在交易所挂牌上市交易,要符合一定的条件和规定，要经过较严格的审核，从而使得有些债券不能在交易所内进行交易，为实现其流动性，满足买卖双方的要求，于是就形成了场外交易。在债券交易中，绝大多数债券的买卖都是在交易所之外的市场进行，不一定通过交易所交易。在通常情况下，债券的买卖是由证券公司之间或证券公司与顾客之间所形成的买卖双方面对面进行的。

西方国家大部分公司债券都是在场外交易市场完成的。场外交易多以证券公司为中介进行的，证券公司对经营的债券同时挂出买入价和卖出价，卖出价格要略高于买入价，价格差构成证券公司的收入。

3. 我国债券流通市场的类型和交易方式

(1)我国债券流通市场的类型主要分为银行间债券市场和交易所市场：

①我国银行间债券市场成立于 1997 年 6 月 6 日。经过数十年的迅速发展，银行间债券市场目前已成为我国债券市场的主体部分。全国银行间债券市场是指依托于中国外汇交易中心暨全国银行间同业拆借中心(简称同业中心)和中央国债登记结算公司(简称中央登记公司)的，包括商业银行、信用合作社、保险公司、证券公司等金融机构进行债券买卖和回购的市场。

银行间债券市场的主要职能是：提供银行间外汇交易、人民币同业拆借、债券交易系统并组织市场交易；办理外汇交易的资金清算、交割，负责人民币同业拆借及债券交易的清算监督；提供网上票据报价系统；提供外汇市场、债券市场和货币市场的信息服务等。

②交易所市场的传统交易方式是电子化指令驱动撮合，后来建立了固定收益证券综合电子平台，和银行间市场的交易方式更加类似。不过交易所市场的优势仍在前者，并且向个人开放，所以交易所市场更适合个人和资金规模不大的法人机构，而金融机构更偏好在银行间市场交易。

以前我国的商业银行不能进入交易所市场，目前已经向上市银行放开。利率产品和高等级信用债在交易所市场的成交活跃度不如银行间市场，但对于低评级债券，由于其个体规模普遍不大，且投资群体更加多样化，反而在交易所市场更加活跃。

第四节　国际金融市场

一、国际金融市场概述

广义的国际金融市场是指在国际范围内，运用各种现代化的技术手段与通信工具，进行资金融通、证券买卖及相关金融业务活动的场所或网络。包括国际货币市场、国际资本市场、国际外汇市场、国际黄金市场以及金融衍生工具市场等。整体上看，国际金融市场是一种抽象的市场，即无形的市场，它没有一个固定的营业场所，而是由各种银行及其他各种金融机构组成营业主体，以各种现代化的通信工具相互联络，昼夜运转，开展各种国际金融业务活动。

国际金融市场大体上可以分为传统的国际金融市场和新型的国际金融市场。

1. 传统的国际金融市场

又称为在岸金融市场(Onshore. Financial Market)，是从事市场所在国货币的国际借贷,并受市场所在国政府政策与法令管辖的金融市场。

(1)传统的国际金融市场是在各国国内金融市场的基础上形成和发展起来的,是国内金融市场的对外延伸。

(2)一般以市场所在国雄厚的综合经济实力为后盾,依靠国内优良的金融服务和较完善的银行制度发展起来的。

2. 新型的国际金融市场

又称离岸金融市场(Offshore Financial Market)、境外市场(External Market),是指非居民的境外货币存贷市场。新型的国际金融市场的主要特点有:以市场所在国以外国家的货币即境外货币为交易对象;交易活动一般是在市场所在国的非居民与非居民之间进行;资金融通业务基本不受市场所在国及其他国家法律、法规和税收的管辖。

知识链接 9-7

国际金融市场的形成与发展

一个国家的国内金融市场,可以逐步发展或上升为国际金融市场,但其形成必须具备一定的基本条件。这些条件主要有:

第一,政局稳定。这是最基本的条件,如果一国政局动荡,就无法保证国内经济和金融的稳定,国际经济交往受到严重的影响,国际金融市场也就难以在该国形成。

第二,经济管理体制自由开放,国际经济活力较强。一国实行自由开放的经济政策,进出口贸易有一定的规模,其他对外经济往来活跃,容易加强与世界各国的经济金融合作,进而形成国际资金的集散地,成为国际金融市场。

第三,实行自由外汇制度。没有外汇管制或外汇管制较松的情况下,外汇资金可以自由兑换调拨,非居民参加金融交易享受与居民相同的待遇,国际资金可以自由流出流入。

第四,完备的金融管理制度和发达的金融机构。健全发达的金融信用制度、集中高效的银行和其他金融机构、广大而灵活的公开市场,是迅速而周全地处理国际金融业务的必要条件。

第五,地理位置优越,交通便捷,通信设施高度现代化。

第一次世界大战以前,英国伦敦成为世界上最大的国际金融市场。1914 年至第二次世界大战爆发期间,美国纽约成为世界上最大的国际金融市场。随着瑞士苏黎世金融市场迅速发展,纽约、伦敦和苏黎世"三足鼎立",成为世界三大国际金融市场。

20 世纪 80 年代后,新兴工业国家经济迅速发展。新兴国际金融市场主要分布于拉丁美洲地区的墨西哥、阿根廷、巴西;亚洲的"四小龙"、泰国、马来西亚、菲律宾、印度尼西亚等国和地区。改革开放后,我国的金融市场迅速崛起,成为国际金融市场中一颗耀眼的明星。

二、欧洲货币市场

"欧洲"一词不说明市场的地理范围,即欧洲货币市场并不限于欧洲各金融中心。"货币市场"不说明该市场经营的业务范围,即欧洲货币市场并不仅限于货币市场业务。欧洲货币又称离岸货币、境外货币，是在货币发行国境外被存储和借贷的各种货币的总称。欧洲货币市场，指在某种货币发行国境外从事该种货币借贷的市场，世界各地离岸金融市场的总体，该市场以欧洲货币为交易货币，各项交易在货币发行国境外进行，或在货币发行国境内通过设立“国际银行业务设施”进行，是一种新型的国际金融市场。

欧洲货币市场经营自由，很少受市场所在国金融政策、法规以及外汇管制的限制；交易货币是境外货币，币种较多，大部分可完全自由兑换，交易规模大。

三、国际资本市场

国际资本市场是指在国际范围内进行各种期限在1年以上的中长期资金交易活动的场所。国际资本市场主要由国际银行中长期信贷市场、国际债券市场和国际股票市场构成。

1. 国际银行中长期信贷市场

国际银行中长期贷款是指由一国的一家商业银行，或一国(多国)的多家商业银行组成的贷款银团，向另一国银行、政府或企业等借款人提供的期限在1年以上的贷款。国际银行中长期贷款的主要形式：①双边贷款，又称独家银行贷款，是一国的一家银行向另一国的政府、银行、公司企业发放的贷款。②银团贷款，又称辛迪加贷款，是由一国或几国的若干家银行组成的银团，按共同的条件向另一国借款人提供的长期巨额贷款。

2. 国际债券市场

国际债券是指一国政府、企业、金融机构等为筹措外币资金在国外发行的以外币计值的债券。国际债券按照是否以发行地所在国货币为面值划分为外国债券和欧洲债券以及全球债券。外国债券是发行人在某外国资本市场上发行的以市场所在国货币为标价货币的国际债券。如中国的熊猫债券、英国的猛犬债券、美国的扬基债券、日本的武士债券。欧洲债券是指发行人在债券票面货币发行国以外的国家发行的以欧洲货币为标价货币的国际债券。全球债券是指可以同时在几个国家的资本市场上发行的欧洲债券。

知识链接 9-8

几种外国债券的介绍

熊猫债券是指国际多边金融机构在华发行的人民币债券。根据国际惯例，国外金融机构在一国发行债券时，一般以该国最具特征的吉祥物命名。据此，时任财政部部长金人庆将国际多边金融机构首次在华发行的人民币债券命名为“熊猫债券”。

猛犬债券指由非英国本国企业在伦敦发行的英镑债券。

扬基债券指其他国家债务人在美国发行的以美元为计值货币的债券。

武士债券是在日本债券市场上发行的日元债券，是日本以外的政府、金融机构、工商企业和国际组织在日本国内市场发行的以日元为计值货币的债券。

3. 国际股票市场

国际股票是指外国企业在本国发行的、以本币或境外货币为面值的、由本国投资人所持有的股权凭证。

国际股票市场分为发行市场和流通市场，发行市场包括股票首次发行和为增资扩股而发行。流通市场包括场内市场(第一市场)和场外市场。场内市场主要指证券交易所市场。

场外市场包括第二市场(柜台市场、店头交易),即在证券商的营业网点进行未上市股票的交易。第三市场,即在场外从事已上市股票或在交易所享有交易权而未上市的股票。第四市场,即机构投资者直接进行大额股票交易的市场。

四、国际黄金市场

黄金市场是专门集中进行黄金买卖的交易中心、场所或活动。按市场的不同性质,划分为主导性市场与区域性市场。主导性市场是指国际性黄金交易相对集中的市场,其价格的形成及交易量的变化对其他市场影响很大,如伦敦、苏黎世、纽约、芝加哥和香港。区域性市场主要指交易规模有限且集中在本地区,对其他交易市场影响不大的黄金市场,这类市场中具有代表性的有巴黎、法兰克福、布鲁塞尔、卢森堡、贝鲁特、新加坡、东京、里约热内卢等。

1. 伦敦黄金市场

伦敦黄金市场的特点有三方面:第一,属于黄金现货市场,具有每日两次的定价制度,该价格是观察黄金市场趋势的主要根据,是最具代表性的世界黄金行市。第二,黄金交易数量巨大,倾向于经营批发交易。伦敦作为世界黄金的集散地,产金国首先把黄金集中于伦敦,然后再批发到世界其他地区,起到黄金中转地的作用。第三,黄金现货市场以美元计价,是唯一可成吨购买黄金的市场。

2. 苏黎世黄金市场

由瑞士三大银行即瑞士银行、瑞士信贷银行和瑞士联合银行组成苏黎世黄金总库。该市场的特点是:黄金交易与银行业务联系紧密;黄金零售业务为主,大宗交易不常见,金币交易量居世界之首。

3. 纽约黄金市场

目前,纽约黄金市场是世界上最大的黄金期货集散地。

本章小结

金融市场是货币资金或金融商品交易的场所,即资金融通的场所。它主要是进行货币借贷以及各种票据和有价证券、黄金、外汇买卖的场所。通过金融市场上的交易活动,沟通资金供求双方的关系,实现资金融通。

金融市场的交易主体指金融市场的参与者,包括资金供应者(盈余者)、资金需求者(短缺者)、中介者、管理者。金融市场的功能包括聚敛功能、配置功能、调节功能、反映功能。

按照不同的标准,金融市场会有不同的分类。按照资金融通的期限划分,金融市场可分为货币市场和资本市场;按照金融交易的程序划分,金融市场可划分为发行市场和流通市场;按照金融交易的场地和空间划分,金融市场可分为有形市场和无形市场;按照成交后是否立即交割划分,金融市场可划分为现货市场和期货市场;按照金融交易的地理范围划分,金融市场可分为地方性金融市场、全国性金融市场和国际性金融交易市场。

货币市场是融资期限在1年以内的短期资金交易市场。主要包括:同业拆借市场、回购协议市场、商业票据市场、大额可转让定期存单市场。资本市场是期限在1年以上各种资金借贷和证券交易的场所。资本市场上的交易对象是1年以上的长期证券。因为在长期金融活动中,涉及资金期限长、风险大,具有长期较稳定收入,类似于资本投入,故称之为资本市场。

思考与练习

一、单选题

1. 金融市场的客体是指金融市场的(　　)。

A. 交易对象　　B. 交易者　　C. 交易工具　　D. 交易价格

2. 以下不属于货币市场的是(　　)。

A. CDs 市场　　B. 同业拆借市场　　C. 商业票据市场　　D. 股票市场

3. 能在金融市场上简便、快捷地转让、变现是金融工具的(　　)特性。

A. 期限性　　B. 流动性　　C. 风险性　　D. 收益性

4. 下列不能参与同业拆借市场的是(　　)。

A. 信托公司　　B. 商业银行　　C. 中央银行　　D. 证券公司

5. 属于短期政府债券的是 (　　)。

A. 5 年期国债　　B. 公债　　C. 央行票据　　D. 国库券

6. 股份公司在发行股票时,以票面金额为发行价格,这种发行是(　　)。

A. 市价发行　　B. 折价发行　　C. 中间价发行　　C. 溢价发行

7. 金融市场的宏观经济功能不包括(　　)。

A. 分配功能　　B. 财富功能　　C. 调节功能　　D. 反映功能

二、多选题

1. 下列属于货币市场的有(　　)。

A. 同业拆借市场　　B. 证券回购市场　　C. 短期国债市场　　D. 股票市场

2. 证券市场总体上可分为(　　)。

A. 一级市场　　B. 二级市场　　C. 第三市场　　D. 第四市场

3. 资本市场上的交易工具主要有(　　)。

A. 货币头寸　　B. 票据　　C. 证券　　D. 股票

4. 债券票面的基本要素主要包括 (　　)。

A. 债券的票面价格　　B. 债券的偿还日期

C. 债券的票面利率　　D. 债券发行者的名称

三、判断题

1. 金融工具交易或买卖过程中所产生的运行机制,是金融市场的深刻内涵和自然发展,其中最核心的是供求机制。(　　)

2. 金融市场被称为国民经济的"晴雨表",这实际上指的就是金融市场调节功能。(　　)

3. 资本市场是指以期限在 1 年以内的金融工具为交易对象的短期金融市场。(　　)

4. 回购协议实质上是一种以证券作抵押的借贷交易。(　　)

5. 政府部门是一国金融市场上主要的资金需求者,为了弥补财政赤字,一般是在次级

市场上活动。（　）

6. 金融产品的收益性与流动性一般呈反比例变动，即收益性越强，流动性越差。（　）

四、名词解释

1. 金融市场　2. 货币市场　3. 资本市场　4. 股票
5. 债券

五、思考题

1. 金融市场的作用是什么？
2. 金融市场的参与者有哪些？
3. 股票与债券有哪些区别？
4. 优先股与普通股的主要区别是什么？
5. 货币市场和资本市场各有什么特点？二者的主要区别是什么？

六、讨论题

1. 讨论主题：什么是金融市场？目前我国金融市场还存在哪些问题？以后的发展趋势如何？你觉得怎样才能让我国的金融市场稳健、持续地发展？

2. 要求：运用所学的有关金融市场的基本理论知识，结合社会现实，进行分析和思考，从而提出自己的观点。

3. 目的：经过分析、讨论，充分认识我国健全和完善金融市场的必要性。

4. 建议：收集相关资料，分组做出 PPT，最后由教师组织全班进行讨论。

第十章
财政政策与货币政策

【知识目标】

1. 了解财政政策和货币政策目标,掌握财政政策的工具和货币政策工具的特点;
2. 明确不同政策的经济背景,掌握不同政策工具的操作对经济的影响;
3. 分辨财政政策和货币政策的不同组合,掌握每种政策组合对经济的影响。

【能力目标】

1. 能运用财政政策和货币政策的基本原理解读宏观调控政策;
2. 能分析财政政策和货币政策对宏观经济以及微观主体经济行为的影响。

【情感目标】

通过本章的学习,使学生在了解财政政策和货币政策的基础上,为我国经济的稳定发展建言献策。

【案例导入】

成也财政,败也财政——英美两国财政政策回顾

1979 年,撒切尔夫人上台执政,面对十分恶劣的经济形势,通过大幅减税等财政措施,创造了新的繁荣,连续三次赢得大选胜利。1990 年 4 月 1 日,由于决定开征社区税,税率太高,又没有过渡措施,骤然实施,遂激起广大纳税人的强烈不满,国会保守党籍议员纷纷倒戈，撒切尔夫人不得不宣布引退，黯然下台。

20世纪60年代，肯尼迪总统采用凯恩斯主义经济学的观点，使财政政策成为美国对付衰退和通货膨胀的主要武器之一。肯尼迪总统提出削减税收来帮助经济走出低谷。这些措施实施以后，美国经济开始迅速增长。但是，减税再加上1965—1966年在越战中财政扩张的影响，又使得产出增长过快，超过了潜在水平，于是通货膨胀开始升温。为了对付不断上升的通货膨胀，并抵消越战所增开支的影响，1968年国会批准开征了一项临时性收入附加税。不过，在许多经济学家看来，这项税收增加的政策力度太小、也太迟了一些。

80年代美国是另一个典型例子。1981年国会通过了里根总统提出的一揽子财政政策计划，包括大幅度降低税收，大力扩张军费开支而同时并不削减民用项目。这些措施将美国经济从1981—1982年的严重衰退中拯救出来，并进入1983—1985年的高速扩张。

克林顿总统一上台，就面临着一个两难困境：一方面高赤字依然顽固地存在着；另一方面经济不景气且失业率高得难以接受。总统必须决定财政政策应从何处着手，是应该先处理赤字，通过增加税收、降低支出来增加公共储蓄，进而靠储蓄水平提高来带动国民投资的增长？还是应该关注财政紧缩会减少并排挤投资，而税收增加和投资的减少又会降低产出？最后，总统还是决定优先考虑削减财政赤字。1993年预算法案决定，在其后5年中落实减少赤字1 500亿美元的财政举措。

第一节　财政政策

无论是市场经济发达的国家，还是市场经济不发达的国家，完全依靠市场的自发作用都不可能实现帕累托最优状态。任何一个国家都要进行宏观调控，每个国家的社会制度、经济状况、政治因素等不同，所以调控的手段自然不同，但希望达到的目标是相似的。我国把促进经济增长、增加就业、稳定物价和保持国际收支平衡作为宏观调控的主要目标。

一、财政政策的含义

财政政策有广义和狭义之分。广义的财政政策是政府依据客观经济规律并结合社会经济发展需要，制定的指导财政工作和处理财政、经济关系的基本方针和基本准则；狭义的财政政策则是政府为了实现既定的宏观经济目标调整财政收支和预算平衡状态的指导原则及其相应的措施。前者可表现为各级政府或国家机关制定的有关财政的各种法律、法规。后者则主要表现为旨在调控宏观经济运行的财政预算安排和税收制度安排。

本书所讲的财政政策通常是指狭义的财政政策，是政府为了实现社会总供给与总需求均衡的目标，对财政收支总量与结构进行调整的准则和措施的总称。

二、财政政策的目标

财政政策目标是指运用预算、税收、财政补贴等财政政策工具对宏观经济实施调控所要达到的结果或要实现的目的。其政策目标的确定，必须围绕着社会总供给与总需求基本平衡这一宏观调控的总目标。

一国财政政策目标的选择是随着该国社会经济的发展和社会政治状况的改变而发生变

化的。总体来说，我国的财政政策目标有充分就业、经济增长、物价稳定、国际收支平衡。

（一）充分就业

充分就业是指有工作能力并且愿意工作的人，都能够按照现行工资水平得到工作。充分就业是衡量资源充分利用的一个指标，它表明生产要素的投入情况，通常用失业率表示，失业率高，表明社会经济资源的大量闲置和浪费，社会生产规模下降，还会引发一系列社会问题，造成社会动荡。经济学家认为，失业率控制在3%左右就界定为实现了充分就业。也有经济学家认为失业率在4%－5%以内就算充分就业。

（二）经济增长

经济增长是指一个国家或一个地区在一定期间内（通常为1年）的国民生产总值或国民收入的实际总量增长。

经济的实际增长有如下几层含义：（1）经济增长是指国民经济总量的增长，而不是指某单个指标如粮食产量、家用电器产值等增长。（2）经济增长是指扣除价格影响因素的实际增长，特别是在物价上涨幅度较大的年份，更需要扣除物价的影响因素。（3）经济增长应该是扣除人为的浮夸虚增因素后的实际增长。（4）经济增长应考虑人口增长因素。只有在人口增长速度低于经济总量增长速度时，才能说明经济有了真正的增长。（5）经济增长应该是可持续的增长。在现代社会人们越来越重视环境污染、社会不公等问题，认为经济增长速度快，并不表示人们的生活质量提高。如果环境污染加重了，社会分配更加不公平，那么这种经济增长是以牺牲人们的生活质量来获得的。因此越来越多的经济学家认为，应该考虑用更多的指标来衡量经济增长。

（三）物价稳定

物价稳定是世界各国均在追求的财政政策目标，也是财政政策稳定功能的基本要求。物价不稳定会导致未来的规划和决策发生困难，比如投资者难以确定投资方向、人们难以决定为子女接受大学教育所应储蓄的数额，从而影响社会稳定。但物价稳定并不是冻结物价，而是把物价总水平的波动约束在经济稳定发展可容纳的空间，从而避免过度的通货膨胀或通货紧缩。

（四）国际收支平衡

国际收支平衡，指一国国际收支净额即净出口与净资本流出的差额为零。近年来，随着各国经济的发展，国家间实力对比发生变化，贸易逆差问题引起了各个国家的重视。由于国际收支会影响到一国的经济稳定增长，也影响到一国的物价水平，还间接地影响到一国的就业水平。同样，财政政策也会有力地影响到一国的国际收支。例如，财政政策促使一国经济稳定增长，就会为扩大商品输出打下基础。财政政策还能够间接影响到一国利息率的变化，而利息率的高低对于吸引外资有很大作用。现在越来越多的国家把国际收支平衡作为一国财政政策的目标。

课堂思考 10－1

上述这四种财政政策目标通常是一致的吗？彼此是否会发生矛盾？

三、财政政策的类型

(一)根据财政政策调节经济周期的作用不同,可把财政政策划分为自动稳定的财政政策和相机抉择的财政政策

1. 自动稳定的财政政策

自动稳定的财政政策是财政制度本身存在的一种内在的,不需要政府采取其他干预行为就可以随着经济社会的发展,自动调节经济运行的机制。这种机制也被称为财政自动稳定器。主要表现在两方面:一方面,是包括个人所得税和企业所得税的累进所得税自动稳定作用。在经济萧条时,个人和企业利润降低,符合纳税条件的个人和企业数量减少,因而税基相对缩小,使用的累进税率相对下降,税收自动减少。因税收的减少幅度大于个人收入和企业利润的下降幅度,税收便会产生一种推力,防止个人消费和企业投资的过度下降,从而起到反经济衰退的作用。在经济过热时期,其作用机理正好相反。另一方面,是政府福利支出的自动稳定作用。如果经济出现衰退,符合领取失业救济和各种福利标准的人数增加,失业救济和各种福利的发放趋于自动增加,从而有利于抑制消费支出的持续下降,防止经济的进一步衰退。在经济繁荣时期,其作用机理正好相反。

2. 相机抉择的财政政策

相机抉择的财政政策是指政府根据一定时期的经济社会状况,主动灵活地选择不同类型的反经济周期的财政政策工具,干预经济运行,实现财政政策目标。在20世纪30年代的世界经济危机中,美国实施的罗斯福－霍普金斯计划(1929－1933年)、日本实施的时局匡救政策(1932年)等,都是相机抉择财政政策选择的范例。相机抉择财政政策具体包括汲水政策和补偿政策。汲水政策是指经济萧条时期进行公共投资,以增加社会有效需求,使经济恢复活力的政策。汲水政策有四个特点:第一,它是以市场经济所具有的自发机制为前提,是一种诱导经济恢复的政策;第二,它以扩大公共投资规模为手段,启动和活跃社会投资;第三,财政投资规模具有有限性,即只要社会投资恢复活力,经济实现自主增长,政府就不再投资或缩小投资规模。补偿政策是指政府有意识地从当时经济状况反方向上调节经济景气变动的财政政策,以实现稳定经济波动的目的。在经济萧条时期,为缓解通货紧缩影响,政府通过增加支出、减少收入政策来增加投资和消费需求,增加社会有效需求,刺激经济增长;反之,经济繁荣时期,为抑制通货膨胀,政府通过财政增加收入、减少支出等政策来抑制和减少社会过剩需求,稳定经济波动。

(二)根据财政政策在调节经济总量中的不同功能,可把财政政策划分为扩张性、紧缩性和中性财政政策

1. 扩张性财政政策

扩张性财政政策又称积极的财政政策,是指通过财政分配活动来增加和刺激社会的总需求,一般来说通过增加政府支出,减少税收进而扩大赤字,刺激社会总需求。

2. 紧缩性财政政策

紧缩性财政政策又称稳健的财政政策,是指通过财政分配活动来减少和抑制总需求,一般来说通过增加税收,减少政府支出进而压缩赤字,抑制社会总需求。

3. 中性财政政策

中性财政政策是指财政的分配活动对社会总需求和总供给保持中性,不对其进行政策

性干预。

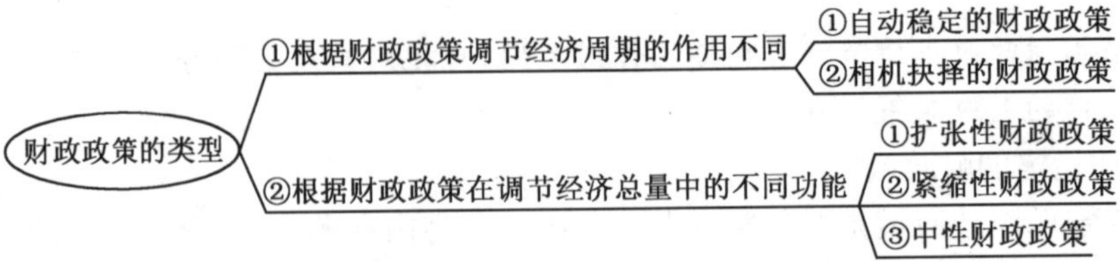

图 10－1　财政政策的类型

四、财政政策的工具

财政政策的工具是指国家政府所选择的用来实现财政政策目标的各种财政分配和调节手段。构成财政政策的工具必须具备以下两个条件:第一,既然财政政策工具是为实现财政政策目标服务的,那么构成财政政策工具的分配和调节手段必须是财政政策目标所需要的;第二,既然财政政策主体是国家,那么构成财政政策工具的分配和调节手段必须是国家政府能够直接控制。根据这两个条件,财政政策的工具主要包括选择性政策工具和非选择性政策工具两个方面,如图 10－2 所示。

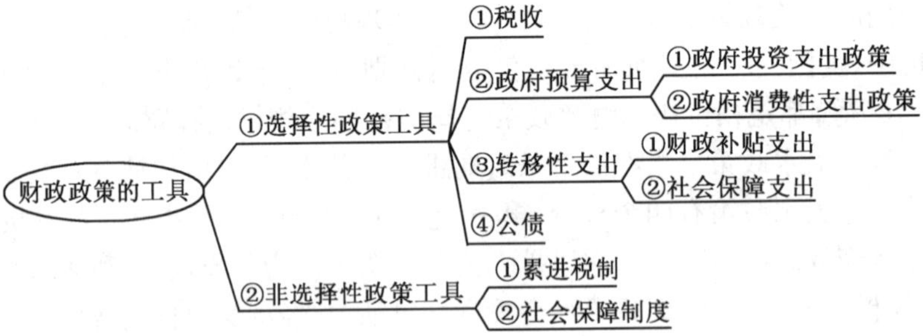

图 10－2　财政政策的工具

(一)选择性政策工具

所谓选择性政策工具,是指为实现一定的政策目标,可供政府选择操作的备选工具。主要有:

1. 税收

税收是政府组织财政收入的基本形式,也是财政实施宏观调控的重要政策手段。税收对供求总量的调控,通过调整税负直接影响企业和居民的税后可支配收入来实现。政府通过增加或减轻税负来减少或增加企业和居民的税后可支配收入,在预算支出规模不变情况下,一方面可以调节社会总需求,起限制或刺激社会总需求的作用;另一方面也可以影响企业与居民的储蓄投资能力,从而对社会总供给产生效应,起到刺激增加或限制减少社会总供给的作用。税收政策手段的运用还可对供求结构发挥调控作用,税收对供求结构的调控表现在对地区间经济结构的调控和对产业结构的调控等方面。

2. 政府预算支出

政府预算资金是政府可直接支配的财力,也是政府掌握的最直接有力的宏观调控手段。

政府预算支出对供求总量的调控，是通过调整支出规模来实施的。因为政府预算支出是社会需求总量的重要组成部分，其规模的大小，在财政收入不变的情况下，直接影响社会总需求规模。因此政府通过扩大或缩小预算支出规模即可直接调节需求总量。此外，从长远看，政府预算支出中的投资性支出规模还会影响社会总供给能力。

预算支出投向的不同组合，是协调供求结构的重要手段。从短期来看，可影响需求结构和积累与消费的比例关系；从长期看，可影响供给结构即产业结构。运用预算支出手段调节供求结构是我国市场经济下财政调节供求结构的最直接有力的手段，但其运用的程度受到财政收入规模的制约。政府预算支出政策又包括政府投资性支出政策和政府消费性支出政策。

(1)政府投资性支出政策。指政府将资金投入道路、桥梁、供电供水、水利设施及其他市政建设等公共工程。这些项目工程一般不易由私人部门举办，特别是在经济萧条年份更是如此。某些本来可以由私人部门举办的公共工程，在萧条年份也会急骤下降。政府人为地扩大投资支出，更多地承担私人部门不愿意投资的工程，可以扩大总需求，有助于经济复苏。

课堂思考 10－2

哪些原因会导致财政投资效率低下？

(2)政府消费性支出政策。政府消费性支出政策，是指政府直接购买劳务和消费品并用于当期财政支出，如增加政府雇员、扩大办公设备的购买等。与投资支出政策相比，政府的消费性支出政策则是一项收效大、时滞短的政策。如果政府的消费性支出发生较大变化，都会引起社会生产和分配的较大影响。因而常被各国作为重要的财政政策手段。

课堂思考 10－3

公共消费性支出的变化会对国民经济产生哪些影响？

3. 转移性支出

转移性支出包括政府的财政补贴和社会保障支出。它们共同的特点，是财政资源从政府向企业和居民家庭的单向转移。转移性支出在宏观调控中的作用与政府预算中的购买支出相比略逊一筹。因为政府购买支出的变动将直接增减社会有效需求，而转移支付的变动对需求总量的影响，需要通过转移支付资金受益者的需求变动产生效应。例如政府增加对居民的财政补贴支出，其对总需求的增量效应，要在居民动用这笔补贴增加消费需求时才显现。

(1)财政补贴可分为消费性补贴与生产性补贴两大类。消费性补贴的增减一般仅影响需求总量。生产性补贴从短期看，具有扩张需求的效应。因为当财政补贴刺激的投资尚未形成生产能力时，生产性补贴不仅不会增加供给，而且进入市场上的投资品将连带增加消费需求。但是从长远看，生产性补贴可以增加产出，从而增加供给。此外，政府通过调整生产性补贴或消费性补贴占整个财政补贴的比例，即可影响财政支出中积累与消费的比例，从而影响整个积累与消费的比例关系。同样，政府根据产业政策，有选择地发放生产性补贴即对生产者的补贴，可引导企业更多地向短期项目投资，从而达到调整产业结构的目的，这也是我国财政补贴的发展方向。例如根据我国相关规定，目前车企每售出一辆新能源汽车，国家会以系统能量密度、车辆整备质量、车辆续航里程、快充充电倍率等关键技术指标为依据，给予车企一定比例的生产性补贴，这会导致资本流入新能源汽车行业，并快速推动我国新能源汽车行业的发展。

(2)社会保障支出在社会保障制度健全的国家，是一项具有法律效力的支出，一般不能根据财政收支状况人为地变动。因此，社会保障支出具有自动维持社会总供求平衡的功能。当经济处于不景气即总供给大于总需求时，失业人口增加，社会保障支出就会依据既定的社会保障法规自动增加，起到抑制个人消费需求的作用，从而防止经济进一步衰退。反之，当经济处于繁荣时期即总需求大于总供给时，失业人数减少，人们收入水平上升，社会保障支出就会自动减少，加之此时税收收入增加，就可能形成财政盈余，从而限制社会总需求的进一步增加。

4. 公债

公债是国家组织财政收入的一种补充形式。公债的运用使国家财政收入具有一定的弹性，同时也增强了政府运用财政政策进行宏观调控的能力。公债是一种具有财政金融联动机制的调控手段，因此分析公债的宏观调控功能要结合货币政策。当政府发行公债增加了由政府集中支配的有支付能力的需求量时，如果因发行公债而扩大了货币供应量，那么公债就起到了扩张社会总需求的作用。反之，政府发行公债而货币供应量不变，则所增加的需求量就是企业、居民支付能力的转移，不会产生扩张总需求的效应。此外，政府发行公债可改变国民收入的使用结构，从而能调节供求结构，尤其是消费基金与积累基金的比例。

(二)非选择性政策工具

非选择性政策工具，是指通过制度设计，内置于国民经济运行机制中并对国民经济运行状况做出自动反应的政策工具。主要有：

1. 累进税制

在国家税制中以累进的个人所得税和企业所得税为代表。在萧条时期，累进税制自动地减税，企业和居民税后收入增加，带动企业投资和居民消费的增加，从而起到扩大内需，推动经济增长和增加就业的政策效应。而在经济过热、通货膨胀时期，累进税制自动地增税，企业和居民税后收入减少，带来企业投资和居民消费的下降，从而起到抑制内需，给过热的经济、过高的物价降温的政策效应。

2. 社会保障制度

在萧条时期，由于居民收入下降，失业人数增加，社会保险基金中的失业救济金以及其他各种福利支出都自动增加，它们起着抵消个人收入下降的作用，减轻了经济的萧条程度或加快了经济复苏的进程。反之，经济过热时，相反的效应将发生，从而对过热的经济和过热的物价起到降温的作用。

非选择性政策工具内置于国民经济之中，随着国民经济周期性波动而适时地做出反应，无须对当前经济形势做出判断并取得共识，省略了漫长的决策过程，避免了选择性政策工具的内部时滞；它自动地反经济周期，避免了政府对政策选择的失误，也解决了对政策力度难以把握的困难；它与经济一体，避免了政策经常性变化带来的经济震动，以及因政策性原因带来的经济波动。

但一国启动非选择性政策工具需要具备一定的前提条件，首先需要有较高的财政管理水平和完善的财政制度并保证政策工具的质量。其次，需要有完善的市场机制，这样才能保证经济对政策工具变化的感知灵敏度和对应的反应能力，如果市场对政策工具反应迟钝，则政策效应很难表现出来。只有具备这两个前提条件，非选择性政策工具才能发挥其应有的效果。

五、财政政策的传导

财政政策目标的实现是由众多的财政政策工具借助于中介媒体的传导，最终作用于经济而完成的。传导财政政策的媒体主要有收入、货币供应量和价格等。

（一）收入

收入是财政政策的主要传导媒介，主要表现为对企业收入和家庭部门收入的影响。政府支出政策特别是消费性支出和投资性支出，都会最终增加企业收入，税率的调整也会直接影响企业的税后利润水平。财政政策对家庭部门收入的影响主要体现在改变家庭部门实际支配收入的变化上。调高或调低税率，增加或减少消费性补贴，最终会带来家庭部门实际支配收入的增减。居民个人收入的变化会影响其消费行为和储蓄行为，引起消费需求的变化，影响劳动者的积极性。

收入传导媒介具有非对称性特征。当财政减税、扩大支出增加企业和家庭部门收入时，很容易取得其配合，政策力度可以顺利地通过收入媒介传导到国民经济中去；当财政增税、压缩支出减少企业和家庭部门收入时，则阻力大，政策力度较难传导。这就使财政政策在治理通货紧缩时的作用大于治理通货膨胀时。

（二）货币供应量

财政采取的扩张性政策通常都具有货币扩张效应，采取紧缩性政策则会引起货币紧缩的效应，从而最终对社会供求总量平衡和经济的发展产生影响。财政政策如果通过货币供应量传导，必须取得货币政策的配合，否则，会带来物价水平的波动。

（三）价格

价格是市场经济条件下引导资源配置的最为灵活的杠杆，财政支出政策和税收政策所引起的某些商品价格变动，甚或是扩张性财政政策所产生的货币扩张效应最终都会引起价格的变动，从而对市场供求状况产生影响，以实现财政政策的目标。

第二节 货币政策

一、货币政策的含义

货币政策是国家为实现其宏观经济目标所采取的调节和控制货币供应量的策略和措施的总称。包括狭义货币政策和广义货币政策。

狭义货币政策是指中央银行为实现既定的经济目标（稳定物价、促进经济增长、实现充分就业和平衡国际收支），运用各种工具调节货币供给和利率，进而影响宏观经济的方针和措施的总和。广义货币政策是指政府、中央银行和其他有关部门所有有关货币方面的规定和采取的影响金融变量的一切措施的总和，比如金融体制改革等。

两者的不同主要在于后者的政策制定者包括政府及其他有关部门，它们往往影响金融体制中的外生变量，改变游戏规则，如硬性限制信贷规模、信贷方向，开放和开发金融市场。前者则是中央银行在稳定的体制中利用再贴现率、存款准备金率、公开市场业务等政策工具达到改变利率和货币供给量的目标。

要点强化

【单选题】中央银行为实现特定的经济目标而采取的各种控制、调节货币供应量或信用量的方针、政策、措施的总称是(　　)。

A. 信贷政策　　B. 货币政策工具　　C. 货币政策　　D. 货币政策目标

【答案解析】C。本题考查货币政策的含义。货币政策是中央银行为实现特定的货币政策目标而采取的货币政策工具等调节货币供应量或信用量的方针、政策、措施的总称。

二、货币政策目标

同样作为国家宏观经济政策，货币政策目标与财政政策目标是相同的，主要有充分就业、物价稳定(币值稳定)、经济增长和国际收支平衡。但一般来说重点突出两方面，一是保持货币币值稳定，二是促进经济增长。从根本上说，保持币值稳定可以为企业投资提供相对稳定的核算标准，为人们的未来计划提供一个可靠的计量尺度，为商品交易提供稳定的流通手段，为经济稳定和增长提供良好的环境秩序。货币币值稳定和经济增长之间是一致的，但二者有时会存在矛盾，比如说，为了刺激经济增长和减少失业，政府常采取货币扩张政策，久之便带来通货膨胀；反之为了抑制通货膨胀，政府常采取紧缩银根的政策，其结果往往以牺牲经济增长为代价。这就使得政府面临两难的选择，是选择刺激经济增长还是稳定物价和币值。在处理这些矛盾中，经济学家们提出了一些可供选择的办法：

1. 相机抉择

凯恩斯主义认为经济经常处于波动之中，并且是不可预测的，政府只能根据对当前的经济形势进行判断，选择某个目标作为重点，或是以稳定物价为优先目标，或是以促进经济增长为优先目标，同时操作政策工具，掌握政策力度，以解决当前国民经济中主要的问题。

2. 单一规则行事

新货币学派认为，货币需求量是可测的，为避免货币供应不稳定，引起经济大起大落的情况，提出"单一规则行事"的选择办法，即主张根据一段时期经济发展的要求，确定某一货币供应量增长率，在上下浮动不大的范围内具体掌握，从而把货币供应量的增长率控制在一定范围内，以促使经济增长。

上述可选择的办法各有特点，"相机抉择"办法实行的最大难题是，由于人们对宏观事物的认识受主客观因素制约，在经济发展过程中，很难确定当前的经济是处于经济周期的何种阶段。作为对过去经验的总结，人们可以判断出过去经济周期的大体概况，但就当前的状况而言，是难以准确判别的。"单一规则行事"倒是可以避免相机抉择所出现的问题，但在一段时期内以单一既定的货币增长率将货币供应量控制在一定范围以内的办法，会使经济错过好的发展机会，事实上它是以牺牲经济增长为代价的。

要点强化

【多选题】西方国家中央银行货币政府的终极目标有(　　)。

A. 物价稳定　　B. 充分就业　　C. 经济增长　　D. 国际收支平衡

E. 基础货币

【答案解析】ABCD。西方国家央行的货币政府目标可以分为：物价稳定、充分就业、经济增长、国际收支平衡等。ABCD 正确。基础货币不属于货币政策的终极目标。排除 E。

三、货币政策的类型

货币政策调节的对象是货币供应量，即全社会总的购买力，具体表现形式为流通中的现金和个人、企事业单位在银行的存款。流通中的现金与消费物价水平变动密切相关，是最活跃的货币，一直是中央银行关注和调节的重要目标。

根据政策效果增加或减少流通中的货币供应量，货币政策分为扩张性和紧缩性两种。

(一)扩张性的货币政策

扩张性的货币政策是通过增加货币供应量，提高货币供应增长速度来刺激总需求，在这种政策下，取得信贷更为容易，利息率会降低。因此，当总需求与经济的生产能力相比很低时，使用扩张性的货币政策最合适。

(二)紧缩性的货币政策

紧缩性的货币政策是通过减少货币供应量，削减货币供应的增长率来降低总需求水平，在这种政策下，取得信贷较为困难，利息率也随之提高。因此，在通货膨胀较严重时，采用紧缩性的货币政策较合适。

四、货币政策工具

货币政策工具是指中央银行为实现货币政策目标所运用的策略手段。分为一般性政策工具、选择性政策工具和补充性货币政策工具等，如图 10－3。

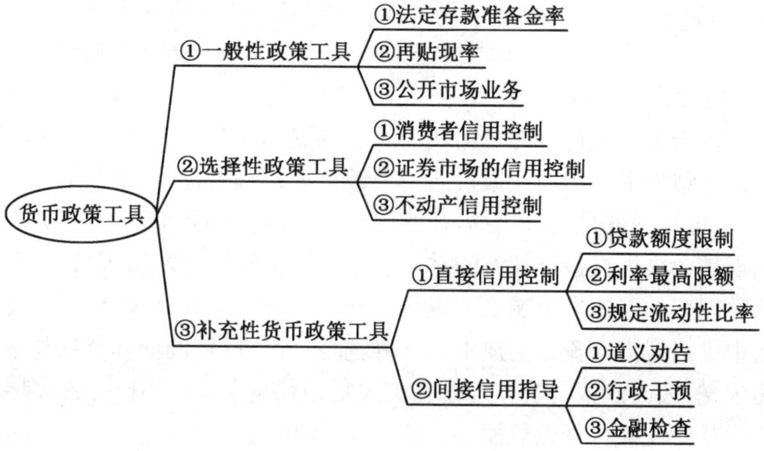

图 10－3　货币政策工具

(一)一般性政策工具

1. 法定存款准备金率政策

为保证商业银行资产的流动性,降低银行流动性风险,中央银行规定商业银行等金融机构必须按照规定的比率,将所吸收存款的一部分缴存中央银行,这种按规定比率缴存央行的资金就是法定存款准备金。金融机构应缴存的存款数量占其存款总额的比率称为法定存款准备金率。

作为政策工具它必须建立在实行法定存款准备金制度的基础上。实行法定存款准备金制度的初衷是确保商业银行对存款提取有充足的清偿能力。20 世纪 30 年代经济危机后,各国普遍实行了法定存款准备金制度。中央银行可以通过调高或调低法定存款准备金率,来增加或减少商业银行应缴存到中央银行的存款准备金,从而影响商业银行的贷款能力和派生存款能力,以达到调节货币供应量的目的。如果中央银行调低法定存款准备率,商业银行可以减少其上交存款准备金的数量,相应地增强其贷款能力和扩大贷款规模,通过货币乘数效应扩大货币供应量;反之,则会缩减货币供应量。

存款准备金率作为货币政策工具的优点是:(1)中央银行具有完全的自主权,它是三大货币政策工具中最容易实施的一个工具;(2)对货币供应量作用迅速,一旦确定,各商业银行及其他金融机构必须立即执行;(3)对松紧信用较公平,一旦变动,能同时影响所有的金融机构。

相应地,存款准备金率作为货币政策工具也存在缺点:(1)作用猛烈,缺乏弹性,不宜轻易采用作为中央银行日常调控货币供给的工具。(2)其政策效果在很大程度上受超额准备金数量的影响。如果商业银行有大量超额准备金,当中央银行提高法定存款准备金率时,商业银行可将部分超额准备金充抵法定准备金,而不必收缩信贷。(3)调整法定存款准备金率对货币供应量和信贷量的影响要通过存款货币银行的辗转存贷,逐级递推而实现,成效较慢、时滞较长。因此,法定存款准备金政策往往是作为货币政策的一种自动稳定机制,而不将其当作适时调整的经常性政策工具来使用。

课堂思考 10-4

我国当前法定存款准备率调整方向是什么?

2. 再贴现政策

再贴现是指存款货币银行持客户贴现的商业票据向中央银行请求贴现,以取得中央银行的信用支持。再贴现率是指商业银行向中央银行办理商业票据再贴现时所使用的利率。对中央银行而言,再贴现就是买进票据,让渡资金;对商业银行而言,再贴现是卖出票据,获得资金。再贴现是中央银行最早拥有的并一直采用的主要货币政策工具。中央银行可以通过调高或调低贴现率的办法来影响商业银行的贷款规模。如果中央银行调低再贴现率,降低商业银行向中央银行借入资金的成本,这样商业银行也可以调低其贷款利率,从而起到刺激企业贷款需求、扩大商业银行贷款规模和扩大货币供应量的作用;反之,则会通过调高再贴现率的办法缩减商业银行贷款规模,从而减少货币供应量。

再贴现政策的优点主要是:(1)有利于中央银行发挥最后贷款人的作用;(2)比存款准备金率的调整更机动、灵活,不仅可以调节总量还可以调节结构;(3)通过票据融资,风险较小。

缺点是再贴现的主动权在商业银行，而不在中央银行。如果商业银行可通过其他途径筹资而不依赖于再贴现，则中央银行就不能用再贴现控制货币供应总量及结构。

3. 公开市场业务

公开市场业务是指中央银行通过在金融市场上买卖有价证券，从而影响货币供应量和市场利率的行为。当金融市场资金缺乏时，中央银行通过公开市场业务买进有价证券，从而投放了基础货币，最终引起货币供应量的增加和利率的下降；当金融市场上资金过多时，中央银行通过公开市场业务卖出有价证券，从而收回基础货币，引起货币供应量的减少和利率的提高。中央银行正是以公开市场业务操作来扩张或收缩信用，调节货币供应量，它是目前西方国家运用得最多的货币政策工具。

公开市场业务作用于经济的途径有：(1)通过影响利率来影响经济。中央银行在公开市场上买进证券，形成多头市场，证券价格上升。随之，货币供应量扩大，利率下降，刺激投资增加，对经济产生扩张性影响。相反，卖出证券，形成空头市场，证券价格下降，货币供应量缩小，利率上升，抑制投资，对经济产生收缩性影响。(2)通过影响银行存款准备金来影响经济。如果中央银行买进了商业银行的证券，则直接增加商业银行在中央银行的超额准备金，若商业银行运用这些超额准备金则使货币供应量按乘数扩张，刺激经济增长；相反，货币供应量按乘数收缩，抑制经济增长。

公开市场业务由于对买卖证券的时间、地点、种类、数量及对象可以自主、灵活地选择，故具有以下优点：(1)主动权在中央银行，不像调整再贴现率那样被动；(2)富有弹性，既可对货币进行微调，也可大调，都不会像存款准备金政策那样作用猛烈；(3)中央银行买卖证券可同时交叉进行，故很容易逆向修正货币政策，可以连续进行，能补充存款准备金、再贴现这两个非连续性政策工具实施前后的效果不足；(4)根据证券市场供求波动，主动买卖证券，可以起稳定证券市场的作用。主要缺点是从政策实施到影响最终目标，时滞较长；干扰其实施效果的因素比存款准备金率、再贴现率多，往往带来政策效果的不确定性。

(二)选择性政策工具

选择性政策工具是针对某些特殊的经济领域或特殊用途的信贷而采用的信用调节工具。在不影响货币供应总量的情况下，对某些具体用途的信贷数量产生影响，故又被称为"质的管理"。包括消费者信用控制、证券市场的信用控制、不动产信用控制等。

1. 消费者信用控制

消费者信用控制指对不动产以外的各种耐用消费品的销售融资予以控制。例如规定用消费信贷购买各种耐用消费品时首期付款额，分期付款的最长期限以及适合于消费信贷的耐用消费品的种类等。

当中央银行提高首期付款额时，就等于降低了金融机构的最大放款额，势必减少社会公众对此类商品的需求。而缩短偿还期则增大了每期支付额，也会减少社会公众对此类商品的需求。若要刺激消费信用，则降低首期付款额。

2. 证券市场的信用控制

证券市场的信用控制通过规定贷款额占证券交易额的百分比率——法定保证金比率，来调节或限制证券市场的活跃程度。它既能遏制过度的证券投机活动，又不贸然采取紧缩或放松货币供应量的政策，有助于避免金融市场的剧烈波动和促进信贷资金的合理运用。

3. 不动产信用控制

不动产信用控制的主要目的是为了阻止地产投机，防止银行对建筑业过度贷款，以减轻通货膨胀压力，同时降低商业银行风险，实现稳健经营。其措施一般包括对不动产贷款最高额度的限制、对不动产贷款首期支付额度的规定、对不动产贷款分期支付的最长年限的规定等。

（三）补充性货币政策工具

除上述一般性、选择性货币政策工具外，中央银行有时还运用一些补充性货币政策工具，对信用进行直接控制和间接控制。包括直接信用控制和间接信用指导。

1. 直接信用控制

直接信用控制是中央银行根据有关法令，对银行系统创造信用的活动施以各种直接的干预。具体包括：

（1）贷款额度限制。指中央银行根据金融市场形势及经济发展的需要，以行政命令的方式直接规定各商业银行信贷的最高限额和最大增长幅度，强制地控制商业银行的信贷规模。

（2）利率最高限额。指中央银行为维护金融市场秩序，防止商业银行用抬高利率的办法竞相吸收存款，或为谋取高额利润而进行高风险贷款所采取的强制性措施。

（3）规定流动性比率。指为限制商业银行的信用扩张和保护存款人的安全，中央银行对商业银行的全部资产中的流动性资产的比重做出规定。

2. 间接信用指导

除上述货币政策调控手段外，中央银行还可辅以间接信用指导，如道义劝告、行政干预和金融检查等。

（1）道义劝告也称窗口指导，是指中央银行采取书面或口头方式，以说服或政策指导的方法，引导各金融机构扩大或收缩贷款规模。

（2）行政干预。在有些国家，中央银行有权对各商业银行规定最高贷款限额，以控制信贷规模，或者对商业银行的存贷款最高利率加以限制。

（3）金融检查。中央银行有权随时对商业银行的业务活动进行金融监督与检查。这种检查包括检查业务经营范围、大额贷款的安全状况、银行的资本比率和流动资产比率等。

要点强化

【单选题】下列属于扩张性货币政策工具的是（　　）。

A. 降低法定准备金率　　B. 提高商业银行存贷款率

C. 提高再贴现率　　D. 公开市场上卖出证券

【答案解析】A。中央银行降低法定准备金率会导致商业银行贷款能力和派生存款能力提高，从而使流通中的货币供应量增加，所以降低法定准备金率属于扩张性货币政策工具。BCD都属于紧缩性的货币政策工具。

【多选题】紧缩性货币政策工具包括（　　）。

A. 提高法定存款准备金率　　B. 增加公开市场的货币投放

C. 提高再贴现率　　D. 央行出售政府债券

【答案解析】ACD。使货币供应量减少的政策工具即是紧缩性货币政策工具。提高法定存款准备金率使商业银行能够使用的基础货币量减少，抑制货币供应量的增长，属于紧缩性货币政策工具，A 项正确。中央银行在公开市场上买入证券，可以增加货币供给，属于扩张性货币政策工具。B 错误。中央银行提高再贴现率会减少商业银行向央行的贷款意愿，从而减少货币供应量，属于紧缩性货币政策工具，C 项正确。央行出售政府债券，会收回一定的流动性，从而减少货币供应量。属于紧缩性货币政策工具。D 选项正确。

五、货币政策的传导

(一)货币政策的传导机制

货币政策的传导机制是指货币管理当局确定货币政策之后，从选用一定的货币政策工具进行操作开始，到实现货币政策最终目标之间，所经过的各种中间环节相互之间的有机联系及其因果关系的总和。

(二)中介目标的选择标准

1. 可测性

中央银行能迅速而准确地获得有关变量指标的资料数据并做出分析和判断。

2. 可控性

中央银行通过各种货币政策工具的运用，能较准确地控制该金融变量的变动状况及变动趋势。

3. 相关性

中介目标必须与最终目标有极为密切的联系。它们可以是正相关，也可以是负相关，但相关系数越高越好。

4. 抗干扰性

货币政策在实施过程中会遇到许多外来因素或非政策因素的干扰，只有选取那些受干扰程度低的中介指标，才能通过货币政策工具的操作达到最终目标。

(三)充当中介目标的金融变量

货币政策调节措施要经过一定时期后才能显示其政策目标能否实现，提高存款准备金率后，经济增长率和物价水平不一定就能及时做出相应的反应，若检测政策手段是否能实现政策目标以及能实现到何种程度，需要设置一些中间目标作为参照。由于不同时期、不同国家的背景及理论差异，各国在不同时期往往会选择不同的指标作为中间目标。一般来说利率和货币供应量是最为常用的中间目标。

(四)货币政策的传导过程

货币政策从运用货币政策调节手段到实现政策最终目标之间，要经历一个传导过程，这种传导过程一般包括两个层次：第一个层次是中央银行操作各种货币政策工具，以影响商业银行的行为。商业银行对中央银行的行为做出反应，相应调整其对企业、家庭部门的贷款规模，实现中间目标。第二个层次是企业、家庭部门对商业银行的行为做出反应，相应调整投资支出和消费支出，最终影响社会总需求，从而实现货币政策的最终目标。

第三节 财政政策与货币政策的协调配合

货币政策和财政政策并称为宏观经济调控的两大政策。两者都是通过调控总需求来实现国民经济宏观调控的目标的，共称为需求管理政策。要实现国民经济宏观调控的目标，仅靠财政政策或仅靠货币政策都是难以奏效的，需要各种经济政策的相互配合，特别需要财政政策与货币政策的相互配合。

一、财政政策与货币政策的功能差异

财政政策与货币政策的功能差异，主要表现在以下几个方面：

(1)政策目标的侧重点不同。货币政策主要是调节货币供求总量，解决通货膨胀问题，而财政政策的侧重点则是解决通货紧缩和结构性平衡问题。

(2)透明度不同。财政政策的透明度高。因为无论财政增税减税，增加支出压缩支出，是结余还是赤字，这些信息都能从官方渠道获得。而货币政策有些透明度高，如利率，有些透明度低，如公开市场业务。

(3)可控性不同。财政政策可以由政府通过直接控制和调节来实现，如调整税率，缩减政府支出等。而货币政策通常需要有较长的传导过程，并且有可能在中间出现偏离目标的情况，政府纠正偏离目标问题的难度也较大。

(4)时滞性不同。时滞性是指在制定和执行政策的过程中所出现的时间滞后现象。政策的时滞有三种：认识时滞、决策时滞和执行时滞。财政的认识时滞短、决策时滞长而执行时滞较短。这是由于财政政策中存在的问题通常能够被人们尽快地把握，但决策却需要花费相当长的时间，如税率的调整、公共支出的增减等问题，需要经过立法机构的审批或经过预算程序，还要考虑民众的意愿等，但财政政策一旦被决定下来，通常付诸执行实施的时间就比较快，自上而下，传导过程较短，漏损也较小。货币政策与财政政策正好相反，是认识时滞长、决策时滞短而执行时滞较长。这是因为货币现象的透明度较差，令人难以准确把握，一旦把握住实质，中央银行制定相应对策的时间较短，但是政策付诸行动后，传导过程较长，漏损也较大，可能会出现偏离目标现象，政策执行所需要的时间较长。

二、财政政策和货币政策配合的不同方式

财政政策和货币政策，如果都按“松”“中”“紧”三种类型划分的话，它们的组合方式就有九种。

(一)在经济形势特别严峻的情况下，一般采取“双松”或“双紧”政策组合

在经济形势特别严峻的情况下，财政政策和货币政策必须同时向一个方向用力，这样政策效果才能显示出来，才能使经济走出危机。

1. 在通货紧缩严峻的情况下，一般采取“双松"政策组合

在这种政策组合中，在财政政策扩大总需求的同时，中央银行增加货币供给量，阻止利率上升，抵消或减少财政政策的挤出效应，因此会使总需求在短时间内迅速扩展，对经济具有很强的刺激作用。这种组合适于总需求严重不足、生产资源大量闲置、解决失业和刺激经

济增长成为宏观调控首要目标时使用,否则可能导致严重的通货膨胀。见图10—4。

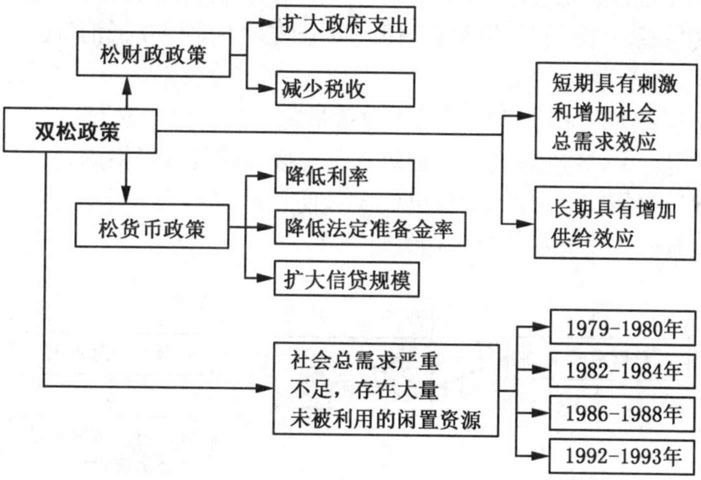

图10—4 松的财政政策和松的货币政策

2. 在通货膨胀严峻的情况下,一般采取"双紧"政策组合

在这种政策组合中,政府通过增加税收、削减政府支出规模等手段限制消费和投资,抑制总需求。中央银行紧缩银根,减少货币的供给,刺激利率上升,私人投资减少,导致总需求下降。这种双管齐下的措施使总需求迅速收缩,能够有效遏制恶性通货膨胀,但会导致经济增长缓慢,甚至陷于衰退的境地。这种组合主要在总需求极度膨胀,总供给严重不足,物价大幅攀升,抑制通货膨胀成为首要目标时采用。见图10—5。

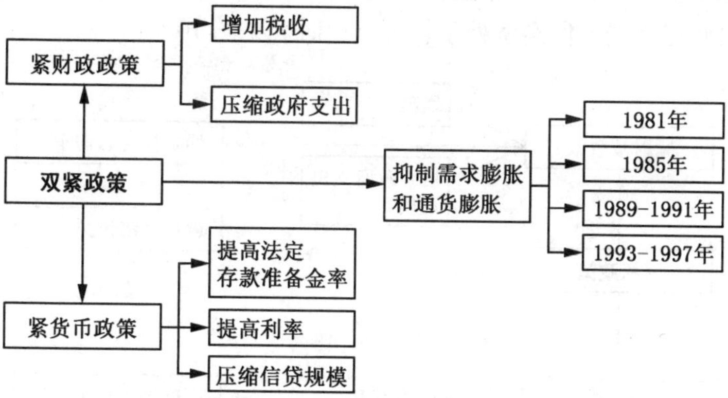

图10—5 紧的财政政策和紧的货币政策

(二)在经济问题比较严重的情况下,一般采取"一中一松"或"一中一紧"的政策组合

在经济问题比较严重的情况下,通过稳健性政策来稳定国民经济大局,通过另一政策来对经济施加影响。例如我国2011年推行的宏观经济政策,就是"一中一松"的政策组合。通过一松即积极的财政政策,继续推动经济的增长,防止经济第二次探底;通过一中即稳健的货币政策,来稳定物价,防止物价的过快上涨。

(三)在经济问题较轻的情况下,一般采取“一紧一松”的政策组合

在经济问题较轻的情况下,如果采取某种政策很容易产生政策力度过头,产生政策负效应的现象。采取“一紧一松”的政策组合,使一部分政策力度相互抵消,使另一部分政策力度发挥作用,对国民经济进行微调。

1. 扩张性的财政政策和紧缩性的货币政策搭配,即“一松一紧”政策组合

在这种政策组合中,政府适当扩大财政支出规模和推行减税措施,同时中央银行严格控制货币供应量,促使利率上升,产生“挤出效应”,使总需求不会大幅度上升。这种组合主要在经济比较繁荣但公共投资不足时采用。见图 10—6。

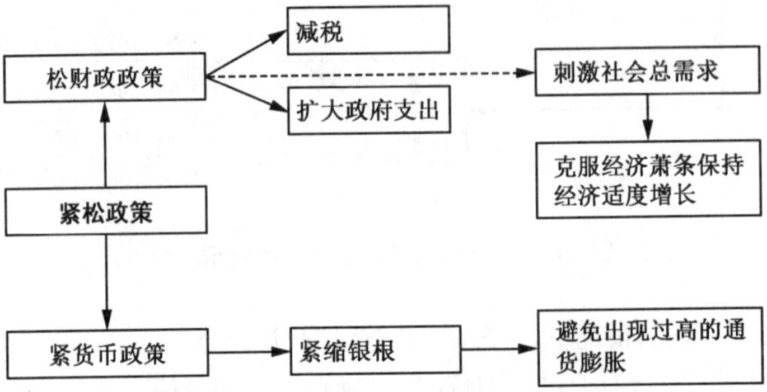

图 10—6　松的财政政策和紧的货币政策

2. 紧缩性的财政政策和扩张性的货币政策搭配,即“一紧一松”政策组合

在这种政策组合中,政府对财政支出严加控制,同时采用增税措施,抑制总需求,同时中央银行根据实际情况,采取适当放松银根的货币政策,促使利率下降,以刺激私人投资。这种组合适用于财政赤字较大但经济处于轻度衰退时。见图 10—7。

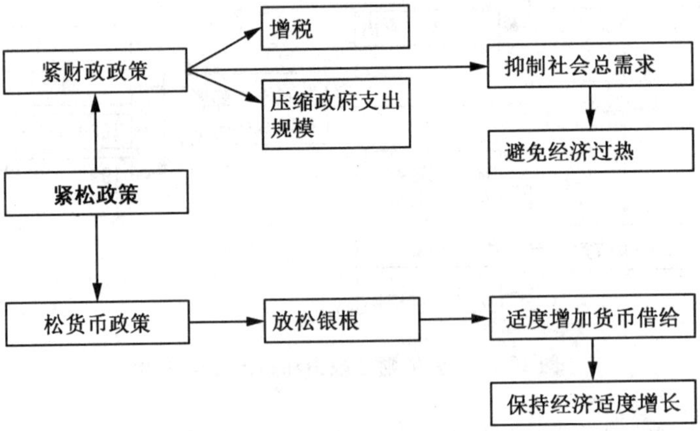

图 10—7　紧的财政政策和松的货币政策

(四)在经济形势较好的情况下,一般采取“双中”的政策组合

在经济形势较好的情况下,国民经济处于均衡状态,高增长,低通胀,低失业。为保持国民经济大好形势,一般采取稳健的财政政策和稳健的货币政策搭配,即“双中”政策组合。在

这种政策组合中，政府一般不对国民经济总量施加政策影响力，主要通过财政和货币结构性调整来调控国民经济结构。

总之，应根据经济运行的实际情况，决定采用哪种政策组合方式。只有当财政政策与货币政策适当配合运用，并在合适的时机切入，才有可能达到最佳的政策效果。这一点已经为许多国家的实践所证实。

三、我国近年来的财政政策和货币政策

自改革开放以来，我国两大政策协调配合大致可总结为六个阶段。一是 1979－1992 年，这是我国从计划经济过渡到市场经济的重要时期，两大政策以“松”为主，协调搭配；二是 1993－1996 年，两大政策从“双松”到“双紧”，对于实现经济的“软着陆”起到了较大作用；三是 1997－2004 年，我国开始采取积极的财政政策和稳健的货币政策；四是 2005－2007 年，我国实施了双稳健的财政政策和货币政策；五是 2008 年初－2008 年 11 月，我国实施了稳健的财政政策和从紧货币政策；六是从 2008 年 11 月年－2010 年，受美国次贷危机的影响，为防止经济严重下滑，我国实行积极的财政政策和适度宽松的货币政策；七是 2011 年至今，我国继续实施积极财政政策和稳健货币政策。

2017 年的中央经济工作会议强调，稳中求进工作总基调是治国理政的重要原则，要长期坚持。“稳”和“进”是辩证统一的，要作为一个整体来把握，把握好工作节奏和力度。要统筹各项政策，加强政策协同。

围绕财政政策与货币政策，会议明确，积极的财政政策取向不变，稳健的货币政策要保持中性。在宏观调控政策取向上，中国已经是连续第八年采取“积极的财政政策加稳健的货币政策”这一组合。

连续第八年采取积极的财政政策加稳健的货币政策，保持了宏观政策的连续性和稳定性，有利于市场主体形成稳定的预期，决策考虑更长远；同时每年政策内涵都具有针对性和灵活性，有助于有效应对外部冲击，保持经济稳定健康发展。

1. 积极的财政政策

积极的财政政策体现在调整优化财政支出结构，确保对重点领域和项目的支持力度，压缩一般性支出，切实加强地方政府债务管理。

确保对重点领域和项目的支持力度有两个方面：一是确保补短板方面，如扶贫、环保、医疗等民生方面的财政支出；二是催生经济发展新动力，比如对战略性新兴产业的资金投入和引导。

2. 稳健的货币政策

会议明确，稳健的货币政策要保持中性，管住货币供给总闸门，保持货币信贷和社会融资规模合理增长，保持人民币汇率在合理均衡水平上的基本稳定，促进多层次资本市场健康发展，更好为实体经济服务，守住不发生系统性金融风险的底线。

时任中国人民银行行长周小川撰文指出，实施稳健中性的货币政策，强化逆周期调节，处理好稳增长、调结构、控总量、防风险的关系，保持经济平稳运行，促进提高发展质量和效益，巩固宏观杠杆率稳中趋降的良好势头。

课堂思考 10－5

我国 2018 年财政政策与货币政策是一种怎样的组合？为何这样选择？

本章小结

财政政策是指国家根据一定时期政治经济形势和任务制定的指导财政分配活动和处理财政分配关系的基本准则，是客观存在的财政分配关系在国家意志上的反映。

财政政策目标是政府运用国家财力实现宏观调控的重要手段。其政策目标的确定，必须围绕着社会总供给与总需求基本平衡这一宏观调控的总目标。具体包括：充分就业、经济增长、物价稳定、国际收支平衡。

根据财政政策调节经济周期的作用不同，可把财政政策划分为自动稳定的财政政策和相机抉择的财政政策。根据财政政策在调节经济总量中的不同功能，可把财政政策划分为扩张性、紧缩性和中性财政政策。

财政政策的工具是指宏观经济管理主体即国家政府所选择的用来实现财政政策目标的各种财政分配和调节手段。包括选择性政策工具和非选择性政策工具。

货币政策是国家为实现其宏观经济目标所采取的调节和控制货币供应量的策略和措施的总称。货币政策目标与财政政策目标是相同的，主要有充分就业、物价稳定（币值稳定）、经济增长和国际收支平衡。

根据政策效果增加或减少流通中的货币供应量，货币政策分为扩张性和紧缩性两种。

货币政策工具是指中央银行为实现货币政策目标所运用的策略手段。分为一般性政策工具、选择性政策工具和补充性货币政策工具。

财政政策和货币政策，如果都按“松”“中”“紧”三种类型划分的话，其组合方式有九种。在经济形势特别严峻的情况下，一般采取“双松”或“双紧”政策组合；在经济问题比较严重的情况下，一般采取“一中一松”或“一中一紧”的政策组合；在经济问题较轻的情况下，一般采取“一紧一松”的政策组合；在经济形势较好的情况下，一般采取“双中”的政策组合。

我国目前实施积极财政政策和稳健货币政策。

思考与练习

一、单选题

1. 在社会总供求大体平衡，而投资过旺，消费又不足时，采取（　　）。

A. “双紧”政策　　B. “双松”政策

C. 紧的财政政策和松的货币政策　　D. 紧的货币政策和松的财政政策

2. 在社会总供求大体平衡，而消费偏旺，投资又不足时，采取（　　）。

A. “双紧”政策　　B. “双松”政策

C. 紧的财政政策和松的货币政策　　D. 紧的货币政策和松的财政政策

3. 中央银行在国家经济进入衰退期应采取(　　)法定存款准备金。

A. 调高　　B. 降低　　C. 不变　　D. 无法确定

4. 政府在经济高涨时应(　　)。

A. 买入证券　　B. 卖出证券

C. 都可以　　D. 不能用买卖证券调控经济

二、多选题

1. 下面属于财政政策工具的有(　　)。

A. 国家预算　　B. 利率　　C. 税收　　D. 公开市场业务

E. 国债

2. 下面属于货币政策工具的有(　　)。

A. 国家预算　　B. 利率　　C. 税收　　D. 公开市场业务

E. 国债

3. 在经济萧条时,财政可以通过(　　)来扩大需求,刺激经济发展。

A. 减少福利补贴支　　B. 增加政府采购　　C. 降低税率　　D. 提高税率

E. 提高财政补贴

4. 当经济繁荣,失业减少时,政府(　　),可以缓解需求过旺势头。

A. 扩大财政赤字规模　　B. 增加国债发行规模

C. 减少社会保障支出　　D. 增加购买性支出

三、判断题

1. 当要减少货币供给量时,中央银行应降低再贴现率。(　　)

2. 当经济衰退时,一国货币当局应提高再贴现率,在公开市场上买进政府债券,降低法定准备金率。(　　)

3. 增加税收和增加政府支出都属于扩张性的财政政策。(　　)

4. 在总需求量不足时,政府可采取扩张性的财政政策来抑制衰退。(　　)

5. 采取"双紧"的财政货币政策,如果控制力度过猛,容易导致经济萎缩,失业率上升。(　　)

四、名词解释

1. 财政政策　　2. 货币政策　　3. 法定存款准备率　　4. 公开市场业务

五、思考题

1. 什么是财政政策?财政政策分为哪几种类型?

2. 财政政策的目标有哪些?

3. 财政政策有哪些政策工具?

4. 简述积极的财政政策。

5. 简述稳健的财政政策。

6. 什么是货币政策?货币政策分为哪几种类型?

7. 货币政策的工具有哪些?

8. 财政政策与货币政策配合的方式有哪几种?

9. 我国当前的宏观调控政策是什么?为什么?

六、讨论题

1. 讨论主题:分析某项财政政策或货币政策出台对投资的影响。

2. 要求:以学习小组为单位,查询最近出台的财政政策和货币政策,并分析其对投资的影响。

3. 目的:培养资料查询、整理能力;培养分析问题和政策解读能力。

4. 建议:每小组写出分析报告,制作课件并在教师组织下分组进行演讲,教师及其他小组对上述各项打分。

参考文献

[1]张苏红．财政与金融[M]．南京：南京大学出版社，2015.

[2]李英伟，于晓红．财政与金融[M]．北京：清华大学出版社，2016.

[3]中华会计网校．财经法规与会计职业道德[M]．北京：高等教育出版社，2017.

[4]余丽生．财政热点面对面[M]．北京：经济科学出版社，2014.

[5]赵立华．财政与金融[M]．北京：清华大学出版社，2016.

[6]张兴国，张振江．财政与金融[M]．北京：中国水利水电出版社，2015.

[7]魏继华，陈岚．财政与金融[M]．北京：清华大学出版社，2015.

[8]康勇．财经基础知识与技能[M]．北京：高等教育出版社，2017.

[9]赵建勇．政府与非营利组织会计[M]．北京：中国人民大学出版社，2017.

[10]杨洪，杨孙蕾．政府与非营利组织会计[M]．北京：机械工业出版社，2016.

[11]何颖．金融消费者概念的法律定性及规范价值[J]．财经法学，2016(1).

[12]尹志超，宋全云，吴雨．金融知识、投资经验与家庭资产选择[J]．经济研究，2014(4).

[13]张中华．论金融机构创新与风险管理[J]．华中师范大学学报(人文社会科学版)，2011(2).

[14]李健．非银行金融机构业务存在问题与对策[J]．现代商业，2011(7).

[15]卞志村，杨源源．结构性财政调控与新常态下财政工具选择[J]．经济研究，2016(3).

[16]贾森·弗曼，杰伊·C. 香博，融汐．财政政策仍对全球经济至关重要[J]．博鳌观察，2016(3).

[17]陈小亮，陈惟，陈彦斌．社会融资规模能否成为货币政策中介目标——基于金融创新视角的实证研究[J]．经济学动态，2016(9).

[18]彭俞超，方意．结构性货币政策、产业结构升级与经济稳定[J]．经济研究，2016(7).